国家社科基金
后期资助项目

发展、转型与规制

Development, Transformation and Regulation

冯中越 等著

中国财经出版传媒集团
经济科学出版社
Economic Science Press

图书在版编目（CIP）数据

发展、转型与规制/冯中越等著.—北京：经济科学出版社，2021.9
国家社科基金后期资助项目
ISBN 978-7-5218-2074-4

Ⅰ.①发… Ⅱ.①冯… Ⅲ.①规制经济学-文集 Ⅳ.①F262-53

中国版本图书馆 CIP 数据核字（2020）第 224186 号

责任编辑：杜　鹏　张　燕　刘　悦
责任校对：王苗苗
责任印制：邱　天

发展、转型与规制

Development, Transformation and Regulation

冯中越　等著

经济科学出版社出版、发行　新华书店经销
社址：北京市海淀区阜成路甲 28 号　邮编：100142
编辑部电话：010-88191441　发行部电话：010-88191522
网址：www.esp.com.cn
电子邮箱：esp@esp.com.cn
天猫网店：经济科学出版社旗舰店
网址：http://jjkxcbs.tmall.com
固安华明印业有限公司印装
710×1000　16 开　20.5 印张　360000 字
2021 年 10 月第 1 版　2021 年 10 月第 1 次印刷
ISBN 978-7-5218-2074-4　定价：98.00 元
（图书出现印装问题，本社负责调换。电话：010-88191510）
（版权所有　侵权必究　打击盗版　举报热线：010-88191661
QQ：2242791300　营销中心电话：010-88191537
电子邮箱：dbts@esp.com.cn）

国家社科基金后期资助项目
出版说明

后期资助项目是国家社科基金设立的一类重要项目，旨在鼓励广大社科研究者潜心治学，支持基础研究多出优秀成果。它是经过严格评审，从接近完成的科研成果中遴选立项的。为扩大后期资助项目的影响，更好地推动学术发展，促进成果转化，全国哲学社会科学工作办公室按照"统一设计、统一标识、统一版式、形成系列"的总体要求，组织出版国家社科基金后期资助项目成果。

全国哲学社会科学工作办公室

序

冯中越教授是我的同行好友，他从20世纪90年代中期就开始研究产业组织理论，后又重点研究规制经济学。近年来，他主持完成了多项国家级和省部级研究项目，发表了多篇相关学术论文，主编出版了多本《社会性规制评论》辑刊。现在，他主持完成的国家社科基金后期资助项目的成果《发展、转型与规制》一书，将由经济科学出版社出版。我很高兴为该书作序。

所谓规制（regulation）或政府规制（government regulation），也称政府管制，实际部门通常称为监管，是指具有法律地位的、相对独立的政府规制者（机构），依照一定的法规对被规制者（主要是企业）所采取的一系列行政管理与监督行为。一般来说，规制可分为经济性规制与社会性规制两种。前者主要是对自然垄断领域和存在严重信息不对称的领域进行规制；后者主要是对卫生健康、安全和环境保护领域，为达到一定的社会目标，实行跨产业、全方位的规制。

从理论上讲，激励理论将规制问题模型化为一个不完全信息下的控制论问题，新规制经济学为发达国家自然垄断产业和公共服务领域的改革，提供了一个规范性的分析框架。但是，这些文献没有考虑到发展中国家和转型国家的特征。让－雅克·拉丰（Jean-Jacques Laffont）的专著《规制与发展》（*Regulation and Development*，Laffont，2005）是第一本从发展中国家特征的视角，来考察规制理论的著作，奠定了发展中国家规制经济学的基础。

从实践上讲，无论是发达国家还是发展中国家和转型国家，规制与规制效果都未得到社会各方的满意。发达国家的规制取得了一定的成效，但总体运行并不良好；而发展中国家和转型国家所遭遇的问题更加复杂和严峻。在发展中国家和转型国家的工业化、城市化、市场化和民营化背景下，无论是对自然垄断产业的经济性规制，还是包括医疗和健康安全、生产安全、产品安全（特别是食品药品安全）、环境保护的社会性规制等问题，都进入一个凸显的历史时期。

中国经济在新常态下，为了应对宏观经济下行压力和维持宏观经济总体平稳发展，一方面，要加大对自然垄断产业的投资，进一步推进基础设施投资运营市场化；另一方面，要应对医疗和健康安全、生产安全、产品安全和环境保护等薄弱环节与突出问题。这意味着在当前和今后相当长的时期内，加强政府有效规制，完善政府规制体系，提高政府规制能力，既是我国经济和社会发展中的主要任务，也是推进国家治理体系和治理能力现代化的重要内容。而且，在我国政府有关部门及时处理和解决规制案件、规制体系建设不断推进、广大城乡居民规制意识逐渐加强的同时，我国规制经济学研究也进入一个快速发展的阶段。

因此，在我国经济新常态背景下，针对规制实践中存在的实际问题，对我国的发展、转型与规制进行系统而深入的研究，具有重要的理论价值和实践意义。

该书在阐述规制理论的起源和演进的基础上，讨论了发展、转型与规制理论的关系，并以拉丰的《规制与发展》著作为研究起点，考虑到我国既是发展中国家又是转型国家的特征，构建了一个发展、转型与规制的理论框架。即从发展中的工业化和城市化、转型中的市场化和民营化、规制中的经济性规制和社会性规制多重视角出发，研究经济性规制中的市场准入、价格、服务质量、产业投资问题，以及社会性规制中的健康、生产安全、产品安全、环境问题。根据上述理论框架，在错综复杂的经济和社会的现象与问题当中，即从典型化事实或案例中，提炼出市场化、民营化、接入价格、普遍服务、团队道德风险、外部性、内部性、社会共治等八个科学问题，作为研究基础。结合我国经济性规制和社会性规制的实践，重点分析了经济性规制中的城市公用事业政府和社会资本合作（PPP）项目的承诺与再谈判，污水处理行业的价格规制，邮政快递网络接入价格效率，电信产业的普遍服务等四个热点难点问题；社会性规制中药品集中采购中的团队道德风险，声誉效应与食品安全水平，环境规制下火电寡头企业行为，内部性、多重道德风险与安全规制，信号发送、承诺与食品安全社会共治等五个热点难点问题；并得出了相关结论和提出了富有应用价值的政策建议。当然，该书中的某些理论和提出的政策建议还需要经过实践的检验，使之不断完善和发展。

从具有中国特色规制经济学的理论和实践看，还有一些重要问题值得进一步研究，例如，规制与治理的关系问题、规制的成本和效率问题、数字经济下的规制问题、规制的国际合作问题等，这些问题都有待于继续深入研究。

本书的出版，使我高兴地看到冯中越教授对具有中国特色规制经济学的持续性深入研究的精神及其丰硕成果。我认为，这本具有较高学术水平专著的出版，将有助于促进我国经济性规制和社会性规制理论与实践的发展。相信该书将会受到学术界和有关部门的重视及广大读者的欢迎。

王俊豪

2020 年 8 月于杭州

目　录

导　论 …………………………………………………………… 1
　　主要参考文献 ………………………………………………… 10
第一章　规制理论 ……………………………………………… 11
　　第一节　规制理论的起源 …………………………………… 11
　　第二节　规制理论的演进 …………………………………… 21
　　第三节　发展、转型与规制理论 …………………………… 28
　　主要参考文献 ………………………………………………… 47
第二章　发展、转型与经济性规制 …………………………… 50
　　第一节　市场化改革 ………………………………………… 50
　　第二节　民营化改革 ………………………………………… 55
　　第三节　接入定价 …………………………………………… 59
　　第四节　普遍服务 …………………………………………… 63
　　主要参考文献 ………………………………………………… 69
第三章　发展、转型与社会性规制 …………………………… 73
　　第一节　团队道德风险 ……………………………………… 73
　　第二节　外部性 ……………………………………………… 77
　　第三节　内部性 ……………………………………………… 81
　　第四节　社会共治 …………………………………………… 86
　　主要参考文献 ………………………………………………… 89
第四章　城市公用事业特许经营合约的承诺与再谈判 …… 94
　　第一节　特许经营合约承诺与再谈判的研究进展 ………… 94
　　第二节　城市公用事业特许经营合约的承诺问题 ………… 98
　　第三节　城市公用事业特许经营合约的再谈判问题 …… 106
　　第四节　小结 ………………………………………………… 112
　　主要参考文献 ………………………………………………… 113

第五章　城市污水处理行业价格规制研究 …… 116
第一节　价格规制研究进展 …… 116
第二节　污水处理行业价格规制模型构建 …… 121
第三节　污水处理行业价格规制现状及问题 …… 128
第四节　小结 …… 134
主要参考文献 …… 137

第六章　我国邮政快递网络接入价格的效率分析 …… 141
第一节　邮政产业接入定价研究进展 …… 141
第二节　邮政业务的运作与网络接入 …… 143
第三节　邮政快递网络接入定价模型 …… 148
第四节　数值模拟 …… 155
第五节　小结 …… 160
主要参考文献 …… 162

第七章　电信产业的普遍服务问题研究 …… 165
第一节　电信产业普遍服务研究进展 …… 166
第二节　电信产业普遍服务的经济意义 …… 174
第三节　电信产业普遍服务的实现机制 …… 184
第四节　电信普遍服务试点调研分析 …… 201
第五节　小结 …… 207
主要参考文献 …… 209

第八章　药品集中采购中生产经营企业的团队道德风险研究 …… 212
第一节　团队道德风险研究的进展 …… 214
第二节　基本模型 …… 216
第三节　"唯价格论"情形下的团队道德风险 …… 218
第四节　"双信封招标"情形下的团队道德风险 …… 224
第五节　小结 …… 230
主要参考文献 …… 236

第九章　声誉效应与食品安全水平的关系研究 …… 239
第一节　声誉效应研究进展 …… 240
第二节　研究假说、方法与数据 …… 242
第三节　实证结果分析 …… 248
第四节　小结 …… 254

主要参考文献 ··· 256

第十章　环境规制下火电寡头企业策略性行为研究 ··············· 259
　第一节　环境规制与企业策略性行为研究进展 ····················· 259
　第二节　环境规制下寡头企业的策略性行为 ······················· 263
　第三节　不完全规制下企业策略性行为数值模拟分析 ··············· 272
　第四节　小结 ··· 277
　　主要参考文献 ··· 279

第十一章　内部性、多重道德风险与安全规制 ··················· 283
　第一节　内部性与双向道德风险 ································· 284
　第二节　多重道德风险与安全问题 ······························· 287
　第三节　多重道德风险与安全规制 ······························· 290
　第四节　小结 ··· 294
　　主要参考文献 ··· 294

第十二章　信号发送、承诺与食品安全社会共治 ················· 296
　第一节　共知—共识—共治：食品安全社会共治的基本逻辑
　　　　　 ··· 296
　第二节　信号发送：食品安全社会共治的基础 ····················· 298
　第三节　承诺：食品安全社会共治的关键 ························· 302
　第四节　小结 ··· 307
　　主要参考文献 ··· 313

后　记 ··· 315

导　论

发展（development）一般是指人的全面发展，它包括生存、自尊和自由选择三个核心内容（托达罗，1988）。后进而提出了人类发展（human development）的概念，是指一切以人为中心，着重于人类自身的发展，认为增长只是手段，而人类发展才是目的[①]。经济发展（economic development）是指在经济增长（人均 GNP 或 GDP 水平的提高）基础上经济结构的变化（工业产值比重的上升和城市人口比重的增加），且本国人民亲自参与这个变化过程（吉利斯等，1989）。从宽泛的视角看经济发展，它还包括贫困的减轻，收入分配不公的下降，教育和卫生事业的进步，生态环境的改善等。而从更深层次的视角看经济发展，它还提出可持续发展（sustainable development）[②]、以自由看待发展（development as freedom）（阿马蒂亚·森，2002）等概念。

发展中国家（developing countries）与发达国家（developed countries）相对应，前者指经济比较落后但正在发展中，后者包含经济已发展起来了的意思。世界上有 100 多个发展中国家，中国是世界上最大的发展中国家，也被称为新兴经济体国家。广大发展中国家所面临的共同任务是工业化（industrialization）和城市化（urbanization）问题。工业化是指一系列基要生产函数（即在整个经济中居于支配地位的生产函数）连续发生变化的过程。城市化指产业、市场、人口、土地在一定空间里的集聚过程。

[①] 从 1990 年开始，联合国发展计划署提出了人类发展的概念，并每年发表《人类发展报告》，对世界各国的人类发展状况进行评估和比较，目的是使国际学术界和各国领导人把发展的目标从单纯的经济增长转到人类发展上来。

[②] 1972 年，可持续发展概念最先在斯德哥尔摩举行的联合国人类环境研讨会上正式讨论。1987 年，在报告《我们共同的未来》（*Our Common Future*）中，世界环境与发展委员会进一步明确了可持续发展的内涵：既能满足当代人的需要，又不对后代人满足其需要的能力构成危害的发展（World Commission on Environment and Development，1987）。这一定义较为系统地阐述了可持续发展的内涵与思想，因而被世界各国广泛接受。

转型（transformation）是指由计划经济体制向市场经济体制转变，也称转轨。具体是指20世纪80~90年代世界上20多个原计划经济国家先后进行的以市场为导向的经济体制改革，因此，这些国家也被称为转型国家或转轨国家。中国是世界上最大的转型国家，自1978年开启了以市场为导向的经济体制改革。转型及转型国家所面临的共同任务是市场化（marketization）和民营化（privatization）问题。市场化有两个含义。一是指国家宏观经济管理体制由计划经济体制向市场经济体制转变；二是指市场在社会资源的配置中起决定性作用，各种生产要素（资本、劳动、土地和企业家）和产品的获取、交易都由市场提供和决定。民营化是指政府把国有企业和公共服务设施等有形的国有资产，通过出售、股份合作、委托经营、兼并重组等形式转让给个人、合资企业、合作组织等非国有企业的经济现象。

我国既是发展中国家，又是转型国家。具有二者的各自特征，结合在一起又产生了一些新特征。这些特征不但会对本书的研究主题产生重大影响，而且正是本书书名的含义所在。

所谓规制（regulation），是指各级政府或其附属机构对微观主体在进入、价格、投资以及数量、质量等方面进行的直接干预。一般来说，规制可分为经济性规制与社会性规制两种。前者是指政府在价格、产量、进入、退出等方面对企业决策或活动实施的各种强制性制约；后者是指以保护劳动者和消费者的人身安全、健康、卫生以及保护环境、防止灾害等为目的，对全社会各类主体从事的各种活动制定并要求执行的一定行为标准，并禁止、限制特定行为的发生。两者的区别在于：经济性规制针对自然垄断问题，其规制对象主要是自然垄断产业；社会性规制针对信息不对称和外部性问题，其规制对象是全社会各个产业、各个主体。

从理论上讲，激励理论将规制问题模型化为一个不完全信息下的控制论问题，新规制经济学为发达国家自然垄断产业和公共服务领域的改革，提供了一个规范性的分析框架。但是，这些文献没有考虑到发展中国家和转型国家的特征。让-雅克·拉丰（Jean-Jacques Laffont）的专著《规制与发展》（*Regulation and Development*）是第一本从发展中国家的供求关系和信息约束的视角，来重新考察规制和激励理论的书。在书中，拉丰结合发展中国家的实际，对多委托人-多代理人、民营化、市场化、普遍服务、承诺与再谈判、审计合谋、接入价格等理论问题，都进行了新的讨论和阐述，形成了针对发展中国家的规制经济学（拉丰，2005）。之后，国内外出现了大量相关文献，其理论体系正在形成。

从实践上讲，20世纪80年代发达国家自然垄断产业和公共服务领域的市场化、私有化和放松规制改革之后，20世纪90年代发展中国家和转型国家也相继进行了市场化、民营化和放松规制的改革。但是，无论是发达国家还是发展中国家和转型国家，以上的改革都未得到社会各方满意的结果。发达国家的改革取得了一定的成效，但总体运行并不良好。然而，发展中国家和转型国家所遭遇的问题更加复杂和严峻。一是在发展中国家的工业化和城市化背景下，产生了如生产者安全方面的"血汗工厂"[①]和"矿难"，产品安全特别是食品安全方面的家用电器安全事故、地沟油事件，环境安全方面的生产企业废水违法排放等问题；自然垄断产业长期供给增加不多、价格上涨很快、服务质量没有保障等问题。二是在转型国家的市场化和民营化背景下，产生了如自然垄断产业的民营资本进入不多、合约执行风险增加、特许经营双方缺乏承诺等问题；在健康规制方面的全民医保覆盖面小、保障水平低，医药不分、以药养医，卫生防疫体系薄弱等问题。

进一步讲，以2003年暴发"非典"为标志，我国进入了社会性规制问题凸显的历史时期。"非典"事件是健康规制的典型案例，此后爆发的矿难、三聚氰胺事件、松花江苯污染事件等则是生产者安全规制、产品安全规制、环境规制的典型案例。在政府有关部门及时处理和解决社会性规制案件、社会性规制体系建设不断推进、广大城乡居民社会性规制意识逐渐加强的同时，我国规制经济学以及社会性规制研究也进入一个快速发展的阶段。在美国，通常把社会性规制称为健康、安全和环境的规制（HSE规制）。而根据我国现阶段的国情，我们将社会性规制的内容概括为健康规制、生产者安全规制、产品安全规制、环境规制及其他规制（如公共网络或媒体规制）。

本书在阐述规制理论起源和演进的基础上，讨论发展、转型与规制理论的关系，并以拉丰的《规制与发展》为研究起点，结合我国作为发展中国家和转型国家的特征与实际，构建一个发展、转型与规制的理论框架，即从发展中的工业化和城市化、转型中的市场化和民营化、规制中的经济

---

① "血汗工厂"（sweatshop）一词最早出现于1867年的美国，其最初所指的是美国制衣厂商实行的"给料收活在家加工"制，最后又指由包工头自行找人干活的包工制。由于回避了在正规工厂中工人工资的谈判，其单位产品工资可被压到最低，因而被称为血汗制度（sweating system）。当前，发达国家跨国公司在许多发展中国家的外包工厂或代工工厂，存在大量"血汗工厂"现象。

性规制和社会性规制多重视角出发，研究经济性规制中的市场准入、价格、服务质量、产业投资问题，以及社会性规制中的健康、生产者安全、产品安全、环境问题。

发展、转型与规制的理论框架如图 0-1 所示。

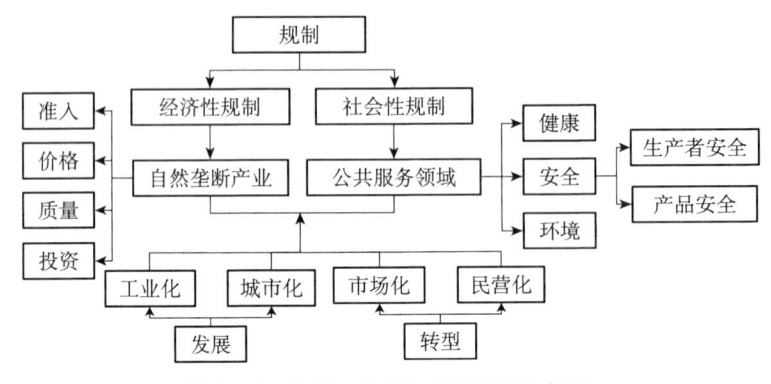

图 0-1 发展、转型与规制的理论框架

根据上述理论框架，在错综复杂的经济和社会的现象与问题当中，即从典型化事实或案例中，我们提炼出发展、转型与规制中具有普遍性、新颖性、探索性的科学问题，即市场化、民营化、接入价格、普遍服务、团队道德风险、外部性、内部性、社会共治等八个科学问题，作为研究基础。结合我国经济性规制和社会性规制的实践，进一步重点分析了经济性规制中的城市公用事业 PPP（public-private partnership）即政府与社会合作项目的承诺与再谈判，污水处理行业的价格规制，邮政快递网络接入价格效率，电信产业的普遍服务四个热点难点问题；社会性规制中的药品集中采购中的团队道德风险，声誉效应与食品安全水平，环境规制下火电寡头企业行为，内部性、多重道德风险与安全规制，信号发送、承诺与食品安全社会共治等五个热点难点问题；从而构建起本书的研究框架。

"发展、转型与规制"的研究框架如图 0-2 所示。

我们提炼出的八个科学问题概述如下。

自然垄断产业的市场化（marketization），是指在自然垄断产业中进行以打破垄断、放松规制和引入竞争为特征的市场导向的改革。其关键的问题是，在对垄断进行规制与不受规制的竞争二者之间的选择。发达国家自然垄断产业的市场化改革的目的是，全面引入市场竞争机制，在提高效率的基础上，使其服务更加均等化、公平化；发展中国家或转型国家自然垄断产业的市场化改革，不是以提高效率为唯一目的，而扩大供给能力、改

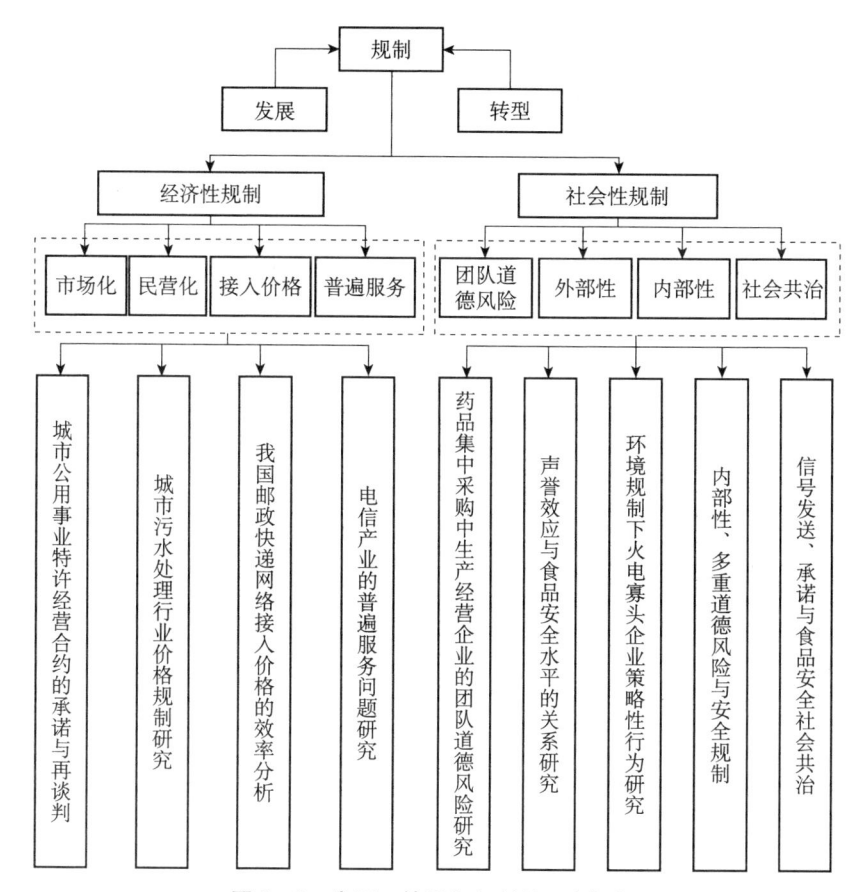

图 0-2 发展、转型与规制的研究框架

善普遍服务水平更显重要。本书主要分析了自然垄断产业中影响市场化改革的因素，以及有利于或不利于市场化改革的政策问题；并联系我国经济性规制的实践，在第四章具体分析了城市公用事业市场化过程中，特许经营合约的承诺与再谈判问题。

城市公用事业的民营化（privatization），是指通过减少或限制政府在提供公共产品和服务中的职责来增加民营企业在这些事务中职责的行为。本书从理论与实践两方面对城市公用事业的民营化进行了探讨；并联系我国经济性规制的实践，在第五章分析了城市公用事业的民营化过程中，污水处理行业价格规制问题。

自然垄断产业中的接入定价（access pricing），是指垄断性网络设施经营者制定的、向竞争性企业收取接入并使用管网的费用。换句话说，如果网络型产业存在纵向分离，则处于竞争环节的企业要参与市场竞争，就必须向垄断环节的经营者支付必要的费用以便实现接入。同时，网络特许经营者可以将接入费用用来弥补网络建设和运营的成本。这个接入所需的费用就是接入定价。本书主要分析了接入定价的方法、接入定价规制的影响，以及自然垄断产业中的接入定价问题；并联系我国经济性规制的实践，在第六章分析了我国邮政快递网络接入价格的效率问题。

城市公用事业的普遍服务（supply service），是指垄断产业的在位者要对城乡居民提供无地域、质量、价格歧视且能够负担得起的城市公用事业服务，它包括服务的普遍性、价格的可承受性、一定质量的保证性。本书主要分析了普遍服务的特点、产品属性，以及城市公用事业的普遍服务与价格调整的关系问题，并联系我国经济性规制的实践，在第七章分析了电信产业的普遍服务问题。

团队道德风险（team moral hazard），是指在多个成员组成的团队中，由于团队结构存在的局限性（即团队生产具有不确定性，表现为团队成员行为和结果的不可区分性），团队成员具有信息优势，且其个人成本与团队成本不一致，因而有可能采取损人利己的机会主义行为，如此就产生普遍的道德风险。本书主要分析狭义的团队道德风险（即企业层面）和广义的团队道德风险（即行业层面），以及克服团队道德风险的有效市场机制——声誉机制；并联系我国社会性规制的实践，在第八章分析药品集中采购中生产经营企业的团队道德风险问题，在第九章考察声誉效应与食品安全水平的关系问题。

外部性（externality），是指一个当事人向另一个当事人施加了某种影响且无须承担责任，而两个当事人之间并没有任何相关经济交易。也就是说，外部性是指未被市场交易包括在内的额外成本或收益（斯蒂格利茨，2000）。外部性可以分为正的外部性与负的外部性两种，其划分标准就是当事人是否无偿享受了额外收益，或者是否承受了由他人导致的额外成本。本书主要分析外部性的分类、外部性与环境规制、环境规制的工具与方法等问题；并联系我国社会性规制的实践，在第十章分析了环境规制下火电寡头企业策略性行为问题。

内部性（internality），是指由交易者经受但并未在交易条款中说明的成本和收益（史普博，1999）。根据成本与收益的类型，可以将内部性分为正内部性与负内部性。正内部性是指合约一方得到了另一方给予但合约中并无约定的额外收益，而负内部性是指合约的一方因为另一方的不当行为而遭受了损失。事实上，内部性的产生主要源于三种"交易成本"：其一，在具有风险的条件下当事人签订意外合约的成本；其二，合约当事人行为不可完全观察所引致的观察或监督成本；其三，合约当事人收集他人信息和公开自身信息时发生的成本。本书主要分析了内部性与安全规制（生产者或生产场所、产品的安全规制）、研究进展和主要问题；并联系我国社会性规制的实践，在第十一章分析内部性、多重道德风险与安全规制相关问题。

社会共治（social co-governance），是指政府、市场和社会等多元主体以法治为基础，对公共资源和公共利益进行共同治理。它是由企业治理（包括内部人举报）、市场治理、政府监管、公众治理（包括专家、媒体、社会组织、消费者）等四位一体组成，多方共同参与的社会治理机制或模式。本书主要分析了食品安全与社会共治、研究进展和基本逻辑问题；并联系我国社会性规制的实践，在第十二章分析信号发送、承诺与食品安全社会共治问题。

我们重点分析的九个具体问题的研究内容概述如下。

"城市公用事业特许经营合约的承诺与再谈判"的内容是，从现阶段我国特许经营合约的两种模式（单层委托代理和双层委托代理）出发，讨论城市公用事业特许经营合约中委托人（政府）与代理人（项目公司）的承诺问题。同时，从完全合约理论视角探讨防止再谈判的合约、委托人可以观察到代理人努力水平时的再谈判、委托人观察不到代理人努力水平时的再谈判等问题；并从不完全合约理论视角，探讨资产控制权影响事前效率的再谈判、特殊的不完全合约即不确定合约的再谈判、是否考虑事前专用性投资激励的再谈判等问题。

"城市污水处理行业价格规制研究"的内容是，在比较美国的投资回报率价格规制模型和英国的价格上限规制模型的基础上，构建了我国污水处理行业的价格规制模型，确定了模型中各参数值确定的方法，运用北京市污水处理行业的数据，测算出北京市污水处理行业的规制价格水平。并提出北京市污水处理行业应该引入价格规制上限规制模式，建立完整的价格规制体系和监督体系，适当提高北京市污水处理费等政策建议。

"我国邮政快递网络接入价格的效率分析"的内容是，运用有效成分定价原则（efficient component pricing rule，ECPR）对拉姆齐（Ramsey）接入定价模型进行修正，建立了适合邮政快递网络的接入定价模型，并推导出最优接入价格公式。在此基础上，结合我国邮政快递市场的实际情况，对我国邮政快递网络的接入价格进行数值模拟和效率分析，得出应当进一步放开邮政快递网络接入，不断吸引消费者，保证邮政快递的市场份额及其直接对接消费者业务等主要结论。

"电信产业的普遍服务问题研究"的内容是，在对网络外部性模型进行扩展的基础上，将普遍服务实现机制分为融资机制和补贴机制，比较了不同普遍服务实现机制的特点，借鉴美国普遍服务基金机制的产品选择方法，结合中国的有关数据对普遍服务基金产品的选择进行了分析，并结合我国自2016年以来电信普遍服务试点的实际进行了调研分析。

"药品集中采购中生产经营企业的团队道德风险研究"的内容是，从团队道德风险这一视角来分析药品生产企业相关问题的形成机理。具体地，通过构建一个双寡头垄断竞争模型，分情形讨论药品生产企业在进行价格与质量决策时产生的团队道德风险。由此，深化了对药品集中采购制度本身弊端的认识，同时有助于对该制度进行优化设计。

"声誉效应与食品安全水平的关系研究"的内容是，构建包含食品安全案例、基于中国驰名商标的上市公司声誉以及上市公司相关财务信息的食品行业上市公司数据库，使用事件研究法和回归分析法，实证检验声誉效应与食品安全水平之间的关系。研究表明，声誉效应在保障食品安全水平上发挥了重要作用，具体表现为：第一，非法经营的食品企业会因为声誉受损而遭受严厉惩罚；第二，已有声誉能够提高食品企业的经营业绩；第三，食品企业可以将获得并维持声誉作为规避风险的有效战略。

"环境规制下火电寡头企业策略性行为研究"的内容是，将福莉（Fowlie，2008）的排污泄漏模型进行扩展，用于分析在不同的规制政策工具和不同的规制程度下寡头企业的策略性行为。理论分析表明，基于市场的不同规制政策工具取得的规制效果一致，但规制程度不同时规制效果也会出现显著差异，即：完全规制的效果并不一定优于不完全规制，不完全规制的效果也不一定优于不规制。结合我国火力发电产业实际情况，通过数据模拟对理论分析结论进行了验证，并在此基础上提出了有助于改善环境规制的政策建议。

"内部性、多重道德风险与安全规制"的内容是，基于内部性、双向道德风险与安全规制方面的已有研究，本书提出"多重道德风险"这一概念，即：在相互联系的两个完全合约关系中，信息优势方（显性主体或隐性主体）可能会对不同缔约方都采取机会主义行为。随后，在生产者同质与异质两种情形下，探讨了生产者（工作场所）安全与产品安全两种合约相互联系时多重道德风险所引发的内部性问题。最后，从内部小团体这一视角出发，结合锦标赛、声誉、信息披露、内部人举报等多种常见情境，探讨旨在解决多重道德风险及其内部性引发的安全规制问题。

"信号发送、承诺与食品安全社会共治"的研究内容是，以问卷调查为基础，从经验实证中得出探讨食品安全社会共治的基本逻辑——"共知—共识—共治"。随后，从合约理论视角出发，针对企业、市场、政府与社会力量四类主体，本书选取赔偿和惩罚机制、知名品牌、规定和文件、社会组织等可观察指标，分析信号发送中分离均衡和混同均衡的实现条件。同时，对四类主体的价格—安全一致性承诺、可置信承诺和率先承诺等三种承诺的内在机制进行了探讨。由此得出两点结论：其一，信号发送是食品安全社会共治的基础；其二，承诺是食品安全社会共治的关键。

本书的研究方法为规范研究和实证分析相结合。在规范研究中，我们明确了研究起点，从边际贡献的角度，放松或扩展了其基本模型的理论假设，得出更接近现实的理论框架及见解。在实证研究中，本书以我国经济性规制和社会性规制的实践为基础，进行了案例分析或数字模拟，得出具有典型意义的研究结果。

本书的主要边际贡献有：一是在拉丰《规制与发展》的基础上，将转型与规制相联系，探讨转型国家与发展中国家的规制特点和问题；二是根据规制经济学的发展前沿和我国的经济社会实践，将社会性规制纳入其中，探讨发展与转型中的经济性规制与社会性规制问题；三是在前人研究内部性与双向道德风险的基础上，提炼出多重道德风险这一学术范畴，以及内部性与多重道德风险这一科学问题。

本书的主要学术价值是，丰富发展中国家和转型国家的规制经济学研究内容和研究方法，推动规制经济学理论体系不断完善。本书的应用价值是针对我国经济性规制和社会性规制中的九个热点难点问题，进行了重点分析，得到了有价值的发现和结论，为深化研究奠定了基础；特别是在研究过程中使用的理论和方法，对于我国规制实践具有一定的借鉴意义。

本书存在的不足：一是在规制理论扩展到转型问题时，未能将发展、转型与规制放入一个统一的框架之中，并构建一个基准模型；二是在重点分析我国规制实践热点难点问题时，数量不足（仅有九个），定量分析以经验实证和数字模拟为主，计量分析较少。

主要参考文献

[1] World Commission on Environment and Development. Our Common Future [M]. Oxford, England: Oxford University Press, 1987.
[2] 斯蒂格利茨. 经济学 [M]. 梁小民, 黄险峰, 译. 北京: 中国人民大学出版社, 2000.
[3] 阿马蒂亚·森. 以自由看待发展 [M]. 任赜, 于真, 译. 北京: 中国人民大学出版社, 2002.
[4] 丹尼尔·F. 史普博. 管制与市场 [M]. 余晖等, 译. 上海: 上海三联书店、上海人民出版社, 1999.
[5] 马尔科姆·吉利斯等. 发展经济学 [M]. 李荣昌等, 译. 北京: 经济科学出版社, 1989.
[6] 让-雅克·拉丰. 规制与发展 [M]. 聂辉华, 译. 北京: 中国人民大学出版社, 2009.
[7] 托达罗. 第三世界的经济发展(上) [M]. 于同申, 苏蓉生等, 译. 北京: 中国人民大学出版社, 1988.

第一章 规制理论

本章从规制理论的起源开始，介绍规制的概念、内容和过程及规制面临的挑战，梳理规制理论的演进过程和理论渊源及学科定位，分析了发展、转型与规制理论的关系，指出了发展中国家和转型国家自然垄断产业与公共服务领域的特征和现存问题。

第一节 规制理论的起源

一、规制的概念

（一）规制的概念及辨析

规制（regulation）是日本经济学家创造的译名，后由中国著名经济学家朱绍文在翻译日本著名学者植草益的《微观规制经济学》中，转译成中文。朱绍文认为，"regulation"的含义是有规定的管理，或由法规条例的制约。如将其翻译成规章、管理、规定、调控等都不符合原意。此后，国内学者一般将"regulation"一词翻译成"规制"（如于立、肖兴志、张昕竹等）或管制（如张群群、王俊豪、陈甬军等），也有学者将其翻译成"调控"来使用（如吴易风等）。而国内实际经济管理部门则习惯使用"监管"一词（如对电力产业、证券行业、食品产业的监管）。

经济学中的规制是指依据一定的规则对构成特定社会的个人和构成特定经济的经济主体的活动进行限制的行为（植草益，1992）。法学中的规制是指政府对经济活动的规制，既涉及市场行为的一般规则，也涉及为达到短期政策目标而采取的特殊行为。规制机构可以建立一种法庭，使特殊权力得以实施（史普博，1999）。而米尼克提出，政治学中的规制是指规范和引导私人行为的公共政策，它是从公共利益出发而制定的规则（Mitnick，1980）。

对规制概念的辨析，首先是调控与规制的区别。宏观调控通常是指中央政府（广义）利用各种经济和法律手段（如财政政策、货币政策、法律法规等）来熨平经济周期波动，促进宏观经济平稳运行，主要表现为间接干预；而规制通常是指各级政府及其附属的相关机构对微观经济主体，在市场进入、产品或服务的价格、数量和质量以及投资等方面，采取行政手段的管理，主要表现为直接的干预。在市场经济条件下，宏观调控与规制，都是政府为了弥补和纠正市场失效而采取干预手段，来达到宏观经济运行目标的方法。但是，经济性规制作用的范围小而具体，社会性规制作用的范围广而新。宏观调控的手段以经济为主，规制的手段以法律和行政为主。

其次是经济性规制与社会性规制的区别。所谓经济性规制，维斯卡西等学者（1995）认为，它是指政府通过价格、产量、进入与退出等方面而对企业决策所实施的各种强制性制约（Wiscusi et al.，1995）。日本学者植草益则认为，它是指为了防止资源配置低效率和确保利用者的公平利用，政府机关用法律权限，通过许可和认可等手段，对企业的进入和退出、价格、服务的数量和质量、投资、财务会计等有关行为进行规制（植草益，1992）。所谓社会性规制，植草益认为，它是指以保障劳动者和消费者的安全、健康、卫生、环境保护、防止灾害为目的，对产品和服务的质量及伴随着提供它们而产生的各种活动制定一定标准，并禁止、限制特定行为的规制（植草益，1992）。进一步讲，经济性规制是针对自然垄断问题，社会性规制是针对信息不对称和外部性问题；经济性规制的对象是自然垄断产业，社会性规制的对象是全社会各个产业。但是，二者又有交叉，如经济性规制中的质量规制与社会性规制中的产品安全规制。质量规制主要是指对自然垄断产业提供的产品和服务的质量进行规制，而产品安全规制主要是指对全社会各个产业提供的产品安全进行规制[①]。

再次是经济性规制的对象与替代品。经济性规制的对象是自然垄断产业而不是竞争性产业，而放松后经济性规制的对象是自然垄断产业中的垄断性业务而不是竞争性业务。在西方国家，经济性规制的替代品是国有单位而不是市场调节[②]。但在我国，由于自然垄断与行政垄断交叉，行政垄

[①] 在我国的农业领域，一般都讲农产品质量安全。其实，从社会性规制之一的安全规制来讲，质量与安全是两个不同的概念。产品质量是反映产品使用目的的各种技术经济参数特性和特征；而产品安全是在使用产品过程中不能对人体健康和生命安全造成损害。

[②] 从西方规制经济学理论演进的角度看，公共利益规制理论与利益集团规制理论由早期的政府规制与市场竞争二元对立，已经转变为规制与竞争的融合。

断与国有单位交叉、替代，经济性规制的替代品通常是行政垄断而不是国有单位。

最后是市场、法律与规制的关系。在国内的研究文献中，有的将三者作为相互的替代物。其实，三者不是替代关系，而是互补或结合关系。一是市场与法律不是替代关系而是互补关系，没有法律的市场一定是坏的市场，具有法律（法治）的市场（经济）才是好的市场（经济）（钱颖一，2000）。二是市场与规制不是替代关系，市场的替代物是计划而不是规制。三是法律与规制不是替代关系而是结合关系，一方面，相关规制的法律逐渐成为各国法律体系的组成部分，规制必须依法进行。另一方面，规制既可以采取诉讼形式，也可以采取非诉讼形式；执法既可以由法院进行，也可以由规制机构进行。

（二）政府规制的概念及辨析

所谓政府规制（government regulation），是指具有法律地位的、相对独立的政府规制者（机构），依照一定的法规对被规制者（主要是企业）所采取的一系列行政管理与监督行为（王俊豪，2001）。

对政府规制，经济学界和法学界有一些不同的认识。政府规制经济学的开创者之一卡恩从对公用事业规制的角度给出的定义是，对该种产业的结构及其经济绩效的主要方面的直接的政府规定……如进入控制、价格决定、服务条件和质量的规定以及在合理条件下服务所有客户时应尽义务的规定（Kahn，1988）。乔治·J. 斯蒂格勒指出，作为一种法规，规制是产业所需并主要为其利益所设计和操作的，它是国家强制权力的运用。在整个经济中，如果要求政府保护，就可能因此获得较高的收益，但必须向规制者支付一定的成本。各个产业或集团在进行了成本收益比较后，作出要求或不要求政府保护（规制）的决策。这样，政府规制就成为一种特殊商品，根据供求关系来决定规制究竟为谁服务（Stigler，1971）。而金哲良雄从法学的角度认为，政府规制是指在市场经济体制下，以矫正和改善市场机制内在的问题为目的，政府干预和干涉经济主体（特别是企业）活动的行为（金哲良雄，1980）。植草益提出，政府规制是指社会公共机构或行政机关（政府）依照一定的规则，对企业的活动进行限制的行为（植草益，1992）。维斯卡西等学者则认为，政府规制是指政府以制裁手段，对个人或组织的自由决策的一种强制性限制（Viscusi，1995）。丹尼尔·史普博（Daniel F. Spulber）给政府规制下的定义是，行政机构制定并执行的直接干预市场机制或间接改变企业和消费者供需决策的一般规则或特殊行为（史普博，1999）。

从以上几位学者的论述可以看出，卡恩是从对自然垄断产业即公用事业规制的角度给出的定义；斯蒂格勒是从政府规制的供给与需求、成本与收益的角度定义的政府规制；金哲良雄是从克服市场失灵和干预经济主体行为的角度论述的政府规制；而植草益强调了政府对经济主体的活动要进行限制；维斯卡西等学者突出了政府在经济活动中的强制力；史普博则从直接干预市场机制或间接改变经济主体的决策两方面阐述了政府规制。

二、规制的内容和目标

经济性规制的内容：一是价格规制，包括最高限价（最低限价）和价格调整周期；二是进入退出规制，包括新企业的进入和在位企业的退出；三是投资规制，包括鼓励投资、防止重复建设、提高投资效率和效益；四是质量规制。

社会性规制的内容：一是确保健康、卫生；二是确保安全；三是防止公害、保护环境；四是确保教育、文化、社会福利。

从规制的理论和实践看，经济性规制无论发达国家还是发展中国家都有一定的基础，发展比较成熟。而社会性规制在发达国家是从20世纪70年代开始起步，正在逐步成熟；我国则从20世纪90年代才开始涉及，还不够成熟。

一般来说，经济性规制与社会性规制的目标有所区别。经济性规制的目标是：防止垄断企业滥用市场支配地位，有效配置社会资源；限制垄断价格，避免消费者收入再分配；运用激励手段，确保企业内部效率提高；保持企业财务稳定，为社会提供有效供给。社会性规制的目标是：激励正外部性活动，促进人类社会全面进步；限制负外部性活动，保障经济与社会可持续发展；确保信息劣势方的权益，增进社会总福利。事实上，国内的研究文献一般强调公平正义和社会福利最大化。

具体来说，规制的目标有以下三个。

第一，保持社会资源的有效配置，防止和纠正因企业进入过多而引起的资源浪费和效率损失。在自然垄断产业存在成本弱增性条件下，为了保持垄断的可维持性，必须由政府对市场进入进行规制，充分发挥在位垄断企业的规模经济性和范围经济性，防止因企业进入过多而导致产业供给能力扩张引起的资源浪费和效率损失。

第二，维护消费者利益和提高社会福利，防止和纠正在位垄断企业凭借有利地位损害消费者利益和社会福利。在政府对自然垄断产业实施政府规制条件下，为了维护消费者利益和提高社会福利，必须对在位垄断企业的投资、价格、质量、退出等进行规制，在保证垄断企业获得正常利润的同时，防止和纠正垄断企业凭借有利地位损害消费者利益和社会福利。

第三，沟通信息、降低信息成本，防止和纠正因信息不对称导致的利益损失。在自然垄断产业，在位垄断企业与潜在进入企业、消费者以及规制者存在着较大的信息不对称，为了防止和纠正在位垄断企业利用信息优势损害消费者利益和社会福利，必须由政府对垄断企业的信息披露进行规制，确保信息的真实性和时效性，并强制垄断企业对由于提供虚假信息而导致消费者的利益损失进行补偿。

三、规制体系

规制体系（regulatory system）是指规制的基本框架，主要解决谁来规制、如何规制、规制评估和规制可问责性等问题。它包括规制机构、规制法规、规制标准、规制过程、规制评估、规制可问责性六大要素及其自身逻辑和相互作用。

（一）规制机构

狭义地讲，规制机构（regulatory organizations）是指政府及其相关规制部门或机构（非独立设置为部门，独立设置为机构）；广义地讲，规制机构还包括政府之外社会共治的其他组织或机构（包括行业协会、媒体、消费者、非政府组织等）[1]。

规制机构须依法成立，相对独立于公共服务提供者和政府部门[2]，并有跨行业、跨国家（地区）的趋势（如欧盟范围内的规制、国际标准化组织的规制）。

（二）规制法规

规制法规（regulation laws）包括立法、执法、法律法规的修改和调整。

规制立法的目的是为开展规制活动提供法律依据。其主要内容是，确定规制机构的法律地位，明确规制机构的职责和权力，规定规制的总体政

---

[1] 关于社会共治的分析，详见第三章第四节。
[2] 规制机构相对独立于政府部门，在市场经济国家比较普遍，而在我国现阶段除消费者协会外，还比较少，国家电力监管委员会2003年成立，2013年撤销，其职能并入国家能源局。

策目标和基本内容。

规制机构的执法活动主要是按照规制的详细规则（如费率和标准），披露相关信息、进行裁决和处罚，因此，规制机构执法过程既可能拥有较大的自由裁量权，又产生一定的规制成本。

随着被规制的产业或领域的经济技术特征的变化、规制执法的实践，以及规制理论、政策和体制的改变，规制的法律法规需要进行必要的修改与调整。

（三）规制标准

规制标准（regulation standard）是指规制机构设定的被规制对象应当遵守的行为规范和规制的整体目标。规制标准的类型：一是利用法律授权，制修订规制标准，将其作为规制工具使用；二是利用财政资源和法律授权，通过订立合约的方式制修订规制标准，用于约束与其订约的主体。激励性规制中的特许经营合约的规制标准就是委托人利用合约为代理人设定条件和标准，即政府利用合约为项目公司设定条件和标准。

规制标准的性质：透明性（transparency）是指规制标准的定义明确且能为受众普遍接受和理解；可及性（accessibility）是指将规制标准适用于目标情形的可及程度；一致性（congruence）是指规制标准与潜在政策目标之间的一致性关系。

规制标准的制定分为公共标准的制定和非政府的标准制定。前者是由立法机构及被授权部门制定的标准，具有程序合法与实体合法的有效性和正当性；后者是由各种非政府主体（组织）凭借着自身的专业技术优势制定的标准，具有开放性和包容性。另外，还有一种不透明的标准制定过程，就是通过单个合约设定标准的过程，它由合约双方讨价还价达成一致，具有一定的（商业）秘密性。

（四）规制过程

从一般规制的角度看，狭义的规制过程（regulatory process）是指规制机构颁布规制的规则（法规、标准）、公开被规制者的相关信息（进入、价格、质量和投资，健康、安全和环境）、对守规者予以鼓励（免检、评优）或对违规者警示及处罚的过程。

从激励性规制特许经营的角度看，狭义的规制过程是指规制机构通过竞标过程与中标者签订特许经营合约、公开被规制者的履约状况、对守规者予以鼓励或对违规者警示及处罚直至中断合约、对不确定性风险进行再谈判、签订新的合约及继续履行的过程。

广义的规制过程是指规制机构对特定产业或特定领域实施经济性规制或社会性规制，根据产业或领域经济技术特征的变化放松规制，又根据新的需要和在新的起点上进行再规制的过程。

自然垄断产业不是一成不变的，随着供给方面（技术进步导致的成本结构的变化）和需求方面（收入提高导致的消费结构的变化）的相互作用，它的边界会发生动态变化。在现实社会中，由于竞争性与排他性的变化，自然垄断产业的准公共产品性质也会发生改变：一是技术水平的提高会使产品的排他性增强而竞争性减弱；二是随着消费者收入和购买力的提高，准公共产品趋向于成为私人产品；三是供求关系的变化影响准公共产品的竞争性，从而使准公共产品的排他性发生变化。自然垄断产业的这些变化，提出了放松政府规制的要求。

自然垄断产业的变化、市场竞争的激烈和政府放松规制带来的新问题，又会引起政府规制边界的调整，形成了"规制（regulation）—放松规制（deregulation）—再规制（re-regulation）"的动态变化（史普博，1999）。近年来，面对美国安然公司的倒闭，引发了对市场规则和政府规制的反思，并提出"更自由的市场、更复杂的交易、更严格的规则"的思想（高世楫，2002）。

（五）规制评估

规制评估（regulation evaluation）包括对规制机构的评估和对规制影响的评估两方面。

对规制机构的评估主要采取事后结果的评估而非程序性过程的评估，由于技术和政治经济的原因，很难对规制机构进行事前评估。评估的一般方法是基于局部均衡理论的成本收益分析，更高级的方法是基于一般均衡理论的数学假设和建模技术分析。2006年，世界银行发布了《基础设施规制体系评估手册》（以下简称《手册》），成为对经济性规制机构评估的范例。《手册》对规制机构评估的贡献：一是将对规制机构的评估与受规制产业的产出结果相联系；二是在局部均衡分析的框架内，提供了切实可行的评估策略和方法；三是根据规制机构的现状和趋势，提出了评估过渡期和中间状态规制机构的方法（鲍德温等，2017）。

对规制影响的评估简称影响评估，是一项系统性、强制性的评估机制，用来评估拟议的法律或次级立法，评估其对特定的利益相关者、经济部门和环境产生的影响。影响评估的方法有纵向研究法和横向研究法两种。规制影响评估的经济、行政和政治治理效果，可分为短期和长期两种：短期效果相应地表现为某一规制影响评估的经济影响，规制影响评估如何对行政能力提出新的要求，某一规制影响评估如何影响决策过程；长期效果相应地表现为对竞争力和经济增长的影响，规制影响评估与行政程序对行政机构设置和运行的影响，规制影响评估如何触发宪法秩序和政治体制改革。

（六）规制可问责性

规制可问责性（regulation accountability）是指规制者向其他个人或组织就自身行为做出解释的职责和义务。可扩展为"一个主体与一群主体的关系，其中该单个主体有义务对自己的行为进行解释证明，其他主体有权利提出质疑、作出判断，而该单个主体可能要承担相应后果"（Bovens，2010）。可问责性的核心问题产生于授权，即通过立法、合约或者其他方式向各种公共主体以及某些私人主体的授权。授权会产生两难问题，即规制者被授予充分的自治权（自由裁量权）来完成任务，又不能失去必要的控制，而可问责性就是解决两难问题的关键。

可问责性要解决的第一个问题是：谁应被问责？一般来说，规制者所有涉及公权运用的行为都要被问责，即使这些权利被私有主体行使，如通过竞标获得特许经营权企业的履约行为，也要被问责。

可问责性要解决的第二、第三个问题是：向谁负责和就什么事项负责？前者可分为，向上的可问责性、水平的可问责性、向下的可问责性；后者可分为，经济价值、社会和程序价值、持续性和安全价值。具体内容如表1.1所示。

表1.1　问责方向与价值取向的关系

向谁负责	就什么事项负责		
	经济价值	社会和程序价值	持续性和安全价值
向上的可问责性	规制机构向财政部门就开支负责	规制机构向法院负责	公用事业企业向规制者负责
水平的可问责性	规制机构向审计部门就廉洁负责	监察部门对规制机构的审查	健康安全环保部门对规制标准的认可
向下的可问责性	公用事业企业向金融市场负责	公共服务提供者向消费者负责	对普遍服务要求的实现

资料来源：根据斯科特（2018）整理所得。

四、规制面临的挑战

20 世纪八九十年代以来,国际经济技术的发展、规制的理论和实践,都对规制带来了一系列的挑战。

(一)国际经济技术发展带来的挑战

20 世纪 90 年代以来,经济全球化、网络和数字技术的发展对规制提出了环境背景急剧变化的挑战。

经济全球化(economic globalization)是指世界上不同的国家和地区之间的经济活动超越国界,通过贸易、资本、技术、服务等各种经济要素的相互依存、相互联系而形成的全球范围共生、共享、共赢的有机经济体的过程。第二次世界大战以来,特别是 20 世纪 90 年代以来,经济全球化成为世界经济发展的重要趋势之一。

经济全球化的趋势提出了全球规制的客观要求,而现存的并与其直接相关的交流、竞争和合作国际协调机制,对全球规制提出了一系列的挑战。例如,经济合作与发展组织(OECD)始于 1998 年的跨国基准调查即规制审查,这一审查程序是完全自愿的;又如,撒切尔研究发现,在证券交易、电信和航空业中,规制竞争是法国、德国和意大利产业经济体制改革的主要原因之一(Thatcher,2007)。

数字技术(digital technology),是伴随着计算机的发展而兴起的一项科学技术,具体是指通过一定的设备,将各种信息转换成计算机可识别的二进制数字,再进一步运算、处理、存储、传播和还原的技术。网络技术(network technique)是 20 世纪 90 年代中期发展起来的一项新技术,它将互联网上分散的资源整合成一个有机的整体,实现资源的充分共享和协作,使人们能够透明地利用资源的整体能力,按需获取信息。

随着科学技术的发展,网络和数字技术改变了资源配置的方式,使得商业模式、产业组织、竞争格局、激励机制等,发生了一系列的变化。例如,网络和数字技术使得乐消费(即满足精神和心理需求的消费)在急速地膨胀,网络和数字技术使生产过程从同质向异质转变,平台企业成为连接生产与消费的主要渠道,网络与数字服务的初始成本非常大而边际成本几乎接近于零。因此,对于规制来说,网络和数字技术既带来了机遇,也提出了严峻的挑战。

世界经济论坛 2019 年年会的主题为"全球化 4.0:打造第四次工业革命时代的全球架构"。其创始人兼执行主席施瓦布(Klaus Schwab,2018)

指出，第四次工业革命的人工智能、无人驾驶汽车和物联网等领先技术，将在未来几十年内影响多个行业，并对数字世界产生重大影响。当今世界，全球化不会消失，而是不断深入。伴随第四次工业革命而来的挑战与迅速出现的生态约束、日益增强的多极化国际秩序，以及不断增长的不平等不谋而合。这些因素交织在一起，正在逐渐引导至全球化的新时代。这是全球化4.0的核心[①]。

因此，可以说，全球化的新时代能否改善人类生存和发展的状况，将取决于企业、地方、国家、区域，以及国际规制与治理能否迎接挑战，适时作出必要的调整。

(二) 规制理论带来的挑战

20世纪80年代以来，可竞争市场理论和激励性规制理论等对政府规制提出了理论上的挑战。

可竞争市场理论认为，当某个产业具有进入自由和退出自由即不存在进入和退出壁垒的条件时，即使产业内只有一个在位企业且拥有垄断利润，都必然会吸引潜在进入企业以相同的成本与在位企业展开竞争，在位企业只能制定垄断利润为零的可维持价格（sustainable price），并努力消除生产和管理上的低效率现象，这就是可竞争市场（Baumol et al., 1982）。按照可竞争市场理论，放松政府规制，消除产业的进入和退出壁垒，允许潜在进入企业的进入并实现与在位企业的竞争，将比传统政府规制下的自然垄断产业具有更高的效率和更大的社会福利。

以拉丰、梯若尔为代表所创立的激励性规制理论，运用委托代理理论分析规制俘获问题，在揭示规制俘获发生的机理、采取应对措施的选择等方面，都取得了重大的进展。它将激励理论引入规制俘获问题的分析中，并将解决规制俘获问题作为一个最优机制设计问题，在假定规制者和被规制企业的信息结构、约束条件和可行工具的前提下，运用双层委托代理关系框架，分析了规制者具有代理人和委托人的双重身份，以及规制者和被规制企业双方的行为特征和最优（或次优）利益权衡，并对规制俘获问题从机理上做了内生的分析，从而大大深化了规制俘获问题的研究，并为现实制定预防规制俘获发生的措施提供了有力的理论依据。

(三) 规制实践带来的挑战

20世纪80年代以来，各国规制的实践表明，规制具有显著的多样性。

[①] Schwab K. Grappling With Globalization 4.0 [N]. Project Syndicate, 2018-11-05.

具体包括：一是规范的多样性。如规范指南、公告和告知函等形式的广泛运用，目的在于在不使用正式法律的情况下，针对特定规制对象，展开相应的规制活动。二是控制机构的多样性。如将控制机构分为法律、社会规范、市场和规制架构，相对应为科层、社群、竞争和设计。相应的是从这四种基本类型发展而来的各种混合式控制模式。三是控制者的多样性。在国家层面，有政府部门、规制机构和法院等；在超国家层面，有国际专业性治理机构、国际性贸易协会、国际认证机构和信用评级机构，以及相关非政府组织等，都被正式授权为规制规则的执行者。四是被控制者的多样性。如对某些行业的规制，对某些行业的某些部分的规制，这些不同的选择将影响规制的效果（斯科特，2018）。以上规制实践的多样性给各国的规制带来了极大的挑战。

第二节　规制理论的演进

一、公共利益规制理论

公共利益规制理论是指，政府作为社会公共利益的代表，应公众的要求而为社会提供规制，来矫正市场活动带来的无效率和不公平，以达到维护公众利益和提高社会福利水平的目的。公共利益一般是指尽可能以最佳方式配置社会的稀缺性资源。从理论上讲，在一定条件下，通过市场手段配置稀缺性资源是最适宜的（Arrow，1985）。但在实践中，通过市场配置稀缺资源并不一定能够实现最优，就需要寻找更好的资源配置的方法（Bator，1958）。而政府规制正是提高资源配置效率的方法之一（Arrow，1970；Shubik，1970）。理查德·波斯纳认为，公共利益规制理论的前提条件，一是自由竞争的市场经济运行十分脆弱且效率低下；二是政府规制几乎不用支付成本（Posner，1974）。

公共利益规制理论有三个基本假设：第一，市场的自发运行比较脆弱，容易发生无效率和不公平，即产生市场失灵；第二，政府是应公众或社会的要求，对市场失灵做出无成本、有效率和慈善的反应，即规制；第三，政府是无所不知、无所不能和慈善的，能够实现社会福利最大化。

在这三个假设下，整个政府规制过程被看作政府从公共利益出发，针对私人竞争行为导致的市场失灵而采取的公共行政政策行为。具体表现为，政府及规制者要对被规制企业的进入数量、价格水平、服务条件（基础设施投入）和服务质量等，进行经济性规制。

根据公共利益规制理论，政府规制是修复市场缺陷和提高市场效率的重要手段。首先，规制可以通过促进、维持或模仿市场机制来优化资源配置。市场上对物品和产品的交换前提，就在于私人产权的界定、配置和主张以及契约自由（Pejovich，1979）。有组织的团队可以比个人更好地保护产权，并促使有效地履行契约。其次，产权和契约法律的出现，可以进一步降低市场交易的成本。缔约自由能够促成反对市场运作的当事人达成协作。但生产商之间达成的协议会使得产品价格偏离边际成本，导致大量商品无效率地投放市场。反垄断法通过监控市场势力的形成和运作，并禁止妨碍竞争协议的达成，来实现市场的公平竞争。最后，生产过程受市场供求变动影响的特性也导致了不完全竞争的出现。在特定的供求状况下，如果特定产品的生产集中到一个公司之手，将使得平均成本趋于最小化，这样就形成了自然垄断，如果几家公司都生产同样的产品，由于生产过程往往都需要大量的资金投入，所以带来了单位生产成本的上涨。这时随着生产量的增加，固定成本会逐渐减少。特别是在总的边际成本几乎不怎么增长的情形下，平均总成本有可能会持续下降（Baumol，1977）。在这些情况下，如果仅从生产效率的角度看，将产品集中在一家公司生产是适宜的。但垄断者通过设定高于边际成本的价格来实现利润的最大化，对生产效率的追求必然导致对社会福利的损害。自然垄断要么被置于国家控制之下，这在欧洲许多国家都非常普遍；要么就被置于高度的政府规制之下，这以美国尤为典型。就后者而言，规制包括设置市场准入壁垒、制定价格规则以提高配置效率（Braeutigam，1989）。政府通过规制来模拟市场运作以实现充分竞争。

二、利益集团规制理论

利益集团（有着共同利益和共同目标并试图对公共政策施加影响的正式或非正式组织）规制理论（the interest group theory of regulation）是指，利益集团寻求通过政府规制来增进其利益，从而在公共政策形成过程中发挥重要的作用（Berry，2009）。曼塞尔·奥尔森将利益集团分为初级集团和高级集团两类，前者是最基本的集团，建立在出生或家庭背景等（种族、民族、地区、宗教、性别等）特性基础上的团体，如生命权利集团，呼吁禁止堕胎；后者是自愿参加的团体，或者以经济、政治为目的设立的团体，如工业协会、商会，通过支持候选人当选来保护其经济利益（奥尔森，1995）。

经济性规制中的利益集团主要有生产者利益集团、潜在生产者利益集团、消费者利益集团等。社会性规制中的利益集团除经济性规制中的利益集团外，还有健康保护组织、安全保护组织和环境保护组织等社会利益集团。

早期政治学家开始将利益集团的概念引入政府规制的分析框架。施蒂格勒为代表的芝加哥学派继承和发展了这一理论分析范式，他们认为，在民主政体中，政府规制过程中利益集团存在的客观原因是，由于信息不对称和交易成本的存在，使得利益集团在规制法规和政策的制定程序中占据优势，最终导致利益集团能够从中获取垄断（信息）租金。

利益集团规制理论的分析范式是，基本假设有二：一是政府具有社会的基础性资源——强制权，行使强制权能够实现社会福利在不同社会成员之间的转移；二是规制的供给方（政府）与规制的需求方（利益集团）都是理性的经济人，可以选择不同的行为并通过二者的相互作用来实现各自的利益最大化。基本观点是，利益集团谋求在国家或行业的公共政策形成过程中施加影响，通过规制法律或政策的倾向性变化，来增加他们的利益。基本方法是标准的供求分析方法。

三、规制俘虏理论

规制俘虏理论（regulatory capture theory）是指，政府规制是为了满足产业对规制的需要而产生的，即规制立法者被产业所俘虏；而规制机构最终会被产业所控制，即规制执法者被产业所俘虏（Wiscusi et al.，1995）。一方面，在自然垄断产业，在位垄断企业都试图影响政府规制者，建立和实施对本产业有利的规制政策，导致了政府规制市场；另一方面，在自然垄断产业，一个或几个在位垄断企业都试图与政府规制者分享垄断利润，使政府规制者为了成为垄断利润的受益者而主动进行维护垄断利润的规制行动。

1972年，威廉·乔丹（William A. Jordan）在总结施蒂格勒和费里德兰德政府规制失效观点的基础上，分析了自然垄断产业以及自然垄断产业中的竞争性领域，得出政府规制不能改变产业价格，不能抑制垄断势力的结论，从而正式建立了规制俘虏理论（Jordan，1972）。规制俘虏理论的主要观点是，规制的立法者不断适应产业在位者对规制的需求，而提供或调整了规制；在这个过程中，立法者和规制机构也逐渐被产业在位者所控制（俘虏）。也就是说，不论规制法律或政策如何设计，规制立法者和规制机构对产业的规制，实际上都是被这个产业在位者俘虏的过程，其结果必然导致规制有利于产业在位者而不利于消费者。

从规制学说史的角度看，规制公共利益理论、利益集团理论和规制俘虏理论都称不上是真正的理论，而仅仅是一种假说和对规制经验的一种描述。其关键点和理论空白是，规制理论必须能够解释规制产生的客观性、放松规制的必然性和规制过程的科学性等问题。

四、规制经济理论

1971年，施蒂格勒发表了开创性的论文《经济规制论》（*Theory of Economic Regulation*），将政治行为纳入经济学的分析框架之中，首次运用经济学的基本范畴和供给-需求的分析方法，来分析规制如何产生问题，将规制看成经济关系中的内生变量，由规制的供给和需求共同决定，从而创立了规制经济理论。之后，佩尔兹曼（Peltzman，1976）和贝克尔（Becker，1983）等在施蒂格勒研究的基础上，进一步发展和完善了规制经济理论。

规制经济理论是指在整个经济中，如果要求政府保护，就可能因此获得较高的收益，但必须向规制者支付一定的成本。各个产业或集团在进行了成本收益比较后，作出要求或不要求政府保护（规制）的决策。在某些产业，有的集团支付了成本后，要求并得到了政府的保护；而有的集团未支付成本或支付少量成本则未得到政府的保护。这样，政府规制就成为一种特殊商品，根据供求关系来决定规制究竟为谁服务（Stigler，1971）。经典的规制经济理论包含施蒂格勒模型、佩尔兹曼模型和贝克尔模型。

（一）施蒂格勒模型

施蒂格勒模型的基本假设有：一是政府具有社会的基础性资源——强制权，行使强制权能够实现社会福利在不同社会成员之间的转移；二是规制的供给方（政府）与规制的需求方（利益集团）都是理性的经济人，可以选择不同的行为来实现自身利益最大化；三是集团内部存在阻碍集体选择行为的搭便车者，从而规制有利于生产者利益集团，大集团搭便车的情况比小集团更严重。

施蒂格勒模型的主要结论有：一是规制立法能够重新分配社会财富；二是立法者的行为目的是追求政治支持最大化；三是利益集团为了获得有利的规制立法而以提供不同的政治支持展开竞争。

需要进一步指出的是，在施蒂格勒模型中，信息和组织成本是重要的约束条件。因此，规模大的利益集团通常比规模小的利益集团信息成本和组织成本高，在提供不同的政治支持的竞争中处于不利地位。如消费者与生产者相比处于不利地位，成员多的小企业利益集团与成员少的大企业利益集团相比处于不利地位等。

（二）佩尔兹曼模型

佩尔兹曼模型的基本假设有：一是社会总福利的分配的制约条件是，一个利益集团福利的增加必须以另一个利益集团福利的减少为代价；二是消费者和生产者两大利益集团在规制立法的政治进程中，获取收益或缓解损失的能力不同，进入控制和价格确定既影响两大利益集团的成本收益，又反过来影响其对规制立法者的政治支持。

佩尔兹曼模型的主要结论有，一方面，国家的强制力足以强迫竞争，生产利润与政治支持二者呈正相关的关系，生产利润越大，生产者对规制立法者的政治支持率就会上升，反之则相反；另一方面，国家的强制力足以影响产品和服务价格，从而影响消费者剩余，产品和服务价格与政治支持二者呈负相关的关系，产品和服务价格越高，消费者对规制立法者的政治支持率就会下降，反之则相反。

因此，规制立法者政治利益的最优条件是，生产者利润和消费者剩余相互转移的边际替代率等于政治支持替代率。规制立法者的政治决策是在生产者和消费者之间寻求利益平衡的过程。过多地倾向生产者，会导致产品和服务价格上升，消费者利益受损，由此引起消费者的不满，导致消费者的政治支持率下降；过多地倾向消费者，会导致生产利润减少，生产者利益受损，由此引起生产者的不满，导致生产者的政治支持率下降。可以说，最优的进入控制和价格确定规制，就是生产者与消费者力量的均衡。

（三）贝克尔模型

贝克尔模型的基本假设有：一是社会上存在着两个利益集团，他们通过影响（施加压力）规制立法和政策来提高其集团的福利，影响（施加压力）与财富转移成正比；二是一个社会的总影响（总压力）固定不变，一个利益集团的影响（压力）大，另一个利益集团的影响（压力）必然就小；三是利益集团的影响（施加压力）是有成本的，也要进行成本—收益分析。

贝克尔模型的主要结论有，利益集团的影响（施加压力）的大小取决于：第一，在内部主要是耗费资源的数量，即投入成本的多少；而由集团内部成员数目引起的"搭便车"问题的重要性下降。第二，在外部一个利益集团的影响（压力）大小取决于另一个利益集团的影响（压力），规制立法和政策的政治决策过程必然导致"纳什均衡"。结果，规制立法和政策增加了具有更大影响（压力）的利益集团的福利。

五、回应性规制理论

回应性规制理论是指在规制制度和程序设计上，以激发并回应被规制者已经具有的自身规制能力，它试图维持必要的、最低水平的规制干预，以确保实现预期目标，同时保留进行更严格规制执法的能力和程序（斯科特，2018）。回应性规制理论是由伊恩·艾尔斯（Ian Ayres）和约翰·布雷斯维特（John Braithwaite）在《回应性管制：超越放松管制的争论》一书中提出的。该书构建了一套超越单纯依靠政府强制手段抑或市场机制的两级论断，综合运用强制与非强制、政府与非政府手段的混合规制模式。设计混合模式的核心是"金字塔"模型，强调应该从金字塔底层的非惩罚性措施开始，沿金字塔斜面逐步提高惩罚力度，只有在之前措施无效的情况下，再采用更高层次的应对方式。作者具体描述了"强制手段金字塔"（enforcement pyramid）（见图 1-1）和"规制策略金字塔"（regulatory strategy pyramid）（见图 1-2）。前者主要设计了规制者针对被规制者不同行为和反馈，应适度和逐级采用的不同强制手段；后者是规制者对整个行业规制策略的设计，也就是政府规制权何时及如何下放的问题（Ayres & Braithwaite，1992）。

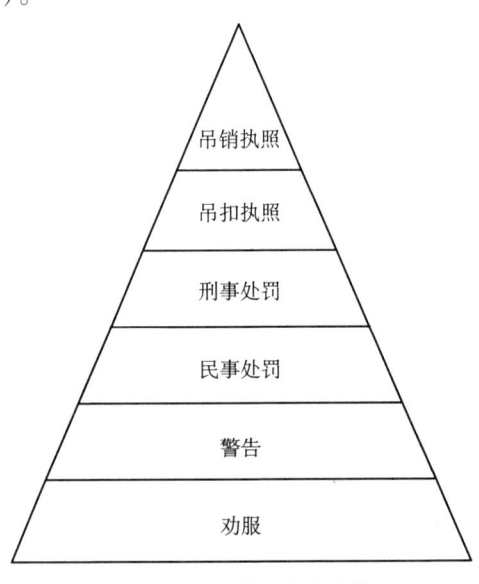

吊销执照

吊扣执照

刑事处罚

民事处罚

警告

劝服

图 1-1 强制手段金字塔

第一章 规制理论

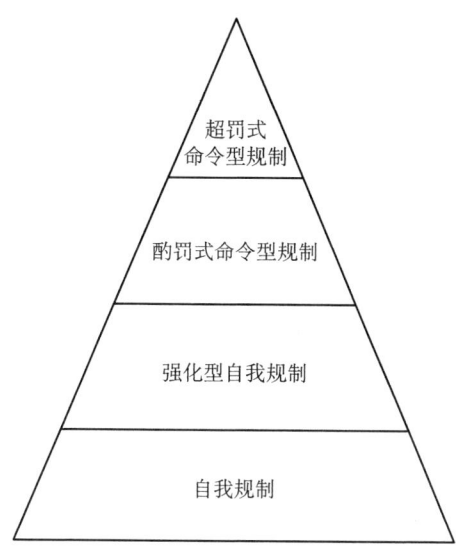

```
        超罚式
       命令型规制
      ─────────────
      酌罚式命令型规制
     ─────────────────
      强化型自我规制
    ─────────────────────
         自我规制
```

图 1-2 规制策略金字塔

在此基础上,《牛津规制手册》的作者之一尼尔·甘宁汉（Neil Gunningham）又提出了"执法金字塔"（见图 1-3）。强调，一是要依据金字塔体系，自下而上逐步选用执法力度更强的措施；二是存在一种可靠的顶端措施，一旦启用该措施，就有足够强大的威慑力来应对违法者（Gunningham, 1998）。

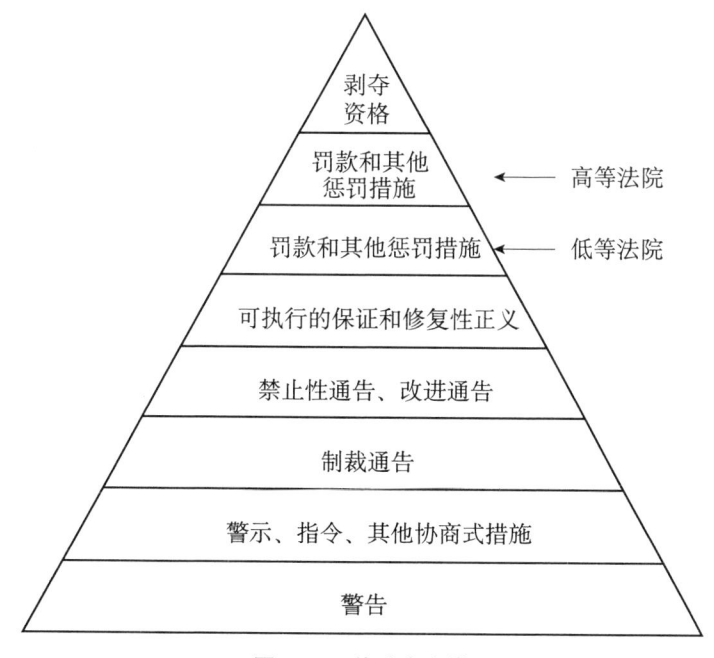

```
          剥夺
          资格
        ────────
        罚款和其他        ← 高等法院
        惩罚措施
       ──────────────
       罚款和其他惩罚措施    ← 低等法院
      ──────────────────
       可执行的保证和修复性正义
     ──────────────────────
        禁止性通告、改进通告
    ──────────────────────────
              制裁通告
   ──────────────────────────────
        警示、指令、其他协商式措施
  ────────────────────────────────
                警告
```

图 1-3 执法金字塔

概括来讲，回应性规制的特征是，以规制对象的回应为基础，对规制对象采取差别性待遇。以塑造规制对象积极的主体意识和能力为价值内核。以协同为手段，包括：重视协商对话的作用，建立不同规制主体间的合作关系，协调不同规制策略。以关系性为基石，一是把宏观全局和规制体制与微观层面（规制者与被规制者）的关系联系起来；二是重视信息的沟通、传递、认知等因素的影响；三是重视面对面近距离规制的重要性（杨炳霖，2017）。

第三节　发展、转型与规制理论

一、规制理论的渊源

探讨一个理论的渊源，一定要从学科谈起。从理论上讲，学科是指一定科学领域或一门科学的分支。人类的各种各样的实践活动产生了经验，经验的不断消化和积累而形成对主客观事物和活动的认识，通过思考、归纳、理解、抽象的认识逐步上升为知识，经过不断的运用和反复验证后的知识进一步发展而形成知识体系，从事科学研究和技术发明运用的群体将相对稳定的知识体系根据某些共性特征划分而成为学科。学科成熟的标志是，随着社会实践活动的发展和科学研究的不断探索，必然由该学科的开拓者提出基本概念、逻辑框架和研究体系，而后由后来者将其不断扩展、修改和完善，直到相对稳定和比较成熟。具体的标志是相应学科手册（handbook）的出版①。2006 年，迈克尔·A. 克鲁和戴维·帕克（Michael A. Crew & David Parker）编撰的《国际经济规制手册》（*International Handbook On Economic Regulation*），由爱德华埃尔加出版公司（Edward Elgar Publishing）出版。2012 年，罗伯特·鲍德温、马丁·凯夫和马丁·洛奇（Robert Baldwin, Martin Cave & Martin Lodge）编撰的《牛津规制手册》（*The Oxford Handbook of Regulation*），由牛津大学出版社（Oxford University Press）出版。

---

① 学科手册包括词条、文献综述和参考文献。目的在于为专业研究人员和高学位研究生提供最有权威的资料来源、参考文献和阅读素材。一般是对本学科的最前沿发展做出全面的总结，执笔人均为有关领域的一流学者。总结的范围不仅包括已被认同的成果，而且也涵盖来自专业杂志和探讨性文献所代表的最新发展。

学科的定位，一般包括学科渊源、学科内容、学科特征、学科体系、与相关学科的关系。从理论渊源上讲，规制经济学是从产业组织理论中演变发展而来的；同时，又与法律经济学①和公共管理学密切相关，相互补充。因此，从经济学、法学和管理学的视角，规制经济学的学科演变和定位如图1-4所示。

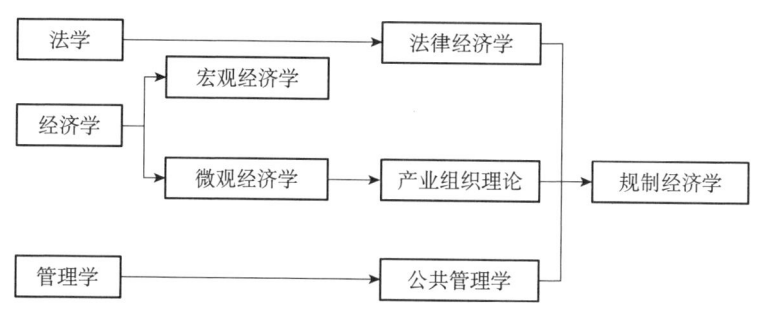

图 1-4　规制经济学学科演变和定位

我国现行的《学科分类与代码国家标准 GBT 13745-2009》简称《学科分类与代码》，主要依据学科的研究对象、学科的本质属性或特征、学科的研究方法、学科的派生来源、学科研究的目的与目标等五个方面进行划分。国际上经济学的分类通常采用 JEL 分类法（journal of economic literature classification system），现有 A-R、Y-Z 等 20 个类别，另 S-X 等 6 个类别空缺。按照 JEL 分类法，来描述规制经济学的定位和分支学科，如图 1-5 所示。

规制经济学的代表作有：第一，日本植草益教授的《微观规制经济学》（朱绍文、胡欣欣译，中国发展出版社 1992 年出版），这是介绍到我国的第一本专门讨论规制经济学的专著，在我国产生很大影响。

第二，卡恩（Alfred E. Kahn）著的《规制经济学：原理与制度》（*The Economics of Regulation*：*Principles and Institutions*）。该书于 1988 年由 MIT 出版，到 1998 年已七次重印。该书由规制的"经济原理"和"制度问题"两部分构成，堪称规制经济学的经典之作。

第三，史普博（Daniel F. Spulber）著的《管制与市场》（*Regulation and Market*，1989），余晖等译，1999 年由上海三联书店、上海人民出版

---

① 国内经常有人将法律经济学称为"法和经济学"，这是由于对英文的翻译过于依据字面造成的。法律经济学的英文为"law and economics"，但其内容是以经济学为基础来研究法律问题，本质上属于经济学而不是法学。

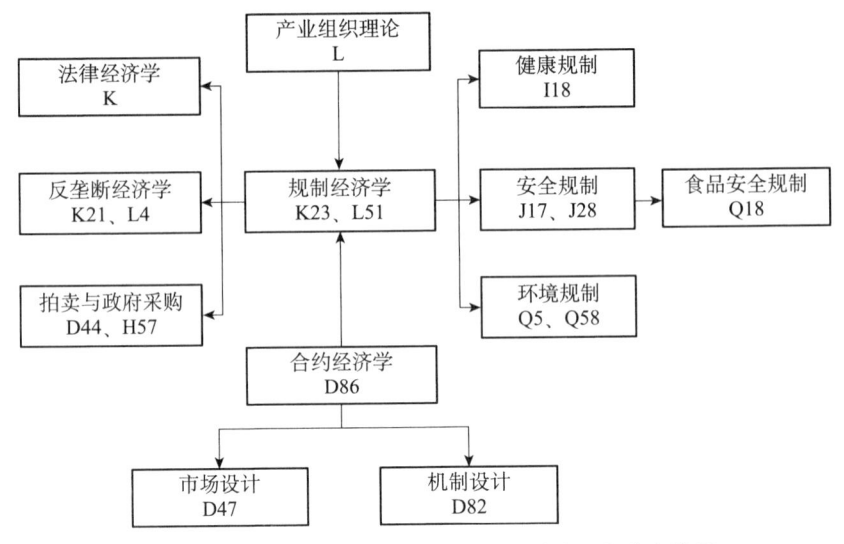

```
                    产业组织理论
                         L
    法律经济学                      健康规制
        K                           I18
   反垄断经济学      规制经济学      安全规制      食品安全规制
   K21、L4         K23、L51       J17、J28         Q18
  拍卖与政府采购                    环境规制
   D44、H57                       Q5、Q58
                    合约经济学
                       D86
              市场设计        机制设计
                D47          D82
```

图1-5 按照 JEL 分类的规制经济学的定位和分支学科

社出版。该书是一本倍受推崇的著作，该书分为对进入壁垒的管制、对外部性的管制和对内部性的管制三部分，并将博弈论方法与规制经济学融为一体，对法律经济学和规制经济学都有所突破。

第四，维斯库斯、弗农和哈林顿等（W. K. Viscusi, J. M. Vernon and J. E. Harrington）合著的《反垄断与规制经济学》（*Economics of Regulation and Antitrust*），该书1992年由 MIT 出版，陈甬军等译的为2000年第三版，2004年由机械工业出版社出版。该书分为经济性规制、社会性规制和反垄断三部分，是规制经济学的重要著作和教科书。

第五，让-雅克·拉丰和让·梯若尔（Jean-Jacques Laffont & Jean Tirole）合著的《政府采购与规制中的激励理论》（*A Theory of Incentives in Procurement and Regulation*），该书1993年由 MIT 出版，石磊、王永钦合译的为2002年第五版，2004年由上海三联书店、上海人民出版社出版。二位作者既是新规制经济学的创始人，又是信息经济学和机制设计理论的重要人物，这是一本专著式的教科书，用了十年左右的时间完成。本书最大的特点是将全书的理论分析建立在一个统一的框架之下——激励与抽租之间的权衡取舍。

第六，让-雅克·拉丰著的《规制与发展》（*Regulation and Development*）遗作的中文版2009年由中国人民大学出版社出版[①]，译者为聂辉

[①] 当让-雅克·拉丰教授于2004年5月突然不幸早逝时，《规制与发展》一书正在排版过程中。

华。该书为发展中国家的自然垄断产业和公共服务的规制，提供了第一个理论分析框架。在经典的委托—代理框架下，考虑到发展中国家薄弱的审计能力、没有政府的转移支付和规制者被俘虏等实际情况，发展了规制理论并为发展中国家提供了丰富的政策含义。该书堪称发展中国家的"规制指南"。

第七，王俊豪著的《政府管制经济学导论——基本原理及其在政府管制实践中的应用》。该书 2001 年由商务印书馆出版，是国内第一本研究规制经济学的专著，并于 2002 年荣获"孙冶方经济科学奖"。2016 年该书入选由商务印书馆组织出版的《中华当代学术著作辑要》，2017 年由商务印书馆第八次重印发行，2020 年该书入选国家社科基金中华学术外译项目翻译著作。

二、发展与规制理论

经典的规制理论，是以发达国家为研究对象，分析发达国家自然垄断产业和公共服务领域的规制、放松规制和再规制问题。其研究背景是已经实现了工业化和城市化，为提高自然垄断产业和公共服务领域的规制水平和效率，进一步进行市场化和民营化。其研究内容包括：一是自然垄断产业的准入、价格、质量和投资等规制问题；二是全社会各个产业的健康、安全和环境等规制问题。

从发展中国家及发展的视角来研究规制问题，与经典规制理论有明显的不同。它是以发展中国家为研究对象，分析发展中国家自然垄断产业和公共服务领域的规制、放松规制和再规制问题。其研究背景是正在进行工业化和城市化，并伴随着市场化和民营化，且其自然垄断产业和公共服务领域都具有与发达国家显著不同的特征。

所谓自然垄断（natural monopoly），是指由于存在着资源稀缺性和规模经济性、范围经济性（economics of scope）和成本弱增性（subadditivity of cost），使得在某个产业中，提供单一产品和服务的企业或联合起来提供多种产品和服务的企业，有很高的概率形成一家垄断公司或少数寡头垄断公司（植草益，1992）。

作为自然垄断产业，它具备以下经济技术特征：第一，网络性，由于自然垄断产业绝大多数需要完整统一和固定的物理网络来提供（传输）其产品和服务，这种网络供应系统规模越大，其系统性越强，就越具有网络型产业（network industries）的特征。虽然其前后两端的生产和服务具有一定的竞争性，但它仍然主要表现为自然垄断产业的特征。第二，规模经济与范围经济显著。首先，在单一产品和服务的产业中具有规模经济，是指随着产量的增加生产函数呈规模收益递增状态，一家企业大规模生产，比几家较小规模的企业同时生产更能有效利用资源（Clarkson & Miller, 1982）。其次，在多产品和服务的产业中具有成本弱增性和范围经济，是指一家企业生产多种产品的总成本小于多家企业分别生产这些产品的成本之和（Baumol, 1977; Sharkey, 1982）。第三，沉没成本大。所谓沉没成本（sunk cost）是指，当企业退出某一产业时，它的资产净价值与转为其他用途而重估（交易）价值之间的差额。由于自然垄断产业一般投资量大、周期长，资产的专用性强，如果中间改变投资方向，会受到少数交易者合谋的要挟，沉没成本将大大超过一般制造业。第四，高投入成本和低边际成本并存，在网络经济效益明显的产业中具有高投入成本和低边际成本并存的特征。这些产业初始投资越高，对产量和规模的要求越大；边际成本越低，企业的盈利空间也越大（李怀，2004）。

与发达国家相比，发展中国家的自然垄断产业具有以下特征：一是工业化水平低和城市化发展缓慢，使得发展中国家的自然垄断产业发展严重滞后；二是市场化程度低和市场发育不健全，使得发展中国家的自然垄断产业往往与行政垄断交织在一起，造成消费者福利的更大损失；三是计划程度高和行政干预强，使得发展中国家的自然垄断产业只能把有限的供给维持在一定的范围之内，导致公共产品的普遍服务长期不能实现。

发展中国家的自然垄断产业存在以下问题：长期投资不足与预算赤字并存，供给不足与需求过度并存，维持和扩大服务能力受到严重制约；产品和服务的价格长期低下和扭曲，既不反映成本也不反映供求关系；产业供给主体长期由垄断性国有企业独占承担，甚至是收支两条线的非企业单位；技术进步迟缓，生产效率低下，成本高昂，产品和服务质量低劣；随着城市规模的扩大和人口的增加，城市低收入区域和低收入人群得到普遍服务的现实性和可维持性明显下降。

公共服务是指由政府或经过政府授权的公共组织或未被授权的社会组织提供的，由社会成员共同消费的公共产品（准公共产品）和服务，这种服务具有非排他性和非竞争性特性。公共服务领域是指能源、交通运输、水利、环境保护、农业、林业、科技、保障性安居工程、医疗、卫生、养老、教育、文化等服务领域。与社会性规制相联系的公共服务领域是指医药卫生、生产者安全、产品安全、环境等领域。具体如图1-6所示。

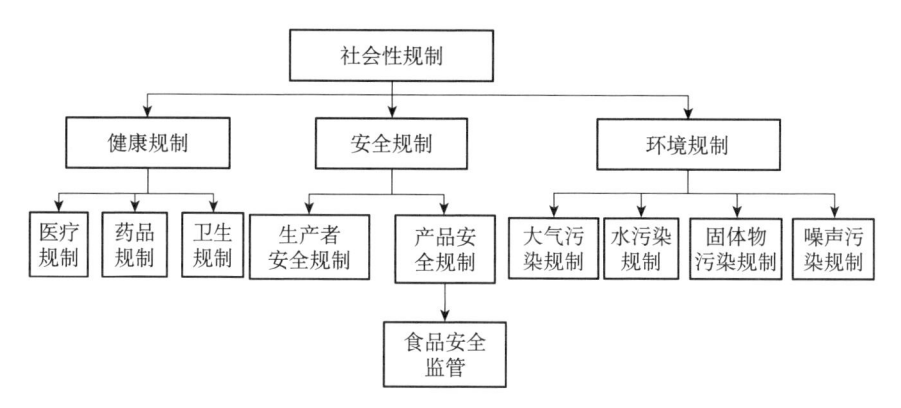

图 1-6　社会性规制的公共服务领域

与发达国家相比，发展中国家的公共服务领域具有以下特征：一是处于工业化和城市化加速发展时期，使得发展中国家的公共服务领域发展明显滞后于自然垄断产业和制造业；二是市场体系不完善和市场化过度并存，使得发展中国家的公共服务领域行政垄断与趋利性交织在一起，造成社会总福利的更大损失；三是法律法规、机构、（专业）人员等规制要素不健全和规制成本高，使得发展中国家的公共服务领域只能把有限的规制力量维持在一定的范围之内（如专项治理或专项整治），导致公共服务领域的规制问题虽有缓解但时有发生。

发展中国家的公共服务领域存在以下问题：在健康规制领域，医药卫生供给不足，全民医保体系不健全，尚处于国家基本药物目录初步调整阶段①，健康保障制度建设严重滞后等。在安全规制领域，生产者安全未得到雇主、生产者和政府等方面一致的、高度的重视，职业事故频发和职业卫生（健康）风险多发并存；产品（质量）安全未得到生产经营者的有效控制，产品质量问题导致竞争力低下，产品安全问题对消费者造成较大伤害。在环境规制领域，由于污染的负外部性成本低、收益高，普遍走上发达国家工业化时期"先污染、后治理"的老路。一些企业不履行保护环境的企业社会责任，无视环境规制，甚至违法违规严重破坏环境。

三、转型与规制理论

经典的规制理论，是以发达国家为研究对象，主要分析实行市场化和

---

①　世界卫生组织（WHO）于1977年正式提出，时至1997年有140个国家和地区制定了国家基本药物目录。我国于2009年启动国家基本药物目录，于2012年、2018年两次进行调整。

民营化背景下自然垄断产业和公共服务领域的规制、放松规制和再规制问题。

从转型国家及转型的视角来研究的规制问题，与经典规制理论有明显的不同。它是以转型国家为研究对象，分析转型国家自然垄断产业和公共服务领域的规制、放松规制和再规制问题。其研究背景是正在进行市场化和民营化，并伴随着工业化和城市化，且其自然垄断产业和公共服务领域都具有与发达国家显著不同的特征。

与发达国家相比，转型国家的自然垄断产业具有以下特征：一是市场化水平低和民营化发展较慢，使得转型国家的自然垄断产业发展严重滞后；二是国有企业和国有事业单位仍然占有相当的比重，使得转型国家的自然垄断产业往往与行政垄断交织在一起，造成消费者福利的更大损失；三是计划程度高和行政干预强，使得转型国家的自然垄断产业的价格不能反映其真实成本，导致公共产品的供给普遍不足。

与发达国家相比，转型国家的公共服务领域具有以下特征：一是处于市场化和民营化剧烈转变时期，使得转型国家的公共服务领域趋利性明显增强而发展参差不齐；二是市场体系不完善和市场化过度并存，使得转型国家的公共服务领域"政府失灵"与"市场失灵"趋利性交织在一起，造成社会总福利的更大损失；三是计划经济和行政干预的传统思维和习惯未能彻底转变，使得转型国家的公共服务领域的规制成本与收益扭曲，导致公共服务领域规制的长效机制构建缓慢。

四、规制理论的演进

规制理论大致经历了公共利益规制理论、利益集团规制理论、规制俘虏理论、规制经济理论、回应性规制理论、激励性规制理论等多个阶段的演进过程，而拉丰、梯若尔等人发展的激励性规制理论是规制理论的经典。但是，该理论并不完全适用于发展中国家与转型国家，因而需要针对性进行拓展和深化。其中，拉丰在其遗作《规制与发展》中开启了发展中国家情境下的理论拓展，但转型国家情境下的理论拓展至今尚未形成系统。下面在对激励性规制理论的演进梳理的基础上，就转型国家情境下的理论拓展进行探索，并讨论了"发展、转型与规制"所面临的挑战。

（一）经典规制理论

规制理论最初聚焦于对垄断尤其是自然垄断的考察，其核心是拉姆齐－布瓦德（Ramsey-Boiteux）模型，主要观点是：如果垄断企业通过向消费者收费的方式来收回成本，则规制机构可以按照拉姆齐定价法对其进行规制，从而实现社会福利最大化。所谓拉姆齐公式（如式 1 - 1），是指每种产品的价格—边际成本比（或勒纳指数）与该产品的需求价格弹性 η 成反比。根据该公式，规制者得到社会最优价格。

$$\frac{p-c}{p}=\frac{1}{\eta} \qquad (1-1)$$

如果完全信息等假设成立，规制机构可以基于拉姆齐公式实现最优规制。但是，拉姆齐 - 布瓦德模型存在较多问题。首先，该模型假定企业完全靠收费来弥补成本，政府不会对其进行转移支付。然而，社会最优的价格必须等于边际成本，企业的固定成本应当由政府来予以补偿，而不应计入对消费者的收费，否则将扭曲消费。其次，要按拉姆齐公式进行规制，规制机构必须有关于成本和需求的完全信息，这显然是不现实的。最后，拉姆齐公式假定企业的成本函数和需求函数都是外生的，企业管理者和员工的行为不会对其产生影响。也就是说，拉姆齐 - 布瓦德模型没有考虑规制中的激励问题，即忽略了被规制者主观能动性的作用。正因为早期规制理论存在着诸多不足，西方国家的规制实践经历了从规制、放松规制到再规制的多个阶段。

考虑到规制实践中面临的信息不对称、激励有效、规制俘虏等问题，拉丰和梯若尔对理论进行了拓展。他们将信息不对称、激励问题等引入模型，并将规制问题当作一个最优机制设计问题来考察。拉丰和梯若尔在经典的委托—代理理论框架下，以规制方"抽租—激励权衡"和被规制方"成本—收益权衡"为核心，建立了以自然垄断行业为主要分析对象的基础模型（以下称之为"LT 模型"）。该模型适用于供水、供热、垃圾处理、轨道交通等城市公用事业以及电信、电力等网络产业，经过扩展后还可用于分析更加丰富的情形。

在 LT 模型中，假设一家自然垄断企业提供供水、供热等公共服务，其生产水平为 q，相应给消费者带来的效用为 $S(q)(S'>0, S''<0)$。同时，$P(q)$ 为需求函数，$\eta(p)$ 代表消费者的需求价格弹性。也就是说，消费者的净剩余为 $S(q) - qP(q)$。与过去假定成本函数外生给定不同，垄断企业的成本函数具有如下形式：

$$C = C(\beta, e, q\cdots) + \varepsilon \qquad (1-2)$$

其中，β 是技术水平等企业特征（$C_\beta > 0$）[1]，e 是企业经理投入的努力或

---

[1] 其中，下标表示偏导数。

降低成本的活动（$C_e<0$；$C_{ee}\geq 0$），噪音项 ε 表示成本方面的预测误差或会计偏差。一般情况下，β 和 e 均为一维参数，特别是前者为逆向选择参数，后者为道德风险参数。在投入努力水平 e 后，企业经理会遭受货币维度的负效应 $\psi(e)$，其满足 $\psi'(e)>0$、$\psi''(e)>0$、$\psi'''(e)\geq 0$。如此，激励问题就被引入规制问题中，并且包括逆向选择和道德风险两个维度。

在 LT 模型中，规制机构与被规制企业之间存在着多重信息不对称。一方面，虽然逆向选择参数 β 的概率分布是共同知识，但规制机构并不具有完全信息。也就是说，企业分别以 v 和 $1-v$ 的先验概率属于 $\beta=\underline{\beta}$ 和 $\beta=\bar{\beta}$ 两种类型。另一方面，道德风险参数 e 是企业的私人信息。特别是，即使企业的成本 C、产出 q 和价格 p 是可以验证的，但规制机构并不能有效区分成本的组成部分。信息不对称的引入使得对激励问题的探讨十分必要。

企业是追求利润最大化的经济主体，其行为必须满足参与约束。因此，与过去假定规制外生不同，在 LT 模型中规制是一个内生变量。换句话说，如果规制机构提供的规制合约无法满足企业的参与约束，即不能保证企业获得最低的预期效用水平，则企业可以拒绝遵守规制合约或拒绝生产。于是，规制机构需要妥善处理好激励问题，这就可能需要政府对企业进行货币转移支付。政府的转移收入来自公共资金（或税收），而获取公共资金需付出影子成本 λ。也就是说，如果政府要获得 1 单位的税收，其实际产生的社会成本为 $1+\lambda$。如果企业的利润全部上交，然后由政府弥补企业的成本 C，并向其提供转移支付 t，此时，企业的目标为最大化效用 $U=t-\psi(e)$。

规制机构是规制合约的设计者，但规制合约需要匹配相应的被规制企业。因此，规制合约并非是单一的，而是一个规制菜单。在该菜单下，被规制企业进行相应决策。传统规制理论假定规制机构是仁慈的，即其目标是最大化社会总剩余（一般为消费者剩余和企业剩余之和）。但是，规制机构并不总是仁慈的，它也有追求自我利益的动机，也即其目标是最大化消费者剩余和部分企业剩余之和。政府每向企业转移 1 单位货币，将造成社会福利损失 λ 单位。因此，抽取企业租金是规制的重要目标之一。相应地，LT 模型引入了规制机构自身的权衡，即激励—抽租权衡。

如此，LT 模型从信息结构、约束条件、可选规制工具等方面对原有规制理论进行了拓展，实现了激励问题的内生化。在成本函数中引入产品类型、质量等变量，即 $C=C(\beta,e,q_1,q_2\cdots,q_n)+\varepsilon$ 或 $C=C(\beta,e,q,s)+\varepsilon$，

LT 模型还可以用于考察多产品企业规制、产品质量规制、多企业规制、单一企业多期规制等更加符合现实的规制问题。特别地，LT 模型的一个重要观点是：由于这些因素的存在，规制机构只能实现次优（second best）结果，而无法获得最优（the best）结果。也就是说，激励性规制理论的目标是实现社会最佳规制而非最优规制。

毫无疑问，作为经典规制理论的核心，LT 模型使得规制理论能够更加真实地刻画规制问题，这为发达国家的规制实践尤其是公共服务改革提供了可行的规范性分析框架和重要的理论指导。

（二）发展视角下的理论扩展

根据经济社会发展阶段和水平，通常将世界各国划分为发展中国家与发达国家两类。以 LT 模型为代表的激励性规制理论是在西方发达国家的规制实践中发展形成的，而将其直接运用到发展中国家必然面临"水土不服"问题，国际货币基金组织、世界银行等国际银行机构在发展中国家推行公共服务自由化和民营化改革所面临的困境与阻碍就是典型证明。只有将发展中国家的特殊性纳入分析框架，激励性规制理论才有可能指导发展中国家的公共服务改革。对此，拉丰率先进行了尝试和探索，建立了针对发展中国家规制问题的理论分析框架（拉丰，2009）。

规制理论重点研究电信、电力、天然气、自来水、交通、邮政服务等公用事业领域，随着经济、社会和技术的发展变化，发展中国家也相继开展了公用事业的自由化和民营化改革。与西方发达国家相比，发展中国家具有一些非常典型的特征，这些特征会直接对公用事业领域的自由化改革产生影响，并要求有相适应的政府规制方式。

具体而言，发展中国家的典型特征包括：其一，公共资金的社会成本较高，且更多是政府通过扭曲性税收集资所造成的无谓损失；其二，缺乏完备的会计和审计体系，对被规制者行为进行有效监督的能力较弱；其三，私下进行转移支付的内部成本较低，存在非常普遍的行政腐败；其四，有些国家政治体制稳定性较差，政府难以提供长期、可信的承诺；其五，法治较为薄弱，法律和契约的实施能力较差；其六，金融市场发展不足，面临较强的金融约束。特别是，发展中国家处于发展进程之中，这些特征的强弱也在不断发生变化。

规制理论要适用于发展中国家，就必须将这些特征纳入分析框架之中。拉丰以最简单的基准情境开始这一工作。假设规制者是仁慈的，其目标是最大化社会福利。为此，它能够向被规制垄断企业提供转移支付 $\hat{t}$。

单位转移支付的筹集会造成社会成本 $\lambda > 0$，因而消费者的净福利为：

$$S(q) - qP(q) - (1+\lambda)\hat{t} \tag{1-3}$$

此时，垄断企业的福利为：

$$U = \hat{t} + qP(q) - (\beta - e)q - K - \psi(e) \tag{1-4}$$

其中，企业的生产成本包括可变成本 $(\beta-e)q$ 和固定成本 K 两部分。如果成本 C 和销售额 $qP(q)$ 是事后可观察的，则可以遵循会计惯例，即规制机构支付成本并得到销售额，同时给企业提供一笔净转移支付：

$$t = \hat{t} + qP(q) - (\beta - e)q - K \tag{1-5}$$

于是，企业的效用函数为 $U = t - \psi(e)$，消费者的效用函数为：

$$V = S(q) + \lambda qP(q) - (1+\lambda)[(\beta-e)q + K + \psi(e)] - (1+\lambda)U \tag{1-6}$$

规制机构的目标是社会福利最大化，即：

$$W = V + U = S(q) + \lambda qP(q) - (1+\lambda)[(\beta-e)q + K + \psi(e)] - \lambda U \tag{1-7}$$

如果规制机构能够观察到 β 和 e，则其受到的唯一约束就是企业的参与约束，即 $U \geq 0$。此时，可以得到相应的拉姆齐定价公式：

$$\frac{p - (\beta - e)}{p} = \frac{\lambda}{1+\lambda} \frac{1}{\eta(p)} \tag{1-8}$$

与标准的拉姆齐公式相比，式（1-8）的含义是：最优定价同时受被规制企业行为与公共资金社会成本的影响。然而，现实中规制机构不可能具有完全信息，对于发展中国家而言尤其如此。也就是说，规制机构无法观察企业经理的努力水平 e 以及企业的实际技术水平 β，仅知道 β 取 $\underline{\beta}$ 和 $\bar{\beta}$ 的概率分别为 v 和 $1-v$。此时，规制机构就只能根据显示机制来实现最佳规制。

用 $c = (C - K)/q = \beta - e$ 表示边际成本，则相应的显示机制就是 $\{(\underline{t}, \underline{q}, \underline{c}); (\bar{t}, \bar{q}, \bar{c})\}$，它们分别为 $\underline{\beta}$ 和 $\bar{\beta}$ 两种类型对应的规制合约。在满足两种类型企业的参与约束下，规制机构的最佳规制是：

$$\psi'(\underline{e}) = \underline{q}; \quad \frac{\underline{p} - (\underline{\beta} - \underline{e})}{\underline{p}} = \frac{\lambda}{1+\lambda} \frac{1}{\eta} \tag{1-9}$$

$$\psi'(\bar{e}) = \bar{q} - \frac{\lambda}{1+\lambda} \frac{v}{1-v} \Phi'(\bar{e}); \quad \frac{\bar{p} - (\bar{\beta} - \bar{e})}{\bar{p}} = \frac{\lambda}{1+\lambda} \frac{1}{\eta} \tag{1-10}$$

其中，$\Phi(\bar{e}) = \psi(\bar{e}) - \psi(\bar{e} - \Delta\beta)$。同时，高成本企业没有获得信息租金 $\bar{U} = 0$，而低成本企业获得租金 $\underline{U} = \Phi(\bar{e})$。也就是说，低成本企业获得了一定比例的成本补偿。

拉丰主要从三种情境对基准模型进行拓展。第一种情形是规制机构的成本审计和监督能力薄弱，导致成本审计结果太不完美以至于无法使用。于是，显示机制只能依赖于转移支付和生产水平：$\{(\underline{t}, \underline{q});(\bar{t}, \bar{q})\}$，而企业的效用函数为：

$$U = t - (\beta - e)q - \psi(e) \quad (1-11)$$

相应地，可以得到最佳规制：

$$\frac{\underline{p} - [\underline{\beta} - e^*(\underline{q})]}{\underline{p}} = \frac{\lambda}{1+\lambda}\frac{1}{\eta} \quad (1-12)$$

$$\frac{\bar{p} - [\bar{\beta} - e^*(\bar{q})]}{\bar{p}} = \frac{\lambda}{1+\lambda}\frac{1}{\eta} + \frac{\lambda}{1+\lambda}\frac{v}{1-v}\frac{\Delta\beta}{\bar{p}} \quad (1-13)$$

与之前相比，高成本企业的定价更是出现了扭曲，这是因为：由于缺乏成本审计能力，规制机构无法通过成本补偿来进行规制；规制机构只能通过提高价格、降低 $\bar{q}$，以减少低成本企业可以获得的信息租金 $\Delta\beta\bar{q}$。

第二种情形是因为筹集公共资金的社会成本过高，政府不能使用或者不被允许使用转移支付。此时，被规制企业的销售额就是其能够获得的回报。相应地，企业的效用函数为：

$$U = qP(q) - (\beta - e)q - K - \psi(e) \quad (1-14)$$

同时，假设规制机构可以观察到边际成本 $c = \beta - e$，则相应的显示机制为 $\{(\underline{c}, \underline{q});(\bar{c}, \bar{q})\}$。此时，拉姆齐定价公式有如下形式：

$$\psi'(\underline{e}) = \underline{q}; \frac{\underline{p} - (\underline{\beta} - \underline{e})}{\underline{p}} = \frac{\mu_1}{1+\mu_1}\frac{1}{\eta} \quad (1-15)$$

$$\psi'(\bar{e}) = \bar{q} - \frac{\mu_1}{1+\mu_2}\frac{v}{1-v}\Phi'(\bar{e}); \frac{\bar{p} - (\bar{\beta} - \bar{e})}{\bar{p}} = \frac{\mu_2}{1+\mu_2}\frac{1}{\eta} \quad (1-16)$$

其中，$v\mu_1$ 和 $(1-v)\mu_2$ 分别是低成本企业和高成本企业约束条件的乘子。这些式子表明，最佳定价取决于产业的固定成本水平。与之前允许转移支付的情形相比，现有情形下最佳价格将随着固定成本的高（或低）而上调（或下调）。也就是说，当没有转移支付但成本可以观察时，规制机构的最佳规制是：将价格作为可观察边际成本的函数 [即 $p = p(\beta - e)$]，在回报高成本企业成本的同时允许低成本企业获得一笔信息租金。特别是，如果企业的成本事后不可观察，则规制机构的唯一选择是将价格约束在一个集合中，即 $p \in P$。

第三种情形是腐败普遍存在，规制机构的规制者可能被俘虏，他与被规制企业合谋获取收益。先假定规制机构仍然是仁慈的，他通过所属规制者来解决信息不对称问题。换句话说，规制者收集与企业成本 β 有关的信息。假设规制者观察到一个属于 $\{\underline{\beta}, \varphi\}$ 的信号 σ，并将其报告给规制机构。同时，假定 $\beta = \underline{\beta}$ 时，规制者以 ξ 的概率观察得到，以 $1-\xi$ 的概率观察不到。而当 $\beta = \bar{\beta}$ 时，规制者什么也观察不到（这是腐败产生的重要前提）。其中，信号 $\sigma = \underline{\beta}$ 是可以证实的。当 $\sigma = \underline{\beta}$ 且规制者如实报告信息时，规制机构选择拉姆齐模型中完全信息下的最佳规制方案 $\psi'(\underline{e}^*) = \underline{q}^*$。当 $\sigma = \varphi$ 时，规制机构更新自己的信念：

$$\Pr(\beta = \underline{\beta} \mid \sigma = \varphi) = \frac{v(1-\xi)}{(1-v)} = \hat{v} \quad (1-17)$$

同时，在这一信念下选择不完全信息下的最佳规制方案：

$$\psi'(\underline{e}^*) = \underline{q}^* ; \psi'(\bar{e}) = \bar{q} - \frac{\lambda}{1+\lambda} \frac{\hat{v}}{1-\hat{v}} \Phi'(\bar{e})$$

$$= \bar{q} - \frac{\lambda}{1+\lambda} \frac{v(1-\xi)}{(1-v)} \Phi'(\bar{e}) \quad (1-18)$$

此时，价格由拉姆齐定价公式决定。由于 $\psi'(\bar{e}) > 0$，故 $\bar{e}$ 关于 $1-\xi$ 递增，这意味着规制者的存在使得规制合约倾向于高能激励。当 $\sigma = \varphi$ 时，规制机构相信企业属于低成本类型的概率更低，因而更愿意让渡一笔信息租金，以激励其投入更高水平的努力。

事实上，在发展中国家腐败是常见现象，即规制者并不是仁慈的，他有自己的效用函数 $R(s) = s \geq 0$。其中，s 是规制者的收入。当 $\sigma = \underline{\beta}$ 时，规制者可以与企业合谋，双方从隐藏信息中获利，即：合谋的总收益为信息租金 $\Phi(\bar{e})$，企业将其中占比为 $k \in (0,1)$ 的一部分作为贿赂转移给规制者。要避免合谋，规制机构可以在规制者报告可证实信号 $\sigma = \underline{\beta}$ 时，给予其一定的奖励 $\underline{s}$，且 $\underline{s} \geq k\Phi(\bar{e})$。毫无疑问，规制机构的最佳选择是提供一个防范合谋的合约，但奖励规制者将带来额外的期望成本：$\lambda v \xi \underline{s} = \lambda v \xi k \Phi(\bar{e})$。其中，成本 $k\Phi(\bar{e})$ 产生的概率为 $v\xi$，即：如果规制者的福利被包括在规制机构的社会福利函数之中，则一个已被确认为高效率的企业是乘以 λ 而非 $1+\lambda$。在这种情况下，规制机构的最佳规制方案如下（价格同样为拉姆齐定价）：

$$\psi'(\underline{e}^*) = \underline{q}^* ; \psi'(\bar{e}) = \bar{q} - \frac{\lambda}{1+\lambda} \frac{v}{1-v}[(1-\xi) + k\xi] \Phi'(\bar{e})$$

$$(1-19)$$

式 (1-19) 表明：当 $k=0$ 时，规制方案与规制者仁慈情形下的结果一致；而当 $k=1$ 时，规制方案与不存在收集信息的规制者时的结果一致。

也就是说，规制者的非仁慈使得激励强度弱化。

通过上述三种情形下的拓展，拉丰构建了适用于发展中国家的基本框架，其主要结论如下。

第一，如果成本可以审计且转移支付可行，政府规制的激励强度会随着公共资金的社会成本增加而递减。当缺乏成本审计能力时，规制机构的最佳选择是让企业成为成本节约的剩余获取者，因而最佳激励与公共资金的成本无关，仅与生产成本有关。更高的公共资金成本将引致更高的定价，以及更低的生产水平和努力水平。

第二，如果不能进行转移支付但成本可以观察，最佳规制也同样独立于公共资金的成本。为了减少被规制企业的信息租金，规制机构必然会提高激励强度，而更高的价格会使得部分消费者无法得到公共服务。此时，如果政府通过社会政策补助这些消费者，则公共资金的更高社会成本将引发更严重的扭曲、更大的机会成本以及更低的激励强度。如果规制机构只能采取价格上限这种规制工具，最佳的努力水平将依赖于生产水平，而公共资金社会成本的提高将进一步压低产量和努力水平。

第三，腐败程度的提高将减弱激励强度，这是因为激励强度越高，低成本企业的信息租金就越多，其俘获规制者的激励也就越大。为减少向规制者提供激励的成本，弱化激励强度、减少合谋/贿赂的收益无疑是重要手段。事实上，如果规制机构通过监督可以一定概率观察到企业的努力水平，则仁慈的规制者可以促成高能激励机制的出现。但类似地，规制者腐败的可能性又要求弱化激励强度并最终削弱规制者腐败的可能性。同时，为减少成本观察方面的投入，加强激励又是必要的。因此，当存在多维度的合谋/腐败时，腐败程度的提高对激励程度的影响是不确定的。

基于拓展后的模型，拉丰对发展中国家公共服务改革中面临的承诺与实施、接入定价、普遍服务以及规制机构的设计等问题进行了全面探讨，从而为发展中国家解决规制"失灵"问题提供了一定启示。

（三）转型视角下的再扩展

从经济体制角度，可以将世界各国分为计划经济国家、转轨经济国家或转型国家与市场经济国家三大类。其中，发达国家都属于市场经济国家，而发展中国家既有市场经济国家，也有转型国家和少数几个计划经济国家。当前，转型国家均为发展中国家，而中国既是最大的发展中国家，也是最大的转型国家（本书称之为发展中和转型双重国家）。由于处于从计划经济体制向市场经济体制的转型过渡阶段且经济发展水平相对较低，转型国家在体制机制以及相应的经济社会基本面上与发达国家存在显著差异，其突出特征是：市场化、民营化不足与市场化过度同时存在；行政垄断、指令经济等计划经济色彩依然较为浓厚；公共服务领域公益性不足、私益性过度普遍存在；市场供给不足与产能严重过剩等结构性矛盾突出；等等。相应地，在政府规制方面，转型国家与发达国家面临着不同的问题与约束。因此，即使是纳入发展中国家特征并加以拓展的规制理论也并不能直接适用于转型国家，进一步扩展理论分析框架具有重要的理论和现实意义。

在转型阶段，政治、经济、社会等各个方面均有更高程度的复杂性，这意味着我们很难构建适用于转型国家所有规制问题的政府规制理论基准模型。相反，更加可行的做法是首先针对具体问题进行相应的规范分析与实证分析，然后进一步提炼归纳转型国家规制问题的重点和要点，最后以此为基础尝试构建规范的基准模型。本书将着重进行前两个步骤的分析与考察，从而为"转型"视角下规制理论的拓展奠定基础。现在，我们从以下三个方面初步探讨转型视角下规制理论拓展的主要方向。

1. 规制机构的多重目标

传统规制理论通常假设规制机构的目标是最大化社会福利（即 $\max(V+U)$），激励性规制理论则假设规制机构部分成员可能会追求一定的私人利益（即 $R(s)$）。但实际上，转型国家规制机构的目标可能具有多重性。

从涉及对象来说，可以将规制机构的目标分为社会利益、部门利益和私人利益。其中，社会利益与私人利益分别对应"仁慈"的规制者（即最大化社会福利）和"不仁慈"的规制者（即出现腐败）两种情形，而部门利益是转型国家规制机构普遍追求的一种目标。受计划经济体制影响，政事不分、事企不分是转型国家的典型特征。相应地，规制机构与部分被规制企业（即国有企业、事业单位或由国有企事业单位转制形成的一般企业）具有共同利益。所以在进行实际规制时，规制机构就可能追求部门利益，即规制机构所在部门或政府部门的整体利益。

考虑到这些因素，需要拓展转型国家规制机构的目标函数，即假定规制机构的目标是最大化消费者剩余和垄断企业剩余的加权组合：$\max[\gamma V+(1-\gamma)U]$（$0 \leq \gamma \leq 1$）。其中，垄断企业是国有企事业单位或其转制后的一般企业。具体地，可以将规制机构的目标分为五种类型：（1）规制机构完全追求部门利益，即 $\gamma=0$；（2）规制机构追求一定的部门利益（包括规制者的私人利益），即 $0<\gamma<0.5$；（3）规制机构追求社会利益最大化，即 $\gamma=0.5$；（4）规制机构更倾向于保障消费者剩余，即 $0.5<\gamma<1$；（5）规制机构的目标是最大化消费者福利，即 $\gamma=1$。

需要强调的是，$0.5<\gamma\leqslant1$ 表示包括规制机构在内的政府部门更加注重社会公平。同时，$\gamma=1$ 的含义是：被规制企业作为政府部门的一部分承担提供公共服务的职能，而政府部门通过财政拨款方式为被规制企业提供必要资金。也就是说，被规制企业承担着办社会职能。对于转型国家来说，除了 $\gamma=0$ 这种极端情形外，其他四种情形都是存在的。

2. 规制机构的不同约束

在以 LT 模型为代表的激励性规制理论中，规制机构在满足被规制企业参与约束和激励相容约束的条件下进行最佳规制决策。也就是说，规制机构所受约束主要是企业的参与约束与激励相容约束。以享有政府转移支付的高成本垄断企业为例，即：

$$\overline{U} = t - (\beta - e)q - \psi(e) \geqslant 0 \qquad (1-20)$$

$$\overline{U} = \max_e\{\bar{t} - (\bar{\beta} - e)\bar{q} - \psi(e)\} \geqslant \max_e\{\underline{t} - (\bar{\beta} - e)\underline{q} - \psi(e)\}$$

$$(1-21)$$

而在转型国家中，规制机构所受约束却可能完全不同。换句话说，规制机构的最佳决策并不是从原有的激励—抽租权衡中得到的。一方面，如果被规制企业具有国有企事业单位属性，则规制机构在进行规制决策时并不必然需要考虑相应的参与约束和激励相容约束。相反，规制机构可以通过强制性行政命令来要求被规制企业遵从规制。另一方面，受计划经济影响，规制机构可以使用的规制工具本身存在限制。以价格规制为例，政府部门通常会从社会公平与稳定的角度来设定最高价格限制，且这一最高价格远低于成本收益权衡下的最高价格。因此，规制机构在进行规制决策时，必须服从外生给定的价格限制，即 $p \leqslant \hat{p}$。此时，规制者面临的决策如下：$\max[\gamma V + (1-\gamma)U] s.t. p \leqslant \hat{p}$。

3. 被规制企业的类型多样性

现有规制理论一般假定，被规制企业[①]有高成本和低成本两种类型。对于发达国家而言，这种简单假定较为合理，因为市场经济体中企业的大部分差异最终均可归结为成本差异。但在转型国家中，如果继续沿用这一

---

① 在中国，政府规制的对象既包括从事市场经营活动的企业，也包括提供公益服务的事业单位和非营利机构。这里，我们用被规制企业指代所有被规制对象。

假定，那么规制理论的分析结果将严重缺乏对现实的预见性和指导价值。这是因为，转型国家的企业在很多维度上都存在显著差异，而这些差异很多都无法归结于成本差异。

在转型国家中，企业的核心差异包括三个方面：一是源自技术、企业规模等方面的成本差异；二是所有制差异；三是与所有制密切相关的垄断性质差异。根据所有制分类，可以将企业分为国有企业、集体所有制企业、混合所有制企业、私营企业、外资企业等类型①。而按照垄断性质分类，可以将企业分为自然垄断企业、行政垄断企业、双重垄断企业、非垄断企业等类型②。毫无疑问，不同类型的企业在目标和约束方面存在显著差异。在进行最佳规制决策时，规制机构必须将这些考虑在内，否则将无法实现最佳规制效果。

（1）被规制企业的目标多样性。任何企业都是追求多目标的法人主体，其中利润最大化是核心目标之一。因此，主流经济学假定企业是追求利润最大化的理性经济人。事实上，企业的经营目标是由多个指标组成的，但不同类型的企业赋予各个指标的权重存在差异。例如，国有企业既要追求利润最大化，也要兼顾服务范围最大化、资产规模最大化等目标。因此，被规制企业的效用并不仅仅取决于利润 M，而是由不同因素共同决定，即其效用函数为 $U(\varphi_1 M, \varphi_2 S, \varphi_3 A, \cdots)$。其中，$S$ 表示服务范围，A 表示资产规模，$\varphi_i (i=1,2,3\cdots)$ 是不同目标的权重，且 $\sum \varphi_i = 1$。实际上，不同行业或领域的国有企业在经营目标方面也存在显著差异。一些国有企业完全以利润最大化为目标，而另一些国有企业则以扩大资产规模或服务范围为目标。简单起见，在拓展规制理论模型时，可以假定存在两家企业。一家企业的效用函数为 $U(M)$，而另一家企业的效用函数为 $U(S)$ 或 $U(A)$。

（2）被规制企业的约束差异性。经济学理论通常假定，企业通过求解利润最大化问题来进行最优决策，即其最优价格或生产水平是 $\max\{U = \hat{t} + qP(q) - (\beta - e)q - K - \psi(e)\}$ 的解。也就是说，企业是在一定的成本约束下实现利润最大化，或者在一定的利润约束下实现成本最小化。但事实上，企业不仅受成本、产能的约束，而且还会受到行政指令价格、有限

---

① 事实上，对于规制机构而言，不同所有制类型的企业，其成本可观察或可审计的程度是不同的。

② 其中，垄断是非常特殊的一类问题，它主要由反垄断执法机构进行相应规制。因此，我们主要探讨所有制差异对规制理论的影响。

市场规模等约束,并且同一约束的强度存在较大差异。例如,国有企业可能存在预算软约束情况,即并不完全要求成本最小化。在医药、交通等特殊市场中,企业并不具有完全的自由定价权,其价格不能高于或大幅高于行政指导价。相应地,企业的决策问题必然发生变化。以行政价格指导为例,企业的决策问题变成:$\max\{U = \hat{t} + qP(q) - (\beta - e)q - K - \psi(e)\}$ s.t. $p \leq \kappa p^*$。其中,p^*是政府行政部门制定的指导价格,κ是相应的控制系数。

(四) 发展、转型与规制面临的主要挑战

在梳理了激励性规制理论的演进和扩展,并初步探讨了转型视角下规制理论拓展方向的基础上,本书以中国(发展中和转型双重国家)为例,概括性地讨论发展、转型与规制面临的主要挑战。

1. 经济效益与社会/生态效益的权衡

作为发展中和转型双重国家的中国,发展始终是第一要务。但是,在发展过程中,经济、社会与生态之间并不必然是协调互动的关系。相反,三者之间或多或少存在一定的冲突,如何实现三者之间的协同是每个国家尤其是发展中国家和转型国家无法回避的难题。同样地,经济、社会与生态三者之间的权衡也将直接增加发展中国家和转型国家政府规制的难度,且集中体现在两个方面。一是经济效益与社会效益的权衡,主要涉及邮电通信、公共交通、医疗卫生等公共服务领域。保障经济效益要求减少政府规制,充分发挥市场机制的作用,而保障社会效益要求政府适当规制,确保公共服务均等化和普遍化。二是经济效益与生态效益的权衡,主要集中于环境规制领域。政府规制是减少污染物排放、保护生态环境的重要手段,但较强的政府规制又会限制市场主体的创新活力以及市场经济的效率。

2. 垂直管理与属地管理的权衡

垂直管理还是属地管理(或集权还是分权),是政治体制与国家治理中的核心问题。属地管理更有利于发挥地方政府的主观能动性,但也容易出现地方保护主义、地区发展差距扩大、公共事业投入不足等问题。因此,两者之间必然存在权衡,在政府规制方面尤其如此。相关研究表明,作为发展中和转型双重国家的中国,在保护生态环境、防止政商合谋、减少地方保护主义等方面,垂直管理体制优于属地管理体制;但当监管任务的绩效难以考核时,垂直管理体制不仅不能制止政商合谋,而且会挫伤地方政府发展经济的积极性(尹振东,2011)。随着专业化分工的不断深化,企业的私人信息日益增加，信息不对称问题成为垂直管理体制的关键障碍。而在权衡垂直管理与属地管理的同时，也需要妥善处理好分头监管与合并监管之间的关系。虽然合并监管正逐渐取代分头监管且表现出突出的优越性（李军林等，2014），但规制机构规模的不断扩大必然产生内部治理问题与"谁来规制规制者"这一问题。

3. 规制问题的复杂性与规制工具的简单性

正如现有规制理论所阐明的，政府规制将产生一定的社会成本，如行政成本、筹集资金的征管成本以及规制导致的扭曲等。要减少政府规制的社会成本，采用简单的规制工具无疑是主要策略之一。但是，简单的规制工具难以应对复杂的规制问题。作为发展中和转型双重国家的中国，规制问题的复杂性主要体现在三个方面。一是市场化过度与市场化不足并存，前者意味着公益性缺失，而后者意味着服务能力与效率缺失。其中，医疗卫生、教育等公共服务领域是典型代表，具体表现为服务费用过高与服务质量/效率过低同时存在。二是行政垄断与民营化不足并存，前者是指地方政府人为限制更多企业进入，而后者是指即使放开限制后民营企业也不愿意进入，或者已进入的民营企业难以发展壮大。这种情况主要出现在具有一定公益属性的事业领域，盈利性不足难以吸引有实力的民营企业参与。三是政府失灵与市场失灵并存，前者主要是指政府无法或难以满足人们日益多样化、差异化的公共服务需求，而后者主要是指市场机制难以保障人们对高质量、高安全性产品或服务的需求。在食品药品方面，这一问题表现得尤为明显：在市场机制下，食品药品市场出现高质量产品缺乏、低质量产品泛滥的情况；但受发展阶段、信息不对称等因素的影响，政府也很难彻底改变这一局面。毫无疑问，日益复杂的规制问题给规制机构的规制能力带来了严峻挑战。同时，规制机构的创新能力、传统计划经济的思维与作风等都将使规制问题与规制工具之间的权衡更加困难。

综上所述，对于发展中国家和转型国家而言，规制理论的构建、规制工具的选择与创新、规制机构的设计、规制实践的开展等都存在明显的特殊性。上面的分析，为我们探讨发展、转型与规制这一主题指明了研究方向；而从典型化事实或案例中提炼出具有普遍性、新颖性、探索性的科学问题，是进行原创性科学研究的基础和前提。因此，本书将用接下来的两章，从发展与转型的视角分别讨论与提炼经济性规制和社会性规制的八个科学问题。

主要参考文献

[1] Arrow K J. Informational Structure of the Firm [J]. The American Economic Review, 1985, 75 (2): 303 – 307.

[2] Arrow K J. The Organization of Economic Activity: Issues Pertinent to the Choice of Market versus Nonmarket Allocation [A]. In Joint Economic Activity (ed). The Analysis and Evaluation of Public Expenditure: the PPB System [R]. Washington: Governmment Printing Office, 1969: 59 – 73.

[3] Arrow K J. The Potentials and Limits of the Market in Resource Allocation [A]. In G. R. Feiwel (eds). Issues in Contemporary Microeconomics and Welfare [M]. London, England: Palgrave Macmillan, 1970.

[4] Ayres I, Braithwaite J. Responsive Regulation: Transcending the Debate [M]. Oxford: Oxford University Press, 1992.

[5] Bator F M. The Anatomy of Market Failure [J]. The Quarterly Journal of Economics, 1958, 72 (3): 351 – 379.

[6] Baumol W J, Panzar J, Willig R D. Contestable Markets and the Theory of Industrial Structure [M]. New York: Harcourt Brace Jovanovich, 1982.

[7] Baumol W J. On the Proper Cost Tests for Natural Monopoly in a Multiproduct Industry [J]. The American Economic Review, 1977, 67 (5): 809 – 822.

[8] Becker G S. A Theory of Competition Among Pressure Groups for Political Influence [J]. The Quarterly Journal of Economics, 1983, 98 (3): 371 – 400.

[9] Berry M B, Wilcox C. The Interest Group Society [M]. New York: Pearson Longman, 2009.

[10] Bovens M. Analysing and Assessing Accountability: A Conceptual Framework [J]. European Law Journal, 2010, 13 (4): 447 – 468.

[11] Braeutigam R R. Optimal Policies for Natural Monopolies [A]. In

R. Schmalensee & R. Willig (egs). Handbook of Industrial Organization (Vol. 2) [M]. Northampton, MA: Edward Elgar Publishing, 1989: 1289 – 1346.

[12] Clarkson K W, Miller R L. Industrial Organization: Theory, Evidence, and Public Policy [M]. London: McGraw-Hill, 1982.

[13] Crew M A, Parker D. International Handbook on Economic Regulation [M]. Northampton, MA: Edward Elgar Publishing, 2006.

[14] Gunningham N. Towards Innovative Occupational Health and Safety Regulation [J]. Journal of Industrial Relations, 1998, 40 (2): 204 – 231.

[15] Jordan W A. Producer Protection, Prior Market Structure and the Effects of Government Regulation [J]. The Journal of Law & Economics, 1972, 15 (1): 151 – 176.

[16] Kahn A E. The Economics of Regulation: Principles and Institutions [M]. Cambridge, MA: The MIT Press, 1988.

[17] Klaus S. Grappling With Globalization 4.0 [N]. Project Syndicate, 2018 – 11 – 05.

[18] Pejovich S. Fundamentals of Economics: A Property Rights Approach [M]. Fisher Institute, 1979.

[19] Peltzman S. The Effects of FTC Advertising Regulation [J]. Journal of Law and Economics, 1981, 24 (3): 403 – 448.

[20] Peltzman S. Toward a More General Theory of Regulation [J]. The Journal of Law & Economics, 1976, 19 (2): 211 – 240.

[21] Posner R A. Theories of Economic Regulation [J]. Bell Journal of Economics & Management Science, 1974, 5 (2): 335 – 358.

[22] Sharkey W W. The Theory of Natural Monopoly [M]. New York: Cambridge University Press, 1982.

[23] Shubik M. On Different Methods for Allocating Resources [J]. Kyklos, 1970, 23 (2): 332 – 337.

[24] Stigler G J. The Theory of Economic Regulation [J]. Bell Journal of Economics & Management Science, 1971, 2 (2): 3 – 21.

[25] Thatcher M. Internationalisation and Economic Institutions: Comparing European Experiences [M]. Oxford: Oxford University Press, 2007.

［26］Wiscusi K W, Vernon J M, Harrington J E. Economics of Regulation and Antitrust ［M］. Cambridge, MA: The MIT Press, 1995.

［27］丹尼尔·F. 史普博. 管制与市场 ［M］. 余晖等, 译. 上海: 上海三联书店、上海人民出版社, 1999.

［28］高世楫. 安然倒闭引发对市场规则和监管的反思 ［A］//吴敬琏. 比较 ［M］. 北京: 中信出版社, 2002, 第 1 辑.

［29］基普·维斯库斯等. 反垄断与管制经济学 ［M］. 陈甬军等, 译. 北京: 机械工业出版社, 2004.

［30］金泽良雄. 经济法（新版）［M］. 有斐阁书店, 1980.

［31］科林·斯科特. 规制、治理与法律: 前沿问题研究 ［M］. 安永康, 译. 北京: 清华大学出版社, 2018.

［32］李怀. 自然垄断理论的重构与创新 ［A］//黄继忠, 曲文轶. 自然垄断与管制: 理论和经验 ［M］. 北京: 经济科学出版社, 2004.

［33］李军林, 姚东旻, 李三系, 王麒植. 分头监管还是合并监管: 食品安全中的组织经济学 ［J］. 世界经济, 2014 （10）: 165 - 192.

［34］罗伯特·鲍德温, 马丁·凯夫, 马丁·洛奇. 牛津规制手册 ［M］. 宋华琳等, 译. 上海: 上海三联书店, 2017.

［35］曼塞尔·奥尔森. 集体行动的逻辑 ［M］. 陈郁等, 译. 上海: 上海三联书店、上海人民出版社, 1995.

［36］钱颖一. 市场与法治 ［J］. 经济社会体制比较, 2000 （3）: 1 - 11.

［37］让-雅克·拉丰, 让·梯若尔. 政府采购与规制中的激励理论 ［M］. 石磊, 王永钦, 译. 上海: 上海三联书店、上海人民出版社, 2004.

［38］让-雅克·拉丰. 规制与发展 ［M］. 聂辉华, 译. 北京: 中国人民大学出版社, 2009.

［39］王俊豪. 管制经济学原理 ［M］. 北京: 高等教育出版社, 2007.

［40］王俊豪. 政府规制经济学导论 ［M］. 北京: 商务印书馆, 2001.

［41］杨炳霖. 回应性监管理论述评: 精髓与问题 ［J］. 中国行政管理, 2017 （4）: 131 - 136.

［42］尹振东. 垂直管理与属地管理: 行政管理体制的选择 ［J］. 经济研究, 2011 （4）: 41 - 54.

［43］植草益. 微观规制经济学 ［M］. 朱绍文, 胡欣欣, 译. 北京: 中国发展出版社, 1992.

第二章 发展、转型与经济性规制

本章是从发展与转型的视角来探讨经济性规制问题，提炼出市场化改革、民营化改革、接入价格、普遍服务四个科学问题。它们虽然不是刚刚发现和提出的新颖性问题，但是，它们在发展中国家和转型国家自然垄断产业的经济性规制中，具有普遍性、引领性、探索性特征，仍需进行深入探讨。

第一节 市场化改革

自20世纪80年代以来，随着自然垄断产业经济技术特征的变化和政府规制成本不断上升，世界上一些国家包括发展中国家先后对自然垄断产业进行了市场化改革。从实践上看，既有德国电信、智利电信市场化改革成功的案例，也有美国加州电力市场化改革失败的教训。从理论上讲，自然垄断产业的市场化（marketization）是指在自然垄断产业中进行以打破垄断、放松规制和引入竞争为特征的市场导向的改革。其关键的问题是，在对垄断进行规制与不受规制的竞争二者之间的选择。

一、影响市场化改革的因素

总结各国对自然垄断产业进行市场化改革的经验教训，有一些重要的制度因素会对规制与竞争的选择产生重大影响。这些因素包括以下五点。

（一）规制面临的资源约束

规制面临的资源约束有：首先，规制者掌握的信息十分有限，与被规制者相比，规制者明显具有信息劣势和信息不对称；其次，规制者针对规制领域所拥有的专业知识和技能也受到很大的限制；最后，规制者为进行规制而能够支配的人、财、物、时间等资源也会受到一定的限制。

因此，克服规制面临的资源约束需要增加必要的学习成本、财务成本和机会成本，如果这些成本增加的困难不能顺利解决，就必然直接影响规制的效果。然而，当规制资源不足造成规制效果不佳时，引入竞争进行市场化改革来代替规制，就成为激励和约束产业在位者更好的选择。

（二）收入分配与普遍服务

消费者存在着收入差距，自然垄断产业为不同消费者提供服务也存在着成本差异，这两种差异不但在发展中国家表现得较为突出，而且在提供普遍服务（是指以可承受的价格向所有人提供基本服务）时更为显现。当政府直接进行收入再分配的能力有限时（如发展中国家存在大量的税收渗漏），为基本服务设定规制价格（包含交叉补贴的价格），可以成为实现普遍服务的重要手段。

（三）可获得的规制手段

规制机构可获得的规制手段主要有：一是对被规制者的奖励和惩罚的权力和能力；二是强制要求被规制者报告经营数据的权力和能力；三是控制新进入者竞争行为的权力和能力。

一般来说，如果规制者没有权力和足够的能力奖励提供优质服务的垄断在位者，同时惩罚提供劣质服务的厂商，那么，规制手段的激励作用就会被弱化。如果规制者没有权力和足够的能力获取、分析和处理相关数据，就不能做出正确的规制决策，那么，规制手段的约束作用就会被弱化。如果规制者没有权力和足够的能力限制新进入者提供服务的范围和控制其服务的质量，就会出现新进入者"只挑好桃子"的现象，那么，规制手段的平衡在位者和新进入者关系的作用就会被弱化。

（四）规制的独立性和有限权力制

规制的独立性是指为了满足长期社会目标，规制机构制定和执行规制政策不受政府其他部门压力、消费者短期利益和规制者任期的影响，能够认真履行对被规制厂商的承诺。规制的有限权力是指为了避免规制者追求长期社会目标以外的利益，防止被俘虏，要通过法律法规明确限制规制者的任职期限、自主性和履行承诺的权力，特别要严格限制规制者自行制定政策的权力。

规制的独立性和有限权力制有助于阻止政府其他部门干预而保证规制机构的正常运行，有助于规制机构克服短期价格压力而履行长期承诺，有助于规制者降低政策变化的幅度而不受任职期限的影响。

（五）投资与创新

对投资的规制基本上有两种形式，即回报率规制（成本加成规制）和价格上限规制。一般来说，回报率规制（成本加成规制）要求收入尽可能接近成本，往往对短期内降低成本的投资的激励作用十分有限；而价格上限规制则允许在短期内用收入分摊成本，往往对长期的基础设施投资的激励作用十分有限。因此，如果是鼓励在位者对自然垄断产业进行长期投资，应选择回报率规制（成本加成规制）；而如果是鼓励在位者更有效地使用自然垄断产业的现有设施，应选择价格上限规制。

与不受规制的竞争性产业相比，在受到规制的自然垄断产业中，市场的高度集中更有利于创新。其原因有：一是垄断的在位者获取的利润可以成为研发（research and development，R&D）投入的重要资金来源；二是获取未来高额垄断利润的预期成为主动进行研发行为的巨大动力。

二、有利于市场化改革的政策

所谓有利于市场化改革的政策是指全面放开市场准入、鼓励竞争，而不是扶持或偏向某些竞争者，且不论其是在位者还是潜在进入者。这些政策将有利于最大限度地依靠市场力量来满足消费者的需求，而不是依靠非市场因素。

（一）降低消费者的搜寻成本和转换成本

满足消费者需求的数量和质量的一个重要标准是消费者对商品和服务选择权的实现程度，提高消费者可选择性的有效途径就是降低消费者的转换成本和搜寻成本。具体的政策有，一是让消费者能够十分便利地得到竞争者所提供的商品和服务的有关信息。当在位垄断厂商提供的商品和服务大致是同质产品（如电力和燃气）时，整个行业的价格就比较透明；当在位垄断厂商提供的商品和服务是异质产品（如某些电信服务）时，整个行业的价格就不太透明。可以要求有关厂商将包括价格和质量等信息公布在规制者授权的网站上，这样就可以降低消费者的搜寻成本。二是尽可能降低消费者在更换服务供应商时所承担的转换成本。可以要求在位垄断厂商提供能够让消费者携带保留的相关信息的技术设备，如电话服务供应商安装一种号码携带技术设备，消费者在更换电话服务供应商时，可以将自己原来的号码携带保留，这样就可以降低消费者的转换成本。

（二）将服务收费标准调整到接近增量生产成本水平

为了向在位者和潜在进入者提供本行业长期经营投资回报的真实信

号，在市场化改革初期就将服务收费标准调整到接近增量生产成本水平，使在位垄断厂商的每一项收费价格都等于或略高于提供这些商品和服务的增量成本。如果在位垄断厂商比潜在进入竞争对手效率高，就让在位垄断厂商来提供商品和服务；如果在位垄断厂商没有潜在进入竞争对手效率高，就让潜在进入者来提供商品和服务。

当调整服务收费标准涉及服务价格提高时，可以采取两种政策选择。一是采取分阶段逐步小幅调整服务收费标准的办法；二是对低收入者或低收入家庭发放专项价格补贴。

(三) 允许在位者有较充分的灵活定价权

市场化改革的内容或规制的形式之一是价格上限规制。它通常会约束在位者的平均价格上涨幅度，但不会为每一项服务规定具体价格。因此，对在位者的不同服务实行有区别的价格上限约束，允许在位者有较充分的灵活定价权，既可以使其提高效率应对竞争者或潜在进入者的挑战，又可以通过价格上限的约束限制其滥用市场势力。

同时，不允许在位者行使灵活定价权将服务价格设定在服务供给增量成本以下（作为普遍服务义务要求除外）。因为低于成本的定价不但会将高效率的厂商排除在外，造成行业成本增加；而且还会鼓励过度消费，导致资源和环境的不可持续。

(四) 防止下游竞争者处于不利地位

在价格上限规制下，垂直一体化生产商（除了进行生产以外，还同时从事批发服务和零售服务的厂商）对于下游竞争者具有一定的竞争优势。一方面，垂直一体化生产商无论是在降低批发服务价格的同时提高零售服务价格，还是在降低零售服务价格的同时提高批发服务价格，都会使不得不购买其产品的下游竞争者在价格上处于明显的不利地位。另一方面，垂直一体化生产商还可以故意降低其提供给下游竞争者产品的质量，从而限制了竞争者为消费者提供高质量服务的能力，使下游竞争者在产品质量上处于明显的不利地位。

为此，在价格上限规制的基础上，对垂直一体化生产商的价格和质量进行明确的限制，以保证垂直一体化生产商与下游竞争者之间的公平竞争。一是对垂直一体化生产商的批发服务价格和零售服务价格分别作出限制性规定；二是对垂直一体化生产商提供给内部零售部门与提供给下游零售竞争者的产品的质量作出一致性（同等级）的规定。

三、不利于市场化改革的政策

（一）维持垄断或寡头垄断

正式实行市场化改革之前，各个国家一般都明确提出一个过渡期（或者提前广而告之改革的起始时间）。在这个过渡期，各国都是采取了暂时维持垄断或寡头垄断的政策，以取得在位厂商的支持。从表面上看，暂时维持垄断或寡头垄断的政策有利于在位厂商继续追加投资，从而使消费者获益。

但是，暂时维持垄断或寡头垄断的政策不利于吸引新进入者的投资，无论从短期还是从长期看，都会减少总投资，不利于市场化的改革。从短期来看，一是暂时维持垄断的政策会消除在位厂商的投资意愿，而暂时维持寡头垄断的政策则会减少在位厂商的投资意愿；二是暂时维持垄断或寡头垄断的政策还会限制对数量有限的竞争者的选择，不但导致劣币驱逐良币——把效率高的厂商排除在市场之外，而且造成在位厂商形成合谋，阻碍产品创新和降低成本价格的努力。

从长期来看，一是暂时维持垄断或寡头垄断的政策为在位厂商采取应对新进入者的策略，提供了充分的时间；二是暂时维持垄断或寡头垄断的政策为在位厂商对规制者实施影响力，提供了充分的时间；三是随着时间的推移和由于市场化改革进程的艰难，暂时维持垄断或寡头垄断的政策极有可能转变为永久维持垄断或寡头垄断的政策。

（二）规定新进入竞争者达到的市场份额

为了实现市场化改革的目标——使市场具有充分的竞争性，规制者往往会规定新进入竞争者要达到的市场份额。但是，这一政策存在重大缺陷，不利于市场化改革。

第一，为新进入竞争者规定市场份额并不能确保严格约束在位厂商的市场势力。一是新进入竞争者一般要经过一段时期，才能达到规制者为其规定的市场份额，在此期间其对在位厂商市场势力的约束力不大；二是当新进入竞争者已经达到规制者为其规定的市场份额时，在位厂商仍然可以通过控制关键投入品或生产高质量产品，来提高自己产品或服务的价格，从而保持甚至扩大其市场势力。

第二，为新进入竞争者规定市场份额会降低市场竞争程度。一是当新进入竞争者未达到规制者为其规定的市场份额时，在位厂商可以选择与竞争者一般的竞争策略，就可以保持原有的市场势力。二是当新进入竞争者已经达到规制者为其规定的市场份额时,在位厂商可以选择避免与竞争者直接竞争的策略,这样虽然会削弱其一定的市场势力,却可以规避规制者对其更加严格的规制行为。在位厂商这两种竞争策略,虽然使新进入竞争者达到规制者为其规定的市场份额,却会降低市场竞争程度,导致市场上的产品和服务出现更高的价格和更低的质量。

(三) 对在位厂商实施不对称的规制方式

为了吸引更多的新竞争者进入与在位者展开竞争,规制者往往对在位厂商实施不对称的规制方式,即只针对在位厂商的规制方式,限制其竞争能力。但是,这一政策存在重大缺陷,不利于市场化改革。

第一,将交叉补贴固定到在位厂商的定价结构中,面对各种新进入竞争者的压力,都不允许在位厂商降价。其缺陷在于:一是交叉补贴在减少在位厂商能够获取利润的销售量的同时,并没有减少其必须承担的不盈利甚至亏损且需要补贴的业务,造成在位厂商的财务恶化;二是交叉补贴往往会使得低效率的厂商继续为消费者提供产品或服务,导致行业成本增加;三是当新进入竞争者只提供利润高的产品或服务时,那些只能获得没有利润、需要补贴的产品或服务的消费者,就根本享受不到市场化改革引入竞争的好处;四是当在位厂商的零售价格不能够反映其成本时,网络接入价格的定价政策设计就会变得非常复杂。

第二,禁止在位厂商扩大其产品或服务的范围。其缺陷在于:这必然导致新进入竞争者的压力减少,最终造成该行业的产品或服务价格上升、质量下降,以及品种减少,使消费者的利益受到损害。

第二节 民营化改革

所谓城市公用事业的民营化(privatization),是指通过减少或限制政府提供公共产品和服务的职责,进而增加民营企业在这些方面的职责的行为。一般来说,民营化有以下五种形式:第一,在国有垄断中引入民营竞争者;第二,政府向提供公共产品或服务的民营企业支付费用;第三,特许经营权拍卖;第四,将国有企业的部分股权转让给民营企业或私营机构投资者;第五,将国有企业的全部股权转让给民营企业。

一、民营化的理论研究

从理论上讲,城市公用事业的民营化首先要解决两个理论关系问题。

第一，民营化与私有化的关系。虽然民营化与私有化的英文都是"privatization"，二者的具体形式很相近，但不能将二者简单等同。在城市公用事业以上的五种民营化形式中，只有第五种属于私有化，而且经过私有化，大型国有企业的所有者是股东，而不是少数私人企业。民营是和官营（政府直接经营）相对应的概念，本质在于非政府、非官方直接经营（刘迎秋，1994）。当生产资料民有时，自然应该实行"民有民营"，当生产资料国有时，也可以实行"国有民营"。因此，是否"民营"与生产资料的所有权没有必然的联系，即"民营"不等于"私有"，民营化也不等于"私有化"（王俊豪等，2013）。

第二，民营化与市场化的关系。针对这一问题，国内外学者在理论上存在一定分歧。国外有的学者认为，即使不考虑竞争因素，民营化也可能会提高效率（Bishop et al.，1994）。但是更多的学者则认为，在竞争性环境下，私人企业具有较高的效率；在不存在竞争的领域，实现民营化容易产生有害的影响（Kay，1986）。国内学者的认识比较一致，如刘戒骄认为，城市公用事业的民营化和市场化既是互补的，又是有所区别的，民营化改革在垄断和竞争的情况下都可以实施（刘戒骄，2007）。

进一步讲，民营化理论研究的参照系是萨平顿－斯蒂格利茨（1987）创立的无关性定理。它表明，即便在不对称信息下，对于一个拥有完全合约的仁慈政府而言，所有权不重要；一个民营企业能够实现的任何结果，都能被一个设计合理的国营企业所复制。以后的相关研究都是在此基础上进行的。路径一是放松完全合约的假设：拉丰和梯若尔（1991）认为多委托人结构决定了民营化的成本；施密特（1996）建立了一个不完全合约模型来分析民营化改进效率的可能性；阿吉翁和梯若尔（Aghion and Tirole，1997）指出，民营企业的多委托人结构是管制不完备性的一种体现。路径二是放松仁慈政府的假设：夏皮罗和威利格（Shapiro and Willig，1990）首次建立了一个有自身利益政府下的民营化模型；施莱佛和威什尼（Shleifer and Vishny，1994）建立了一个政治家与经理人谈判模型，分析公司化或民营化与否对谈判的影响；本内森（1996）建立了一个工会控制的政府、不完美的税收和市场失灵的分析模型，得出民营化使政府没有资源去纠正市场失灵的结论；拉丰（1996）用多数票规则分析了民营自然垄断企业，认为所有权影响政府抽租的能力，私有产权与公有产权对社会福利的影响取决于有关参数。另外，更复杂的路径是完全合约与仁慈政府二者的假设都放松（拉丰，2009）。

近年来，针对城市公用事业民营化改革的实践，国外学者主要围绕以下主题展开讨论：城市公用事业民营化过程中合约选择与绩效的关系（梅纳尔和索西耶，2004），城市公用事业特许经营的授予和重新谈判（Guasch，2004），城市公用事业供给的政府管制（亚罗夫，2005），城市公用事业服务质量管制（Sappington，2005），城市公用事业的民营化、竞争与监管（凯西德斯，2005），城市公用事业的民营化效果和局限性（魏伯乐等，2006），城市公用事业的自由化与政府管制的关系（Armstrong et al.，2006），发展中国家城市公用事业民营化的实证研究（拉丰，2009）等。

国内的研究主要有：国外城市公用事业民营化改革的经验及对我国的启示（王俊豪，2005；高旺，2006；范合君等，2007），我国城市公用事业民营化的基本思路和模式问题（肖志兴等，2004；刘戒骄，2006；仇保兴，2007；郝二虎，2008；陈明，2009），城市公用事业民营化中的政府管制问题（娄成武等，2003；陈富良，2008），城市公用事业民营化中的价格调整和价格管制问题（杨华，2007），城市公用事业具体行业的民营化问题（陈明，2004；程丹，2007），城市公用事业民营化中的法律问题（史际春等，2004；董邦俊等，2009），对城市公用事业民营化中存在问题的分析（周向红，2004；王俊豪等，2011），以及对我国城市公用事业民营化的绩效评价（王俊豪等，2013）等。

概括起来，国外的研究比较全面、深入，既有理论研究又有实证分析，对民营化模式的研究或以特许经营合约为例、或以民营化程度为例，但由于国情和发展阶段不同，其成果对中国的借鉴作用还存在局限性。国内的研究不够深入，存在一定的差距，偏重于国外经验的介绍、基本思路的提出、存在问题的讨论等，但缺乏对民营化实际成效规范的实证分析及不同模式选择的研究。从总体上看，目前国内外针对在公用事业价格调整（上涨）、公用事业企业减员、提高普遍服务水平、发展低碳经济的背景下，实现城市公用事业民营化的模式选择的研究相对薄弱。

二、民营化的实践

在城市公用事业中引入私人资本或民营化的动因主要是：第一，私人资本的进入可以解决公用事业长期投资不足的问题；第二，私人资本的进入可以解决公用事业长期效率低下的问题；第三，私人资本的进入可以解决公用事业僵化和创新不足的问题；第四，私人资本的进入可以解决公用事业任人唯亲和腐败的问题。

自 20 世纪 80 年代以来，世界各国对城市公用事业引入私人资本或民营化的进程表明，虽然各国的产业不同、社会环境不同、民营化的程度不同、其效果也不同，但是，有一点却是相同的，即引入私人资本或民营化并没有解决以上提出的四个问题，也就是说，引入私人资本或民营化具有很大的局限性。2004 年，魏伯乐等三位教授以《私有化的局限》为题，向世界著名的思想库——罗马俱乐部提交了一份报告。在大量实证案例的基础上，对全球范围内的民营化做了客观的批判性总结（魏伯乐等，2006），指出了在公用事业中进行民营化存在着很大的局限性，甚至在实践中导致了灾难性的后果。报告中提出的问题值得我们深入思考[1]。

为什么引入私人资本或民营化并没有解决以上提出的四个问题，或者说，引入私人资本或民营化具有很大的局限性呢？

第一，城市公用事业中引入私人资本或民营化以后，初始的投资增加了，但后续的投资和长期的投资并不一定能够增加。因为私人资本要进行长期的成本收益的比较，如果仅仅微利甚至无利可图，后续投资和长期投资则无从谈起。第二，城市公用事业中引入私人资本或民营化以后，经济效率可能会提高，但相应的社会成本也会增加，有时甚至远远超过企业效率提升能够带来的效益。如失业率上升、资源过度开发、产品或服务质量和数量下降、价格上涨等。第三，城市公用事业中引入私人资本或民营化以后，产品或服务、技术和管理的创新可能增加了，但私人资本从来就没有真正承担过提供公共产品或服务的风险。当出现风险时，私人资本往往是要求补贴、提高价格、减少必要的维护等。第四，城市公用事业中引入私人资本或民营化以后，可能会抑制一些任人唯亲和腐败的问题，但它会明显地削弱政府通过提供公共产品或服务来维持社会公平的能力，以及侵蚀居民民主参与决策的权利。也就是说，仍然不能有效地解决"弱政府"的机构臃肿、效率低下和腐败的问题。

在城市公用事业民营化改革过程中，一定要克服引入私人资本或民营化的局限性。其基本思路是，第一，从理论和观念上明确，政府是城市公用事业公共产品和服务供给的责任人，而不一定是提供者；城市公用事业公共产品和服务可以由私人企业、国有企业、非营利组织、政府以及合作者提供。第二，在城市公用事业民营化改革的进程中，除了垄断性业务保持国有企业（多元化持股的国有企业）的地位外，在竞争性业务中也要保

---

[1] 本书的英文书名为 *Limits to Privatization: How to Avoid Too Much of a Good Thing*，2006 年出版的中文书名翻译成《私有化的局限》，但也可以翻译成《民营化的局限》。

留一定比例的多元化持股国有企业参与竞争。第三，在推进城市公用事业民营化改革的过程中，政府必须加强管制，包括进入管制、价格管制、服务质量管制、技术进步和再投资管制等。

第三节 接入定价

一、接入定价的概念和方法

（一）接入定价的概念

自然垄断产业中的接入定价（access pricing），指的是获取自然垄断的网络设施经营者对竞争性企业收取的管网使用费用。也就是说，当网络型产业纵向分离时，竞争环节中的企业必须向垄断环节中的特许经营者支付必要的费用，才能实现接入；而网络特许经营者可以使用接入费用来弥补网络建设和运营的成本，这个接入费用就被称为接入定价[①]。

（二）接入定价的方法

第一，边际成本定价法。所有竞争性业务领域的企业都生产相同的产品或服务，并且在技术和成本上都是相似的，这些企业将在价格上展开竞争，直到市场的经济利润为零，那么用户支付的价格应该等于每个企业的边际成本，这是最优市场配置下的边际成本原则。根据这一原则，潜在进入者支付给在位垄断经营者的接入费用仅需要等于现有垄断经营者提供的准入服务的边际成本。

第二，平均增量成本定价法。在在位者和新进入者提供的产品或服务总量中，平均分配在位者提供相应接入服务的附加成本总额。根据平均增量成本定价法，提供特定接入服务的规模经济效果在基于网络的所有产品服务总量中平均分配。因此，网络型产业的平均增量成本高于边际成本。

第三，拉姆齐定价法。该定价方法遵循在收支平衡的前提下实现经济效益最大化的原则，每项服务的价格都有助于企业固定成本的回收，并将其造成的经济扭曲降至最低。根据拉姆齐定价法，共同成本以加成形式得到补偿。就最终产品或服务而言，拉姆齐定价法体现了超弹性原则，即公

[①] 冯中越. 特许经营合约设计中若干问题的探讨［J］. 城市管理与科技，2015，17（1）：16–19.

用事业网络接入者对价格不敏感、弹性较低时,接入的加成相对较高;网络接入者对价格敏感、弹性较高时,接入的加成相对较低。

第四,有效成分定价法。当最终产品或服务同质化,并且市场进入无障碍时,企业可以自由进出,无需沉淀成本,在位垄断运营商收取的接入费应为允许进入者使用网络的机会成本,即最终价格与竞争性业务边际成本之间的差额。这种定价管制关注的是成本补偿和生产效率,而不是配置效率。

第五,统一加成定价法。包括完全可分配成本定价(full distributable cost,FDC)和长期增量成本定价(long-run incremental cost,LRIC)。FDC定价允许提供接入服务的在位者在可归属成本之上征收统一加成,即规制者承诺运营商收回投资成本并维持收支平衡。这是一种基于后向成本的定价政策,定价方式相对简便,在发展中国家仍得到广泛应用。LRIC 也是为了保证运营商回收投资成本并保持收支平衡,而允许提供接入服务的在位者在可归属成本之上征收统一加成。区别在于,LRIC 是基于前向成本的定价,以最有效率的成本(以可能利用最有效的生产技术且功能相同的替代资产的成本)作为标准,而不是在位者的实际成本。目前,LRIC 已经成为接入服务的主流定价方式。

二、接入定价规制对自然垄断产业的影响

(一)接入定价规制的有利影响

第一,合理的接入定价将鼓励零售竞争者进入纵向一体化经营者的网络。如果在位的纵向一体化经营者的接入定价(对零售竞争者进入的收费标准)能够反映其生产成本,那么,就会对高效率的零售竞争者的进入决策提供一定的激励,鼓励其进入纵向一体化经营者的网络,与在位者的下游零售业务展开竞争。

第二,合理的接入定价将鼓励纵向一体化经营者进行网络创新和降低成本。如果在位的纵向一体化经营者的接入定价能够为零售竞争者提供一定的盈利空间,那么,这个接入定价水平则会激励纵向一体化经营者努力降低其提供进入服务的成本(上游网络服务成本),使其下游的零售业务在竞争中能够盈利,减少其纵向业务的交叉补贴。

第三,较高的接入定价将鼓励零售竞争者投资建设自己的网络基础设施。如果在位的纵向一体化经营者在规制者允许下制订了较高的接入定价,零售竞争者进入这个网络无利可图,那么,零售竞争者就会投资建设

自己的网络基础设施。尽管这样做会产生网络基础设施的重复建设，但是只要规制到位，规划控制网络基础设施建设的总体数量，则可以实现促进网络型产业（自然垄断产业）竞争和创新的目的。同时，拥有自己基础设施的网络运营商为了增强自己的服务范围和能力，则必须与其他网络运营商互联互通，这就是竞合关系。

（二）接入定价规制的不利影响

第一，实施模糊或不完整的网络接入定价规制政策。如果在位的纵向一体化经营者在制订网络接入定价和条款方面拥有较大的自由处置权，那么，在位的纵向一体化经营者就会利用这种权利使零售竞争者处于不利的地位。如设定较高的价格、降低网络服务质量、延迟提供网络服务等。

第二，没有建立起及时、有效的争端解决程序。如果规制者没有建立起及时、有效的争端解决程序，那么，当在位的纵向一体化经营者与零售竞争者在网络接入定价和条款方面出现较大利益分歧时，在位的纵向一体化经营者就会利用各种延迟竞争者进入网络基础设施等手段，使零售竞争者处于不利地位。

第三，对进入者实施的进入条款过于宽容。如果规制者对进入者实施的进入条款过于宽容，如允许竞争者以低于在位的纵向一体化经营者提供网络基础设施服务成本的价格进入，那么，这种补贴政策短期内对引入竞争有利，但长期看并不利于行业的创新与发展。

三、自然垄断产业的接入定价规制

（一）边际成本定价规制

在自然垄断产业中，根据最优配置原则，应该采用边际成本定价法，它适用于竞争性市场中所有企业生产技术和成本相近的同质产品，其优点是可以实现产业资源的优化配置和社会福利的最大化，但存在着无效率的过度市场进入和固定成本无法得到补偿等缺陷。

从反垄断的角度来看，为了消除自然垄断产业网络基础设施运营商滥用市场支配地位的现象，必须进行市场化改革，通过厂网分开和引入竞争者，在将网络基础设施特许经营的同时，在产业的可竞争环节展开竞争。竞争主体包括管网运营者的纵向联系企业、在位的非联系企业、潜在进入企业，根据产业发展和消费者需求的实际，平衡有效竞争与过度进入的关系。

进一步讲，自然垄断产业的市场化改革，是厂网分开引入竞争，还是厂网一体投资和运营，需要结合产业实际深入研究。一是自然垄断产业可分为全国性和区域性两种，前者包括航空、铁路、电力、电信和邮政等产业；后者包括城市供水、供气、供热、排水（污水处理）、环境卫生和垃圾处理、城市轨道交通等产业。二是全国性自然垄断产业的物理网络性更强，业务的需求量在成本弱增的范围之内，就可以实现厂网分开；区域性自然垄断产业的经济技术关联性较强（在供热、排水产业中尤为突出），具有自然垄断的属性，有区域厂网合一的要求。因此，全国性自然垄断产业应实行厂网分开，放开竞争性业务；区域型自然垄断产业——城市公用事业，可以根据不同行业特点，结合区域自然垄断属性，来探索区域厂网一体的经营模式（秦惠雄和冯中越，2015）。

（二）拉姆齐定价规制

在自然垄断产业中，根据次优配置原则，应采取拉姆齐定价法，它适用于最终市场多产品或服务且受网络基础设施运营商收支平衡约束，其优点是可以最大限度降低消费结构的经济扭曲，但也存在需要更多信息的问题。

为了防止网络基础设施运营商利用信息优势采取歧视性接入价格损害消费者利益，就一定要进行接入价格规制，监督特许经营合同中接入定价的执行。重要的是建立独立的规制机构，并进行有效的规制。至于规制与反垄断的关系，在实践中应以实施的效果为衡量标准。从经济学角度看，反垄断适用于市场功能可以正常发挥的产业，规制则适用于市场功能不能正常发挥的产业，主要是自然垄断产业；从法学的角度看，反垄断法即反托拉斯法是间接的司法干预，规制是政府从外部对企业的直接行政干预。

（三）有效成分定价规制

在自然垄断产业中，根据生产效率原则，应采取有效成分定价方法，这种定价方法适用于最终产品或服务同质而且企业进入和退出无障碍的市场，其优点是符合静态效率原则，而且操作简单，但也存在着部分定价规制和网络基础设施运营商与纵向联系企业降低成本的激励不足等缺陷。

从反垄断的角度看，为了实现公平竞争，在特许经营合同中，要允许自然垄断产业可竞争环节中的企业（包括新进入企业）购买网络基础设施的部分股权，并对这部分网络基础设施股权实行反垄断的豁免，以体现共同运营商政策（唐要家，2008）。进一步讲，特许经营的网络基础设施运营商出售多少网络基础设施的股权，是否允许与网络基础设施运营商有纵向联系的企业购买网络基础设施的部分股权等问题，有待于从反垄断和规制的角度进行深入研究。

第四节　普遍服务

随着发展中国家经济与社会的不断发展，自然垄断产业中的电信、电力、水务、供热等产业都先后进行了自由化的改革，逐步放松规制，引入竞争机制。而打破了在位者的垄断后，这些产业都面临着一个共同的现实问题——如何实现普遍服务。

普遍服务（universal service）是指垄断产业的在位者要对城乡居民提供无地域、质量、价格歧视且能够负担得起的服务，它包括服务的普遍性、价格的可承受性、一定质量的保证性。

市场化改革后，不同企业的合作方式呈现多样化。市场竞争促使企业采取"撇奶脂"的策略行为，无论是新进入的竞争者，还是原有在位者，都不愿意为人口密度低、盈利性差的农村或边远地区提供普遍服务，而且几乎所有的企业都要求在提供普遍服务时提高价格。因此，如何激励自然垄断产业中的竞争性企业更好地履行普遍服务义务，如何补偿企业在提供普遍服务时产生的亏损而又能够控制财政支出，这些都是发展中国家的自然垄断产业在市场化改革中所面临的问题。

一、普遍服务的产生、特点及产品属性

（一）普遍服务问题的产生

普遍服务一词最早出现在美国电信业。1907年，为了对抗政府对其电信垄断业务的规制，美国 AT&T 总裁西尔多·维勒（Syldo Willer）提出了"一个系统，一个政策，普遍服务"的口号，他希望在电信业务"普遍服务"的帮助下，更多的人可以使用电话和电话网络，这是电信普遍服务的起源。1934年美国首先将普遍服务政策纳入《电信法》，从那时起，普遍服务开始成为美国政府电信规制政策的一部分。

20世纪80年代以来，电信技术领域发生了一场革命，首先，美国电信市场打破了以往的垄断制度，引入了竞争，电信业也建立了新的普遍服务机制。同时，建立了普遍服务基金。接下来，世界上许多国家开始效仿美国，放松电信市场规制，打破垄断。随着市场化进程的推进，普遍服务的概念和内涵不断扩大和丰富。20世纪80年代末，经济合作与发展组织

(Organization for Economic Co-operation and Development, OECD) 在其报告《普遍服务和电信资费的改革》中，把电信普遍服务定义为："任何人、在任何地方、任何时候，都可用可承担的价格来享受电信服务，而且服务的质量和资费一视同仁。"

如今，世界上许多国家的公用事业，如电信、电力、水务、燃气等，都引进了普遍服务。这些产业的特点是均与公众生活直接而且密切相关，所提供的产品和服务属于准公共产品，是社会全体成员所必需的生产和生活资料，是社会经济发展的前提和基础，因此，为了维护社会全体成员的共同利益，政府必须保证这些产品和服务的普遍供应。

（二）普遍服务的基本特点

一般来说，普遍服务有五个基本特点：第一，普遍性。每个社会成员都有普遍服务的权利。第二，可获得性。用户可以随时在任何地方获得普遍服务，只要他们需要。第三，对于大多数用户来说，获得的普遍服务的价格应该是合理的，可以为大多数用户所能承受。第四，非歧视性。应平等对待所有用户，重点是确保落后地区和低收入群体获得服务。第五，动态性。要根据不同地区、不同时期、经济技术发展等因素，灵活改变普遍服务的目标，做到因地制宜、因时制宜。

（三）普遍服务的产品属性

第一，准公共产品性。萨缪尔森（Paul A. Samuelson）认为，公共产品具有"每个人的消费都不会减少其他人对这类商品的消费"的特点。弗里德曼认为，"一旦公共产品被生产出来，生产者就不能决定谁能得到它们。"从上述两位经济学家的观点来看，我们可以看到，纯公共产品既是非竞争的又是非排他的。

具体地说，非竞争性意味着一种物品增加一个消费者消费所引起的边际成本为零，即增加一个消费者不会减少任何其他人对商品的消费数量和质量，也就是说同一单位的商品可以同时被许多人消费。从供给角度来说，不会减少。从收益角度来说，每一个人从消费该物品中获得的收益都不影响其他人从消费该物品中获得的收益，即使消费者增多，也不会增加生产该物品的成本，无须追加投资。例如，在国防方面，建立反导弹系统可以减少外国入侵的可能性，它可以保护你的安全，而不会降低其他人受到保护的程度，反导弹系统同时保护许多人。

非排他性是指一个物品不能被某个人或者某个群体排他性地享有，其他人不能被排除在该物品的消费之外，即该利益不能被排他性地享有。如种树可以绿化环境，可以使人呼吸到更新鲜的空气，新鲜的空气不可单独享受，是惠及所有人的。

准公共产品是介于公共产品和私人产品之间的产品或服务，它兼有公共产品和私人产品的特征。在准公共产品的消费达到一定数量之前，新增消费不会产生竞争，也不会增加成本，是非竞争性的，但是，当消费超过一定限度时，即当消费超过"拥挤点"时，非竞争性消失，出现拥挤。例如，在供水行业中，用户的用水在一定的容量下不会相互影响，但超过一定容量，可能会出现供水紧张，可能会因水压降低使高层楼住户用水质量变差，甚至停水，也可能出现定时分片供水的情况，使用户不能同时享受相同质量的供水服务。克服这种"拥挤"的办法之一就是收取一定费用，比如收取水费、电费等。对于准公共产品是否具有排他性方面，同样以供水为例，从技术角度对非付费用户断水是可行的，但水是维持生命的基本要素，为每一位居民提供清洁、卫生、方便的饮用水，是维护人权、保障社会公平和实现政治稳定的需要，从这个角度来看，供水就具有社会所决定的非排他性。因此，我们可以得出这样的结论：供水是具有有限竞争性和社会所决定的排他性的物品，它不是真正意义上的纯公共产品，而是准公共产品。

第二，自然垄断性。传统理论认为，由于资源稀缺、资源集中和市场范围的限制，自然垄断不适合竞争，市场由一家企业供给时效率最高。所以，人们普遍认为自然垄断与规模经济或规模报酬递增（成本递减）相联系，格林沃尔德（Douglas Greenwald）在其主编的《现代经济辞典》中指出："自然垄断是一种自然条件，它恰好使市场只能容纳一个有最适度规模的公司。自然垄断能否存在的决定性判断标准是，市场需求必须小得只要有一家成本不断降低的公司就能满足。"[1]但是，这种方式定义的自然垄断是以单一产品为基础，不考虑范围经济，即同一个厂商生产多种产品的成本低于不同厂商分别生产它们的成本，分别生产有可能造成亏损，从而退出市场。萨缪尔森和诺德豪斯（William and Nordhaus）指出"有着范围经济的产业也可产生自然垄断"[2]，这就解释了产出产品具有综合性的领域中的自然垄断现象。

20世纪80年代，自然垄断理论又有的新的发展，鲍莫尔等（Baumol

---

[1] 格林沃尔德. 现代经济词典[M]. 北京：商务印书馆，1981.
[2] 保罗·萨缪尔森，威廉·诺德豪斯. 经济学（第19版）[M]. 北京：商务印书馆，2011.

et al., 1982)与夏基(Sharkey, 1983)通过成本劣可加性重新定义了自然垄断,成功地解释了一些公共服务产业在单位成本递增的情况下只由一家企业经营仍然是最优的现象。成本劣可加性是指整个产业产出由一个厂商生产的总成本比由两个以上(包括两个)厂商生产的总成本低。

假设一个市场中有 m 个厂商,总产量为 q,其中第 i 个厂商的产量为 $q_i(i=1,2,\cdots,m)$,故 $q=q_1+q_2+\cdots+q_m$,成本为函数 $C(q)$。如果 $C(q)<C(q_1)+C(q_2)+\cdots+C(q_m),m\geq 2$,则说明存在成本劣可加性。那么规模经济性、成本劣可加性与自然垄断是什么关系呢?如果一个生产单一产品的企业具有规模经济效应,则其必然具有成本劣可加性。反之当产量超过规模经济点出现规模不经济时,只要单独生产产品的成本低于两个或两个以上的企业共同生产的成本,即具有成本劣可加性时,这个产业仍具有自然垄断的特点。因此,规模经济只是自然垄断的一个充分条件,而不是必要条件。

这样,部分业务具有成本劣可加性特征的网络型产业,如电信、电力、水务、燃气等可以归为自然垄断产业。但是,这些产业的业务并不都属于自然垄断范畴,只有某些环节,如固定物理网络的传输环节,像电力、电信的线路,燃气、供水、排水管道等属于自然垄断,而加载在这些网络上的服务就不再具有自然垄断特征。以前的观念认为,供水行业的各个环节和业务都有自然垄断性。但随着经济的发展、技术的进步和市场的增长,除了供水管道的输送业务外的许多业务,比如制水、售水等都不是成本劣可加性的,都属于非自然垄断性业务。

第三,网络性及网络溢出效应。从技术角度来看,网络是指连接独立节点的系统,它可以是实体的,也可以是虚拟的,而这种系统可以使特定的产品和服务在其中传递,从而使每个节点可以相互连接。实体的网络通过物理的管道、电缆、轨道等链路连接,虚拟的网络则通过无形的平台,借助特定的技术标准连接起来。从经济学的角度来看,普遍服务适用于那些具有网络特征的产业,包括电信、电力、水务、燃气等,这些产业需要固定的物理的网络来传输,比如供水产业,各个用水单位就是节点(居民、商业、工业、公共事业单位等),各个节点通过输配水管网与水厂相连。

由于网络是这些产业的基础,所以是必不可少的。但是,管网的初始投资成本是非常巨大的。例如,在人口稀少、水资源稀缺的地区,由于投资成本大、服务区用户少、价格制约等原因,以利润最大化为目标的经营者缺乏在这些地区提供服务的动力。此外,新用户是否选择使用自来水服务,则依据其个人的成本与收益比较,如果自来水服务的成本高于自备井,就会选择放弃使用自来水。然而,从社会整体来看,提供自来水的社会收益要大于个人收益,这将会使供水服务提供的范围小于社会的最优规模。正是由于这些原因,普及服务变得不可或缺,供水服务必须要有可获得性。

网络型产业有很强的网络外部性,或者说是"网络溢出效应"。外部性分为正外部性和负外部性,普遍服务就具有正外部性。电信、邮政等具有交互式网络特征的产业,有较强的直接网络外部性,即当新用户增加,网络中每个用户的效用都将以平方速度增长,这符合梅特卡夫定律。而像供水、燃气等产业,其网络外部性则主要体现在间接方面。例如,供水管网的建设和维护成本较大,如果需求量小于管网的设计,即供水管网的用户较少,为了收回投资,供水企业分配给每个用户的成本将较大。如果在原有网络中增加新用户,新老用户分担成本,降低价格,从而减轻原有用户的负担,造成网络的正外部性。此外,像电信、电力、水务、燃气这样的网络型产业同时也是基础产业,这些产业有关民生,有很强的社会效益,同时它们的普遍服务会推动国民经济的发展,具有不可忽视的正外部性。当然,网络也会有负外部性,主要体现在用户和产品使用量不断增加的情况下,会产生拥塞问题。例如,在节假日期间电话难以接通、电力高峰时超负荷而停电、因水使用量过大而水流较小甚至停水等。但与网络型产业的正外部性相比,它的负外部性并不突出。

二、普遍服务与实行价格调整的关系

发展中国家和转型国家的城市基础设施发展严重滞后,消费者的平均收入水平较低,尤其是存在大量的贫困人口和低收入家庭;管制立法、机构和运行能力相对薄弱。在城市基础设施引入竞争后,交叉补贴的减少和取消引起价格上涨和资费调整,以及员工下岗等特殊经济社会问题,必然给这些国家带来沉重的改革成本。在企业效率提高的同时,低收入家庭获得普遍服务的水平却在下降。

从这个角度看,发展中国家和转型国家城市基础设施进行市场化改革的过程,也是建立和完善政府规制、协调价格调整与普遍服务的关系,从而实现社会公平的过程。甚至可以说,政府规制中对提升普遍服务的设计应该在引入竞争和民营化之前进行(凯西德斯,2005)。

在我国加快城市基础设施市场化改革和坚持以人为本、构建和谐社会的进程中，市场竞争与普遍服务的矛盾日益凸显，城市低收入家庭能否分享市场化改革带来的成果，成为中国政府统筹经济与社会发展、实现社会公平的重大问题。

在城市基础设施市场化改革的过程中，一定要深入研究如何解决市场竞争与普遍服务的矛盾，提升普遍服务水平的问题。我们认为，最主要的是以构建和谐社会为目标，正确处理经济效率与社会公平的关系。

城市基础设施提供的既是公共产品和服务也是商品，应当市场化也可以市场化，基础设施的产品和服务按全要素计价①，消费者按消费量支付费用，这已经是共识。在许多转型经济国家，以市场为导向的城市基础设施改革取得了成功，如波兰、匈牙利、立陶宛、爱沙尼亚、乌克兰。但是，中国城市基础设施的市场化改革相对缓慢，其中一个重要原因，就是伴随市场化进程的涨价引起的矛盾，导致政府不得不推迟或延缓市场化改革的进程。

因此，协调城市基础设施服务中的普遍服务与价格调整的关系，主要涉及以下四个问题。

第一，市场化进程中的价格上涨问题。城市基础设施的市场化过程中，产品和服务的涨价是一个客观趋势。主要原因在于城市基础设施的自然垄断性质造成的低效率和低价格并存，提高效率的过程必然伴随着价格上涨，它不是改革的目的，却是改革的结果。问题的关键是如何对待价格上涨。根据现代管制经济学的理论和国内外市场化改革的经验，基本思路：一是放开市场准入、引入竞争，吸引非国有经济进入城市基础设施；二是鼓励在位企业提高效率，实行"保本微利"经营；三是完善政府规制，规定城市基础设施服务的价格、质量、可靠性和效率；四是鼓励群众参与，既增加价格规制的透明度，又调动节约资源的积极性。

第二，市场化进程中的补贴问题。面对城市基础设施市场化过程中的产品和服务涨价问题，各国政府都采取了补贴政策。但是，补贴的对象和补贴方式的差别，直接影响到补贴的效果和市场化改革的成败。经常采用的阶梯式递增的浮动价格就是一种横向补贴，实行它的前提是城市低收入家庭的消费量少，中等收入以上家庭和企业用户消费量多。但是，它实际

---

① 全要素计价是指将提供商品和服务全过程发生的费用计入成本，按照不同的方法计算利润，得到其价格。由于公用事业的公共产品属性，其资源类、基础设施类的费用往往不计或少计，如水资源费等。

上对中等收入家庭最有利。因此,针对城市基础设施市场化过程中的产品和服务价格上涨,应由政府直接补贴给城市低收入家庭。也就是说,面对涨价,城市高收入家庭要多支出一些,城市中等收入家庭要少支出一些或持平,而城市低收入家庭则得到相应的补贴。

第三,市场化进程中的普遍服务问题。市场化改革之前,在位垄断企业通过交叉补贴来实现一定程度的普遍服务,即用高价格服务的收入盈利弥补低价格服务的收入亏损。市场化改革以来,在位企业的垄断地位被打破,竞争的结果使企业无法通过交叉补贴来实现普遍服务。但同时,构建和谐社会的目标,又迫切地要求城市基础设施的产品和服务提供较高水平的普遍服务。因此,在市场化改革进程中,可以在特许经营权拍卖的合同中明确规定,在合同期内每接通一个城市低收入家庭,就可以得到一份补贴。激励中标企业,为提升城市基础设施产品和服务的普遍服务水平而努力[①]。

第四,市场化进程中的各方利益协调问题。在改革过程中,政府、企业、居民三方各司其职,因而也有义务共同分担改革成本即利益调整。其中:政府对保证城市居民享受普遍服务和鼓励节约资源负有公共责任,一要对在位企业进行必要的价格、质量和效率的管制;二要对城市低收入家庭进行补贴。企业对保证城市居民享受普遍服务负有社会责任,一要通过降低成本提高效率,内部消化价格上涨的压力;二要在得到价格上涨收益的条件下,努力扩大和提升普遍服务的水平。居民对城市基础设施的市场化改革负有共享收益的权利和支持改革的义务,一要积极参与市场化改革的进程,进言献策、共同监督;二要以主人翁的态度为节约资源而努力(林伯强,2006)。

主要参考文献

[1] Aghion P, Tirole J. Formal and Real Authority in Organizations [J]. Journal of Political Economy, 1997, 105 (1): 1-29.

[2] Baumol W J, Panzar J, Willig R D. Contestable Markets and the Theory of Industrial Structure [M]. New York: Harcourt Brace Jovanov-

---

① 现代合同理论就是研究通过机制设计来激励代理人克服机会主义行为,实现社会福利最大化的目标。

ich, 1982.

[3] Bishop M, Kay J, Mayer C. Introduction: Privatization [A]. In M. Bishop, J. Kay & C. Mayer (eds). Privatization and Economic Performance [M]. Oxford: Oxford University Press, 1994.

[4] Guasch J L. Granting and Renegotiating Infrastructure Concessions: Doing It Right [Z]. World Bank Publications, 2004.

[5] Kay J A, Thompson D J. Privatisation: A Policy in Search of a Rationale [J]. The Economic Journal, 1986, 96 (381): 18 – 32.

[6] Laffont J J, Tirole J. Provision of Quality and Power of Incentive Schemes in Regulated Industries [A]. In W. A. Basrnett (ed). Equilibrium Theory and Applications: Proceeding of the Sixth International in Economic Theory and Econometrics [M]. Cambridge: Cambridge University Press, 1989.

[7] Sappington D E M, Stiglitz J E. Privatization, Information and Incentives [J]. Journal of Policy Analysis and Management, 1987, 6 (4): 567 – 582.

[8] Sappington D E M. Regulating Service Quality: A Survey [J]. Journal of Regulatory Economics, 2005, 27 (2): 123 – 154.

[9] Schmidt K M. The Costs and Benefits of Privatization: An Incomplete Contracts Approach [J]. Journal of Law, Economics, & Organization, 1996, 12 (1): 1 – 24.

[10] Shapiro C, Willig R D. On the Antitrust Treatment of Production Joint Ventures [J]. Journal of Economic Perspectives, 1990, 4 (3): 113 – 130.

[11] Shleifer A, Vishny R W. Politicians and Firms [J]. Quarterly Journal of Economics, 1994, 109 (4): 995 – 1025.

[12] 保罗·萨缪尔森, 威廉·诺德豪斯. 经济学 (第19版) [M]. 北京: 商务印书馆, 2011.

[13] 陈富良. 城市公用事业改革与监管的理论反思 [J]. 开放导报, 2008 (1): 55 – 58.

[14] 陈明. 城市公用事业民营化的政策困境——以水务民营化为例 [J]. 当代财经, 2004 (12): 18 – 21.

[15] 陈明. 中国城市公用事业民营化的改革顺序与速度研究 [J].

经济管理，2009（9）：163 - 167.

[16] 程丹. 城市公交运营公私伙伴提供模式研究——基于广州公交系统引入民营资本的运营分析 [J]. 财政研究，2007（3）：50 - 52.

[17] 仇保兴. 市政公用事业改革的理论和实践进展综述 [J]. 城市发展研究，2007（1）：22 - 23.

[18] 道格拉斯·格林沃尔德. 现代经济词典 [M]. 北京：商务印书馆，1981.

[19] 董邦俊，张继恒. 网络型公用事业民营化的法律问题分析 [J]. 河南教育学院学报（哲学社会科学版），2009（5）：81 - 84.

[20] 范合君，柳学信，王家. 英国、德国市政公用事业监管的经验及对我国的启示 [J]. 经济与管理研究，2007（8）：82 - 86.

[21] 冯中越. 特许经营合约设计中若干问题的探讨 [J]. 城市管理与科技，2015，17（1）：16 - 19.

[22] 高旺. 西方国家公用事业民营化改革的经验及其对我国的启示 [J]. 经济社会体制比较，2006（6）：23 - 28.

[23] 郝二虎. 公用事业的产权制度改革 [J]. 经济体制改革，2008（4）：28 - 31.

[24] 克洛德·梅纳尔，斯特凡·索西耶. 公用事业的合约选择与绩效：以法国的供水为例 [A] //吴敬琏. 比较 [M]. 北京：中信出版社，2004，第13辑.

[25] 林伯强. 改革与民营参与是供热行业的出路 [EB/OL]. 新浪财经，2006 - 06 - 28.

[26] 刘戒骄. 公用事业：竞争、民营与监管 [M]. 北京：经济管理出版社，2007.

[27] 刘戒骄. 我国公用事业运营和监管改革研究 [J]. 中国工业经济，2006（9）：46 - 52.

[28] 刘迎秋. 中国经济"民营化"的必要性和现实性分析 [J]. 经济研究，1994（6）：48 - 55.

[29] 娄成武，尹涛. 论政府在公共服务民营化中的作用 [J]. 东北大学学报（社会科学版），2003（5）：367 - 369.

[30] 乔治·亚罗夫. 公共服务供给的政府监管 [A] //吴敬琏. 比较 [M]. 北京：中信出版社，2005，第16辑.

[31] 秦惠雄，冯中越．区域厂网一体、混合所有制与城市公用事业监管——基于北京排水集团的案例［J］．城市管理与科技，2015（1）：20－23．

[32] 让－雅克·拉丰．规制与发展［M］．聂辉华，译．北京：中国人民大学出版社，2009．

[33] 史际春，肖竹．公用事业民营化及其相关法律问题研究［J］．北京大学学报（哲学社会科学版），2004（4）：79－86．

[34] 石侃．供水普遍服务的补偿机制研究［D］．北京：北京工商大学硕士论文，2011．

[35] 唐要家．反垄断经济学理论与政策［M］．北京：中国社会科学出版社，2008．

[36] 王俊豪，蒋晓青．我国城市公用事业民营化的负面效应及其对策［J］．财经问题研究，2011（9）：114－118．

[37] 王俊豪．英国城市公用事业民营化改革评析［J］．环境经济，2005，19（7）：49－52．

[38] 王俊豪等．中国城市公用事业民营化绩效评价与管制政策研究［M］．北京：中国社会科学出版社，2013．

[39] 魏伯乐，奥兰·扬，马塞厄斯·芬格．私有化的局限：罗马俱乐部报告［M］．王小卫，周缨，译．上海：上海三联书店、上海人民出版社，2006．

[40] 肖兴志，陈艳利．公用事业民营化改革：理论基础与政策选择［J］．经济社会体制比较，2004（4）：119－126．

[41] 杨华．城市公用事业公共定价与绩效管理［J］．中央财经大学学报，2007（4）：21－25．

[42] 约阿尼斯·凯西德斯．改革基础产业：民营化、监管与竞争［A］//吴敬琏．比较［M］．北京：中信出版社，2005，第20辑．

[43] 周向红．公用事业民营化进程中的问题研究［J］．改革与战略，2004（9）：58－59．

第三章 发展、转型与社会性规制

本章是从发展与转型的视角来探讨社会性规制问题，提炼出团队道德风险与声誉机制、外部性与内部性、审计合谋规制、社会共治四个科学问题。它们虽然不是刚刚发现和提出的新颖性问题，但是，它们在发展中国家和转型国家的社会性规制中，具有普遍性、引领性、探索性特征，仍需进行深入探讨。

第一节 团队道德风险

团队道德风险（moral hazard in teams）是指在多个成员组成的团队中，由于团队结构存在的局限性，即团队生产具有不确定性，表现为团队成员行为和结果的不可区分性；同时，团队成员具有信息优势，并且其个人成本与团队成本不一致，团队成员可能采取有利于自身但损害委托人或其他代理人利益的机会主义行为，从而产生道德风险。同时，这种机会主义行为具有普遍性或群体性特征。

团队道德风险的主要形式有两种：一是"搭便车"行为，即团队成员利用自身的信息优势，减少自身努力与成本投入而坐享团队他人劳动成果的机会主义行为；二是"合谋"行为，即团队成员之间利用自身和共同的信息优势，采取协调一致的损害委托人或团队其他成员利益的机会主义行为。在将企业作为考察对象时，团队道德风险可以分为狭义（即企业团队道德风险）与广义（即行业团队道德风险）两类。

一、企业团队道德风险

首先，团队成员的偏好存在差异。一是团队成员风险偏好不同，具体可以分为风险厌恶、风险中性和风险喜好三种；二是团队内部举报人的偏好不同,具体可以分为逐利型和理想型。

其次,偏好差异决定了团队成员行为的不同选择①。一是风险中性的团队成员一般更倾向于"合谋"的机会主义行为,从而产生团队道德风险;而风险厌恶的团队成员一般更倾向于"搭便车"的机会主义行为,从而产生团队道德风险。二是逐利型的团队内部举报人的举报行为一般与举报的物质奖励相联系并呈线性关系,从而举报行为对团队道德风险产生线性(有限)的抑制作用;理想型的团队内部举报人的举报行为一般与举报的精神奖励相联系并呈线性关系,或者与举报的任何奖励无关系,从而举报行为对团队道德风险产生明显的抑制作用。

最后,解决团队道德风险的办法是引入竞争机制。如采用团队成员相对绩效评价机制即锦标赛制。它的优点:一是鼓励团队成员之间的竞争,克服"搭便车"行为,导致任何一个团队成员增加的努力都能够增加总产出,进而使所有团队成员都能够从中获益;二是降低了委托人事后操纵产出的激励,因为最终无论哪个团队成员胜出,委托人都必须对其进行奖励。

相对绩效评价制度即锦标赛制的不足之处在于:一是它会导致团队成员之间的破坏性竞争行为,即合谋行为,对团队成员的总产出产生不利影响;二是它会导致团队成员的各种战略行为,会对团队成员的总产出产生不利影响,如通过自由选择团队组成、打击和破坏团队其他成员的努力来提高锦标赛的获胜概率等。那么,如何克服锦标赛制的缺点呢?基本的思路是,委托人能够诱导团队成员之间相互合作或者团队成员帮助其他人来完成任务。它的前提是委托人支付一个风险溢价,即团队成员为了相互合作或者团队成员帮助其他人来完成任务需要付出成本,委托人要通过奖励来诱导团队成员,且委托人从团队成员这种合作增加的产出中获利。

二、行业团队道德风险

下面,我们分析广义的即行业团队道德风险的两种形式。

生产经营行业的团队道德风险的"搭便车"行为:第一,从行业内部看,"搭便车"行为表现为个别或少数成员企业存在自律性差、产品不安全等问题,但信息不对称的使用掩盖了行业的真实情况,搭了多数成员及行业产品安全的"便车",这就是所谓的"滥竽充数";第二,从生产经

---

① 风险喜好的行为特征一般包含在风险中性当中,这里不另做分析。

营行业外部看,"搭便车"行为表现为生产经营行业利用自身的信息优势,在参与产品安全规制问题上不积极不努力,或者假积极假努力,甚至放弃本应承担的产品安全规制的社会职责,这就是所谓的"玩忽职守"。

生产经营行业的团队道德风险的"合谋"行为:第一,从生产经营行业内部看"合谋"行为,一方面表现为行业的成员企业组成小团队的合谋,共同生产经营不安全产品,在行业这个大团队中可分为一对一、一对多、多对多成员团伙合谋;但这时,行业中还有自律性强、生产经营安全产品的成员企业及组成的小团队。另一方面表现为行业成员组成一个大团队的合谋,即团队成员集体合谋行为,共同生产经营不安全产品;但这时,行业中已没有自律性强、生产经营安全产品的成员企业及组成的小团队了,这就是所谓的"行业潜规则",也称集体败德行为。第二,从生产经营行业外部看"合谋"行为,表现为生产经营行业缺乏声誉机制和集体声誉的建设,导致生产经营行业在参与产品安全规制问题上,产生与其他社会成员(如中介组织、专家、媒体等)的合谋,甚至与产品安全规制部门的合谋,导致产品安全规制失效。

进一步分析,"搭便车"行为产生的原因是:由于生产经营行业内部及产品安全规制的框架内缺乏竞争压力,导致产品生产企业出现产品不安全问题的机会主义行为和生产经营行业不尽职参与产品安全规制的机会主义行为。"合谋"行为产生的原因是:由于生产经营行业内部及产品安全规制的框架内缺乏行业规范或社会准则,导致产品生产企业和生产经营行业产生产品不安全问题和不尽职参与产品安全规制的合谋行为与集体败德行为。

从理论上讲,克服团队道德风险的有效机制就是从市场机制中细分出来的声誉机制。从实践上看,克服团队道德风险的有效方法就是品牌效应。

三、声誉机制

声誉是反映主体相关信息的一种信号,它是人们以主体过去的信息为基础并对其进行的整体评价。在市场竞争中,声誉机制可作为企业主动向消费者介绍产品、树立品牌,从而解决信息不对称问题的重要机制。

市场不仅有一只"看不见的手",而且有一对"隐性的眼睛"——声誉机制。从长远来看,在激烈的市场竞争中生存下来的企业都是信誉良好的企业。品牌是一种信誉机制,承载着一系列的连带责任。有了连带责任，才能建立信任。在企业内部，连带责任更为复杂，经理就是对所有员工承担连带责任的人。有能力承担这种连带责任的，才是品牌企业。一个企业有多大的能力承担责任，在市场上就有多大的市场利润空间（张维迎，2004）。

如果生产经营行业存在着一个非营利的市场或准市场，那么，声誉机制在这里也一定会发生作用。有品牌、有信誉、能长久的生产经营行业，一定是声誉良好的生产经营行业。

已有的研究表明，声誉不但是市场发挥作用的重要环节，而且对于有效克服团队道德风险的两大问题具有重要作用。第一，声誉机制能够给产品生产企业提供有效激励，即拥有声誉能够提高企业的经营业绩；第二，声誉机制能够给发生产品安全事件的相关企业施以严厉惩罚；第三，声誉机制可以降低依法经营的产品生产企业因产品安全事故而产生的市场风险。也就是说，声誉效应与企业行为的关系是：一方面，声誉效应惩罚产生机会主义行为的企业；另一方面，声誉效应给依法经营、注重声誉的企业带来经济回报。

总之，从委托—代理关系的角度看，消费者作为委托人，可以利用声誉机制规范和约束代理人（产品生产经营企业）的行为。具体来说，声誉机制一方面可以向代理人（包括产品企业和生产经营行业）提供足够的激励，以减少他们"搭便车"的机会主义行为，另一方面可以对出现败德行为的代理人（包括产品生产企业和生产经营行业）施加严厉惩罚。

因此，基于声誉机制理论来探讨产品生产经营行业的团队道德风险社会性规制问题的思路是：构建二元市场组织与产品安全规制结构。一是优化我国产品生产经营行业的市场组织结构。可借鉴下包制的做法，构建以大型龙头企业为核心、通过分包合同与大量中小型企业建立长期稳定合作关系的二元市场组织结构，即形成大、中、小企业共生共存的格局。这既符合我国产品生产经营行业的发展阶段特征，又为声誉机制奠定了产业组织基础。二是调整我国产品生产经营行业的质量安全等级标准。减少产品生产经营行业的质量安全等级，可建立兼顾低端与高端市场需求的层级结构，即分为入市与优质两个层级，其中入市标准为安全等级的必备等级，优质标准为安全等级的自选等级[1]。并将强化入市门槛管理作为产品安全

---

[1] 北京鹏程食品的地方肠不添加防腐剂保质期短，按有关规定只能在顺义区域内销售。由于性价比高，深受消费者喜爱。这可看作入市安全等级及其县级声誉的例子。

规制的主要内容。三是为生产经营行业建立专门的声誉管理机构①，整合现有声誉机制，形成独特的产品生产经营行业分级制声誉机制。一方面，建立产品生产经营行业专门的声誉管理机构，专门负责产品生产经营行业的声誉机制构建和管理，并完善声誉的评审、管理（升降级）与退出制度；另一方面，整合与构建产品生产经营行业的专有声誉机制，以声誉集中制为重点（可保留2~3个，但要避免交叉重叠）和声誉分级制（考虑与监管层级相衔接可分为县、省、国家三级）。

第二节 外　部　性

一、外部性的概念

外部性（externality）是指在两个当事人缺乏任何相关的经济交易的情况下，由一个当事人向另一个当事人实施某种影响且不用承担责任。也就是说，外部性是指未被市场交易包括在内的额外成本或收益（斯蒂格利茨，2000）。科斯（Coase，1960）认为，造成外部性产品或补偿性支付缺乏经济交易的原因是，缺乏明确界定的产权和存在着交易成本。

外部性可以分为正的外部性与负的外部性两种，其划分标准就是当事人是否无偿享受了额外收益，或者是否承受了由他人导致的额外成本。正的外部性就是一些当事人的生产或消费使另一些当事人受益而后者无须付费的现象；负的外部性就是一些当事人的生产或消费使另一些当事人受损而后者无法得到补偿的现象。

二、外部性的分类

（一）生产外部性与消费外部性

根据外部性产生主体的不同，可以分为生产外部性与消费外部性。生产外部性，即发生在生产领域，由企业的生产行为对其他经济主体产生的外部性，如企业的环境污染问题。消费外部性则是伴随着消费行为产生的，其来源主体是消费者，如公益活动、私人花园等。关于生产外部性的

---

① 根据中央编办、质检总局《关于整合检验检测认证机构的实施意见》精神，该机构可作为国家食品药品监督管理总局（现为国家市场监督管理总局）负责组建的国家级检验检测认证机构的下设单位，也可作为行业协会下的第三方认证、评审机构（社会组织）。

理论研究要早于消费外部性，自 20 世纪 70 年代消费外部性的理论研究才开始兴起。随着经济市场的发展和消费行为重要性的提高，经济学家们关于外部性的讨论逐渐由生产领域拓展到了消费领域，其研究成果日益丰富（Ayres & Kneese，1969；Diamond，1973；Dugger，1985；Liu & Turnovsky，2005）。结合第一种分类方法，又可以细分为正生产外部性、负生产外部性、正消费外部性和负消费外部性四种不同的外部性形式。

（二）可预期外部性与不可预期外部性

基于外部性的接受主体能否预测到外部性的存在并据此做出反应，可以分为可预期外部性与不可预期外部性。当受外部性影响的一方可以预期到外部性时，通过采取相应规避措施或双方达成协议的方式，可以实现外部性的内部化，这种外部性也被称为可预期（稳定的）外部性。如果外部性不可预期，则无法采用以上方法消除其影响，即外部性内部化的效果是不确定的，称为不可预期（不稳定）外部性。目前的外部性文献中多数是关于稳定外部性的研究，不稳定外部性的成果相对较少，格林伍德和英根（Greenwood & Ingene，1978）讨论了不可预期的外部性问题，厂商在进行决策时需要考虑不确定的外部性影响。

（三）单向外部性与交互外部性

根据外部性影响的方向性，可以分为单项外部性与交互外部性两类。单项外部性是指某一经济主体对其他主体产生外部性影响，而反方向的影响不成立。生产生活中的外部性现象大多属于单向外部性，即双方之间的影响是单方向的，如房主在庭院中种植花朵使路人的效用增加，对其产生了正外部性，但是反过来路人对房主没有造成任何影响，既没有正外部性也没有负外部性，所以房主与路人之间存在的是单向外部性。交互外部性更多产生于公共产权领域，每一方既是外部性的产生主体同时也是接受主体。在公共资源的使用中，所有人都可以破坏资源导致彼此增加成本或减少效用，比如多家企业污染环境产生的外部性是彼此相互的。

（四）期内外部性与跨期外部性

根据外部性产生的影响是否在同期发生，可以分为期内外部性与跨期外部性。如果是同期发生，本期行为只对当期其他主体造成影响，这种外部性是期内外部性。当期经济主体活动的外部性在以后各期才会体现出来，则是跨期外部性；其中，代际外部性问题是其典型的形式，即这一代人的行为会对后代的生产生活造成影响。可持续发展理念便是以代际外部性理论为基础提出的，其目的是为了实现代际外部性的内部化。拉泽尔

(Lazear, 1976) 和布特尔 (Buiter, 1997) 等学者对代际外部性的有关因素、影响效果等进行了具体研究, 近年来随着现代经济学的发展, 越来越多的学者采用博弈论和计量经济学的方法对跨期外部性问题做了更为深入和客观的分析 (Valente, 2011)。

三、外部性与环境规制

(一) 环境规制的提出

由于环境资源的公共产品属性和环境污染负外部性的存在, 需要政府部门的介入, 进行适当的环境规制。波特 (Porter, 1991; 1995) 提出"波特假说", 认为合理适度的环境规制可以激发企业寻求技术创新, 降低生产成本, 提供企业竞争力, 从而促进经济增长。因此, "波特假说"成为支持环境规制有利于经济增长观点的主要奠基理论。在此基础上, "创新补偿理论" "先动优势理论"等理论不断确立并发展。里奇 (Ricci, 2007) 指出, 严格的环保政策会使企业减产, 但是通过比较均衡的增长路径, 可以刺激企业创新将企业的损失抵消, 因此环境规制会对经济增长产生促进作用。阿泽维多等 (Azevedo et al., 2010) 讨论了环境规制对巴西炼油厂创新生产技术的影响, 重点分析了实施严格的环境规制时炼油厂的行为反应, 最后指出环保政策可以有限地促进高污染行业进行技术革新从而减轻环境影响。李等 (Lee et al., 2011) 通过研究 1970 ~ 1998 年美国汽车尾气排放数据, 发现政府加强环境规制可以促使企业投资于技术创新, 开发和引进更先进的汽车排放控制技术, 经济效益也有所增加。阿姆贝克等 (Ambec et al., 2013) 对关于"波特假说"的重要理论和见解进行了梳理和概述, 认为环境规制会激励企业进行技术创新提高竞争力, 对经济增长存在促进作用。

(二) 环境规制与绿色经济效应

从"技术外部性"来看, 绿色经济作为技术创新成果, 是一种正外部性很强的公共产品, 如果没有有效的激励机制, 就会造成私人的边际成本高于社会的边际成本, 导致经济主体减少投入从而产出不足。国外众多学者研究环境规制与绿色经济效应问题时, 就是从这个角度来考虑的。"绿色经济效应"的起源可以追溯到熊彼特的技术创新理论和波特假说, 认为环境规制或者其他生产要素条件变动时, 会导致经济创新响应, 发展绿色经济。

但是, 也有一些学者例如库马尔和马纳吉 (Kumar & Managi, 2009)

认为，环境规制对企业具有绿色经济效应，适当的环境规制政策可以鼓励创新和清洁技术；另一些学者的研究表明，环境规制对技术创新影响存在行业、国家和区域等的差异性，例如弗兰克（Frank，2011）发现，环境规制可能受不同类型规制工具的影响，在税收和排污标准的规制工具下，会造成劣质技术的锁定效应，不利于绿色经济的发展，环境规制的创新激发效应不显著。

四、环境规制的工具与方法

（一）命令—控制工具的环境规制

20世纪60年代末至70年代初，命令—控制工具是环境规制政策中的主导地位，通常是管理机构直接制定相关的法律法规和部门规章制度，直接规定活动者污染排放的允许数量及方式。

一方面，强制手段能够保证实施的强制性，使针对环境污染的管理都能达到一定的标准，命令—控制型规制工具，指通过政府立法以及环境部门的规章制度条例来确定环境规制的具体目标、标准，主要工具包括技术标准和绩效标准。例如泰斯塔（Testa）等通过运用回归分析，发现更严格的环境规制，以检查频率衡量，为增加对先进技术设备和创新产品的投资和商业绩效提供了积极的动力。另一方面，强制手段会有政府管制失灵的问题，由于需要了解的信息量巨大，才能有效地控制各种类型的污染源排放，因此强制政策的有效性是值得怀疑的。同时，政府规制俘虏理论也支持此类"一刀切"的强制手段会产生不公平以及效率低下的结果。

（二）"庇古税"与排污费规制

庇古（Arthur Cecil Pigou）于1932年提出"庇古税"，为解决环境污染的负外部性问题提供了一种思路和方法，根据污染造成的危害程度，对污染者征税，用税收弥补污染者产生的私人成本和社会成本的差额，使两者相等。具体的做法是，对于边际私人成本小于边际社会成本的部门征税，对边际收益小于社会收益的部门进行奖励和补贴，以此实现外部效应的内部化。

"庇古税"最广泛的应用是排污费，即由规制机构给可以产生污染的企业确定污染税税率，对企业每单位的污染进行收费。达斯古普塔等（Dasgupta et al.，2001）重点分析了中国对污染企业征收排污费等规制政策的效率，结果发现收取排污费后企业排污减少，因此环境规制是有效率的。

1960年，科斯在《社会成本问题》一文中提出了外部性的相互性的概念，并提出通过市场解决外部性问题的方法。科斯在文中证明，当交易费用为零的条件下，没有必要征收庇古税，因为在这种情况下，只要产权明晰，双方就可通过自行沟通与协商达到最佳资源配置；而当交易费用不为零的情况下，选择哪种政策来解决外部效应内部化问题，则需要进行成本的比较，庇古税不一定是最优解。

（三）排污权交易规制

当交易费用为零时，不需要"庇古税"，市场交易和主体间的资源协商可以实现资源最优配置，但是当交易费用不为零时，则需要考虑规制的成本和收益选择合理的制度安排。科斯指出，"庇古税"自身将造成资源配置的无效率，经济的外部性可以通过当事人谈判而得到解决，从而实现效率的最大化，强调产权和交易成本在环境规制中的重要作用。达莱斯（Dales，1968）将科斯定理应用于水污染的控制研究，基于科斯定理，提出了排污权交易的理论和方法，设计使用可交易的排污许可证在厂商或个人间分配污染治理负担，来解决环境污染的问题。

可交易排污许可证制度的优点在于：（1）赋予企业有限的排污权，建立排污权市场，使得企业能够在成本收益比较的基础上，将环境成本与收益考虑进决策中，做出最优化的产量和相关的决策；（2）可以保证排污量的确定性，同时通过市场机制的作用，促使企业调整污染成本。

但是，排污权交易制度也有许多局限性，斯塔文斯（Stavins，1995）认为，一个完整的排污权交易制度应包括总量控制目标、排污许可、分配机制、市场运作、监督与实施、分配与政治性问题以及与现行法律及制度的整合等要素。其中，产权明晰的界定是关键，但是资源环境这种公共产品产权是难以界定的；而市场化程度的高低也是"污染权"交易的前提，这一点在市场程度不发达的地区是不能进行有效交易的。

第三节 内 部 性

一、内部性与安全规制

所谓内部性（internality），是指由交易者所经受的成本或收益，但这种成本或收益未在交易条款中说明。具体地，内部性可以分为正内部性和负内部性两种类型。正内部性是指合约的一方从另一方获得额外的利益（合约中没有规定）。例如，某单位的员工在内部接受过非正式的入职培训，而这种收益并没有在合约中明确规定。负内部性是指合约的一方因另一方的原因（合约中没有规定）而遭受的损失或增加的费用。例如，产品的缺陷给消费者带来损害，而产品缺陷的性质和范围在合约中没有充分的约定。

造成内部性的原因主要是三种"交易成本"：一是在存在风险的条件下，当事人签订意外性合约（contingent contract）[1] 的成本；二是当合约当事人的行为不能完全观察到时，所发生的观察成本或监督成本；三是合约当事人从其他地方收集信息并披露其拥有的信息时所产生的成本。史普博（1999）认为，交易成本或不完全信息可能导致交易的参与方无法充分分配交易所产生的净收益，而此净收益的不完全分配即指的就是某种内部性。也就是说，内部性的存在阻止了交易者获得所有潜在的交易收益。因此，内部性无论是正的还是负的，都与合约的交易条款或合约安排及其执行密切相关。

针对内部性的规制主要研究生产者（生产场所）安全和产品（质量）安全。

生产者安全，也称工作场所安全，是指企业要保障生产者具有良好的、安全的、健康的工作条件和环境。企业应当采取预防性和保护性的措施，有效地计划、组织、控制、监测和审查安全与健康。也就是说，生产者（生产场所）安全主要是指生产者的职业卫生或健康和职业安全，前者可能是长期隐形的损害，而后者则是瞬间显形的伤害。

产品安全，一是指消费者使用产品时不存在受到伤害的可能性；二是指消费者使用产品过程中不存在造成卫生（健康）风险的可能性。

为了解决生产者安全和产品安全问题，世界各国先后开始进行安全规制。安全规制是指针对生产者安全和产品安全问题的社会性规制，它旨在保障生产者的工作场所安全和消费者的产品安全，根据相关法律，对工作场所和产品的安全制定一定标准，并禁止、限制特定行为的规制[2]。

---

[1] "contingent contract"也可以翻译成或有合约，阿罗－德布鲁在其模型中创造了一个或有商品的概念，即一种对交换的商品不能对其物质形态做出准确的描述，无法对商品的划分做出可以看见的、但可通过交换能够提高当事人的满足程度的配置的商品。在这里，意外性合约主要指的是防范意外性事故的合约，即防范具有潜在职业风险的就业合约，与消费者购买商品签订的或有合约不同。

[2] 关于社会性规制的定义，参见植草益（1992：22）。

二、内部性与安全规制的研究进展

国外学者对内部性的研究主要集中在两个方面：一是关于内部性的概念界定。赫恩斯坦等（Herrnstein et al., 1993）提出，内部性是指一种商品或服务从长远来看会给个体带来成本或收益，但是当个体消费该商品或服务时，这种成本或收益不会被考虑在内的情况；维斯卡西（Viscusi, 1983）分析了负的内部性的一般表现，即"由于存在信息不对称和交易成本，导致不能将风险的成本完全内部化，结果降低风险的激励低于有效水平，最终发生的事故数量多于最优的数量"。二是关于内部性产生的影响。雷默和霍曼法尔（Reimer & Houmanfar, 2017）探讨了如何将内部性整合到行为分析中，利用组织行为管理和行为系统分析策略减轻内部性的消极影响，同时促进内部性的积极影响。

国内学者对内部性的讨论主要集中在四个方面。一是关于内部性的定义及内部性与外部性的关系，如陈启智（2002）的《内部性与外部性及其政府管制的产权分析》一文，是国内第一篇系统地介绍和分析内部性理论的论文，作者试图将内部性和外部性构建成统一的产权理论框架；二是关于内部性与社会性规制的关系，如李光德（2009）在《内部性社会性管制机制的替代关系研究》一文中提出，内部控制中的市场机制、法律机制和社会控制之间存在一定的替代关系；三是关于内部性与生产安全问题，如钱叶芳（2015）在《劳动规章制度若干问题辨析》一文中指出，劳动规章制度具有内部性和职业性，在劳动者未违反其职业忠诚义务的前提下，劳动规章制度不应涉及劳动者的私人行为，只有刑事处罚的适用才能解释对私人行为的解雇处罚的合理性；四是关于内部性与产品安全问题，如黄珺仪（2007）在《产品质量内部性问题的政府管制》一文中提出，与信息不对称紧密联系的较大的交易成本，是产品质量[①]内部性问题产生的根源。

上述文献探讨了内部性与规制的相关理论及实践问题，并取得了一定的成果。然而，这些研究大多是基于产权理论，而很少是基于合约理论来分析内部性及其规制问题（史普博，1999；黄珺仪，2007）。也有一些文

[①] 在讨论内部性问题时，产品质量与产品安全是密切联系的两个概念，经常相互替代。在实践中，对于农产品一般表述为农产品质量安全，而工业品一般表述为产品质量、产品安全。产品质量是指产品应符合不存在危及人身、财产安全的不合理的危险；具备产品应当具备的使用性能；符合在产品或者其包装上注明采用的产品标准。见《中华人民共和国产品质量法》（2000年修正）第二十六条。

献从道德风险视角来进行探讨，但都是基于逆向选择与道德风险关系的角度（王冰和黄岱，2005；何立胜和杨志强，2006；张东峰和杨志强，2008；李光德，2009；袁文艺，2010），或者基于双向道德风险的角度（史普博，1999）。因此，在前人研究的基础上，本书的第十一章提出多重道德风险这一概念，以弥补上述研究的不足。在同质生产者与异质生产者两种情形下，探讨了当生产者（工作场所）安全和产品安全两种合约相互关联时，由多重道德风险所导致的内部性问题。并从内部小团体视角出发，结合锦标赛、声誉、信息披露和内部人举报等情境，分析旨在解决多重道德风险内部性的安全规制问题。

三、安全规制的主要问题

我国生产安全规制存在的主要问题：一是生产安全形势依然严峻，包括工伤事故呈现持续高发态势和矿难等重特大事故多发；二是职业危害形势严峻，包括职业病防治体系薄弱和职工生产安全意识不强。

生产者（生产场所）安全的内部性有：第一，为什么雇佣合同不能明确地包括工人可能遇到的事故和健康损害？第二，为什么工伤（伤亡）赔偿制度不能激励企业（用人单位）和工人[①]采取更加有效的安全与健康预防保护性措施？前者产生的原因在于信息不对称导致就业合约的不完全及合约再谈判的成本高昂；而后者产生的原因则在于信息不对称导致企业（雇主）可以在工伤（伤亡）赔偿上面"搭便车"，通过减少预防保护性费用支出而减少总费用（预防保护费用和赔偿费用）。

因此，生产者安全规制的重点在于：专门规制机构的设立、安全规制标准的制定和修订、工人关于安全与健康的集体谈判、工会对侵害权益的报告、企业（雇主）的遵从或社会责任报告。

产品安全：一是指消费者使用产品时不存在受到伤害的可能性；二是指消费者使用产品过程中不存在造成卫生（健康）风险的可能性。

信息经济学把产品分为搜寻品、经验品和信任品。搜寻品是指消费者在购买前能够了解其特征的产品；经验品是指消费者在使用后才能确认其特征的产品；信任品是指消费者在消费后仍不能确定其质量的产品，如医疗服务等。而以上产品安全的两个特征既适用于搜寻品，也适用于经验品和信任品。消费者一般是尽可能购买安全（卫生或健康）风险小的产品

[①] 国内外研究文献表明，工伤（伤亡）赔偿制度不能激励劳动者采取更有效的安全与健康预防保护性措施提供激励的原因，在于工人对其生命价值的判断（估值）。

(如驰名商标的产品、老字号产品、进口产品),但也可能购买已知具有安全(卫生或健康)风险的产品(如香烟)。

产品质量安全规制分为:食品(包括食用农产品)安全、药品安全和其他消费品安全。当前,我国食品安全的主要问题可以分为:蓄意污染所发生的食品安全违法犯罪案件、疫情疫病大规模暴发所引发的食品安全事件、因土壤和地下水等环境污染所导致的食品安全问题等三大类。我国药品安全的主要问题有:药品安全方面的事故时有发生,伪劣药品的制售形式更加隐蔽、技术更加先进、手段更加丰富,犯罪形式更加多样。特别是一些通过国家 GMP 认证的正规药品制造企业,生产和销售的"国药准字"号药品出现重大安全事件①。我国其他消费品安全的主要问题可以通过消费者投诉来反映,据《全国消协组织受理投诉情况分析》表明,2002 年全国共受理消费者投诉 690062 件,其中产品安全问题占 1.7%;2015 年全国共受理消费者投诉 639324 件,其中产品安全问题占 0.8%;2017 年全国共受理消费者投诉 726840 件,其中产品安全问题占 2.37%;产品安全问题形势依然严峻②。

根据科斯定理,如果不存在交易成本,无论如何分配损害责任,风险中性的消费者与厂商将通过谈判达到一个社会最优的产出和防范水平。一是在严格责任条件下即厂商承担所有损失,则厂商选择最优产品安全防范水平。这时,厂商在它的生产决策中将消费者的损失"内部化"。二是在法定标准之下可选择的防范水平下,即厂商如果选择高于法定标准的产品安全防范水平,则厂商就没有赔偿责任。三是在消费者承担责任即厂商没有任何责任的情况下,厂商之间的竞争将导致它们选择一个等于社会最优的不差别产品安全防范水平。

在消费者与供应商信息不对称的情况下,产品安全防范水平存在不可观察性,即为了减少不安全产品所作的努力无法直接观察到,这就产生了降低市场配置效率的道德风险问题,一是供应商对于产品安全防范水平不

---

① 2006 年 4 月,齐齐哈尔制药二厂生产的"亮菌甲素注射液"事发,导致多人死亡,原因是工业原料二甘醇被作为药用辅料丙二醇使用。2006 年 7 月,安徽华源公司的"欣弗"事发,由于未按批准的工艺参数进行灭菌,影响了灭菌效果,生产出的"克林霉素磷酸酯葡萄糖注射液"造成多人死亡。2007 年 6 月,上海华联制药厂生产的"甲氨蝶呤"事发,导致多地的白血病患者出现神经损害症状,原因是甲氨蝶呤混入了硫酸长春新碱。2016 年 3 月,山东警方破获案值 5.7 亿元非法疫苗案,疫苗未经严格冷链存储运输销往 24 个省市,该疫苗含有 25 种儿童和成人用二类疫苗。参见:国家药品监督管理局官网(https://www.nmpa.gov.cn/)。

② 参见:中国消费者协会官网(http://www.cca.org.cn/tsdh/)。

同的消费者，提供不同安全标准的产品，导致"劣币驱逐良币"的现象；二是消费者在产品使用过程中，对具有不同安全标准的供应商采取不同级别的产品安全预防措施。因为这两种不可观察的行为在产品购买合同中是无法描述的，导致了内部性的发生。

在没有规制的成熟和完善的市场中，消费者拥有价格、广告、品牌（卖方声誉）、合约条款等市场信息，可以降低消费者关于安全产品的信息搜寻成本和披露成本，减少内部性，提高市场配置效率。

而在不成熟和不完善的市场中，为了减少内部性，提高市场配置效率，政府产品安全规制的最主要行为是强制信息披露。它包括：政府提供市场交易必需的公共信息、消除对信息交换的限制、对广告进行必要的管理、建立产品安全标准的披露规则等（史普博，1999）。

第四节 社会共治

一、食品安全与社会共治

治理是指一个组织、社会、国家或国家集团制定和实施的规则与政策的制定、实施和管理过程，包括企业（公司）治理、市场治理、政府治理和社会治理。主要有三个要素，即治理主体、治理机制和治理效果（俞可平，2014）。治理的核心要义是正式法律和非正式社会组织，它们通过保护产权、执行合同、规范市场行为和提供必要的公共产品（包括物质和组织基础设施）来支持经济活动和市场交易（阿维纳什·迪克西特，2015）。

到目前为止，国内外关于社会共治并没有明确统一的定义。美国著名经济学家、2009年诺贝尔经济学奖得主艾利诺·奥斯特若姆（Elinor Ostrom），在实证研究中，发现了一种社会资源治理的共治机制。除了公共权力和私人权力外，社会制度的运行还具有一种权力——社会权力，它以共享和共同治理的方式运行。这种介于公权力和私权力之间的社会权力运作机制称为"共治"（奥斯特若姆，2012）。埃吉兰德（Eijlander，2002）从法律的角度定义了社会共治：对于一个特定的问题，社会共治是一种多方位的管理手段，包括立法执法主体管理、自我管理以及其他利益攸关方参与管理。国内学者王名等（2014）提出，社会共治是基于法治的多元主体共同治理为特征的社会治理。主要包括四大特征：多元主体，开放、复杂的共治系统，以对话、竞争、妥协、合作和集体行动为共治机制，以共同利益为最终产出。

根据国内外社会性规制的理论与实践，我们认为，社会共治（social co-governance）是指基于法治的政府、市场和社会组织等多元主体对公共资源和公共利益的共同治理，它是由企业治理、市场治理、政府治理（规制）、社会治理（包括媒体、消费者、非政府组织等）四位一体组成并共同参与的社会公共治理机制或模式。这里需要强调两点：一是企业治理与市场治理的异同，区别在于前者属于内部治理，后者属于外部治理；共同点在于两者都可以通过声誉机制实现治理目标。二是社会治理或称社会自治，是对企业治理、市场治理和政府治理的补充，但不等于社会共治，而只是社会共治的主体之一。食品安全社会共治就是在相关法律和社会共治的框架下，发挥社会各个主体包括企业、市场、政府与社会力量（包括媒体、消费者、非政府组织等）的责任意识，共同进行食品安全规制[①]。

从经济学角度看，食品安全社会共治是指政府与社会组织相互协调，在食品安全标准制定、进程实现、标准执行和实时监测四个环节有效合作，以较低的治理成本为社会提供更优质、更安全的食品（玛丽安，2007）。而从管理学角度看，食品安全社会共治则是指在确保整个食品供应链体系（从源头生产到最终消费）中的所有相关方都能从治理效率的提高中受益的前提下，政府和企业共同合作构建有效的食品安全系统，以保障最优的食品安全生产，并确保消费者免受食源性疾病等风险的伤害（Fearne & Martinez，2005）。

二、研究进展和基本逻辑

围绕食品安全社会共治这个主题，国内外学者展开了大量研究。一

---

① 在2016年6月召开的全国食品安全宣传周上，汪洋副总理进一步解读了食品安全社会共治："要充分调动多方利益主体共同行动，不断完善食品安全社会共治体系。政府要加快制定修订配套法规规章，完善统一权威的食品安全监管体制机制，健全食品安全信息公开和发布制度，完善尚德守法制度保障。企业要坚守尚德守法道德底线，自觉履行法定责任和义务，健全全程质量安全管理体系，严把从农田到餐桌每一道产品质量关。新闻媒体要坚守专业精神、新闻道德和社会公义，充分发挥舆论监督作用，积极开展食品安全风险交流和知识科普，弘扬尚德守法正能量。公众要传承尚德守法优秀品格，广泛参与食品安全社会治理，用科学知识和法律武器维护合法权益。"（汪洋：构建社会共治体系 共享食品安全成果［N/OL］．人民网，http：//politics. people. com. cn/n1/2016/0615/c1001 - 28445151. html，2016 - 06 - 15）

是治理动因，包括：弥补双失灵说，即社会共治的起因是为了弥补市场治理失灵和政府治理失灵导致的效率和公平目标偏离（周清杰等，2017）；弥补三失灵说，即社会共治的起因是为了弥补市场治理失灵、政府治理失灵和社会治理失灵导致的社会系统治理失效（谢康等，2017）。二是治理主体，包括：三主体说，即社会共治包括政府、企业和社会三大主体（吴林海等，2017），社会共治包括政府、市场和社会三大主体（王建华等，2016）；四主体说，即社会共治包括企业、市场、政府和社会四大主体（冯中越，2014）。三是治理模式。例如，牛亮云（2016）提出，社会共治的治理模式是政府规制与企业自律相结合并相互强化，其中企业自律包括自发性自律、诱导性自律和强制性自律；杨默（2013）则认为，社会共治的本质是从由上而下的管理模式转变为上下结合、国家与社会相结合的治理模式。四是治理效果。例如，加西亚等（Garcia et al., 2013）指出，食品安全风险社会共治可以降低全社会防范风险治理的成本、提高治理效率、节约治理成本。多主体的参与有助于做出符合企业或行业实际的决策，从而使治理决策更具可操作性，减轻各方的负担。

以上文献从不同的角度探讨了食品安全社会共治的相关理论及实践问题，并取得了一定的成果。但这些研究往往仅从治理或共同治理理论出发，而很少从合约理论出发深入分析食品安全社会共治问题。因此，本书的第十二章将从合约理论出发，深入探讨食品安全的社会共治问题。

社会共治是指社会多主体共同治理公共资源和公共利益，而多元主体的目标差异和利益诉求差异的客观存在，必然导致共同治理目标的偏离和共同治理效果的降低。因此，首先要明确实现社会共治目标和提升治理效果的前提，探讨实现食品安全社会共治的基本逻辑。

从理论上讲，实现社会共治目标和提升治理效果有两个前提，即社会共识和社会共知。社会共识是指社会的多元主体对公共事物及其相互关系取得基本一致的认识。社会共知，一是指社会的多元主体对公共事物及其相互关系众所周知；二是指一旦某一事物在某个群体中成为共同知识，则从任何一个个体出发，他对这件事的理解等都已达到了完全的统一，不再有任何层面的不确定性（奥曼，1976）。进一步看，社会共治的前提是社会共识，而社会共识的前提是社会共知。因此，食品安全社会共治实现的基本逻辑就是，社会共知——社会共识——社会共治。

主要参考文献

[1] Ambec S, Cohen M A, Elgie S, et al. The Porter Hypothesis at 20: Can Environmental Regulation Enhance Innovation and Competitiveness? [J]. SSRN Working Paper, 2011.

[2] Aumann R J. Agreeing to Disagree [J]. The Annals of Statistics, 1976, 4 (6): 1236 – 1239.

[3] Ayres R U, Kneese A V. Production, Consumption, and Externalities [J]. The American Economic Review, 1969, 59 (3): 282 – 297.

[4] Buiter W H. Generational Accounts, Aggregate Saving and Intergenerational Distribution [J]. Economica, 1997, 64 (256): 605 – 626.

[5] Coase R H. The Marginal Cost Controversy [J]. Economica, 1946, 13 (51): 169 – 182.

[6] Coase R H. The Problem of Social Cost [J]. The Journal of Law & Economics, 1960, 3: 1 – 44.

[7] Dales J H. Pollution, Property and Prices [M]. Toronto: University of Toronto Press, 1968.

[8] Dasgupta S, Laplante B, Mamingi N, et al. Inspections, Pollution Prices, and Environmental Performance: Evidence from China [J]. Ecological Economics, 2004, 36 (3): 487 – 498.

[9] De Azevedo A M M, Pereira N M. Environmental Regulation and Innovation in High-pollution Industries: A Case Study in a Brazilian Refinery [J]. International Journal of Technology Management & Sustainable Development, 2010, 9 (9): 133 – 148.

[10] Diamond P A, Stiglitz J E. Increases in Risk and in Risk Aversion [J]. Journal of Economic Theory, 1973, 8 (3): 337 – 360.

[11] Dugger W M. The Analytics of Consumption Externalities [J]. Review of Social Economy, 1985, 43 (2): 212 – 233.

[12] Eijlander P. Possibilities and Constraints in the Use of Self-regulation and Co-regulation in Legislative Policy: Experiences in the Netherlands-lessons to Be Learned for the EU? [J]. Electronic Journal of

Comparative Law, 2005, 9 (1): 102 - 114.

[13] Fearne A, Martinez M G. Opportunities for the Coregulation ofFood Safety: Insights from the United Kingdom [J]. Choices: The Magazine of Food, Farm and Resource Issues, 2005, 20 (2): 109 - 116.

[14] Garcia Martinez M, Verbruggen P, Fearne A. Risk-based Approaches to Food Safety Regulation: What Role for Co-regulation? [J]. Journal of Risk Research, 2013, 16 (9): 1101 - 1121.

[15] Greenwood P H, Ingene C A. Uncertain Externalities, Liability Rules, and Resource Allocation [J]. The American Economic Review, 1978, 68 (3): 300 - 310.

[16] Herrnstein R J, Loewenstein G F, Prelec D, et al. Utility Maximization and Melioration: Internalities in Individual Choice [J]. Journal of Behavioral Decision Making, 1993, 6 (3): 149 - 185.

[17] Jaffe A B, Stavins R N. Environmental Regulation and the Competitiveness of U. S. Manufacturing: What Does the Evidence Tell Us? [J]. Journal of Economic Literature, 1995, 33 (1): 132 - 163.

[18] Krysiak F C. Environmental Regulation, Technological Diversity, and the Dynamics of Technological Change [J]. Journal of Economic Dynamics and Control, 2011, 35 (4): 528 - 544.

[19] Kumar S, Managi S. Win-Win Opportunities and Environmental Regulation: Test of the Porter Hypothesis [A]. In The Economics of Sustainable Development. Natural Resource Management and Policy [R]. New York: Springer, 2009, 32: 157 - 166.

[20] Lazear E P. Intergenerational Externalities [J]. Canadian Journal of Economics, 1976, 16 (2): 212 - 228.

[21] Lee J, Veloso F M, Hounshell D A. LinkingInduced Technological Change, and Environmental Regulation: Evidence from Patenting in the U. S. Auto Industry [J]. Research Policy, 2011, 40 (9): 1240 - 1252.

[22] Liu W F, Turnovsky S J. Consumption Externalities, Production Externalities, and Long-run Macroeconomic Efficiency [J]. Journal of Public Economics, 2005, 89 (5): 1097 - 1129.

[23] Martinez M G, Fearne A, Caswell J A, et al. Co-regulation as a Possible Model for Food Safety Governance: Opportunities for Public-private Partnerships [J]. Food Policy, 2007, 32 (3): 299 – 314.

[24] Porter M E, Claas V D L. Toward a New Conception of the Environment-Competitiveness Relationship [J]. Journal of Economic Perspectives, 1995, 9 (4): 97 – 118.

[25] Porter M E. America's Green Strategy [J]. Scientific American, 1991, 264 (4).

[26] Reimer D, Houmanfar R A. Internalities and Their Applicability for Organizational Practices [J]. Journal of Organizational Behavior Management, 2017, 37 (1): 1 – 27.

[27] Ricci F. Channels of Transmission of Environmental Policy to Economic Growth: A Survey of the Theory [J]. Ecological Economics, 2007, 60 (4): 688 – 699.

[28] Stavins R N. Transaction Costs and Tradeable Permits [J]. Journal of Environmental Economics & Management, 2004, 29 (29): 133 – 148.

[29] Testa F, Rizzi F, Daddi T, et al. EMAS and ISO 14001: The Differences in Effectively Improving Environmental Performance [J]. Journal of Cleaner Production, 2014, 68 (3): 165 – 173.

[30] Valente S. Intergenerational Externalities, Sustainability and Welfare—The Ambiguous Effect of Optimal Policies on Resource Depletion [J]. Resource & Energy Economics, 2011, 33 (4): 995 – 1014.

[31] Viscusi W K. Risk by Choice: Regulating Health and Safety [J]. The Workplace, 1983, 57 (4): 644 – 649.

[32] Winch D M, Dales J H. Pollution, Property and Prices [J]. Working Paper, 1969.

[33] 阿维纳什·迪克西特. 治理改革与经济增长——来自经济理论的一些启发 [A] //吴敬琏. 比较 [M]. 北京：中信出版社, 2017, 第89辑.

[34] 艾利诺·奥斯特若姆. 公共事物的治理之道：集体行动制度的演进 [M]. 余逊达, 陈旭东, 译. 上海：上海译文出版

社，2012.

[35] 陈启智．内部性与外部性及其政府管制的产权分析［J］．管理世界，2002（12）：62–68.

[36] 丹尼尔·F. 史普博．管制与市场［M］．余晖等，译．上海：上海三联书店、上海人民出版社，1999.

[37] 冯中越，冯鼐．信号发送、承诺与食品安全社会共治［J］．晋阳学刊，2018（3）：111–118.

[38] 冯中越，张秀芬．内部性、多重道德风险与安全规制——基于内部小团体的视角［J］．晋阳学刊，2017（3）：132–139.

[39] 冯中越．社会共治与食品安全［C］．2014 中国（天津）食品安全多元治理国际研讨会会议论文，2014.

[40] 何立胜，杨志强．内部性·外部性·政府规制［J］．经济评论，2006（1）：141–147.

[41] 黄珺仪．产品质量内部性问题的政府管制［J］．华南农业大学学报（社会科学版），2007（4）：35–40.

[42] 李光德．内部性社会性管制机制的替代关系研究［J］．江淮论坛，2009（4）：85–90.

[43] 牛亮云．食品安全风险社会共治：一个理论框架［J］．甘肃社会科学，2016（1）：162–163.

[44] 钱叶芳．劳动规章制度若干问题辨析［J］．中国劳动，2015（8）：55–57.

[45] 斯蒂格利茨．经济学［M］．梁小民，黄险峰，译．北京：中国人民大学出版社，2000.

[46] 王冰，黄岱．信息不对称与内部性政府管制失败及对策研究［J］．江海学刊，2005（2）：53–57.

[47] 王建华，葛佳烨，朱湄．食品安全风险社会共治的现实困境及其治理逻辑［J］．上海社会科学，2016（6）：114–115.

[48] 王名，蔡志鸿，王春婷．社会共治：多元主体共同治理的实践探索与制度创新［J］．中国行政管理，2014（12）：16–19.

[49] 吴林海等．食品安全风险社会共治作用的研究进展［J］．自然辩证法通讯，2017（4）：142–152.

[50] 谢康，肖静华．食品安全、社会系统失灵与公共政策——兼论产业政策、腐败与雾霾治理［J］．北京交通大学学报（社会科

学版），2017（1）：18 – 22.

［51］杨默. 社会转型与社会治理协同创新中心学者研讨社会改革与创新［EB/OL］. 2013 – 11 – 28, http：//news. ruc. edu. cn/archives/69948.

［52］俞可平. 推进国家治理体系和治理能力现代化［J］. 前线，2014（1）：5 – 6.

［53］袁文艺. 广告产业的负外部性和负内部性及其管制政策分析［J］. 湖北经济学院学报，2010, 8（6）：97 – 101.

［54］张东峰，杨志强. 政府行为内部性与外部性分析的理论范式［J］. 财经问题研究，2008（3）：8 – 15.

［55］张维迎. 反思经济学［EB/OL］. 爱思想，2014 – 05 – 06, http：//www. aisixiang. com/data/74557. html.

［56］植草益. 微观规制经济学［M］. 朱绍文，胡欣欣，译. 北京：中国发展出版社，1992.

［57］周清杰，张志芳. 微观规制中的政府失灵：理论演进与现实思考［J］. 晋阳学刊，2017（5）：126 – 132.

［58］周孝，冯中越. 声誉效应与食品安全水平的关系研究——来自中国驰名商标的经验证据［J］. 经济与管理研究，2014（6）：111 – 122.

第四章 城市公用事业特许经营合约的承诺与再谈判

经济性规制中的市场化,就是在自然垄断产业或者城市公用事业中,进行以放开市场准入、鼓励市场(价格)竞争为特征的市场化改革,它包括降低消费者的搜寻成本和转换成本、将服务收费标准调整到接近增量生产成本水平、允许在位者有较充分的灵活定价权和防止下游竞争者处于不利地位等内容。在城市公用事业的市场化改革进程中,无论是20世纪90年代开始的特许经营模式,还是近期以来的PPP模式,都需要双方或多方签订合约来约束各自的履约行为。其中,不可避免地会遇到签约的双方或多方的承诺与再谈判问题。也就是说,承诺与再谈判问题不仅涉及履约成本,而且关系到履约的成败。

第一节 特许经营合约承诺与再谈判的研究进展

《中共中央关于全面深化改革若干重大问题的决定》指出,"国有资本投资项目允许非国有资本参股,制定非公有制企业进入特许经营领域具体办法"。近年来,国务院及其部委出台了相关政策,明确鼓励社会资本通过PPP模式进入城市公用事业。例如,2014年11月,国务院印发《关于创新重点领域投融资机制鼓励社会投资的指导意见》;2015年2月,财政部和住建部联合发布《关于市政公用领域开展政府和社会资本合作项目推介工作的通知》;2015年5月,国务院办公厅转发财政部、国家发展和改革委员会、中国人民银行《关于在公共服务领域推广政府和社会资本合作模式的指导意见》。

近年来,各地也陆续出台大量支持PPP项目发展的政策法规,PPP项目数量、投资额和落地率都迅速增长。截至2018年9月末,《全国PPP综合信息平台项目管理库》共收录 PPP 项目 8289 个，总投资额 12.3 万亿元；覆盖 31 个省（自治区、直辖市）及新疆生产建设兵团和 19 个行业领域；落地项目总数 4089 个，投资额 6.3 万亿元，落地率 49.3%；四批示范项目共 990 个，落地示范项目共 865 个，投资额 1.9 万亿元，落地率 87.4%。在我国城市化加速发展时期，PPP 项目的快速增长，有助于缓解城市公用事业投资不足和对政府财政资金（甚至是土地财政）的依赖，加快城市公用事业的发展和海绵城市、智慧城市的建设。

PPP 项目又称政府与社会资本合作模式（public-private partnerships），是公共部门（政府）和私人部门（企业）围绕公共服务供给，通过招投标程序，以合约为主要法律依据而建立起来的一种风险共担、利益共享的长期合作关系。PPP 项目是一种与中国城市基础设施[①]特点相适应的制度安排，在实践中表现为基于具体项目的一种合作融资模式，适用于具有长期稳定收益的城市基础设施项目建设。

城市公用事业的特许经营（franchise）是指通过招标、公开招募等方式，在一定期限内，将城市公用事业项目授予特许经营者建设、运营，特许经营者应当确保提供安全、合格的产品和优质、持续、及时、高效的服务，期限届满后无偿移交（即建设—运营—移交，BOT 模式）；或者委托特许经营者（移交给特许经营者）利用现有的城市公用事业项目提供公共产品或者服务，期限届满后无偿移交（即移交—运营—移交，TOT 模式）。

特许经营与 PPP 项目的区别在于，前者（包括 BOT、TOT 等多种形式）注重于项目授予与获取；后者注重于在一个项目中不同资本（政府资本与社会资本）的合作。其联系在于二者的项目都是通过合约的形式，来约束双方的权利和义务并控制风险。

城市公用事业的特许经营或 PPP 项目"井喷"式增长也带来了一系列潜在或现实的违约风险。其中，最典型的是承诺与再谈判问题，具体表现为：一是在合约执行过程中，甚至合约刚刚执行不久，双方的承诺关系就被打破，由单方或双方提出要进行再谈判来修改合约；二是在合约执行过程中，甚至合约刚刚执行不久，双方的承诺关系就被打破，出现单方或双方违约情况。这两种承诺与再谈判问题导致的不良后果是，单方或双方缺乏承诺，降低了特许经营合约的履约程度；由于特许经营合约的资产专

[①] 城市基础设施与城市公用事业即有区别又有交叉，如供电、电信、道路、桥梁属于基础设施，环境卫生和绿化美化属于公用事业，而供水排水和污水处理、供气、供热和公共交通则属于城市基础设施和公用事业。

用型特征，潜在的锁定效应提高了合约的转换成本；再谈判存在成本和成功与否的不确定性，增加了合约的现实或潜在风险。

作为现代经济学前沿理论之一的合约理论，其主要内容有：如何设计合约来解决交易中的信息不对称问题；如何解决合约执行中的承诺问题；当信息无法验证时如何设计合约；当合约无法执行时如何通过制度设计（如再谈判）来提高经济效率。其中，承诺问题与再谈判问题是重中之重。

合约理论的承诺（commitment）是指在一个动态的激励性合约中，双方对于各自事后行为的自由裁量权作出可置信的约束，并通过限制双方的信息和预期，达到共同履约的结果。在跨期或长期的合约关系中有三种承诺形式：（1）完全承诺。缔约双方具有足够的跨期承诺能力，他们将信守长期合约的承诺，而不会质疑合约条款，最初的合约将随时间推移得到完美执行。（2）无承诺。由于交易环境的限制或跨期承诺的能力约束，双方只能签订短期合约，双方的关系受一系列短期合约的制约。（3）有限承诺也称为承诺与再谈判。合同当事人可以订立长期合约，只要一方当事人愿意履行合约，合约就能够有效履行；合约当事人一经发现重新协商权利义务符合自己的利益，就可以重新协商合约。在多数情况下，承诺与再谈判和无承诺更切合实际情况（拉丰和梯若尔，2004）。

国外对特许经营合约的承诺与再谈判问题的主要研究有：奥西奥斯和彼得斯（Hosios & Peters，1989）讨论了逆向选择与有限承诺的关系；德瓦特里庞和马斯金（Dewatripont & Maskin，1995）分析了合约的不可预见性与再谈判问题；曼内利和文森特（Manelli & Vincent，1995）指出，如果合约未能确定所有与业绩相关的问题，规制机构的最佳选择是与单一中标者再谈判；纽贝里（Newbery，1999）详细讨论了规制者顶住短期压力，不放弃长期承诺，树立威信和履行承诺的问题；施特劳斯（Strausz，2000）分析了政府规制对有限承诺的影响；瓜施（Guasch，2004）研究了1985~2000年间在拉丁美洲和加勒比地区进行的1000多次特许经营权拍卖，研究发现，其中50%以上的电力特许经营权合同和75%的水务特许经营权合同进行了再谈判；斯克雷塔（Skreta，2015）对于两阶段无承诺的最优合约设计问题进行研究。

国内关于特许经营合约的承诺问题的研究有：一是关于城市公用事业特许经营中的承诺问题。周耀东和余晖（2005）以成都、沈阳、上海等城市水务市场化为例，研究了在固定回报率下，地方政府缺乏承诺时的特许经营问题；章志远和朱志杰（2011）以我国公用事业特许经营的40个合约为例，实证分析了特许经营合约的双方承诺与风险防范的关系。二是关于城市公用事业特许经营合约中的承诺问题。胡振等（2014）基于信任作为双方建立稳定合作关系的基础，对合作项目的绩效影响重大，提出了特许经营合约中信任与政府绩效相关性的理论假说：在特许经营合约中，公私双方之间的信任与政府绩效呈倒"U"形关系，信任作为专用资产投资产生正向影响，合作双方投入的专用资产与政府绩效呈倒"U"形关系。王俊豪和金暄暄（2016）以中国城市基础设施特许经营合约为例，运用轮流出价合作博弈模型，论证了股权合同治理是政府和民营企业合同治理的核心内容。他们提出，为鼓励民营企业积极参与城市基础设施特许经营合约，政府应给予其较大的股权比例，同时需要形成政府和民营企业股权契约相互制衡机制，以提高城市基础设施特许经营合约的治理效率。潘萍（2017）认为，为确保特许经营合约的良性发展与功能发挥，特许经营合约参与各方需要从微观项目治理与宏观社会治理的双重维度深刻认识其治理价值，并坚守合约精神，即将"重诺守约"作为特许经营合约运用的首要原则。

国内关于特许经营合约的再谈判问题的研究有：孙慧等（2011）、任志涛等（2017）通过国际比较和建立结构方程，得到了特许经营合约再谈判的关键影响因素及关键触发条件；刘婷等（2016）基于对我国的38个发生再谈判的特许经营合约案例分析发现，引起再谈判的主要原因包括市场需求风险、政府信用问题及政策法律变更等，再谈判导致的主要结果是社会资本退出或调整投资回报机制；夏立明等（2017）运用扎根理论，得到了特许经营合约再谈判的影响因素及其内在逻辑，研究发现，谈判人员属性、谈判互动和谈判氛围是三个主范畴，而信任是一个中介变量，信息有效性是一个判别准则；吴淑莲（2017）通过模糊集和隶属度，识别了PPP项目再谈判关键风险因素，并基于中国的实情与国际经验，设计了特许经营合约再谈判的操作规程，包括发起预审机制、再谈判流程、规制机制等；居佳等（2017）基于讨价还价理论，分析了不同发起方主导的PPP项目再谈判，所对应的子博弈精炼纳什均衡状态下，双方的风险再分担比例的差异；任志涛和雷瑞波（2017）基于讨价还价理论，探讨双方策略选择对特许经营合约可持续经营的影响，得出关于贴现因子的子博弈精炼纳什均衡解，及其对双方收益分配的影响。

冯中越等（2008）分析了两期规制中政府不同效率对合约的影响，得出政府的效率对特许经营权拍卖的最优性没有影响，主要是影响企业得到的租金,并以我国某城市垃圾处理特许经营协议为例,探讨了特许经营合约中的承诺与再谈判问题;陈富良和刘红艳(2015)基于国内外相关文献,对城市基础设施特许经营中承诺与再谈判问题的研究进行了系统梳理。

本章在已有文献的基础上,从现阶段我国特许经营合约的两种模式——单层委托代理模式和双层委托代理模式出发,讨论城市公用事业特许经营合约的承诺问题;并分别从完全合约理论与不完全合约理论的视角,进一步讨论城市公用事业特许经营合约的再谈判问题。

第二节　城市公用事业特许经营合约的承诺问题

由于城市公用事业特许经营合约的确立和执行都需要合约来约束,因此,可以从城市公用事业特许经营合约履约的双方——委托人与代理人,来分析承诺问题。本章所指委托人是指城市公用事业特许经营合约的授权方,即城市的政府(单层委托代理)、管网公司或厂网一体公司(双层委托代理);代理人是指城市公用事业特许经营合约的被授权方,即项目公司(单层委托代理)、厂网一体公司的子公司或非厂网一体的单体公司(双层委托代理)。

一、委托人的承诺

(一)委托人产生承诺问题的原因

从我国城市公用事业特许经营合约的实践来看,委托人产生承诺问题的原因主要有:第一,领导人特征(如政绩工程)及政府换届。领导人特征引发的委托人承诺问题,主要是一些地方政府官员盲目追求政绩,为了加快城市公用事业的建设和发展,在没有考虑未来诸多不确定性风险的情况下,草率上马特许经营或 PPP 项目,合约签订后无法履行委托方的承诺。政府换届引发的委托人承诺问题,主要是上届政府签订的特许经营合约在执行过程中出现了不同的问题,新一届政府如果继续履行合约,将会给本届政府带来较大的问题或困难,使得新一届政府趁着换届提出不能继续按照原合约履行承诺。第二,供求变化和价格上涨压力。供求变化引发的委托人承诺问题,主要是特许经营合约签约前对本城市公用事业未来的供给与需求预测失误或不准确,合约执行过程中出现需求增长过快而供给增长不足、需要增加的投资和设备未在合约中约定，或者需求增长过慢而供给增长过剩、闲置的投资和设备仍要按合约规定获得回报，迫使委托人无法履行承诺[1]。价格上涨压力引发的委托人承诺问题，主要是特许经营合约的长期执行过程中，多种因素引起项目面临价格上涨压力，即如果不容许涨价则项目公司将发生亏损并进而导致供给减少，这在信息不对称和固定回报率[2]下尤为突出，迫使委托人无法履行承诺。第三，财政能力与支付缺口。地方政府的财政能力，主要是指特许经营合约建设期财政的补偿能力，如果发生项目资金超出预算或出现钓鱼工程[3]，则委托人将无法履行承诺。地方政府及厂网一体项目公司的费用支付缺口，主要是指特许经营合约运营期运营费用的支付缺口，如果出现地方政府的财政支付困难或厂网一体项目公司资金支付困难，则委托人将无法履行承诺[4]。第四，行业技术进步和环境压力。行业技术进步引发的委托人承诺问题，主要是特许经营合约的长期执行过程中，行业发生较大或重大技术进步，而项目公司无论是市场领先者还是市场跟随者，出于沉没成本效应和替代效应的考虑[5]，都不能做出相应的技术进步，则迫使委托人中断合约执行即无法履行承诺。环境压力引发的委托人承诺问题，主要是特许经营合约的长期执行过程中，项目对所在地产生负面影响或相关环境法律法规更加严格，而项目公司出于环保投资成本增加的考虑不能做出符合（新的）环保要求的变化，则迫使委托人中断合约执行即无法履行承诺。

（二）委托人承诺问题的分析

现阶段，我国城市公用事业特许经营合约基本上有两种模式。一是单层委托代理模式，即一个委托人对应一个项目公司（代理人）。这里的代理

---

[1] 20世纪90年代，成都、沈阳和上海等城市水务系统的特许经营项目，在信息不对称和固定回报率下，产生了过度投资和激励弱化的问题，最终导致地方政府缺乏承诺。

[2] 固定回报率是指委托人通过制定公平的资本收益率来限制项目公司提供服务的利润水平，在给定项目公司定价权的基础上，其获得利润水平不能超过限定公平资本回报率的利润水平。在此限制条件下，资本回报率的利润水平正好补偿项目公司提供服务的成本和社会平均利润率。

[3] 钓鱼工程是指在决策阶段被描述为造价很低、见效很快，但在实际建设过程中，建设单位不断变更资金预算，迫使投资部门不断追加投资，最终决算超预算、预算超概算、实际造价大大超出原先计划的工程。

[4] 有文献表明，在发展PPP项目过程中，我国西部地区财政支付缺口巨大（柳学信和孔晓旭，2017）。

[5] 沉没成本效应是指当特许经营合约到期后，项目公司投资技术进步的价值减少，其成本无法收回，产生的沉没成本直接影响到其技术进步的动力；替代效应是指项目公司从技术进步中获得的收益少于潜在进入者（下期竞标成功得到特许经营合约的项目公司），通过技术进步，新进入者可以替代原在位者，而原在位者只能替代它自己。

人，一般是由两家及以上公司所组成的项目公司，其内部的股权/资产占比不尽相同，会影响委托人履行承诺的行为。二是双层委托代理模式，即一个委托人对应一个项目公司（代理人），而项目公司又作为委托人对应下一级代理人。这里的项目公司，在第一层委托代理关系中是代理人身份，在第二层委托代理关系中是委托人身份。如特许经营中的管网项目公司或厂网一体项目公司，它们都可以将非下属子公司的单体公司（如污水处理厂、垃圾处理场）再进行第二层的特许经营。双层委托代理模式中项目公司的双重身份，会影响到两层委托人履行承诺的行为（见图4-1和图4-2）。

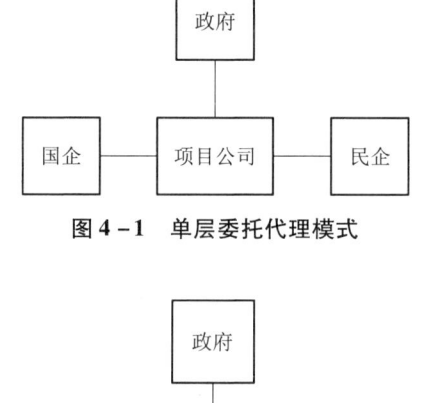

图4-1 单层委托代理模式

图4-2 双层委托代理模式

第一，单层委托代理模式中委托人的承诺。现实中，项目公司一般由两家公司组成（超过两家组成的在此不做讨论），原公司有四种性质，即央企、地方国企、民营企业、外资企业。本章集中讨论由地方国企与民营企业组成的项目公司，因为其在城市公用事业的特许经营或PPP模式中，最具有代表性。我们分两种情况进行分析。一是项目公司股权或资产无差异（股权/资产占比相当）。当原来的地方国企与民营企业在新组成的项目公司中，股权或资产占比相当或无差异（50∶50）时，无论从静态上（本届政府）还是动态上（政府换届）来看，委托人（政府）及主管部门的承诺都将处于中等水平，这体现出所有制中立原则。当然在现实中，项目公司的股权或资产无差异（50∶50）的情况极为少见。二是项目公司股权或资产有差异（股权/资产占比有差异）。当原来的地方国企在新组成的项目公司中股权或资产占比优于民营企业时，从静态上（本届政府）看，委托人（政府）及主管部门出于所有制偏爱的因素，其承诺将处于上等水平；从动态上（政府换届）看，委托人（政府）及主管部门出于克服政绩工程的原则，其承诺将处于中等或下等水平。当原来的民营企业在新组成的项目公司中股权或资产占比优于地方国企时，从静态上（本届政府）看，委托人（政府）及主管部门出于所有制偏爱的因素，其承诺将处于下等水平；从动态上（政府换届）看，委托人（政府）及主管部门出于所有制中立的原则，其承诺将处于中等或上等水平。从我国城市公用事业特许经营合约的实践来看，由于项目公司股权或资产有差异而影响到委托人的承诺问题，基本上符合以上分析。

第二，双层委托代理模式中委托人的承诺。一是第一层政府对特许经营中的管网项目公司或厂网一体项目公司的承诺。对它的一般性分析，可参考前文单层委托代理模式中项目公司股权或资产有差异时，委托人的承诺行为。有所不同的是，在双层委托代理模式中，处于中间层的管网项目公司或厂网一体项目公司具有代理人和委托人的双重身份，下层有两个公司，一个是厂网一体项目公司的子公司，另一个是独立的单体公司。当中间层项目公司将子公司作为项目公司与单体公司并列构成委托代理关系（一样签订合约）时，委托人（政府）的承诺水平高；当中间层只与单体公司构成委托代理关系（签订合约）、而不与子公司签订合约（纵向一体化）时，委托人（政府）为了防止厂网一体项目公司的差别性接入定价行为[①]，将降低承诺水平。二是第二层管网项目公司或厂网一体项目公司对单体项目公司的承诺。在双层委托代理模式中，处于中间层的管网项目公司或厂网一体项目公司具有代理人和委托人的双重身份，下层有两个单体公司，一个是厂网一体项目公司的子公司，另一个是独立的单体公司。当中间层只与单体公司构成委托代理关系（签订合约）、而不与子公司签订合约（纵向一体化）时，它就会主动履行合约承诺，将提高对单体项目公司的承诺水平；当中间层项目公司将子公司作为项目公司与单体公司并列构成委托

---

① 这里是指厂网一体项目公司实现了纵向一体化，即项目公司拥有管网和下游厂（场），它可以对非一体化的单体厂（场）收取高于一体化下游厂（场）的管网使用费，或者名义上收取一样的使用费，但实际上一体化下游厂（场）有补贴。这是一种拥有特许经营权的厂网一体项目公司的垄断行为。

代理关系（一样签订合约）时，它就会被动履行合约承诺，将降低对其他单体项目公司的承诺水平。也就是说，管网项目公司或厂网一体项目公司的双重身份决定了其履行承诺的主动或被动性，在纵向一体化情况下，产生了差别化的承诺，即对子公司的承诺水平高于其他单体公司。

二、代理人的承诺

（一）代理人产生承诺问题的原因

从我国城市公用事业特许经营合约的实践来看，代理人产生承诺问题的原因主要有：第一，赢者诅咒。特许经营招标中的赢者诅咒（winner' curse）是指中标者虽然在招标竞价中获胜，但却获得低于正常水平的利润甚至是负的利润。产生这种现象的原因是，每一个竞标者都认识到，只有当自己的出价最高时，才会赢得标的物，其他竞标者出价的信息会影响到竞标者的估价。赢者诅咒问题的产生是因为对共同价值（common value）[①]判断有误，中标者评价过低。在竞价过程中，只要有人提出（密封竞价中是预计可能提出）一个更高（低）的价格，竞价者就会非理性地抬高（压低）价格，以期获得拥有权，但此时的竞价价格已远远高出（低于）实际价格，这实际上是那些没有拥有权的人们正在体验损失规避[②]。因此，中标后代理人无法履行承诺。第二，建设和运行期间的市场风险过大。一是在项目建设期间遇到项目不能按期开工、竣工以及项目决算超出预算可控范围的情况，这种市场风险发生，将直接导致代理人的项目成本陡增；二是在运行期间遇到市场供给与需求的变化超出项目签约时预期的情况，这种市场风险发生，将直接导致代理人的项目收益锐减。第三，行业技术进步的变化。在特许经营合约的长期执行过程中，当行业发生较大或重大技术进步时，项目公司作为市场领导者即新技术的拥有者，在双重收费合同（固定收费与单位产出费）下，转让其新技术获得的利润更高；项目公司作为市场跟随者即不是新技术的拥有者，在双重收费合同下，接受新技术转让所得到的利润反而下降。也就是说，如果潜在进入者拥有新技术，在双重收费合同下，它可以将其中的单位产出费设定得足够高，使得在位者（项目公司）得到新技术后的利润很少。因此，如果行业技术进

[①] 共同价值是指，在这一类的拍卖当中，标的物的事后价值对于所有竞拍者来说是一样的，但是竞拍者在竞价时不知道其价值是多少，不同的竞拍者却知道与标的物价值相关的信息。

[②] 在现实中与赢者诅咒相联系的还有恶意竞标，但后者是为了获得标的故意低价竞标，即远远低于正常价值竞标。

步的变化不能给项目公司带来相应的收益，则代理人将无法履行承诺。第四，母公司股权/资产结构发生变化。在特许经营合约的长期执行过程中，项目公司的原母公司的股权/资产结构发生变化，假设项目公司由两家母公司共同出资组成，则会出现以下情况和结果：一是两家母公司的股权/资产结构都发生变化，变化之后两家母公司都进行了战略调整，包括降低此项目的战略地位、放弃此项目，甚至抽取此项目资金挪作他用等，直接影响到项目公司的正常经营（只有一家母公司都进行了战略调整的情况见下面的分析）；二是其中一家母公司的股权/资产结构发生变化而另一家不变，变化的母公司进行了战略调整，影响项目公司正常经营的程度应视其母公司在项目公司中的股权/资产比例而定，大于50%的股权/资产则影响大，小于50%的股权/资产则影响小。如果母公司股权/资产结构发生变化影响到项目公司正常经营，则代理人将无法履行承诺。

（二）代理人承诺问题的分析

第一，单层委托代理模式中代理人的承诺。一是项目公司的赢者诅咒。在实践中，赢者诅咒的影响因素主要包括竞价商品价值的不确定性程度、竞标人数、信息因素以及竞标经验等。首先，虽然项目招标的标的物属于共同价值，但对于竞标者来说，掌握的相关信息却存在着差异，由此产生了所竞价项目价值的不确定性，这种不确定性的程度，会直接影响项目招标中赢者诅咒发生的强度。其次，随着竞标者数量的增加，竞标者的出价行为会更积极，每位竞标者都会增加（减少）自己的出价，而所有竞标者的竞价水平随着竞争的加剧也会提高（降低），进而导致竞标者调整出价策略的能力下降，从而大大增加赢者诅咒结果产生的概率。最后，在项目招标（一级密封价格拍卖①）中，由于信息的不对称性，中标企业的出价远高于项目建设和运营的实际价值；在竞争性磋商（谈判）中，谈判的买方往往会错误地考虑卖方行为中所包含的信息，因而导致他们使用了次优的竞拍策略，最终得到了赢者诅咒的结果。因此，从赢者诅咒的角度看代理人的承诺，首先，要考虑如何规避赢者诅咒。哈里森和李斯特（Harrison & List，2008）提出通过设立交易的内部人来规避赢者诅咒。内部人作为中立的第三方，会在竞标前依据竞价项目的评估价值确定出一个

---

① 一级密封价格拍卖也称第一价格密封拍卖（first price auction），是一种密封的书面拍卖即"封标拍卖"，每个竞标者，在规定的时间内，独立递交一个密封的出价标书，由拍卖者在规定的时间，邀请所有竞标者到场当众开标，标的将卖给叫价最高者，获胜者按叫价支付，也称高价拍卖。

竞价范围，规定在这个范围内竞价者进行出价，这样可以将发生的赢者诅咒效应（代理人缺乏承诺）限制在一个范围之内。其次，要考虑如何减少赢者诅咒引致的损失。可考虑合约签订后出现赢者诅咒问题，在遵守相关法律和保障招标结果公正的条件下，允许合约双方进行再谈判，调整价格，这样可以将赢者诅咒效应（代理人缺乏承诺）降到最低水平。

二是项目包含技术进步的资产定价（asset pricing including technology progress）问题。特许经营项目中包含技术进步的资产定价是指项目授予方在计算投资金额和投资回报率的基础上，将项目公司在合约期间的技术进步作为一种投资考虑进来，即包含技术进步投资的新增投资定价。在实践中，根据干中学①和人力资本专用性②的理论，可以将项目公司技术进步的人力资本投资分为可完全转移与可部分转移两种情况。首先，技术进步的人力资本投资可以完全转移，一方面，项目公司担心自己在下一期招标时无法继续中标，造成原有投资完全转移给潜在中标者，从而导致当期技术进步的人力资本投资不足；另一方面，减少第一期的努力将降低第二期的效率以及相应的租金（项目公司继续中标的概率较高时尤为明显），此时增加第二期中项目公司中标的可能性，就能提高它在第一期隐藏自身效率的机会成本。因此，这两种效应使得合约应偏向于项目公司，而采取先强后弱的两期激励性定价，可以提高代理人的承诺。其次，技术进步的人力资本投资只能部分转移即具有专用性，一方面，第一期中项目公司的努力只会使中标的潜在进入企业部分收益。另一方面，与前面的情况相似，减少第一期的努力将大幅降低第二期的效率及相应的租金，增加第二期中选择项目公司的可能性，可以提高项目公司在第一期中隐藏自身效率的机会成本。因此，这两种情况使得合约应偏向于项目公司，而采取先弱后强的两期激励性定价，可以提高代理人的承诺③。

第二，双层委托代理模式中代理人的承诺。首先，我们分析第一层厂网一体项目公司对政府的承诺。如前所述，这里分三种情况集中讨论由地

---

① 干中学（learning by doing）是指在工作或生产的过程中，通过对经验的积累总结，乃至创新，达到更高的效率。

② 徐传谌和邹俊（2012）指出："人力资本专用性（specific human capital）是指员工在工作的过程中，通过学习和经验积累形成了一些特殊知识，这些特殊知识仅适用于该单位的特定环境，一旦拥有这些资本的员工被解雇，其拥有的特定知识就会贬值，这对单位和员工双方都是损失。"

③ 这里的两期既可以是特许经营合约的两期（两个30年），也可以是一个特许经营合约中的前后两期（前15年、后15年）；弱激励性定价一般是指投资回报率定价，其本质是成本加成定价；强激励性定价一般是指价格上限定价。

方国企与民营企业组成的项目公司。一是在双层委托代理模式中，处于中间层的管网项目公司或厂网一体项目公司具有代理人和委托人的双重身份，下层有两个单体公司，一个是厂网一体项目公司的子公司，另一个是独立的单体公司。当中间层项目公司将子公司作为项目公司与单体公司并列构成委托代理关系（一样签订合约）时，它的承诺水平高；当中间层只与单体公司构成委托代理关系（签订合约）、而不与子公司签订合约（纵向一体化）时，它的承诺水平低。二是项目公司股权或资产无差异（股权/资产占比相当）。当原来的地方国企与民营企业在新组成的项目公司中，股权或资产占比相当或无差异（50∶50）时，项目公司作为代理人无论从静态上（应对本届政府）还是动态上（应对政府换届）来看，它的承诺都将处于中等水平，这体现出所有制中立原则。当然在现实中，项目公司的股权或资产无差异（50∶50）的情况，极为少见。三是项目公司股权或资产有差异（股权/资产占比有差异）。当原来的地方国企在新组成的项目公司中股权或资产占比优于民营企业时，从静态上（应对本届政府）看，项目公司基于所有制偏爱的优势，其承诺将处于上等水平；从动态上（应对政府换届）看，项目公司基于棘轮效应①的劣势，其承诺将处于中等或下等水平。当原来的民营企业在新组成的项目公司中股权或资产占比优于地方国企时，从静态上（应对本届政府）看，项目公司基于所有制偏爱的劣势，其承诺将处于中等或下等水平；从动态上（应对政府换届）看，项目公司基于所有制中立的优势，其承诺将处于上等水平。从我国城市公用事业特许经营合约的实践来看，由于项目公司股权或资产有差异而影响到代理人的承诺问题，基本上符合以上分析。

其次，我们分析第二层单体项目公司对厂网一体项目公司的承诺。在第二层的委托代理关系中，有两个单体公司，一个是厂网一体项目公司的子公司，另一个是独立的单体公司。当子公司与其母公司不存在纵向一体化，或虽然存在纵向一体化但没有差别性接入定价行为时，两个单体公司作为代理人的承诺水平一致；当子公司与其母公司存在纵向一体化且具有差别性接入定价行为时，单体公司对厂网一体项目公司的承诺水平一定低于子公司。也就是说，在管网项目公司或厂网一体项目公司存在纵向一体

---

① 棘轮效应是指博林纳（Berliner，1957）在《苏联的工厂与厂长》一书中描述的一种现象："计划者根据一个企业的本期绩效来制定其下期的计划指标。在委托—代理关系中，委托人试图根据代理人过去的业绩建立起评价标准，然而代理人越努力，好业绩出现的可能性越大，下一期的'标准'也就越高，当代理人预测到他的努力将提高'标准'时，他努力的积极性也就下降。这种标准随代理人业绩上升而上升的趋向被称为'棘轮效应'，也叫鞭打快牛。"

化情况下，单体公司的承诺水平低；在管网项目公司或厂网一体项目公司不存在纵向一体化情况下，单体公司的承诺水平高。

第三节　城市公用事业特许经营合约的再谈判问题

合约理论中的再谈判（renegotiation）是指由于不确定性导致的风险出现，使合约按原条款执行会造成不利影响，经当事人提出修改合约的动议后，双方通过再谈判形成新合约并继续执行。由于合约理论分为完全合约理论与不完全合约理论，因此，也分为不同的再谈判理论。完全合约理论中的再谈判是指合约能够规定未来所有可能发生的不确定性，只要任何一方想履行合约，合约将得到有效执行；当一方或双方发现重新协商他们的权利和义务符合各自的利益时，他们将进行再谈判。不完全合约理论中的再谈判是指由于预见成本、缔约成本和证实成本的存在，导致合约注定的不完全，从而再谈判必然发生，并具有再谈判过程的事前设计，在合约执行中一方或双方如遇到触发条件，则再谈判就会发生。

虽然我国中央政府出台了城市公用事业特许经营协议示范文本[1]，但全国各大中小城市公用事业签订的特许经营合约不尽相同。因此，我们可以从完全合约理论与不完全合约理论不同的视角，来分析再谈判问题。

一、完全合约视角下的再谈判

完全合约理论认为，委托人不仅有足够的理性去预测未来可能发生的事件，而且有足够的理性去识别双方在风险偏好上的差异，从而设计出合适的合约，这些合约可以在第三方（如法院）的帮助下很好地执行，因而在大部分情况下不需要再谈判。但是，当合约的一方或双方发现无法继续履行承诺且再谈判对双方都有利时，双方将进行合约的再谈判。

（一）不同方提出要约的再谈判

第一，单方提出要约的再谈判。一是政府提出要约的再谈判。在城市公用事业特许经营合约执行过程中，由于政府换届及领导人特征、供求变化和价格上涨压力、财政能力与支付缺口、行业技术进步和环境压力等风

---

[1]　我国建设部（现为住房和城乡建设部）于2004~2006年先后颁布了城市供水、管道燃气、城市生活垃圾处理、城镇供热和城市污水处理5个领域的特许经营协议示范文本。

险的发生，且项目公司的风险偏好决定其行为不能使政府所接受，政府无法继续履行合约的承诺，则由政府提出要约并主导了特许经营合约的再谈判。二是项目公司提出要约的再谈判。在城市公用事业特许经营合约执行过程中，由于赢者诅咒、建设和运行期间的市场风险过大、行业技术进步的变化、母公司股权/资产结构发生变化等风险的发生，且政府的风险偏好决定其行为不能使项目公司所接受，项目公司无法继续履行合约的承诺，则由项目公司提出要约并主导了特许经营合约的再谈判。

第二，双方共同提出要约的再谈判。在城市公用事业特许经营合约执行过程中，由于上述各种风险的发生，合约双方都认为无法继续履行承诺且再谈判对双方都有利，此时政府与项目公司双方将对合约的权利义务进行再谈判。

需要指出的是，完全合约避免再谈判发生的前提，一是特许经营合约要对未来可能产生的风险进行必要预期的设计；二是特许经营合约要对双方当事人的风险偏好[1]进行识别和相应的设计；三是特许经营合约要对双方当事人在风险产生后的行为进行可验证性的设计。也就是说，特许经营合约有了以上三个设计，不但上述各种风险的发生成为预期内风险，双方当事人依据各自风险偏好采取的行为及其后果在合约中已经约定（即采取行为的成本与收益对称），而且，当事人应对风险所采取的行为既可观察也可验证；当双方产生争议时，可以在第三方（如法院）的帮助下得到解决，使得合约可以继续执行。因此，在多数情况下并不需要再谈判。但是，根据20世纪90年代以来我国各大中小城市公用事业签订特许经营合约的实际情况来看，以上避免发生再谈判的三个前提，基本不能得到满足特别是全部满足。大部分合约对未来风险这个前提，如供求变化、价格上涨等，一般都有预期设计；小部分合约对当事人风险偏好这个前提，如政府换届及领导人特征、母公司股权/资产结构发生变化等，一般也有预期设计；而所有合约对当事人在风险产生后行为的第三方（如法院）可验证性设计，基本上无法做到，如行业技术进步后项目公司的实际变化，即便可观察也不可验证[2]。因此，当合约的一方或双方发现无法继续履行承诺且再谈判对双方都有利时，由一方动议或由双方动议的合约再谈判就发生了。

---

[1] 风险偏好是指个体承担风险的基本态度，是个人感知决策情景及制定风险决策的重要前导因素。它一般分为风险厌恶、风险中性、风险喜好三种类型。

[2] 代理人的行动可被委托人直接或间接观察到，但是除了双方当事人具备专业知识外，这一信息无法由第三方（如法院）加以验证。就项目公司技术进步的行为而言，虽然研发投入（设备和人员）可观察，但研发投入与研发产出并不一致，在专利申请或授予前，是不可验证的。

(二) 对完全合约视角下再谈判的思考

现实中，城市公用事业特许经营合约是一个长期（25~30年）合约。基于动态的考虑，这种特许经营长期合约从三个方面影响到激励问题。一是可以减少代理人对风险的厌恶，因为他可以利用未来的收益弥补当前的风险；二是对结果的重复观察可以提供合约双方行动选择的更真实的信息；三是增加了合约双方行动选择的机会，什么时候行动和如何行动。这种动态道德风险的假设，提出了需要思考的问题是，双方的重复性博弈如何影响合约结果的有约束的效率，再谈判的可能性如何影响特许经营长期合约的效率。在这里假设委托人（政府）是风险中性的，而代理人（项目公司）是风险厌恶的。我们讨论以下三种情况。

第一，防止再谈判的合约。在特许经营合约执行过程中，随着时间的推移和不确定风险的产生，合约的单方或双方会提出对合约进行再谈判的要约。这时，使说真话始终成为代理人的最优选择的说真话机制即显示原理，就不再适用了。因此，静态问题中的激励约束就必须换成更为严格的"防再谈判约束"，即最优特许经营合约（长期合约）在执行过程中不可再谈判。如果合约双方不能承诺不在执行过程中对合约进行再谈判，就必然会削弱对代理人（项目公司）的事前激励。也就是说，如果预期到合约必然会发生再谈判，那么，从合约开始执行到再谈判发生前，合约对代理人的激励就会减少。为了避免这种情况，委托人（政府）要将注意力集中在防再谈判的合约设计上，其中的关键是，在代理人预期到会发生再谈判而选择了不是高水平的努力的行为后，委托人提供一个超过代理人目前努力水平的激励合约。其结果是，代理人主动放弃合约的再谈判，委托人设计的防再谈判合约实现（博尔顿和德瓦特里庞，2008）。

第二，代理人努力水平可观察时的再谈判。委托人（政府）向代理人（项目公司）提供一个初始合约，代理人选择接受或者拒绝。如果代理人拒绝该合约，则特许经营关系终止。如果代理人接受合约，他将在两种努力水平（并带来两种行为结果）中进行选择；之后，委托人可以观察代理人的努力程度，因此委托人根据努力程度向代理人提供报酬。这里，可以分为两种合约：一种是最佳合约，委托人履行合约的承诺（进行足额的投资或项目建设具有必要条件），代理人的收益将随着其努力水平的提高而增加，直到最佳努力水平。这里是一个激励相容[①]的合约，它被设计为将

[①] 激励相容是指如果在一个给定的机制下，如实报告自己的私人信息是参与者的占优策略均衡，那么这个机制就是激励相容的。在这种情况下，即使每个参与者都按照利己原则制定个人目标，机制实施的客观效果也能达到设计者想要实现的目标。

代理人对其效用最大化的追求转化为对委托人社会效益最大化的追求，在实现了政府社会效益最大化的同时也实现了项目公司效用最大化。因此，最佳合约没有再谈判。另一种是次佳合约，委托人没有完全履行合约的承诺（进行不足额的投资或项目建设缺少必要条件），这时，代理人在选择了努力水平之后，向委托人提出了一个再谈判（要么接受要么拒绝）的要约（合约），同时，允许委托人完善履行合约的承诺（弥补不足的投资或完善项目建设条件）。结果，次佳合约必然会遇到努力水平不高的问题。因此，对以上两种合约的分析表明，在合约双方观察到努力水平选择之后且在产出实现之前，再谈判能够兼顾最大化努力水平和最优收益（Hermalin & Katz，1991）。

第三，代理人努力水平时不可观察的再谈判。委托人（政府）向代理人（项目公司）提供一个初始合约，代理人选择接受或者拒绝。如果代理人拒绝该合约，则特许经营关系终止。如果代理人接受合约，他将在两种努力水平（并带来两种行为结果）中进行选择，但是，委托人不能观察到代理人的努力水平。当代理人的行动形成了沉没成本，合约正在执行过程中，委托人为了避免代理人选择低努力水平的坏结果，提出再谈判并为代理人提供一个可以选择的新合约组合（两个合约），代理人可以选择两个合约中的一个，也可以两个都拒绝。如果他拒绝了新合约，旧合约将继续执行；如果他接受，新合约将被执行。显示原理表明，任何一个说假话机制都可以由一个说真话机制来取代，并得到相同的均衡结果。那么，这时再谈判的注意力完全集中在激励相容的合约上面。

二、不完全合约视角下的再谈判

不完全合约理论以缔约双方行为结果的可观察但不可证实的信息结构假设为基础，认为事前不能规定各种或然状态下的双方的权责，只有在自然状态出现后通过再谈判来解决，重点在于对事前的权利（包括再谈判权利）进行机制设计或制度安排[1]。不完全合约理论认为，在理性人假定下，一个不完全合约会随着不确定性风险的发生而进行再谈判；运用机制

---

[1] 事前和事后（ex ante and ex post），从静态合约（短期或一期合约）来讲，事前是指合约签订前，还可以细分为合约谈判前、合约签订前；从动态合约（长期或多期合约）来看，事前是指合约签订后到自然状态（不确定性风险）发生之前。相对应的事后就是上述两种情况的发生之后。

设计的思想，通过简单的选择性合约或再谈判设计，可以使专用性投资水平达到社会最优状态，使合约得以继续履行（杨瑞龙和聂辉华，2006）。下面，我们从三个方面来讨论再谈判问题。

（一）资产控制权影响事前效率的再谈判

该理论假定交易不能预先签订完全合约，但可以通过事后再谈判签订有效的新合约。理论上的含义是，由于合约当事人不能充分预测未来的可能性，或者很难向第三方证实这些可能性，因此事先签订的合约是不完全的。当自然条件明确时，所有相关变量都是可验证的，因此双方可以有效地就初始合约进行再谈判。合约一方或双方已经为履行合约投入了专用性投资，因此再谈判会将双方锁定在一种双边垄断的情形下。合约的一方会利用这种锁定效应对另一方敲竹杠①，攫取专用性投资带来的准租金②。如果一方或双方预见到这种情况，他们会减少事前的专用性投资，从而导致最优效率的失效。但是，通过事先将产权分配给重要投资者，可以提高其在再谈判过程中的外部选择权和谈判权，使其获得更多的投资盈余，减少其事前专用性投资的激励扭曲，实现次优效率。

结合城市公用事业特许经营合约的再谈判问题，该理论引发的思考是，特许经营项目的产权归属和效率，及其合约再谈判设计对效率的改善的影响。一般来说，特许经营项目的资产属于项目公司（由两家母公司投资形成），但在TOT（建设—运营—移交模式）项目中的资产是由委托人（政府）转移给代理人项目公司。因此，在TOT项目中，由政府和项目公司共同拥有资产控制权从而影响对剩余的分配，可以改善事前效率；在BOT（移交—运营—移交模式）项目中，由项目公司拥有资产控制权从而减少事前对投资的扭曲，可以改善事前效率。

需要进一步思考的问题是，这个经典模型无成本再谈判的假设不符合特许经营项目的实际，如果考虑到再谈判的成本，那么产权配置对事前效率和事后效率的影响会发生哪些变化。

（二）特殊的不完全合约即不确定合约的再谈判

不确定合约的关键假设是，无论事先作出的长期承诺如何，事件发生

---

① 敲竹杠也称套牢（hold-up），是指在合约不完全的条件下，一方利用合约对方已经做出了专用性投资，来侵占属于另一方专用性投资的准租金的行为。

② 准租金是指某些生产要素在长期中可变，而在短期中是固定的。这些要素不能从现有的用途中退出而转到收益更高的其他用途中去，也不能从其他相似的生产要素中得到补充。这些要素的报酬在某种程度上类似于经济租金。

后，双方都可以单方面不可证实地退出合约；双方可以做不再谈判的长期承诺（放松这个假设，可以区别环境是否发生重大变化情况下的两种再谈判）和是否履行合约规定的短期承诺。不确定性合约的形式是，合同双方现在就某些事情达成协议，并同意在未来就其他事情达成协议，将未来的任务留给后续的谈判①。对此类合约的分析可以得出一种新的观点，即合约被视为对一系列结果（可能发生的要素，如价格、数量、质量等）的完整描述。事前，双方承诺不考虑不在系列中的结果；事后，双方就系列中的结果进行自由谈判，合约没有具体说明双方事后选择的机制。从这个意义上讲，这个系列的结果并没有明确地包含在合约中：它们都可以被选择，但却都有可能不被选择。也就是说，合约保证什么不会发生，但不保证什么会发生。这样，结果系列的长度（即紧合约还是松合约）便成了关键点。松合约的优点是有弹性，缺点是打开了事后再谈判的大门，直接影响到事前的效率。同时，合约不仅需要确定变量的松紧，还需要确定哪些变量应该是固定的，哪些变量不需要固定。前者如专用性投资较大，则选择紧合约；反之，则选择松合约；后者如合约具体规定价格而不是质量，可能是适宜的（Hart & Moore，2004）。

结合城市公用事业特许经营合约的再谈判问题，该理论引发的思考是，特许经营的合约都是长期合约，能否在签约时，合约双方仅对能够达成一致的结果（如服务价格、供求数量、服务质量等）签约，并同意在合约执行过程中，再对出现的新情况新问题进行讨价还价的再谈判。如果签订的是这样可以有争议的合约，这个合约就是不完全的。作为城市公用事业来讲，这种不完全合约是否可行，并保证其公益性和效率性？

（三）是否考虑事前专用性投资激励的再谈判

首先是不考虑事前专用性投资的再谈判。该理论假设，在事后的再谈判中存在合约双方的信息不对称并以双边拍卖②的方式进行。该理论证明，双方不交易时，敲竹杠的收益取决于双方拥有的资产，且这种资产配置会通过交易发生的概率来影响合约的效率（Matouschek，2004）。其次是考虑事前专用性投资的再谈判。该理论假设，在事后的再谈判中存在合

---

① 这里不是指一般交易或谈判中的讨价还价，而是在完全信息基础上的轮流出价的讨价还价模型的运用。

② 双边拍卖是指众多买者与众多卖者通过公开竞争确定价格的拍卖形式。它改变了单边拍卖中买者或卖者的信息优势和相对垄断优势，既有买者之间的竞争，也有卖者之间的竞争。当买者中出价最高者与卖者中出价最低者一致时，交易便告成功。

约双方的信息不对称并发生敲竹杠问题。该理论证明，在合约双方只知道自己的价值信息的情况下，事前的专用性投资不仅影响双方事后实现的收益，而且影响事后再谈判的结果（Hagedorn，2003）。

结合城市公用事业特许经营合约的再谈判问题，该理论引发的思考是，特许经营的合约都是长期合约，它的两种基本模式 BOT（移交—运营—移交）和 TOT（建设—运营—移交），前者不存在项目公司事前专用性投资问题，而后者则存在项目公司事前专用性投资问题。因此，在事后的再谈判中，要考虑在 TOT 项目中，如何在信息不对称条件下，增加项目公司的资产控制权从而减少套牢问题的发生，既影响事后再谈判的结果，也增加双方事后的收益。

第四节 小 结

综上所述，在现阶段我国城市公用事业特许经营合约的两种模式（单层委托代理和双层委托代理）中，委托人（政府）与代理人（项目公司）产生承诺问题的原因不同，解决缺乏承诺问题的基本思路也存在差异。在单层委托代理模式中，解决委托人缺乏承诺问题，主要是注重当项目公司股权或资产有差异（股权/资产占比有差异）时，委托人一定要坚持所有权中立原则；解决代理人缺乏承诺问题，主要是注重及时发现和克服竞标时的赢者诅咒、采取两种包含技术进步的激励性资产定价。在双层委托代理模式中，解决委托人缺乏承诺问题，主要是注重处于中间层的管网项目公司或厂网一体项目公司，不能以代理人和委托人的双重身份，与下属子公司签订纵向一体化合约的情形；解决代理人缺乏承诺问题，主要是注重不存在纵向一体化情况下，下层单体公司对中间层管网项目公司或厂网一体项目公司的承诺问题。

从完全合约理论与不完全合约理论来讨论我国城市公用事业特许经营合约的再谈判问题，仅仅是视角不同，目的是更全面深刻地分析再谈判问题。概括起来讲，防止再谈判合约设计的关键是，委托人提供一个超过代理人目前努力水平的激励合约，使代理人觉得主动放弃再谈判有利可图；委托人可以观察到代理人努力水平且在产出实现之前，再谈判能够兼顾最大化努力水平和最优收益；委托人观察不到代理人努力水平时，委托人提出再谈判并为代理人提供一个激励相容的新合约。

进一步看,通过事前的产权分配影响事后投资剩余的获取,来减少其事前专用性投资的效率扭曲,实现次优效率;在保证什么不会发生但不保证什么会发生的不确定合约中,可能发生的要素(价格、数量、质量)的长度(紧合约或松合约)是关键点;在信息不对称条件下,事前的专用性投资既影响双方事后所实现的收益,也影响事后再谈判的结果。

总之,城市公用事业特许经营合约都是长期合约,解决再谈判的基本思路是:一方面,设计一种激励机制,促使代理人(项目公司)主动放弃再谈判,实现签订一种防止再谈判的合约,从而降低合约成本;另一方面,设计一种激励机制,促使代理人(项目公司)在事前增加设备和人力的专用性投资,在事后通过再谈判选择对委托人(政府)和代理人(项目公司)都有利的合约,从而提高合约效率。

主要参考文献

[1] Dewatripont M, Maskin E. Contractual Contingencies and Renegotiation [J]. The RAND Journal of Economics, 1995, 26 (4): 704 – 719.

[2] Guasch J L. Granting and Renegotiating Infrastructure Concessions: Doing it Right [R]. Washington, D. C.: The World Bank, 2004.

[3] Hagedorn M. Contracting with Private Information [R]. IZA Working Paper No. 690, 2003.

[4] Harrison G W, List J A. Naturally Occurring Markets and Exogenous Laboratory Experiments: A Case Study of the Winner's Curse [J]. The Economic Journal, 2008, 118: 822 – 843.

[5] Hart O, Moore J. Agreeing Now to Agree Later: Contracts that Rule Out But Do Not Rule In [J]. Working Paper, 2004.

[6] Hermalin B E, Katz M L. Moral Hazard and Verifiability: The Effects of Renegotiation in Agency [J]. Econometrica, 1991, 59 (6): 1735 – 1753.

[7] Hosios A J, Peters M. Repeated Insurance Contracts with Adverse Selection and Limited Commitment [J]. The Quarterly Journal of Economics, 1989, 104 (2): 229 – 253.

[8] Manelli A M, Vincent D R. Optimal Procurement Mechanisms [J].

Econometrica, 1995, 63 (3): 591 –620.

[9] Matouschek N. Ex Post Inefficiencies in a Property Rights Theory of the Firm [J]. Journal of Law, Economics & Organization, 2004, 20 (1): 125 –147.

[10] Newbery D M. Privatization, Restructuring, and Regulation of Network Utilities [M]. Cambridge, MA: The MIT Press, 1999.

[11] Skreta V. Optimal Auction Design under Non-Commitment [J]. Journal of Economic Theory, 2015, 159: 854 –890.

[12] Strausz R. Regulation in a Political Economy: Explaining Limited Commitment and the Ratchet Effect [J]. Economics of Governance, 2000, 1 (3): 181 –197.

[13] 陈富良, 刘红艳. 基础设施特许经营中承诺与再谈判研究综述 [J]. 经济与管理研究, 2015 (1): 88 –96.

[14] 冯中越, 冯鼐. 信号发送、承诺与食品安全社会共治 [J]. 晋阳学刊, 2018 (3): 111 –118.

[15] 冯中越, 李览博, 赵楠. 特许经营权拍卖中的激励性合约研究的进展 [J]. 北京工商大学学报（社会科学版）, 2007 (3): 21 –26.

[16] 冯中越, 赵楠. 合谋理论与城市环卫设施特许经营权拍卖中的合谋问题研究 [J]. 深圳大学学报（人文社会科学版）, 2008 (1): 82 –89.

[17] 冯中越, 赵旗舟, 秦惠雄. 特许经营权拍卖合约中的承诺问题研究——以某城市垃圾处理特许经营协议为例 [J]. 财经问题研究, 2008 (1): 46 –50.

[18] 冯中越. 特许经营合约设计中若干问题的探讨 [J]. 城市管理与科技, 2015, 17 (1): 16 –19.

[19] 胡振, 王秀婧, 张学清. PPP 项目中信任与政府绩效相关性的理论模型 [J]. 建筑经济, 2014 (6): 107 –109.

[20] 居佳, 郝生跃, 任旭. 基于不同发起者的 PPP 项目再谈判博弈模型研究 [J]. 工程管理学报, 2017 (4): 40 –45.

[21] 刘婷, 赵桐, 王守清. 基于案例的我国 PPP 项目再谈判情况研究 [J]. 建筑经济, 2016 (9): 31 –34.

[22] 柳学信, 孔晓旭. 增长风险、治理模式与 PPP 项目转型 [J].

改革，2017（6）：97-108.

[23] 帕特里克·博尔顿，马赛厄斯·德瓦特里庞. 合同理论［M］. 费方域，蒋士成，郑育家等，译. 上海：格致出版社、上海人民出版社，2008.

[24] 潘萍. 论PPP的治理价值及其实现［J］. 理论月刊，2017（10）：124-130.

[25] 任志涛，雷瑞波. 基于讨价还价模型的PPP项目收益分配再谈判研究［J］. 建筑经济，2017（1）：37-41.

[26] 任志涛，张赛，王滢菡，梁晨睿. PPP项目触发再谈判的关键因素分析——基于结构方程模型［J］. 建筑经济，2017（7）：44-48.

[27] 孙慧，孙晓鹏，范志清. PPP项目的再谈判比较分析及启示［J］. 天津大学学报（社会科学版），2011（7）：294-297.

[28] 王俊豪，金暄暄. PPP模式下政府和民营企业的契约关系及其治理——以中国城市基础设施PPP为例［J］. 经济与管理研究，2016（3）：62-68.

[29] 吴淑莲. PPP项目再谈判关键风险因素识别与操作规程设计［J］. 工程管理学报，2017（3）：70-74.

[30] 夏立明，王丝丝，张成宝. PPP项目再谈判过程的影响因素内在逻辑研究——基于扎根理论［J］. 软科学，2017（1）：136-140.

[31] 让-雅克·拉丰，让·梯若尔. 政府采购与规制中的激励理论［M］. 石磊，王永钦，译. 上海：上海三联书店、上海人民出版社，2004.

[32] 杨瑞龙，聂辉华. 不完全契约理论：一个综述［J］. 经济研究，2006（2）：104-115.

[33] 章志远，朱志杰. 我国公用事业特许经营制度运作之评估与展望——基于40起典型事例的考察［J］. 行政法学研究，2011（2）：58-64.

[34] 周耀东，余晖. 政府承诺缺失下的城市水务特许经营——成都、沈阳、上海等城市水务市场化案例研究［J］. 管理世界，2005（8）：58-64.

第五章 城市污水处理行业价格规制研究

西方国家在自然垄断行业的价格规制实践历史悠久,其价格规制的模式也随着自然垄断规制理论的创新而持续演变——从最初简单的成本加成规制到收益率规制再到现在普遍被发达国家使用的价格上限规制。在这一过程中,积累了相当丰富的经验和教训。直到现在,价格规制也是研究的热点问题,西方学者还在不断地发展新的规制模式,探讨在不完全信息情况下,政府与企业在价格规制中的各种博弈,例如最新的研究就是探讨价格规制和利润共享。

我国自然垄断行业的价格监管模式相对落后,价格规制改革迫在眉睫。学习和借鉴西方实践中有价值的经验和教训,对于我国自然垄断行业的价格规制改革很有必要。但是我国的国情以及自然垄断行业的实际情况又和西方都大不相同,所以在借鉴和学习的过程中,如何构建符合中国国情的自然垄断行业价格规制模式成为十分关键的问题。本章的主要目的就是在总结西方发达国家自然垄断行业价格规制模式的先进经验的基础上,以北京市污水处理行业作为研究对象,探讨符合我国发展阶段和实际要求的自然垄断行业价格规制方式与实现途径。

第一节 价格规制研究进展

近代的自然垄断理论将规模经济作为判断自然垄断的依据,认为规模经济是自然垄断存在的充分必要条件。首先,在自然垄断下,有一个单一的企业提供整个市场的产品或服务,具有最高的成本效率。同时,这种情况可能导致垄断价格。因此,公共政策将陷入困境。对此,阿尔钦和艾伦(Alchian & Allen,1964)有一个很好的论据:"在自然垄断的情况下,两个企业的存在会显得太多。但是,如果只有一个企业存在,那么在位企业可以在很长一段时间内将价格定在自由进入成本之上。其结果是，一个行业中浪费资源的企业太多，或者只有一个企业，这将导致垄断定价。因此，相应的逻辑是自然垄断的进入规制必须伴随着价格规制。"

当自然垄断理论发展到现代，成本劣加性被认为是自然垄断的基本特征。也就是说，即使没有规模经济的作用，即使平均成本上升，只要一个企业供应整个市场的成本低于多个企业分别生产的成本之和，这个行业也被认为是自然垄断。与规模经济条件下的自然垄断一样，在成本劣加性条件下自然垄断仍然存在同样的价格规制逻辑，即竞争是不经济的、无效的，并具有破坏性，最终垄断难以避免。所以政策建议是，为避免破坏性的，甚至是毁灭性的竞争，以及限制垄断力量，需要进入规制和价格规制并行。然而，成本劣加性条件下的自然垄断的政策含义与在规模经济条件下自然垄断的政策含义最大的区别在于，在平均成本递增阶段，边际成本定价不存在矛盾，企业盈利。相应的规制政策要考虑边际成本定价下，由超额利润引出的问题，比如要通过进入规制建立一种进入障碍；而在平均成本递减阶段不需如此。

一、自然垄断行业价格规制理论

（一）传统最优规制理论

传统最优规制理论实质上是研究规制者与被规制者在信息完全的假设前提下的最优规制方式。价格规制一直是西方规制经济学中最为活跃的研究领域。价格规制包括价格水平规制和价格结构规制。价格水平规制涉及总成本和总收益的关系。价格水平规制主要包括边际成本定价和偏离边际成本的定价，后者包括平均成本（回报率规制）和拉姆齐－布瓦特定价。价格结构规制涉及怎样规制单个价格，主要包括线性定价和两部定价、高峰负荷定价、差别定价等非线性定价。

最早对自然垄断和公用事业进行边际成本定价研究的是杜普伊（Jules Dupuit）。为了评价公共产品的经济效益或净效益，杜普伊考察了一座桥的价格政策，提出了边际成本定价原则。在杜普伊之后，马歇尔、庇古、克拉克、帕累托和维克塞尔等继续发展了边际成本定价理论。霍特林（Hotelling, 1983）认为，如果使用潜在帕累托改进的概念，那么即使在成本递减的产业中，边际成本定价也是帕累托最优状态所必需的。因此，他主张按边际成本定价，并通过国家直接征税，补贴因按边际成本定价而蒙受损失的企业。

科斯先后在《边际成本争议》（1946 年）与《边际成本争议：进一步评论》（1947 年）中，对杜普伊—霍特林定价方案提出质疑。他认为，在成本递减的情况下，对达到边际产量之前的单位产品按平均成本收费，以弥补平均成本和边际成本的差距；而对达到边际产量以后的单位产品，则按边际成本定价。只有这样的价格政策，才能使生产者和消费者之间的关系趋于合理。

希克斯（Hicks，1947）、阿莱（Allais，1948）、维克里（Vickrey，1948）、布瓦德（Boiteux，1956）、阿弗契和约翰逊（Averch & Johnson，1962）、鲍莫尔和克莱沃里克（Baumol & Klevorik，1970）、扎伊克（Zajac，1970）、鲍莫尔和布拉德福（Baumol & Bradford，1970）、拉姆齐（Ramsey，1972）、考因（Cowing，1978）、罗尔夫斯（Rohlfs，1979）、谢尔曼和乔治（Sherman & George，1979）、盖内里（Guesnerie，1980）等都从各自的角度对价格规制的合理性、方式与效果进行了探讨，从而提出了回报率规制、价格上限规制、激励性规制等多种规制方式（Laffont，1994；Braeutigam & Panzar，1993；Ai & Sappington，2002）。

总的来说，传统最优价格规制理论主要包括边际成本定价（杜普伊 - 霍特林模型）、最优偏离边际成本定价（拉姆齐 - 布瓦特模型）、平均成本定价 [回报率规制模型以及阿弗契 - 约翰逊模型（简称 A - J 模型）]。其中，回报率规制是新近发展起来的规制方式，其问题在于：回报率规制可能会使受规制企业过分地选择资本密集型技术，而不是在最低社会成本下实现它的产出。

（二）最优规制理论的发展

传统最优规制理论的假设前提是规制者与被规制者信息完全，双方在信息对称的情境下进行博弈。由于未考虑信息不对称，相应设计的规制方案存在诸多缺陷。例如，拉姆齐 - 布瓦特定价模型受到了缺乏所规制企业的相关信息的根本制约，但实践中的规制价格往往与该模型不十分吻合。另外，该模型忽视信息不对称所带来的逆向选择和道德风险，因此缺乏对被规制企业的激励相容约束。再如，回报率规制模型，首先会诱发 A - J 效应，而且规制程序相当缓慢且成本高昂。由于这些难以克服的矛盾，在实践中，回报率规制逐渐被价格上限规制等更好的规制模式所取代。就在这样一种背景下，传统规制方案遭到质疑。西方经济学家们纷纷在信息不对称的情况下，提出了从配置（定价）效率和 X 效率（生产效率）的角度比传统规制效果更好的规制方案。

在《为什么规制公用事业》（Demsetz，1968）一文中，德姆塞茨主张使用特许经营权竞标来替代规制。特许经营权的授予能够在没有价格规制的情形下，足以使价格降低到低于垄断水平的平均价格上，因此它可以替代价格规制。与此相反，威廉姆森（Williamson，1976）探究了授予和监控特许经营权协议相关联的问题，得出了在许多场合特许经营权竞标并不优于规制的结论。而乔斯科夫和施马兰西（Joskow & Schmalensee，1986）提出了新的回报率规制实践模型，即浮动比率下的回报率规制。

利特柴尔德（Littlechild，1983）设计了 RPI-X 方案，这是价格上限规制的一种。由于其机理简单易行，在实践中影响相当深远。该方案于1984年应用于英国电信业，后来又应用于煤气、电力、自来水等行业。然后，逐渐推广到世界各国，现在已经成为西方最具影响力的规制方案。西布利（Sibley，1989）对价格上限进行了分析，其结论是：价格上限不应该受到规制者成本、利润计算的影响。

此外，布罗伊蒂加姆和潘萨尔（Braeutigam & Panzar，1993）指出，价格上限规制的目标能否充分实现在于价格上限本身的选择上。如果价格上限选择不当，即使投入适当，也会导致巨大的无效率。在多产品企业的定价中，价格上限指数的选择更为棘手。阿姆斯特朗和维克斯（Armstrong & Vickers，1991）、萨平顿和西布利（Sappingtong & Sibley，1992）也有所贡献，而利斯顿（Liston，1993）、拉丰和梯若尔（1993）则对价格上限规制提出了批判，他们指出，纯粹的价格上限规制排除了在契约上使用成本数据，因而不可能是最优的。

总之，大量研究表明，价格上限规制比传统的规制更加有效。相对于最优机制来说，价格上限规制仅需要有限的信息，更具可操作性。随后，后续学者进一步探讨并不断完善价格上限规制，主要集中在三个方面。其一，与利润分享规制结合起来，形成价格上限—利润分享规制的混合机制（Sappingtong & Sibley，1992）。其二，价格上限规制与普遍服务义务结合起来。在价格上限规制下企业有了调整价格的相对自由，会以类似于不受规制的企业的竞争方式来行事，从而不愿意以低于成本的收费方式对高成本地区提供服务，这样就会出现利斯顿（1993）指出的潜在缺点。因此，将其与普遍服务义务相结合，有助于克服价格上限规制的不足。其三，信息结构内生化。以前规制机制的设计中，信息结构被假设是外生的。但是，新近出现了一批将信息结构内生化的文献，主要包括索贝尔（Sobel，1993）、刘易斯和萨平顿（Lewis & Sappington，1998）、艾萨和斯特罗福林

(Iossa & Stroffolini，2002）等。他们认为，在价格上限规制下，将信息结构内生化，以研究信息获取的激励、信息获取问题的效应，以及把价格上限与最优激励机制进行比较，评价信息获取问题是提高还是降低与之有关的福利损失。

二、污水处理行业的价格规制

在讨论自然垄断行业价格规制的同时（如王俊豪等，1997；王俊豪，2001；李在峰，2001；于立和于左，2003；肖旭等，2003；肖兴志和陈艳利，2004；王含春和李文兴，2008），国内学者也借鉴了西方成熟的规制思想和规制模式，针对我国国情和我国自然垄断行业的技术经济特征，提出了适合我国自然垄断行业的价格规制方案。其中，污水处理行业是主要研究对象之一。

郭京菲等（1998）对国内外的水污染收费系统进行了比较研究，在借鉴国外经验的基础下，运用 ZSM 解释结构模型分析了水污染收费系统的问题，并从协调排污费和使用者收费、完善使用者收费及污水集中处理设施的企业化经营管理等几个方面，探讨了系统改进方案。黄春蕾（2004）从我国现实出发，认为政府职能未能及时调整是导致改革进展缓慢的重要原因，提出必须以市场为导向定位政府职能，充分发挥市场机制在污水处理中的作用，并通过重点培育和完善市场及市场机制、加快城市基础设施建设投融资体制改革、加强污水处理监管体制建设等措施，推进污水处理市场化改革。杨晓敏（2005）认为，中国的污水处理行业正在向市场化转变，并论述了污水处理市场中政府监管的必要性以及政府监管的内容。

王俊豪和王建明（2005）分析了我国城市污水与垃圾处理的现状与传统管理体制及其弊端，指出其市场化改革的客观趋势，探讨了市场化改革的实施途径。最后，讨论了我国城市污水与垃圾处理市场化改革后的主要政府管制政策。田雪根（2006）在详细分析了污水行业技术经济特性的基础上，提出了当前污水处理行业政府规制目标，并结合当前污水处理行业政府规制现状，做了相关政策的分析研究，为政府监管规制建设做了有益的探索。

费敏捷（2006）阐述了城市污水治理产业化发展的内涵，并对上海市城市污水治理产业化发展的管理体制、价格政策及其配套措施进行了研究。杨宏翔（2007）以绍兴污水处理为例，论证了水环境产品供给中政府作用体现在集约化区域治污机制的设定者、相关制度的安排者等，而市场的功能表现在投资主体的资本纽带联系、治污企业的市场化运行等。毛翔宇（2007）对政府规制理论的整理和其发展趋势进行了分析，然后分析了污水处理业规制中的体现和遇到的问题，并利用博弈论和激励性规制方法建立污水处理业的规制博弈模型，求得其满足激励相容约束的纳什均衡解。

第二节　污水处理行业价格规制模型构建

目前，最具有代表意义且在实践中运用得最为广泛的价格水平规制模型分别是美国的投资回报率规制模型和英国的价格上限规制模型。国内学者王俊豪（2000）、于立和于左（2003）等也分别对这两个模型进行了介绍和探讨，并针对我国自然垄断产业提出了一些政策意见。本章将系统比较这两个模型的优缺点，并在此基础上，结合污水处理行业的具体技术经济特征，来探讨和确定适合于污水处理行业的价格规制模型。

一、价格水平规制模型的比较

（一）投资回报率规制模型[①]

在实践中，通常被规制企业首先向规制者申请提高价格（或投资回报率），经过一段时间的考察，规制者会根据影响价格的因素变化情况，调整企业提出的价格水平（或投资回报率）。最后，确定合理的投资回报率，并将其作为企业在特定时期内定价的依据。

如果一个企业只生产一种产品或服务，那么投资回报率价格规制模型是：

$$R(pq) = C + S(RB) \text{[②]} \qquad (5-1)$$

如果企业经营多种产品，则价格规制模型为：

$$R(\sum_{i=1}^{n} p_i q_i) = C + S(RB) \qquad (5-2)$$

其中，R 为企业收入函数，它决定于产品价格 p 和产品数量 q；C 为成本费用（如燃料成本、工资、税收和折旧等）；S 为政府规定的投资回报率；RB 为投资回报率基数（rate base），即企业的资本投资总额。

[①] 参见王俊豪（2007）。

[②] 该模型有不同的表达形式，参见：于立和于左（2003）、史普博（1999）。

显然，在企业只生产一种产品（或服务）的情况下，规制价格（P）等于企业总收入（R）除以总产量（Q），即：$P = R/Q$；而在企业经营多种产品的情况下，总收入除以总产量只是所有产品或服务的综合价格，每种产品或服务的价格还需通过价格结构规制才能确定[①]。

从以上两个公式可以看出，因为企业的成本通常很容易估计，规制者对企业进行价格规制的难点是确定投资回报率水平和投资回报率基数。投资回报率水平的问题是找到一个合适的 S 值，使企业能够获得正常的投资回报；投资回报率基数问题则是要合理确定资本投资的范围和计量方法，它直接关系到企业在一定 S 值下的利润总额。

（二）价格上限规制模型

价格上限规制起源于利特尔查尔德（Littlechild，1983）的一份报告，即《对英国 BT 私有化后利润的规制》。1983 年，英国政府为了找到一种科学的方法来控制垄断价格，委托时任伯明翰大学商学教授的斯蒂芬·利特尔查尔德（Stephen Littlechild）设计一个价格规制模型。利特尔查尔德认为，价格规制的主要目标应该是使价格和利润保持在一个公平的水平上，同时激励企业提高效率。利特尔查尔德还认为，"价格规制需要区别各种利润的来源：高效率的绩效、垄断力量或纯粹的好运"。

英国价格上限规制采取 RPI－X 模型，RPI 表示零售价格指数（retail price index），即通货膨胀率；而 X 由规制者确定，是一定时期内生产效率增长的百分比。如果企业本期的价格是 P_t，则下期的规制价格为：

$$P_{t+1} = P_t(1 + RPI - X) \qquad (5-3)$$

这个简单的价格规制模型意味着企业在任何一年中设定的名义价格（nominal price）取决于 RPI 和 X 的相对值。如果 RPI 减去 X 的值为负数，那么企业必须降价，降价幅度是 $RPI-X$ 的绝对值。英国 $RPI-X$ 模型不仅适用于单一产品（或服务），而且适用于多种产品和服务的价格规制。也就是说，该模型不是处理特定企业生产的特定产品的价格上限，而是处理企业生产的各种被规制产品（不一定是所有产品）的综合价格上限。

（三）两个模型之间的比较

通过前面的分析，我们可以看到两个模型在运行机制上有很多的不

[①] 政府对经营多种产品或服务的企业的价格规制，不仅要控制企业总的价格水平，还要控制其价格结构，以监督企业对不同客户采取歧视性价格行为。本章只讨论政府针对总价格水平的规制问题。

同，具体表现如下（于立和于左，2003）。

第一，规制对象不同。回报率规制的对象是资本回报率，原理是试图通过直接控制投资回报率，间接控制价格；价格上限规制的对象是价格。

第二，对节约成本的激励不同。在回报率规制下，被规制企业往往使用过多的资本，缺乏节约成本的动力。因此，回报率规制也通常被称为低强度激励合同。价格上限规制作为一种典型的激励性规制手段，可以弥补资本过度使用在投资回报率规制中的弊端，通常被称为高强度激励合同。在价格上限规制下，企业有节约成本的激励，因为价格上限是固定的，无论是通过投资、技术创新还是通过提高企业管理效率，节约的成本都属于企业所有。而在回报率规制下，企业无论如何节约，都只能获得固定的收益率。因此，没有节约成本的动机。

第三，规制时间间隔不同。回报率规制的时间间隔较短，一般在一年左右。如果调整周期太短，价格规制就会过度，这将损害规制的可信度和权威性。价格上限规制的时间间隔较长，一般为3~5年。其中，较长的时间间隔为被规制企业降低成本提供了激励。

第四，从实际操作来看，采用美国的投资回报率规制模型时，规制者和被规制者不仅要在投资回报率水平S上讨价还价，而且在投资回报率基准RB的测量上也存在很大的困难。英国的价格上限规制模型操作起来相对简单，不需要对固定资产、生产能力、技术革新、销售额等方面的变化进行详细的评估。

此外，这两种模型之间也存在着根本性的差异，主要表现在：从利润水平（即投资回报率）规制到价格水平规制，会产生风险和利益在企业和消费者之间的转换。在投资回报率模型规制下，消费者承担着成本增加带来的风险和成本降低带来的收益，而在价格上限规制下，这种风险和收益都是由企业来承担（Hillman & Braeutigam，1989：37）。也就是说，相比之下，英国的价格上限规制模型更能激励企业降低成本，提高生产效率，从而提高消费者福利。

二、污水处理行业价格规制模型的构建

（一）污水处理行业模型构建因素分析

从上述的分析可以看出，英国的价格上限规制模型比美国的投资回报率规制模型具有更多的优点，而且从实践上来看，美国的投资回报率模型

也逐渐地被英国的价格上限规制模型所取代。但是，我们并不能完全照搬英国的价格上限规制，主要原因有以下三方面。

第一，该模型建立在合理基期价格的基础上，然后在这个价格上规定规制价格的上升和下降。要决定一个合理的基期价格，就必须涉及成本。对于我国污水处理行业来说，污水处理收费时间并不长，收费价格也只是按照"保本微利"的指导原则来收取，并没有一个完善的定价机制。因此就没有一个这样理想的基期价格来运用到模型当中，这就决定了在设计污水处理行业的价格规制模型时不可避免地要涉及成本问题。另外，如果政府在价格规制中对企业成本信息严重依赖的话，就有可能造成企业成本越高价格越高的局面，这样反而就缺乏对企业降低成本、不断提高生产效率的激励。所以有必要设计一个两阶段的价格规制模型，使得在规制价格调整的过程中避免这个问题。

第二，该模型虽然避免了 A–J 效应（即企业过度投资倾向），但它却有可能引发企业为了降低成本而降低服务质量的行为。因此，为了避免这一问题，价格上限规制通常是伴随着质量规制。对于污水处理行业来说，在设计价格规制模型时，就必须要考虑到污水处理质量。需要有一个质量考核参数来促使企业在追求低成本、提高效率的同时，保证污水处理质量达到国家要求和标准。

第三，随着我国城市化进程的加快和生态环境保护的需要，对污水处理率的要求也越来越高。但是，我国长期以来面临着污水处理率低、污水处理设施建设严重不足的问题。要提高污水处理率就必须加大投入，加快污水处理厂和污水处理管网的建设。而英国的价格上限规制模型没有考虑为提高污水处理率所需要投入的成本，所以模型应该考虑对污水处理服务的需求，通过需求的体现来理顺规制价格与投资的关系。

（二）适合污水处理行业的价格规制模型扩展

基于以上考虑，本章提出针对污水处理行业的两阶段价格规制模型。其中，基期规制价格公式为：

$$P_1 = C_0(1 + RPI - X + d)q + P_1 \times r \quad (5-4)$$

将式（5-4）进行简单整理，可以得到：

$$P_1 = \frac{C_0(1 + RPI - X + d)}{1 + r} \times q \quad (5-5)$$

规制价格调整公式：
$$P_{t+1} = P_t(1 + RPI - X + d)q \tag{5-6}$$

其中，P_1 为基期规制价格（第一期规制价格），C_0 为企业当期成本，RPI 为零售价格指数，X 为生产效率增长率，d 为当期污水处理需求变化率，q 为质量系数（$0 \leq q \leq 1$），r 为销售利润，P_{t+1} 为第 $t+1$ 期的规制价格，P_t 为第 t 期规制价格，$t \geq 1$。

模型主要思路及含义如下。

第一，由于我国污水处理行业没有一个合理的基期价格作为规制价格调整的参照标准，所以首先要根据企业的当期成本及相关的因素确定基期规制价格，因而设定了式（5-4）。基期价格确定以后，需要调整规制价格时则可以通过规制价格调整式（5-6）进行。规制价格调整公式（5-6）中不涉及企业的成本问题，所以避免了每一次规制价格调整时，政府都要依赖企业的成本问题。

第二，在基期规制价格公式（5-4）中，$C_0(1 + RPI - X + d)$ 是成本上限控制项。在制定基期规制价格时，应该考虑企业的成本及影响成本变动的因素。RPI 是成本变动影响因素之一，它是由官方发布且比较客观的参数，反映了企业实际成本变化。一般情况下 RPI 为正，反映了企业成本上升的程度。另一个因素是由政府为企业规定的必须达到的生产效率增长率 X 值，其作用是刺激企业降低成本，提高生产效率。

第三，在基期规制价格公式（5-4）中，以销售利润率而不是投资利润率来决定企业的利润水平，主要是为了避免企业在投资利润率的刺激下产生过度投资倾向这类 A-J 效应。

第四，出于质量规制的考虑，通过质量系数 q 与价格挂钩的办法，可以促使企业在价格上限下，提供符合国家质量要求的服务。

第五，如果当期污水处理需求变化率 $d>1$，则代表当前的污水处理设施建设速度高于同期需求的增长水平，说明企业必须加大污水处理设施投入。相应地，需要适当提高价格来弥补投资成本，使得污水处理行业投资者拥有合理的回报率。

(三) 参数确定

1. 成本项 C_0

污水处理企业的成本主要包括三个方面：雨污水收集成本、污水处理成本以及污泥处置成本（具体请参见表5-1）。

表 5-1　　　　　　　　　污水处理企业成本

雨污水收集成本	管网维护	人工例行巡查	污水处理和污泥处置成本	直接运行成本	人工
		日常养护及维修			电耗
		日常监管及控制			药耗
		折旧			热耗
		管理费用			水耗
		财务费用			气耗
	泵站提升	人工			其他
		电力		制造费用	沙泥渣运输
		渣砂清运			检查维护
		检修维护			大修
		大修			折旧
		折旧		管理费用	
		财务费用 管理费用		财务费用	

资料来源：北京排水集团。

2. 零售价格指数 RPI

零售价格指数 RPI 的确定相对比较容易。对于基期价格确定公式，RPI 可以是制定基期价格的时间和企业成本数据时间这一时间段的 RPI；对于规制价格调整公式的 RPI 则为调价之前与上一次制定价格时这一时间段之间的 RPI，RPI 反映零售的生产资料和主要生活消费品价格的综合变动情况，是由政府统计部门公布的，具有客观性。RPI 的增长，通常会引起企业成本的增长。因此，在模型中 RPI 用来估算成本的增长。

3. X 因子

模型中 X 值的确定是一个难点。从各国的实践来看，具有代表性的方法主要有三种：英国方法、美国方法和香港方法（沈毅，2003）。在这三种方法中，英国方法考虑太多的因素，确定 X 值时过于复杂和不透明，既增加规制成本，又容易引起争议；而香港倒推法虽然不需要被规制者的历史成本资料，实行最为简单，但明显不适用于污水处理行业，因为每次污水处理费的调整都不是企业的自主行为。综合来看，还是美国方法比较适合。

本章中 X 值的确定方法将参考美国方法，但并不能照搬美国方法，因为我国统计部门还没有编制历年整体经济系统的全要素生产率指数，这超出了规制者的能力范围。而且本章中所定义的 X 值是政府要求污水处理企业所达到的效率,而非美国方法中所定义的企业效率与整体经济之间的差值。所以,本章运用污水处理企业的全要素生产率来确定污水处理行业的 X 因子。借鉴张军和施少华(2003)的研究思路,用全要素生产率来对其进行测度,计算公式为:

$$TFP = \frac{Y_t}{K_t^\alpha H_t^\beta} \quad (5-7)$$

其中,TFP、Y_t、K_t、H_t 分别为第 t 期的全要素生产率、产出、物质资本投入以及人力资本投入,α、β 分别代表物质资本与人力资本的产出弹性。产出弹性可根据 C-D 生产函数模型进行估算,随机回归方程为:

$$Y_t = A K_t^\alpha H_t^\beta e^{\mu_t} \quad (5-8)$$

两边取对数得到:

$$\ln Y_t = \ln A + \alpha \ln K_t + \beta \ln H_t + \mu_t \quad (5-9)$$

通过回归估计,可以得到 α、β 的估计值,代入式(5-7)就可得到全要素生产率(TFP)。

4. 需求变化率 d

污水处理需求变化率 d,这一参数可以通过污水处理增长率和污水排放增加率的交叉弹性来决定,即:$d = \frac{\Delta q/q \%}{\Delta z/z} = \frac{(q_1 - q_0)/q_0}{(z_1 - z_0)/z_0}\%$($q$ 表示污水处理量,z 表示污水排放量)。

5. 质量系数 q

q 是质量系数,可以按照环保部门统计的污水处理企业污水处理达标率来进行估算,具体按照中华人民共和国国家标准《城镇污水处理厂污染物排放标准(GB 18918—2002)》执行。

6. 利润率 r

r 只存在于基期规制价格公式中,这是为了保证企业有一定的利润空间,其合理性在于:《关于加大污水处理费征收力度建立城市污水排放和集中处理良性循环机制的通知》规定,"污水处理费应按照补偿排污管网和污水处理设施的运行维护成本,并合理盈利的原则核定";《北京市排水和污水再生利用办法(征求意见稿)》明确指出,"污水处理费应当包含排水设施投资运营成本和运营企业的合理利润"。由于成本体现在了基期规制价格公式中,对于合理的利润,2002 年国家发改委、建设部和国家环保总局《关于印发推进城市污水、垃圾处理产业化发展意见的通知》提出"可参照同期银行长期贷款利率的标准设定投资回报参考标准"。由于

本章中报酬率 r 不是资本回报率，所以认为银行的长期贷款利率可能过高，用银行长期存款利率作为确定利润率的标杆较为合适。

第三节 污水处理行业价格规制现状及问题

一、北京市污水处理行业价格规制现状

（一）污水处理行业价格规制主体

北京市发改委是政府规制价格的行政主管部门。北京市发改委网站上政府定价目录中显示，地表水供应价格、自来水出厂和销售价格、中水和再生水销售价格、水资源费和污水处理费由北京市发改委定价，定价范围为本市供排水生产经营企业及有关单位[1]。

（二）污水处理行业价格规制对象

1. 污水处理费与污水处理行业规制价格之间的关系界定

污水处理费是向污水排放者收取的相关费用。污水排放者包括企业生产污水的排放和个人生活污水的排放。污水处理费由北京自来水集团在收取水费时一并收取，然后再通过市政府的平台转移支付给污水处理企业。这部分污水处理费，只构成了政府支付给污水处理企业的污水处理价格的一部分，另一部分由市财政给予补贴。政府作为公众利益的代言人，购买污水处理企业提供的污水处理服务。而支付给污水处理企业的价格，要综合考虑各方面因素，例如公众的承受力、污水企业运行的效率等。

2. 价格规制对象

本章所指的规制价格，主要指市政府对污水行业中的国有企业的价格规制，规制的对象是北京市污水处理行业中的国有企业的污水处理价格，主要是指北京排水集团，其拥有北京市污水处理行业的垄断地位。出于效率和社会福利的考虑，政府必须对垄断者进行价格规制。本章的讨论，大部分将围绕北京排水集团来展开。

对于通过特许经营方式运作的民营或合资企业，他们在签订特许经营协议时，协议里就已经包含了污水处理价格以及污水处理价格调整公式。在特许经营期间，污水处理价格严格按照特许经营协议中的价格来执行。北京市

---

[1] 北京发改委网站：http://www.bjpc.gov.cn/wjgl/djml.htm。

发改委要审核是否批准特许经营价格，这相当于把一个长期动态的价格规制过程提前约定到了特许经营协议中。就北京市目前的价格规制体系和规制方法来看，这当中也存在一些问题，本章会在相关的部分加以讨论。

(三) 污水处理行业价格规制方法

我国公用事业价格规制的主要原则是：以补偿企业生产成本为主，在充分考虑社会承受能力的基础上，适当考虑企业的合理收益，即"补偿成本、合理收益、节约资源、公平负担"。根据《城市供水价格管理办法》，污水处理费计入城市供水价格，按城市供水范围，根据用户使用量计量征收。

北京市污水处理价格规制按照我国公用事业价格规制遵循的主要原则，采用成本加成的价格规制方法。对北京排水集团的污水处理价格规制，目前仍然采用的是成本加成法。据了解，市政府在对排水集团的成本核算中，有部分资产折旧是不计提的，这样的话成本会比实际成本低很多。这就意味着按照成本加成计算出来的污水处理价格明显偏低，因此目前排水集团的排水业务处于略微亏损的局面。市政府对于排水集团的污水价格规制没有一个明确的规制体系，污水处理价格是按照目前的污水处理费支付再加上政府补贴。同时，排水集团是国有独资，其获得补贴的多少取决于企业负责人与规制部门的谈判能力。

2003年以后，对于污水处理设施的建设和运营推行公共污水处理特许经营制度。水务行政主管部门（北京市水务局）与城市污水处理运营单位签订特许经营协议。不具备实施特许经营制度条件的，水行政主管部门（北京市水务局）和运营单位签订委托运营服务协议或运营服务合同。2003年8月北京市出台《北京市城市基础设施特许经营办法》，允许企业或者其他组织在一定期限和范围内经营下列城市基础设施：供水、供气、供热、排水；污水和固体废物处理；收费公路、地铁、城市铁路和其他城市公共交通；其他城市基础设施。污水处理费的征收仍按原有行政事业性收费的标准来执行。

特许经营污水处理价格由污水处理企业和北京市水务局进行谈判确定，再报请市发改委审核批复。这个特许经营价格一般要高出污水处理费，这中间的差价由市财政负责补贴。当然基础设施特许经营条例的出台有助于推进本市城市基础设施建设运营市场化进程，扩大融资渠道，加快城市基础设施建设。但是对于价格还是没有完全市场化，政府还是要对公用事业的价格进行合理的规制。

对于污水处理费的调整，北京市采取的是价格听证制。《北京市政府价格决策听证办法实施细则》（2005年7月18日）第五条规定："纳入《价格听证目录》的项目应当是《北京市定价目录》和市人民政府授权区县人民政府定价项目中关系群众切身利益的公用事业价格、公益性服务价格和自然垄断经营的商品价格。"

（四）污水处理行业政府规制价格水平

目前，北京市城市污水处理费是由城市供水企业在收取水费中一并征收，按月划拨给排水和污水处理企业（单位），用于城市污水管网及污水处理厂的运行维护。作为自来水价格的重要构成部分，政府在制定和调整规制价格水平时，往往是将其和自来水价联系在一起的。北京市从1997年开始征收污水处理费，截至2008年底，期间居民自来水价格调整过6次，污水处理费调整过5次，几乎每次自来水价格调整的时候，污水处理费也会一起调整，具体调整情况请参见表5-2。目前北京市水价构成及价格水平请参见表5-3。

表5-2　污水处理价格历年价格水平

年份	1997	1998	1999	2000	2001	2002	2003	2004	2005~2008
居民自来水价格（元/立方米）	0.7	1.0	1.3	1.6	1.6	2.0	2.3	2.8	2.8
居民污水处理费（元/立方米）	0.1	0.1	0.3	0.4	0.4	0.5	0.6	0.9	0.9
占比（%）	0.14	0.10	0.23	0.25	0.25	0.25	0.26	0.32	0.32
非居民污水处理费（元/立方米）	0.3	0.3	0.5	0.8	0.8	1.0	1.2	1.5	1.5
平均污水处理费（元/立方米）	0.2	0.2	0.4	0.6	0.6	0.75	0.9	1.2	1.2

资料来源：根据北京市发改委网站信息整理。

表5-3　北京市自来水价格构成及价格水平　　　　　单位：元/立方米

类别	自来水价格	污水处理费价格	综合价格
居民	2.80	0.90	3.70
行政事业	3.90	1.50	5.40
工商业	4.10	1.50	5.60
宾馆、饭店、餐饮业	4.60	1.50	6.10
洗浴业	60.00	1.50	61.50
洗车业	40.00	1.50	41.50
纯净水	40.00	1.50	41.50

续表

类别	自来水价格	污水处理费价格	综合价格
农业赔水*	0.60	0	0.60
中水	1.00	0	1.00

注：*农业赔水指因自来水水源开发使地下水水位下降，影响农业使用而赔偿的农业灌溉用水。
资料来源：根据北京市发改委网站信息整理。

北京市自来水价格调整发挥了价格杠杆作用，促进了水资源的节约、保护和合理利用。适当加大水价调整力度，鼓励全社会节约用水和技术投资。考虑到水利供水、城市供水和污水处理的发展需要，考虑到社会各阶层的利益，特别关注低收入群体的负担能力。从目前的自来水价格来看，居民用水价格为3.70元/立方米。如果按人均用水量3立方米计算，2008年北京人均家庭总收入24576.0元，水费支出占家庭收入的0.0452%。国际上的研究资料分析表明，对于城市居民生活用水，当水费支出占家庭收入1%时对心理影响不大，占2%时开始关注，占2.5%时注意节约用水，占10%时考虑水的重复利用。按照这个规律进行简单判断，北京市居民水费支出占家庭收入的比例不到1%，说明自来水价格相对较低，对居民的节水意识起不到很好的刺激作用。2008年建设部在《城乡缺水问题研究》中指出，为促进公众节约用水，水费收入比达到2.5%~3%为宜。从这方面来看，要通过水价达到刺激居民节水的目的，北京市自来水价格还有很大的上升空间。

二、污水处理行业价格规制模型在北京市的应用

本部分将北京市污水处理行业的数据代入模型当中，并对各参数进行估计，从而进行方法上的探讨以及通过模型来得到理论上北京市污水处理行业的规制价格水平。

（一）模型中各参数的确定

其一，成本项 C_0 可以根据北京市排水集团的数据确定，具体数值请参见表5-4。如此，可以得到：$C_{2006}=1.689$ 元/立方米。

其二，零售价格指数 RPI 的确定。商品零售价格指数是度量工业、商业、餐饮业和其他零售企业向城乡居民、机关团体出售生活消费品和办公用品价格水平随着时间而变动的相对数，反映市场商品零售价格的变动程度。根据北京统计年鉴可知，北京2007年商品零售价格指数 $RPI_{2007}=0.8\%$。

表 5－4　　　　　　　　北京市排水集团污水处理成本数据

业务内容	设施规模	实际养护量（处理量）	运行标准	年费用（万元）	单位费用	单位费用（折合到水量）（元/立方米）
雨污水收集	3708 公里	3708 公里	维持现有 65% 的完好率并逐年提高 1.5%	45399	122 元/延米	0.635
污水处理	238 万立方米/日	196 万立方米/日	年平均达到国家一级 B 排放标准	62955	0.880 元/立方米	0.880
污泥处置	2420 吨/日	2082 吨/日	50% 污泥干化，50% 污泥堆肥	12464	164 元/吨湿泥	0.174
综合成本						1.689

资料来源：北京市排水集团，基于 2006 年价格水平。

其三，需求变化率 d。根据北京市水务局 2006 年和 2007 年发布的《北京市水资源公报》可知，2006 年污水排放总量为 12.9 亿立方米，污水处理量为 9.32 亿立方米，污水处理率为 73.8%；2007 年污水排放总量为 12.98 亿立方米，污水处理量为 9.89 亿立方米，污水处理率为 76.2%，可以得到：

$$d = \frac{\Delta q/q}{\Delta z/z}\% = \frac{(9.89-9.32)/9.32}{(12.98-12.9)/12.9}\% = 9.86\% \quad (5-10)$$

其四，利润率 r。以银行的长期贷款利率作为标杆（见表 5－5）。由于基期规制价格的制定是以 2006 年的数据为基础，2006 年 8 月 19 日调息以后，长期存款利率（5 年以上）为 4.14%，所以 $r=4.14\%$。

表 5－5　　　　　　　金融机构基准存款利率　　　　　　　单位:%

调整时间	活期存款	定期存款					
		三个月	半年	一年	二年	三年	五年
2002.02.21	0.72	1.71	1.89	1.98	2.25	2.52	2.79
2004.10.29	0.72	1.71	2.07	2.25	2.70	3.24	3.60
2006.08.19	0.72	1.80	2.25	2.52	3.06	3.69	4.14
2007.03.18	0.72	1.98	2.43	2.79	3.33	3.96	4.41
2007.05.19	0.72	2.07	2.61	3.06	3.69	4.41	4.95

资料来源：中国人民银行。

其五，X 因子。由于数据上获取困难，本章不对 X 值进行实证分析，而是提供一个可供参考的确定方法。前文已经论述到,可以采用全要素生产率的方法确定 X 值。

其六,质量系数 q。根据《城镇污水处理厂污染物排放标准》,污水处理厂出水水质是否达标主要涉及检测 BOD_5(生化需氧量)、COD(化学需氧量)、SS(悬浮物)三个指标。可以设定,2006 年质量系数为 $q_{2006} = 100\%$ [1]。

(二)北京市污水处理的理论价格

将以上参数代入基期价格规制公式:$P_1 = \dfrac{C_0(1 + RPI - X + d)}{1 + r} \times q$,以 2006 年的数据为基础的基期规制价格为:$P_{2007} = \dfrac{C_{2006}(1 + RPI_{2006} - X + d_{2006})}{1 + r} \times q_{2006} = 1.9498 - 1.7619X$。

可以看到,基期管制价格的最终值是取决于规制者对企业效率的要求高低。按照 2007 年平均污水处理费 1.2 元/立方米的价格水平倒推来看,X 的值为:

$$X = (1.9145 - 1.2)/1.7619 = 40.5\% \qquad (5-11)$$

显然,X 值太高,这是污水处理行业根本没法达到的。所以,我们可以做出一个基本的判断:目前的污水处理费太低。

从英国的规制经验来看(王俊豪,2001),自来水行业(包括污水处理行业)X 值的合理水平在 2% 左右。如果按照这个水平,那么北京市污水处理行业的一个较为合理的规制价格水平应该为:

$$P = 1.9498 - 1.7619 \times 2\% = 1.9145(元) \qquad (5-12)$$

这个价格既考虑了企业的成本和合理的利润,同时又能给企业提供提高效率、降低成本的激励。

(三)价格规制方法存在的问题

北京市污水处理价格的规制方法主要存在以下三个问题。

第一,污水处理费的制定主要还是以简单的成本加成规制方法来确定。虽然通过特许经营和污水处理服务协议把市场化引入了污水处理行业,把污水处理设施的建设和运营交给了企业,政府扮演监督者和管理者的角色,但是在决定污水处理价格上,还是以补偿企业成本为主。面对公

---

[1] 资料来源:2006 年北京市水资源公报,参见北京市水务局网站(http://www.bjwater.gov.cn/)。

众收取的污水处理费主要还是按照行政性事业性费用的性质来收取，需要照顾到公众的承受能力，这两个价格存在脱节的问题。和国外完善的价格规制体系比较，北京的污水处理规制价格的制定没有相应的规制模型（例如美国的投资回报率模型和英国的价格上限规制模型），当然也就谈不上完善的价格规制体系。这就直接导致在处理污水企业与政府进行价格谈判时，没有统一和全面的价格规制体系，价格的高低最终取决于双方的谈判能力，而没有一个客观的标准和体系作为参考。这在特许经营时更是如此，价格规制方法上的不完善，也就可能留给企业寻租的机会，最终引致不公平现象，阻碍特许经营制度效率的发挥。

第二，价格规制往往是和质量规制联系在一起。北京市的情况是价格规制机构和质量监督机构分离，市发改委主管价格，市水务局负责监督质量。现行的价格规制方法不能有效地激励企业提高质量和服务水平。价格和质量没有形成一个良好的互动机制。

第三，通过上一节的实证分析可以看出，北京市污水处理收费太低。北京市平均污水处理费为 1.2 元/立方米，而理论价格在 1.9145 元/立方米。这无疑不利于调动企业的积极性，企业没有努力提高绩效、降低成本的激励。同时，污水处理费收费低，直接造成政府补贴投入增加，不利于污水处理行业的市场化改革（同时也不利于特许经营制度真正效率的发挥）。最后，收费太低对居民养成良好的节水习惯没有刺激作用。

第四节 小 结

一、主要结论

从上面的分析来看，通过价格上限规制模型得出北京市污水处理合理规制价格为 1.9145 元/立方米，这和北京市现行的污水处理费存在较大差距。这说明目前北京市污水处理费还较低，有很大的上浮空间。在目前的规制价格水平上，北京排水集团处于略亏状态，不利于企业的发展。北京排水集团掌握着北京市污水处理行业的大部分污水处理厂和污水管网，处于长期亏损状态。

在实际价格规制方面，北京市还存在以下问题：首先，北京市污水处理行业中北京排水集团"一家独大"，控制着行业内大部分污水处理厂和排污管网。虽有少量民营和外资污水处理厂存在,但是仍没有改变市场结构。北京排水集团仍然处于垄断地位,对行业进行价格规制仍然很有必要。第二,北京市目前在污水处理行业价格的制定和调整方面,没有完整的价格规制体系。需要引入科学的价格调整体系,运用合理的价格制定和调整模型指导价格规制。第三,向公众收取污水处理费和理论价格存在倒挂现象,价格关系没有理顺。政府补贴规模还很大,这不利于北京排水集团的自身发展和市场化运营。第四,规制机构职能分散,价格规制和质量规制没有形成良好的互动,规制价格对服务质量的提高没有良好的促进机制。

二、政策建议

根据本章研究,我们从以下五个方面提出完善北京污水处理行业价格规制的政策建议。

(一) 推行价格上限规制,建立完善的污水处理规制价格形成机制

要建立完善的价格规制体系,需要在明确价格规制原则和价格规制目标的同时,建立合理有效的价格规制模型,可以考虑推行价格上限规制。在通过价格上限规制建立一整套完善的价格规制体系的过程中,需要注意以下三个方面。

首先,价格规制回避不了企业成本。所以,在制定基期规制价格时必须严格进行成本审核,及时准确地了解和掌握企业成本信息,为制定和调整规制价格提供真实可靠的依据。由于调整价格公式中不再包含成本项,也就不用每次调整价格都必须对成本进行审核,所以基期价格确定时成本审核尤为重要。

其次,结合北京市污水处理行业的技术经济特性,研究并确定价格上限规制模型中的 X 值。将规制的重点放在如何提高企业效率上来,通过制定合理的 X 值,为企业提供降低成本、提高效率的正激励。让企业通过提高效率而获得收益,而不是一味地与价格管理部门进行调价的价格博弈。

最后,确定合理的利润率,可以考虑以长期的银行存款基准利率为标杆上下浮动。当资金供给旺盛时,可适当下调利润率;当资金短缺时,可适当上浮利润率。由于公用事业的低风险特性,其应当具备从社会上和资本市场等多个渠道融入资金的能力。应避免盲目的项目扩张,而应该注意合理地配置资金和高效率地使用资金。

（二）在考虑公众承受能力的情况下，适当提高污水处理费

从本章得出的北京市污水处理合理价格来看，北京市向公众收取污水处理费偏低，这不利于资源的有效配置。从政府的角度来看，污水处理费偏低意味着政府要进行大量的补贴，造成政府负担加重。而且如果企业依赖政府补助的话，可能造成政府越补贴、企业越亏损的局面。企业自身没有积极动力提高企业效率和降低成本，更谈不上企业的技术创新。

适当提高污水处理费，理顺政府支付给企业的污水处理价格和污水处理费之间的价格倒挂关系，保证污水处理企业正常、持续地经营，弥补其投资和运营成本。对公众而言，提高污水处理费，使其产生污水的私人成本逼近社会成本，对公众节水减排产生刺激作用。当然，污水处理费的提高，还是要考虑到社会公众承受能力，平衡多方利益关系。

（三）加强价格规制和服务质量规制间联系，避免规制职能分散造成规制效率低下

加快形成价格规制和服务质量规制的联动机制，服务质量的好坏应该能有效地反映在价格当中，这样的机制会对企业产生一种惩罚机制：如果这一期服务质量出现问题，那么下一期价格就有可能会被调低。企业是以利益最大化为原则的，为了保证下一期价格，企业会在当期努力提高或者至少是保持服务水平。同时，质量规制也保证了企业在价格上限规制下，不会为了降低成本而降低服务质量。

（四）加强价格规制部门的信息披露制度建设，完善价格规制机构的监督约束机制

建立和完善价格规制信息披露渠道，健全价格信息搜集、发布机制，保证价格规制信息的准确性和时效性；做到信息的充分披露，接受公众监督，保证价格改革过程中的公正性。为了保证污水处理规制价格制定和调整的公正性、公开性和公平性，必须加强价格制定和调整的每一个环节的管理与监督。建立公众互动机制，使得公众能对价格制定和调整过程进行评议和质疑。完善和健全对价格规制机构的监督约束机制。

（五）深化落实特许经营制度，加快污水处理设施的市场化建设

肯定特许经营制度对于非网络性部分的污水处理设施和运营的市场化运作方式，进一步深化落实和改善特许经营制度，拓宽融资渠道，加快污水处理设施的建设，推行激励性规制，提高污水处理设施运作效率。市场化的加快也为国有污水处理企业树立了良好的竞争标杆，有利于其运作效

率的提高和市场化改革。但对于污水管网等具有网络性的设施，投资和建设仍应由国有企业独家承担，由政府控制污水处理管网有利于保持对污水处理行业的控制力。

主要参考文献

[1] Ai C, Sappington D E M. The Impact of State Incentive Regulation on the U. S. Telecommunications Industry [J]. Journal of Regulatory Economics, 2002, 22 (2): 133 – 160.

[2] Alchian A, Allen W A. University Economics [M]. San Francisco: Wadsworth Pub. Co. , 1964.

[3] Averch H, Johnson L L. Behavior of the Firm under Regulatory Constraint [J]. The American Economic Review, 1962, 52 (5): 1052 – 1069.

[4] Baumol W J, Bradford D F. Optimal Departures from Marginal Cost Pricing [J]. The American Economic Review, 1970, 60 (3): 265 – 283.

[5] Baumol W. On the Proper Cost Tests for Natural Monopoly in a Multiproduct Industry [J]. The American Economic Review, 1977, 67 (5): 809 – 822.

[6] Braeutigam R R, Panzar J C. Effects of the Change from Rate-of-Return to Price-Cap Regulation [J]. The American Economic Review, 1993, 83 (2): 191 – 198.

[7] Braeutigam R. Price Level Regulation for Diversified Public Utilities [R]. Topics in Regulatory Economics & Policy, 1989, 5.

[8] Coase R H. The Marginal Cost Controversy [J]. Economica, 1946, 13 (51): 169 – 182.

[9] Demsetz H. Why Regulate Utilities? [J]. Journal of Law & Economics, 1968, 11 (1): 55 – 65.

[10] Hillman J J, Braeutigam R R. Price Level Regulation for Diversified Public Utilities [M]. Amsterdam: Kluwer, 1989.

[11] Hotelling H. The General Welfare in Relation to Problems of Taxation and of Railway and Utility Rates [J]. Econometrica, 1938, 6

(3): 242-269.

[12] Iossa E, Stroffolini F. Price Cap Regulation and Information Acquisition [J]. International Journal of Industrial Organization, 2002, 20 (7): 1013-1036.

[13] Joskow P J, Schmalensee R. Incentive Regulation for Electric Utilities [J]. Yale Journal on Regulation, 1986, 4 (1): 1-49.

[14] Laffont J J. The New Economics of Regulation Ten Years After [J]. Econometrica, 1994, 62 (3): 507-537.

[15] Littlechild S C. Regulation of British Telecommunication Profitability [M]. London: HMSO, 1983.

[16] Org Z. Asymmetric Information, Incentives and Price-Cap Regulation [J]. The RAND Journal of Economics, 1989, 20 (3): 392-404.

[17] Ramsey F P. A Contribution to the Theory of Taxation [J]. The Economic Journal, 1927, 37 (145): 47-61.

[18] Sappington D E M, Sibley D S. Strategic Nonlinear Pricing under Price-Cap Regulation [J]. The RAND Journal of Economics, 1992, 23 (1): 1-19.

[19] Stuart J. Principles of Political Economy with Some of Their Applications to Social Philosophy [M]. Longman, 1929.

[20] Vickrey, W. Some Objections to Marginal-Cost Pricing [J]. Journal of Political Economy, 1948, 56 (3): 218-238.

[21] Vogelsang I. A Theory of Centives in Procurement and Regulation by J.-J. Laffont, J. Tirole [J]. Journal of Economics, 1994, 59 (3): 335-339.

[22] 丹尼尔·F. 史普博. 管制与市场 [M]. 余晖等, 译. 上海: 上海三联书店、上海人民出版社, 1999.

[23] 费敏捷. 上海城市污水治理产业化发展价格政策研究初探 [J]. 城市道桥与防洪, 2006 (5): 5-8, 197.

[24] 郭京菲, 郑宗勇, 傅国伟. 我国水污染收费系统的现状与对策 [J]. 上海环境科学, 1998 (6): 4-6.

[25] 黄春蕾. 论我国城市污水处理市场化过程中的政府职能 [J]. 中国人口·资源与环境, 2004 (5): 101-104.

[26] 景玉琴. 政府在公用事业价格规制中的作用 [J]. 价格月刊,

2004 (8): 9.
- [27] 李在峰. 我国垄断产业的价格管制及改革 [J]. 价格月刊, 2001 (1): 5-6.
- [28] 厉以宁, 吴易风, 李懿. 西方福利经济学述评 [M]. 北京: 商务印书馆, 1984.
- [29] 林凤彩. 我国自然垄断产业的价格规制 [J]. 社会科学辑刊, 2004 (6): 176-178.
- [30] 林木西, 和军. 自然垄断产品价格规制的福利效应分析 [J]. 当代经济研究, 2006 (9): 29-32.
- [31] 刘辉. 市场化进程中城市公用事业定价模式的选择 [J]. 价格理论与实践, 2008 (8): 42-43.
- [32] 沈毅. 价格上限管制中效率因子 X 的计算方法 [J]. 北京邮电大学学报 (社会科学版), 2003 (2): 5-8, 13.
- [33] 石海强. 基础设施行业的发展及价格管制研究 [J]. 产业与科技论坛, 2008 (6): 33-35.
- [34] 田学根. 对当前污水处理行业政府监管规制建设的思考与建议 [J]. 新疆环境保护, 2006 (3): 11-14.
- [35] 王含春, 李文兴. 强自然垄断定价理论研究述评 [J]. 生产力研究, 2008 (15): 149-151.
- [36] 王俊豪, 鲁桐, 王永利. 发达国家基础设施产业的价格管制政策及其借鉴意义 [J]. 世界经济与政治, 1997 (10): 37-41.
- [37] 王俊豪, 王建明. 我国城市污水与垃圾处理的市场化改革及其管制政策 [J]. 财经论丛 (浙江财经学院学报), 2005 (2): 1-8.
- [38] 王俊豪. A-J效应与自然垄断产业的价格管制模型 [J]. 中国工业经济, 2001 (10): 33-39.
- [39] 王俊豪. 管制经济学原理 [M]. 北京: 高等教育出版社, 2007.
- [40] 王俊豪. 美国和英国价格管制模型的比较及其启示 [J]. 价格理论与实践, 2000 (4): 23-24.
- [41] 王俊豪. 政府管制经济学导论 [M]. 北京: 商务印书馆, 2001.
- [42] 王俊豪. 政府管制经济学论: 基本理论及其在政府管制实践中

的应用［M］. 北京：商务印书馆，2001.

［43］肖兴志，陈艳利. 论公用事业的有效成分定价规则［J］. 经济与管理研究，2004（4）：25 – 27.

［44］肖旭，阎薇，于艳华. 自然垄断行业价格管制研究［J］. 大连铁道学院学报，2003（1）：57 – 61.

［45］许引旺. 自然垄断的价格管制模型及其在我国的适用性分析［J］. 价格月刊，2005（7）：23 – 24.

［46］杨宏翔. 论水环境产品供给中的政府与市场和谐——以绍兴污水处理为例［J］. 经济研究导刊，2007（10）：7 – 9，16.

［47］于立，于左. 美国收益率规制与英国价格上限规制的比较［J］. 产业经济研究，2003（1）：11 – 18.

［48］张红凤. 西方规制经济学的变迁［M］. 北京：经济科学出版社，2005.

第六章 我国邮政快递网络接入价格的效率分析

邮政产业通常依托于庞大的寄递网络得以运营，具有较强的网络特性，因此可以称之为网络型产业。按照传统理论，邮政产业归属于自然垄断产业。邮政主要传递着以实物为载体的信息，通过运用运输工具完成对实物载体的空间转移是邮政的基本特征。同其他网络型产业相同，邮政产业存在着明显的规模经济，其前期投入非常大。特别是在我国邮政快递市场逐步放开竞争的背景下，邮政快递网络就成为该行业的瓶颈设施，为了使进入者能够平等地参与竞争，就必须保证其能够接入在位者所拥有的网络瓶颈设施，网络的接入问题就成为关注的焦点，而接入定价问题是其核心内容。随着改革的深入，正如其他网络型产业一样，关于邮政快递网络的接入和接入定价问题成为邮政产业改革的焦点问题。

邮政快递业务的瓶颈设施是邮件的寄递网络，要想实现真正公平而有效的竞争，必须保证进入者能够接入在位者的全部网络，或至少接入在位者的一部分寄递网络。更确切地说，只有这样做才能保证进入者不需要考虑高额的沉淀成本，在经济上有持续经营下去的可能性。那么，在位者制定怎样的接入资费标准才是行之有效的，就成为关键性的问题。本章着力于将网络产业的规制理论与接入定价理论相结合，建立邮政快递网络的接入定价模型；并在此基础上对我国邮政快递网络的接入价格和零售价格进行数值模拟分析，最终得出有效结论与可行政策建议。

第一节 邮政产业接入定价研究进展

在过去的几十年中，网络型产业的规制目标集中在有效的自由化竞争上，如电信、电力、天然气和铁路等产业。鲍莫尔等（Baumol et al.,

1982）建立了有效竞争市场理论，尼普斯等（Knieps et al.，2003）提出了分类监管的方法，理论范式逐渐转向自由竞争。同时，传统的理论侧重于强调对最终价格进行规制，目的是防止垄断企业滥用垄断势力，导致效率低下。此后，研究的重点已经转移到规制和监督瓶颈设施的接入价格。

接入定价问题不仅是近年来网络型产业自由化改革的重点，也是那些需要全部或部分市场向竞争对手开放的产业所面临的问题。例如麦克安德鲁斯（McAndrews，2003）研究了ATM网络的接入问题；安德森和加布泽维奇（Anderson & Gabszewicz，2005）、德温特（Dewenter，2004）研究了支付系统的接入问题；格鲁伯（Gruber，2005）、克鲁斯（Kruse，2004）研究了移动通信的网络接入问题。网络型产业的接入定价法包括：Ramsey接入定价、有效成分定价、基于成本的接入定价、总体最高限价、非对称接入定价和双向接入定价法等。

本章对邮政快递网络接入定价的研究，与阿姆斯特朗等（1996）和阿姆斯特朗（2001）的研究最为接近。阿姆斯特朗等（1996）分析了允许旁路和多种异质品但不包括普遍服务义务情况下的接入定价。此后，阿姆斯特朗（2001）在原有分析上，继续扩展了研究框架，考虑到既存在旁路又存在普遍服务情况的接入定价问题。本章与这两篇文献有相同之处，即研究普遍服务义务、旁路和异质产品三种情况同时存在情形下的邮政快递网络接入定价问题。而与之不同之处在于：首先，由于邮政快递网自身的特性，消费者可以直接接入在位者的网络，其行为特点与进入者接入在位者的网络十分相似。因此本章所指的接入涵盖消费者的直接接入，并且同时解决最优接入价格和最优零售价格。其次，允许监管机构的目标不是福利最大化而是其他目标，例如最小化在位者的零售价格。最后，本章修正了模型，研究在位者和消费者的福利结果，并修正监管机构的目标。

以往的一些文献已经涉及邮政部门的接入价格（Billette et al.，2003b；Crew & Kleindorfer，2002），但只有为数不多的文献涉及消费者直接接入。例如，比耶特等（Billette et al.，2004）分别单独考虑了消费者的接入和进入者的接入问题。与此相反，在本章中消费者和进入者的接入是在同一个模型当中。卡扎尔达（Cazalda，2005）分别对消费者和进入者的接入模型建立了不同的监管和信息框架，并将重点放在由在位者垄断经营的非本地邮件，对消费者收取的预处理费用是不同的。潘萨尔（Panzar，2004）提出了一个模型，其中在位者向两个区域提供终端到终端

(E2E) 的产品，不同的区域具有不同的寄递成本，但零售价格是统一的。此外，进入者对顾客提供自己的 E2E 服务。其中，一个核心概念是阶段性旁路，即进入者可以分段运用在位者的网络。同时也可以分段绕过在位者的网络。本章主要传达的信息是，分段性旁路会比自始至终的旁路带来更多的问题。与大多数上述文献的主要区别是，本章发展了模型并用数值模拟来解决问题，目的是对接入造成的福利影响给出决定性的结果。

此外，针对快递物流的模式也已经有了初步探讨。廖秀珍和蒋国江（2009）认为，目前我国已形成了以东部沿海地区为主的四大快递圈。同时，他们对如何建立快递业务的盈利模式进行了分析。蒋国萍（2009）提出应当用一分为二的思维方式来看待快递业激烈的市场竞争，并考察其对行业发展的影响和对快递企业自身的影响。申凤平等（2006）分析了目前我国民营快递企业面临的形势，比较了民营快递具有的优势和劣势，并提出了民营快递企业的发展对策。

第二节　邮政业务的运作与网络接入

一、邮政业务作业组织及作业流程

（一）作业组织类型

邮政作业组织可以分为四类：收寄作业组织、分拣封发作业组织、运输作业组织、投递作业组织，具体如下所述。

邮政收寄是邮政作业过程的首要环节，邮件收寄方式主要包括五种方式：邮政局所营业窗口收寄；筒箱收寄；到户收寄（上门揽收）；代办处收寄；流动服务收寄。邮件分拣封发是邮政作业的核心任务之一，它根据邮件到达的地点或方向对邮件进行分类，即分拣，然后将发送到同一地点或方向的邮件封装起来，发送给邮政运输环节。通常，邮件的分拣封发有直封和经转两种方式。邮政运输是邮政通信的重要组成部分，邮政运输是邮政通信中的耗时环节，邮件传递整个过程的速度在很大程度上取决于邮政运输的速度。邮政运输的任务就是综合利用多种运输工具，在各邮政局所之间，按照规定的路线和时限，有计划地运送各类邮件。投递是邮政通信作业的最后一个环节。邮政投递的任务是把邮件按照规定的时限和手续，准确而又完整地投交给指定的收件人。邮政投递主要有按地址投递和窗口投递两种方式。

（二）作业流程

上面的内容是关于邮政作业所涉及的作业组织，而一个邮件从收集到投递是需要许多步骤的。为了能够更好地理解邮政快递网络的接入问题，首先，有必要了解一下邮政快递网络的运营过程。如图 6-1 所示，邮政快递网络的运营分为七个步骤，按顺序具体为：收集邮件、离开收件局所、离港分拣、城际运输、进港分拣、发送到送件局所、派送邮件。

1. 收集邮件
2. 离开收件局所
3. 离港分拣
4. 城际运输
5. 进港分拣
6. 发送到送件局所
7. 派送邮件

图 6-1　邮政快递网络业务流程

二、邮政快递业务参与者的分类

目前，我国从事邮政快递业务的部门既有国家邮政部门——中国邮政，也有例如申通、圆通、中通这样的民营快递企业。同时考虑到一部分消费者能够直接接入到邮政快递网络，而且享受一定的折扣价格，其行为特点与进入者十分相似，因此，本章将消费者定义为邮政快递网络的第二类接入者，这是与其他一些网络型产业有所不同的。据此，本章将邮政快递业务参与者分为两大类：一类是普遍服务提供者，也是邮政快递业的在位主导运营商；另一类是邮政快递网络的接入者，该接入者又分为企业接入者和消费者两种类型。

（一）普遍服务提供者：中国邮政

我国《宪法》第 40 条规定："中华人民共和国公民的通信自由和通信秘密受法律保护。"我国地域辽阔，人口众多，且重点表现出东西部经济发展不平衡与城乡发展不平衡这两个"不平衡"。在这样的条件下，使全体公民都能够平等地享有邮政普遍服务是一项艰难的工作。当前，我国邮政普遍服务主要体现在三个方面：低廉的、全国统一的资费标准；遍布全国各个城市、区、县、镇、乡、村的邮政营业网点；可以送达各家各户的邮政投递网络。

成立于2007年1月29日的中国邮政集团公司（以下简称中国邮政），是在原国家邮政局所属的经营性资产和部分企事业单位的基础上，依照《中华人民共和国全民所有制工业企业法》组建的大型国有独资企业。中国邮政旗下的中国邮政速递物流公司经营和管理全国邮政速递物流业务，拥有国内知名的EMS特快专递等品牌。承担普遍服务义务是中国邮政的主要职责之一，其也是目前我国唯一的提供普遍服务的邮政企业。中国邮政是本章接下来提到的在位者及普遍服务提供者的代表性企业。

（二）网络接入者：民营快递企业及消费者

1. 民营快递企业

我国第一家民营快递企业成立于1993年，自此之后，我国邮政快递业务逐步实现自由竞争。经过长期以来的发展，我国民营快递企业已具备了一定的规模，并且可以有效地在城市之间提供快速、便捷的快递服务，已经成为商贸往来不可或缺的重要"桥梁"。尽管民营快递企业近些年来的扩张速度非常快，但是在一些偏远地区，邮件业务数量极少，不足以使企业达到盈亏平衡点，民营快递企业自然也就失去了在该地区建立网点的动力。但这并不代表民营快递企业就会放弃该部分的利润。实际上他们可以通过接入中国邮政的快递网络，完成邮件的整个寄递过程。此外，受到沉淀成本的影响，在个别区域的邮件寄递的平均成本在短期内处于较高的水平，选择接入中国邮政的网络要比用自己的网络寄递的成本更低、更为划算。此时，民营快递企业同样也会选择接入中国邮政的快递网络。

2. 消费者

在一些其他网络型产业（如电信、航空业），消费者需要通过市场当中的运营商才能够接入网络。与此不同的是，在邮政产业中，邮政局所是面向广大消费者的，消费者可以选择自己到邮政业务网点寄送邮件包裹并按照中国邮政的零售价格付费，该部分消费者归属于中国邮政的零售范围。同时，目前我国还存在着一部分消费者能够以较低的折扣价格，而不用按照全国统一的零售价格就可以享受到中国邮政的快递业务服务。那么，消费者可以自己对邮件进行预处理后，直接接入在位者的邮政快递网络而不需要通过任何的运营商。该部分归属于中国邮政的网络接入者，亦可称之为消费者直接接入。该行为与企业接入在位者的邮政快递网络具有相似特点，实际上也是另一种意义上的网络接入者。因此，本章在考虑邮政快递网络接入问题时，将消费者作为另一种接入者进行分析研究。

三、邮政快递网络的接入

（一）接入方式

关于邮政快递网络的接入又是怎样的形式呢？如图6-2所示，图中上半部分是普遍服务提供者中国邮政的邮件寄递流程，下半部分是市场进入者（主要是民营快递）的邮件寄递流程。$A_i(i=1,2,3,\cdots,n)$ 代表中国邮政的派送区域，$B_j(j=1,2,3,\cdots,m)$ 代表进入者的派送区域。其中，$n>m$，因有些偏远地区仅中国邮政可以送达。

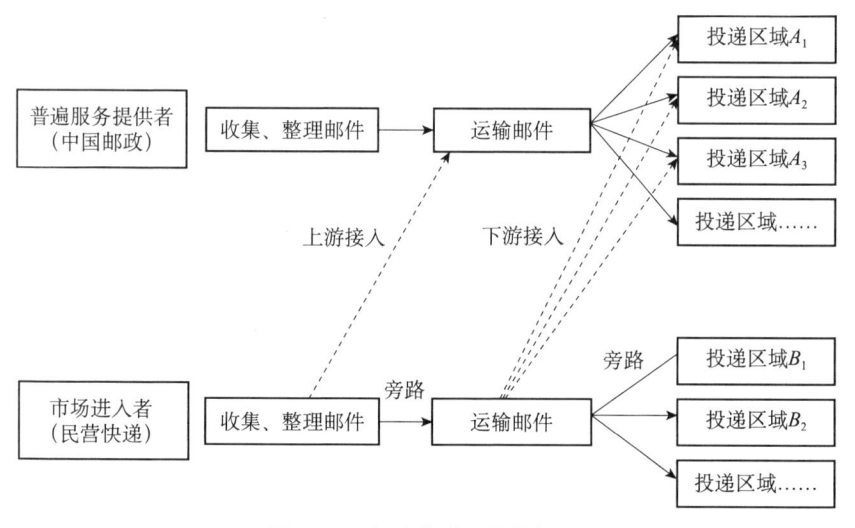

图6-2 邮政快递网络的接入

民营快递企业既可以选择接入中国邮政的快递网络，也可以运用自己的网络寄递邮件，从而绕过中国邮政的网络（即选择旁路）。邮政快递网络的接入分为上游接入和下游接入，上游接入是指进入者在完成了邮件的基本收集、整理等工作之后，将邮件交付在位者，由在位者完成剩下的邮件运输和投递工作，进入者与在位者共享邮路设施；下游的接入是指进入者接入在位者的邮件派送网络，由接入者完成邮件最后的投递工作。目前，我国邮政快递网络存在一定程度的上游市场接入，而下游市场接入的现象并不普遍。

（二）接入价格

克鲁和克莱因多弗（Crew & Kleindorfer，2004）认为，接入定价规制是保证邮政市场竞争发展的重要因素，邮政网络的接入是提高效率的最有效的方法。如前所述，民营快递等这些接入网络的竞争者既可以选择接入网络，也可以选择旁路，最重要的依据就是哪种方式可以获取更高的利润，或者说哪种方式的成本更低。中国邮政处于主导运营商的地位，将会对接入网络的进入者收取一定的接入费用。该费用的高低一方面将直接影响到进入者是否选择接入在位者的快递网络，另一方面对最终的效率产生重要的影响。

中国邮政作为目前我国唯一的国家邮政部门，在快递行业处于主导地位，其营业网点覆盖全国城乡各地，几乎覆盖了全国的每一个地方。同其他快递企业相比，中国邮政拥有着垄断性的快递网络，而该垄断性网络正是其他快递企业寻求发展的瓶颈设施。在引入竞争的初期，新进入者的网络覆盖范围和能力要远低于主导运营商中国邮政的网络覆盖范围。在同等条件下，消费者接入中国邮政的快递网络带来的效用要大大高于接入新进入运营商的网络所得到的效用，邮政快递网络的建设成为了新进入者和在位者平等竞争的主要障碍，这必然会影响到竞争的公平性。

面对中国邮政的强势地位和高额的网络建设费，新进入者要么选择依附于中国邮政，要么选择建设自己的快递网络。自己建设网络要面对高额的沉没成本无法收回的风险，这极大地打击了潜在进入者的竞争积极性。由于中国邮政承担着普遍服务的义务，有众多分布在经济欠发达地区的营业网点长期处于亏损经营的状态，目前主要依靠普遍服务基金获取补贴。新进入者由于不需要承担普遍服务的义务，所以没有在这些地区建设网点的动力。

那么，如何在增强新进入者竞争动力的同时，又能保证中国邮政获得更大的好处呢？只有放开现存的邮政快递网络，允许新进入者在邮政快递网络的上游或下游市场接入网络才可以使新进入者不用面临高额的网络建设费，同时也可以使中国邮政充分利用现存的网络。但是，这种放开必须以合理的接入价格为前提。进一步来看，网络接入价格的制定才是最核心的问题，也是我国邮政改革的重要一环。邮政快递网络的接入价格，将对最终的接入效果和中国邮政快递业务的效率起到至关重要的作用。接下来，本章将针对目前我国邮政快递网络接入定价的效率进行分析，从中寻求合理的最优接入价格。

第三节 邮政快递网络接入定价模型

一、基本模型

（一）基本假设

假设1：邮政快递市场只有两类企业，一类是普遍服务提供者（以中国邮政为代表），另一类是市场进入者（以民营快递企业为代表）。

假设2：沉淀成本仅发生在邮政快递网络的最初建立上，此后快递企业从事邮政快递活动所产生的沉淀成本为0。实际上，现实情况非常符合这个假设的，因为大约80%的邮政快递业务经营成本为劳动成本。

假设3：在位者和进入者只提供一种类型的快递产品，在位者在全国范围内提供服务，而进入者可以选择运用自己的快递网络或接入在位者的快递网络。

假设4：在位者对某一区域的收费标准是统一的，而进入者可以对不同的用户收取不同的费用。

假设5：考虑到我国邮政快递网络存在一定程度的上游接入，但下游接入目前尚不显著，因此将研究重点放在邮政快递网络的上游接入问题上。假设邮政快递活动仅分为两个阶段：第一个阶段是邮件的收集到运输，第二个阶段是邮件的最终派送，以邮件的空间位移为标准，将邮件的运送过程二合一。在这种情况下，发送邮件的总成本就等于收集成本与运输成本的总和。

假设6：监管者的规制目标是盈亏平衡约束条件下的社会福利最大化和在位者零售价格的最小化。

（二）基本框架

在其他网络型产业当中，消费者必须要通过该产业的运营商才能接入网络。但在邮政快递业务中，消费者是可以自己完成邮件的预处理后，将邮件直接接入到在位者的运营网络，它的行为与进入者接入网络十分相似，可以看作另一种网络接入者。因此，在建立模型时要将消费者直接接入网络的情况考虑进来。

首先，对模型当中出现的符号进行说明：M表示具有垄断势力的在位者，它提供了终端到终端（以下简称E2E）的快递服务，即邮件从最开始到最终的投递全部由在位者独自完成；E 表示进入者，进入者可以选择运用自己的网络提供快递服务，也可以接入在位者的网络；C 表示消费者，消费者的选择有三种：购买在位者的零售产品、直接接入在位者的网络、运用快递企业的快递网络；U 表示在位者和进入者均可以送达的区域，通常这些区域是经济较为发达的城市地区；R 表示较为偏远的、只有在位者可以送达的区域。

那么，寄递邮件到 j 区域的总剩余可以表示为：

$$V_j(q_j^M, q_j^E, q_j^A) - pq_j^M - p_j^E q_j^E - p_j^C q_j^C \qquad (6-1)$$

其中，q_j^i ($i \in \{M,E,C\}, j \in \{U,R\}$) 表示不同的市场参与者寄递到 j 区域的邮件数量，p 表示在位者对 j 区域提供快递服务的统一零售价格，p_j^E 表示进入者发送邮件到 j 区域的零售价格，p_j^C 表示消费者直接接入在位者网络的价格。其中，$p_j^C = a_j^C + k$，a_j^C 表示消费者寄送邮件到 j 区域的费用，k 表示对邮件进行预处理的费用。

在位者、进入者和消费者的需求量受到彼此价格的影响，因此三者的需求函数分别为 $q_j^M(p, p_j^E, p_j^C)$、$q_j^E(p, p_j^E, p_j^C)$、$q_j^C(p, p_j^E, p_j^C)$，由于各自的产品需求量与该产品的价格之间呈反向变动的关系，即价格上涨，需求量降低；价格下降，需求量增加。也就是说，需求价格弹性为负。同时，产品的需求量与其他相关产品的价格之间呈正向变动的关系，即需求交叉价格弹性为正。

函数 $z_j^E(p, p_j^E, p_j^C, a_j^E, d_j^E)$ 表示的是进入者运用自己的网络寄递到 j 区域的邮件数量（$j \in \{U,R\}$），它是关于三种产品的价格、进入者单位接入费用 a_j^E 和进入者寄递邮件到 j 区域的单位成本 d_j^E 的函数。其中，a_j^E 表示进入者接入在位者网络的单位接入费用，a_j^E 表示进入者运用自己的网络寄递邮件的单位成本。这两项变量至关重要，将直接影响在位者究竟是选择运用自己的网络寄递邮件，还是选择接入在位者的网络。那么，$q_j^E(p, p_j^E, p_j^C) - z_j^E(p, p_j^E, p_j^C, a_j^E, d_j^E)$ 即为进入者接入在位者网络的邮件数量。为了在表示上能够简化，下面以 q_j^E 和 z_j^E 表示相应的函数。

（三）利润模型

在位者是网络设施的拥有者，因承担着普遍服务义务，必然会存在固定成本，用变量 F 表示该固定成本。相反，进入者由于不需承担这样的普遍服务义务，它的所有成本从长期看来都是可变成本，特别是快递业务的主要成本实际上是劳动力成本。在位者和进入者收集邮件的边际成本为 c^i ($i \in \{M,E\}$)。在各个区域之间，该收集成本是独立的，不会相互影响,但不同运营商的 c^i 是不同的。寄递邮件的边际成本为 $d_j^i(j \in \{U, R\})$。c^i 和 d_j^i 均为不变边际成本。由此,可以得到在位者的总利润函数为:

$$\begin{aligned}\pi^M = &(p - c^M)(q_U^M + q_R^M) - d_U^M q_U^M - d_R^M q_R^M - F \\ &+ (a_U^E - d_U^M)(q_U^E - z_U^E) + (a_U^C - d_U^M) q_U^C \\ &+ (a_R^E - d_R^M)(q_R^E - z_R^E) + (a_R^C - d_R^M) q_R^C\end{aligned} \quad (6-2)$$

其中,式(6-2)等号右边第一行给出的是在位者通过提供的端对端(E2E)产品所获得的利润,d_j^i 在城市和偏远地区的费用是不同的,通常情况下偏远地区的寄递成本要高于城市地区的寄递成本,也就是说 $d_U^i < d_R^i$。$d_U^M q_U^M$ 表示的是在位者在城市寄递邮件的总成本,$d_R^M q_R^M$ 表示的是在位者在偏远地区寄递邮件的总成本。式(6-2)第二行和第三行是在位者通过对进入者和消费者提供接入服务所获得的利润:第二行表示在位者为进入者和消费者提供发送到城市地区的邮件所得利润,第三行表示在位者为进入者和消费者提供发送到偏远地区的邮件所得利润。

进入者的利润函数为:

$$\begin{aligned}\pi^E = &(p_U^E - c^E) q_U^E + (p_R^E - c^E) q_R^E - d_U^E z_U^E - d_R^E z_R^E \\ &- a_U^E (q_U^E - z_U^E) - a_R^E (q_R^E - z_R^E)\end{aligned} \quad (6-3)$$

其中,$0 \leq z_j^E \leq q_j^E, a_j^E \leq p, j \in \{U, R\}$,且:

$$z_j^E(p, p_j^E, p_j^C, a_j^E, d_j^E) = \begin{cases} D & d_j^E \geq a_j^E \\ q_j^E(p, p_j^E, p_j^C) & d_j^E < a_j^E \end{cases} \quad (6-4)$$

从式(6-4)中不难看出,进入者究竟是选择运用自己的网络寄递邮件,还是选择接入在位者的网络,主要取决于哪一种方法更为划算:如果单位接入费用低于运用自己的网络寄递邮件的成本,那么进入者将会选择接入在位者的网络,反之则会放弃接入在位者的网络,而选择自己独立完成邮件的寄递。

(四)最优接入价格的最优零售价格方程

假设监管机构的目标,是实现在位者的利润、进入者和消费者净盈余总和的最大化。用 w_j 表示消费者在 j 区域的净盈余($w_j \geq 0$),然后确定最优接入价格($a_U^E, a_R^E, a_U^C, a_R^C$)和在位者的最优零售价格 p。首先要使净盈余的总和最大化,用 W 表示该净盈余总和,且 $\pi^M \geq 0$,$a_j \leq p$,$j \in \{U, R\}$:

$$\underset{a_U^E, a_R^E, a_U^C, a_R^C, p}{Max} W = \sum_{j=\{U,R\}} w_j(V_j(q_j^M, q_j^E, q_j^C) - pq_j^M - p_j^E q_j^E - p_j^C q_j^C) + \pi^M + \pi^E$$

(6-5)

这里需要注意的是,假如 $a_j^E \leq d_j^E$ (也就是说进入者的接入费用小于或等于运用自己的网络寄递邮件的单位成本),那么进入者接入在位者的网络会更划算。此时,$z_j^E = 0$,$p_j^E = c^E + a_j^E$。分别对利润函数 π^M 和 π^E 关于 a_j^E 和 a_j^C 分别求一阶导数,得一阶条件如下:

$$a_j^E = d_j^M + (p - c^M - d_j^M)\sigma_j^{ME} + (a_j^C - d_j^M)\sigma_j^{CE} + \frac{1+\lambda-w_j}{1+\lambda}\left|\frac{a_j^E}{\varepsilon_j^E}\right|, j \in \{U,R\}$$

(6-6)

$$a_j^C = d_j^M + (p - c^M - d_j^M)\sigma_j^{MC} + (a_j^E - d_j^M)\sigma_j^{EC} + \frac{1+\lambda-w_j}{1+\lambda}\left|\frac{a_j^C}{\varepsilon_j^C}\right|, j \in \{U,R\}$$

(6-7)

其中,λ 是在位者预算约束的拉格朗日乘数,且:

$$\sigma_j^{ik} = -\frac{\partial q_j^k / \partial a_j^i}{a_j^k / q_j^k}, j = \{U,R\}, i,k = \{C,E\}, i \neq k, \varepsilon_j^k = \frac{\partial q_j^k / \partial a_j^k}{a_j^k / q_j^k}, j = \{U,$$

$R\}, k = \{C,E\}$ (σ_j^{ik} 为两种产品之间的替代率,ε_j^k 为需求弹性)。

同理,可以求得在位者的最优零售价格的一阶条件:

$$0 = (1+\lambda)\left[\begin{array}{l}(p - c^M - d_U^M)\frac{\partial q_U^M}{\partial p} + (a_v^E - a_U^M)\frac{\partial q_U^E}{\partial p} + (a_U^C - d_U^M)\frac{\partial q_U^C}{\partial p} \\ + (p - c^M - d_R^M)\frac{\partial q_R^M}{\partial p} + (a_R^E - d_R^M)\frac{\partial q_R^E}{\partial p} + (a_R^C - d_R^M)\frac{\partial q_R^C}{\partial p}\end{array}\right]$$
$$+ (1+\lambda-w_U)q_U^M + (1+\lambda-w_R)q_R^M$$

(6-8)

以上这些方程相互之间不是独立的,必须同时得到满足。为了简化分析,按照阿姆斯特朗等(1996)的方法,对各个方程进行单独分析,先来看式(6-6)和式(6-7)。假设 $\lambda = 0$,$w_j = 1$,也就是说消费者剩余为0,且不考虑福利最大化的约束条件,这样就可以将重点放在式(6-6)和式(6-7)的前三部分。在这里,首先需要注意到,如果在位者 E2E 的产品价格为边际成本时 ($p = c^M + d_j^M$),就可以运用边际成本定价法。

此时,进入者和消费者发送邮件到 j 区域的网络接入费用是相同的 ($a_j^E = a_j^C = d_j^M$)。对于这一接入费用等式,需要解释一下:由于接入是发生在邮件收集之后的,邮件收集的成本由各自负担,因此这里的接入资费等于邮件的寄递成本,而不需要加上收集成本,只等于在位者在邮件活动的第二阶段的寄递成本。由于城市和偏远地区的寄递成本有着很大的差别（$d_U^M \neq d_R^M$），并且通常 $d_U^M < d_R^M$，实际上，单一定价的要求很难达到。单一定价带来的首要影响就是：在位者无法运用边际成本定价法对 E2E 产品进行定价，并且也会影响接入费用的边际成本定价法的运用。

首先分析式（6-6）（即进入者的最优接入价格），然后按照同样的方法分析消费者直接接入网络的接入费用问题。接入费用对于进入者而言，可以算作其运营成本的一部分。进入者在制定零售价格时，会考虑接入成本的高低，同时会将价格提高与接入费用相同大小的金额。接入费用不仅会影响进入者提供的快递服务的邮件数量，还会影响消费者直接接入网络的邮件数量和在位者提供的 E2E 产品的数量。对产品 $i = \{M, C\}$ 的影响取决于替代率 σ_j^{iE}，它衡量的是产品 i 与进入者的产品之间的替代性，即：当在位者为进入者提供一单位的接入时，对 i 产品需求的减少数量。用在位者提供产品 i 的不同价格乘以提供相应产品的边际成本，再乘以这项替代率就可以得到在位者因提供给进入者接入服务所带来的利润损失。

二、邮政快递网络接入价格的 ECPR 模型修正

实际上，上述最优接入价格的公式体现的是有效成分定价（ECPR）原则，其表示的是由于在位者在提供接入服务的情况下所产生的成本与利润的总和。由于在位者提供的产品和进入者提供的产品之间是完全替代的，因而有效成分定价法最终可以归结为边际原则，在位者提供 E2E 产品的边际成本与接入的产品所发生的边际成本是相同的。

（一）ECPR 原则下的模型修正与分析

ECPR 定价法有很多的优点：第一，拥有瓶颈设施的在位者没有动力取消提供接入服务。因为无论是在位者自己的 E2E 产品，还是提供的接入邮件的边际成本都是相同的，如果在位者可以提供接入，原本损失的市场份额可以通过接入挽回，提供的接入服务所获取的收入可以补偿由此而带来的利润损失。第二，瓶颈设施拥有者与潜在竞争者的产品之间是具有完全替代性的，ECPR 定价法可以保证只有最有效率的接入者才能够接入网络。

另外，艾克诺米德斯等（Economides et al.，2002）认为 ECPR 也有不足之处：第一，如果拥有瓶颈设施的在位者的零售价格为垄断价格，那么 ECPR 会掩盖垄断租金并且导致低效率。但本章假设并不会遇到这样的问题，因为政府会规制普遍服务提供者的零售价格，并将该价格定在福利

最大化的水平上。第二,考虑到瓶颈设施的规模经济问题,通常情况下 ECPR 方程与次优接入价格方程并不一致。因为普遍服务提供者的成本中包含固定成本,这一点也是本章将会遇到的问题,需要对 ECPR 方程做出修正,按照 $(1 + \lambda - w_j)/(1 + \lambda)$ 的比率,将式(6-6)和式(6-7)的拉姆齐(Ramsey)部分增加到原方程上。我们可以很容易得到,根据不同的情况可以将讨论范围定义在三种情况:其一,当不考虑福利最大化时,$w = 1$,$\lambda > 0$,比率为 $\lambda/(1 + \lambda)$;其二,如果在无经济约束条件下,考虑福利最大化,$w > 0$,$\lambda = 0$,比率为 $1 - w_j$;其三,如果 $w > 1 + \lambda$,该比率为负数。

(二)最优接入价格的修正模型与分析

根据上面的修正要求,对最优接入价格公式(6-6)和式(6-7)进行修正,可以得到:

$$a_j^E = d_j^M + (p - c^M - d_j^M)\sigma_j^E + \frac{1 + \lambda - w_j}{1 + \lambda} \frac{\left|\frac{a_j^E}{\varepsilon_j^E}\right| + \sigma_j^{CE}\left|\frac{a_j^C}{\varepsilon_j^C}\right|}{1 - \sigma_j^{CE}\sigma_j^{EC}} \quad (6-9)$$

$$a_j^C = d_j^M + (p - c^M - d_j^M)\sigma_j^C + \frac{1 + \lambda - w_j}{1 + \lambda} \frac{\left|\frac{a_j^C}{\varepsilon_j^C}\right| + \sigma_j^{EC}\left|\frac{a_j^E}{\varepsilon_j^E}\right|}{1 - \sigma_j^{CE}\sigma_j^{EC}}$$

$$(6-10)$$

其中,

$$\sigma_j^E = \frac{\sigma_j^{ME} + \sigma_j^{MC}\sigma_j^{CM}}{1 - \sigma_j^{CE}\sigma_j^{EC}}, \sigma_j^C = \frac{\sigma_j^{MC} + \sigma_j^{ME}\sigma_j^{EC}}{1 - \sigma_j^{CE}\sigma_j^{EC}} \quad (6-11)$$

首先,需要关注的是式(6-9)和式(6-10)的前两部分。同时,两个公式的最后一部分是由三种可替代产品之间的替代率组成的。该替代率需要考虑两种情况:在位者的产品与接入者的产品之间直接和间接的影响,进入者的接入产品和消费者的接入产品之间的影响。式(6-11)的分子部分增加了直接和间接替代率。σ_j^{ME}、σ_j^{MC} 为直接替代率,它表示的是在位者发送到 j 区域的 E2E 产品与进入者和消费者接入产品之间的替代率,同式(6-6)中的含义相同。间接替代率是指在位者提供发送到 j 区域 E2E 产品引起的对发送到 i 区域的 E2E 产品的数量变化,也就是不同区域之间的产品数量的相互影响。注意到式(6-11)中两个等式右边的分母部分是相同的,均为 $1 - \sigma_j^{CE}\sigma_j^{EC}$,它衡量了修正后的每单位进入者的接入对消费者直接接入需求的影响。$1 - \sigma_j^{CE}\sigma_j^{EC}$ 的数值越大,表示进入者的接入将会使消费者直接接入网络的数量大幅减少；反之，则会大幅增加消费者直接接入的数量。

其次，根据阿姆斯特朗（2002），当 $\sigma_j^{CE} = \sigma_j^{EC} = 0$ 时，消费者的接入产品与进入者的接入产品之间是相互独立的，彼此之间是不受影响的。

比较式（6-9）和式（6-10），当 $\lambda = 0$ 且 $w_j = 1$ 时，消费者的最优接入价格和进入者的最优接入价格通常情况下是不相同的。在此情况下，进入者的接入费用要比相同水平条件下消费者的接入费用高，即：

$$\frac{-\partial q_j^M/\partial p_j^E}{\partial(q_j^C + q_j^E)/\partial p_j^E} > \frac{-\partial q_j^M/\partial p_j^C}{\partial(q_j^C + q_j^E)/\partial p_j^C} \quad (6-12)$$

式（6-12）左边的分子部分表示的是进入者的零售价格关于在位者的E2E产品的需求之间的一阶导数，分母部分表示的是进入者与消费者接入网络的总需求关于进入者的零售价格之间的一阶导数。左边总体部分表示的是这样的替代率，即进入者接入费用的变化导致的在位者E2E产品的需求的变化。与左边的形式相同，公式的右边表示的是当消费者接入费用发生变化时对在位者E2E产品需求的影响。

式（6-9）和式（6-10）的第三部分，是拉姆齐部分乘以与式（6-6）和式（6-7）相同的比率。拉姆齐部分更为复杂，它的分母部分与式（6-9）和式（6-10）的分母部分相同，表示两种接入之间的关系，分子部分表示了两种接入市场的逆弹性之和。由于存在这样的事实，进入者的接入费用不仅会影响进入者的接入需求，而且通过替代效应也会影响消费者的接入需求。因此，公式当中进入者接入的逆弹性等于消费者的接入对进入者接入的替代率，即 σ_j^{CE}。

（三）最优零售价格模型

接下来，需要研究的是在位者的最优零售价格。将式（6-9）和式（6-10）代入式（6-8）中，令 $\lambda = 0$，$w_j = 1$，那么最优零售价格为：

$$p = (c^M + d_U^M)\frac{dq_U^M/dp}{dq_U^M/dp + dq_R^M/dp} + (c + d_R^M)\frac{dq_R^M/dp}{dq_U^M/dp + dq_R^M/dp}$$

$$(6-13)$$

其中，$\frac{dq_j^M}{dp} = \frac{\partial q_j^M}{\partial p} + \sigma_j^E \frac{\partial q_j^E}{\partial p} + \sigma_j^C \frac{\partial q_j^C}{\partial p}(j = \{U, R\})$。变量 dq_j^M/dp 表示的是三个部分的总和：价格 p 对在位者E2E产品数量的直接影响，可以由偏导数 $\partial q_j^M/\partial p$ 给出；价格 p 对进入者接入数量变化的间接影响；价格 p 对消费者直接接入数量变化的间接影响。

从式（6-13）中不难看出，在位者的零售价格是通过城市和偏远地区的边际成本的加权平均数决定的，并且由于在位者提供接入服务所导致的损失，可以通过接入费用得到补偿，当然，这并不能保证这些相关的价格和费用可以弥补在位者的固定成本 F。

以上内容是关于邮政快递网络的接入价格模型的建立，以及最优接入价格和最优零售价格模型的分析。接下来，本章将依据前面的模型对我国邮政快递网络的接入问题进行数值模拟。在进行数值模拟之前，首先需要再次强调一下关于监管者的监管目标。以往研究者通常认为监管者的目标应当是实现福利最大化，但潘泽尔（2004）假设监管者的目标是保证普遍服务提供者在保证盈亏平衡的前提下，尽可能降低提供服务的统一价格。回到本章，就是最小化 p，同时保证普遍服务提供者保证经济上的可行性。也就是说，在保证普遍服务提供者盈亏平衡的条件下，寻找能够使其利润最大化的接入价格。因此本章接下来的数值模拟会涉及这种情况下的数值模拟内容。

第四节 数值模拟

上面进行的理论分析得出了最优接入价格和在位者 E2E 产品的最优零售价格的公式。但是，无论进入者选择接入在位者的网络还是旁路，在任何一个区域，受制于各种因素，一阶条件都很难到达，由于受利润约束下影子价格的影响，一些偏远地区很难达到最优价格水平。同时，若想在福利最大化且零售价格最小化的情况下，达到一阶条件更加困难。但尽管如此，对模型进行数值模拟还是十分必要的，它可以为接入价格的制定给出一定的参考标准。出于这些方面的考虑，接下来的工作是进行数值模拟，并从数值模拟当中对我国邮政快递网络的接入价格进行评价。

一、模拟检验的前提条件

（一）中国邮政的快递业务类型及价格标准

目前，中国邮政的快递业务分为三类：一是国内快递包裹；二是面向全国所有公民的邮政速递业务（简称 EMS）；三是对特定消费群体提供的 e 邮宝速递业务。与 EMS 等快递品种相比，国内快递包裹并不能算作真正意义上的快递业务，且不属于竞争性业务，更不存在网络接入问题。因此，后面研究的中国邮政快递业务是指 EMS 和 e 邮宝。

EMS（全称 Worldwide Express Mail Service），是中国邮政提供的一种快递服务，其国内资费标准如表 6-1 所示。e 邮宝是中国速递服务公司与支付宝合作，专门为中国个人电子商务设计的一种经济型速递业务，与EMS 相比，e 邮宝价格大幅下降，但中转环境与 EMS 几乎完全相同。尽管各地的 e 邮宝发货价格标准不一，但实际上差异非常小，表 6-2 是以发货地为上海为例的 e 邮宝资费表。其他城市的 e 邮宝价格表基本一致，总结来看各地的 e 邮宝发货价格有两个共同点，即本地邮费首重均为 10 元、异地邮费首重均为 15 元。

表 6-1　　　　　　　　EMS 国内特快专递资费表

起重资费	续重资费				
起重 500 克及以内	一区	二区	三区	四区	五区
20 元	4 元	6 元	9 元	10 元	17 元
范围	不超过 500 千米	500~1500 千米	1500~2000 千米	2000~2500 千米	超过 2500 千米

注：本资费分区与标准自 2010 年 4 月 10 日执行。
资料来源：中国邮政集团总公司官方价格表（www.ems.com.cn）。

表 6-2　　　　　　　上海 e 邮宝国内特快专递资费表

寄达区（首重为 1kg，续重为每 1kg）				
省内：首重 10 元	区域：首重 10 元	其他省：首重 15 元		
		续重 4 元	续重 6 元	续重 10 元
上海	浙江 江苏	北京 天津 河北 山东 山西 辽宁 河南 安徽 陕西 湖北 江西 湖南 福建 广东	内蒙古 吉林 黑龙江 宁夏 甘肃 四川 重庆 青海 贵州 广西 云南 海南	新疆 西藏

资料来源：中国邮政集团总公司 e 邮宝价格表 www.eyoubao.cn。

（二）模拟检验的前提条件

条件 1：在位者、进入者和消费者的效用函数均为二次函数，这样可以使一阶导数结果当中，三者之间的关系为线性关系。

条件 2：假设偏远地区（该地区只有提供普遍服务的中国邮政经营快递业务）消费者通常按照 EMS 的零售价格，到所在地区的邮政局发送包裹,不存在消费者直接接入问题,也就不存在价格折扣的问题。

条件3:考虑到目前《中华人民共和国邮政法》规定50克以下的邮件由国家邮政部门专营,同时为了避免因包裹的续重问题而增加计算的难度,影响到数值模拟的准确性,因此,假设邮件重量均在50~500克的范围,保证在不同快递业务类型中,邮件的重量均不超出首重,每件包裹收取的资费都是一致的。并且包裹既可以选择在中国邮政寄送,也可以选择在快递公司寄送。

条件4:快递邮件仅限国内异地快递业务,不包含本地快递业务和国际快递业务。

二、数值模拟及结果分析

在数值模拟之前,有必要说明一下数值模拟的目的。本章的研究目的是在最优接入价格模型的建立基础上,通过数值的模拟,对比不同接入情况下结果的差异,分析得出何种接入方式是最为有效的,而并不是分析我国邮政目前的实际运营情况,因此,为了保证数值模拟的便捷,接下来所给出的产量和成本是接近现实的假设数值,并非是现实中的真实数据,而仅作为数值模拟的用途,旨在保证不同情况下的数值模拟基准条件是相同的,从而计算出不同的接入方式对最终的福利和消费者剩余有怎样的影响。由于基准条件相同,计算出的结果具有一定程度的可比性,可以保证结果的有效性。但数据的假设并不影响数值模拟的适用性,实际上,在现实当中,可以依据数值模拟的步骤进行模仿,推导出符合实际的结果。

首先,以EMS目前的首重资费20(元)(在位者的E2E价格为20元),并且不存在任何的接入行为作为数值模拟的基准条件。同时,假设中国邮政寄送到城市地区的邮件数量$q_U^M = 9$(亿),寄送到偏远地区的邮件数量为$q_R^M = 1$(亿),需求价格弹性为 -0.4。中国邮政从收集到运输的单位邮件的总成本为$C^M = 5$(元),在城市地区的投递成本为$d_U^M = 2$(元),在偏远地区的投递成本为$d_R^M = 3$(元)。此外,假设进入者从收集到运输单位邮件的成本为$c^E = 6$(元),在城市地区投递的成本为$d_U^E = 3$(元),在偏远地区的投递成本为$d_R^E = 4$(元)。

为了区分消费者直接接入、进入者的旁路和规制者目标的影响,本章将数值模拟分为四种情形,如表6-3所示。

表 6-3　　　　　　　　数值模拟的四种情形

	消费者		进入者		规制者的目标
	存在直接接入	不存在直接接入	接入	旁路	
情形 1		√	√		盈亏平衡约束条件下加权福利最大化
情形 2	√		√		
情形 3	√			√	
情形 4	√			√	最小化 E2E 零售价格

其中，情形 3 所反映的是中国邮政不存在消费者直接接入和进入者旁路的情况。与此相比，同样是考虑在盈亏平衡约束条件下加权福利最大化的规制目标的情形下，情形 2 考虑了消费者的直接接入。在此基础上，情形 3 更进一步地允许进入者的旁路。我们可以对情形 2 和情形 3 进行对比，便可以看到从中得到的好处。更进一步地讲，该好处是由于提供接入服务所获得的收入可以用来弥补中国邮政的固定成本，进而为降低 E2E 产品的零售价格提供动力，消费者也可以在两者的竞争中获得好处。

下表 6-4 提供的数据，是按照上述四种情形分别进行模拟的具体结果。其中，价格单位为元/件，消费者剩余及总福利的单位为万元。

表 6-4　　　　　　　　四种情形下的模拟结果

		基准	情形 1	情形 2	情形 3	情形 4
进入者的接入价格（元/件）	城市	–	11.543	11.314	–	–
	偏远地区	–	13.143	12.971	16.686	16.800
e 邮宝价格（元/件）			–	12.286	13.943	15.200
中国邮政 EMS 价格（元/件）		20	19.829	19.543	23.886	23.771
消费者剩余（万元）	城市	2577.9	2649.5	2747.2	2524.4	2516.3
	偏远地区	318.7	321.8	324.9	273.9	275.1
总福利（万元）		2896.6	2971.3	3072.1	2798.3	2791.4

比较情形 1 和情形 2，两种情形均不存在进入者的旁路，可以比较分析出允许消费者直接接入的影响。从中我们可以观察到，由于运用中国邮

政的快递网络的业务量增大，可以更多地分摊固定成本，邮政 EMS 的零售价格有所降低，城市和偏远地区的消费者剩余均有所增长，总福利也随之增长，并且情形 2 的消费者剩余和总福利更高。

情形 2 比较了三种接入价格的最优值，可以得出 $a_R^E > a_U^C > a_U^E$。不等式的前两部分 $a_R^E > a_U^C$ 很容易理解，因为中国邮政在偏远地区的寄递成本要高于在城市的寄递成本。不等式的后两部分 $a_U^C > a_U^E$ 可以用式（6-9）和式（6-10）解释，在 $a_U^C = a_U^E$ 的条件下，公式的前两部分是相等的。在城市地区的接入价格的差异是由于不同的需求价格弹性和不同的替代率导致的。

情形 2 和情形 3 唯一的不同之处是在情形 3 中允许进入者的旁路。在情形 2 中，进入者在城市地区的接入价格是 11.314 元/件，这个价格高于进入者的寄递成本。因此，进入者将选择旁路，绕过中国邮政在城市地区的网络。我们假设该情况与现实相符，规制者将会禁止中国邮政以进入者的寄递成本作为接入定价的基础，这样做的目的是防止在城市地区出现进入者旁路的现象。再来看进入者接入中国邮政偏远地区的网络的模拟结果，由于中国邮政提供给进入者在城市地区的接入而损失了一定的业务量，就要通过提高进入者在偏远地区的接入价格、e 邮宝的接入价格和自身的 EMS 零售价格来弥补损失。从另一个角度来说，在城市地区的消费者可以从进入者提供的更低的价格中获得好处。在情形 3 中，模拟结果表明，中国邮政较高的价格（包括 EMS 和 e 邮宝）对消费者剩余的影响较大。同时，进入者旁路的存在致使中国邮政提高价格，进而总福利要低于基准的总福利。

那么，如果进入者在城市地区的寄递成本与中国邮政的成本十分接近，也就是说 d_U^E 减小，此时，进入者旁路的效率提高。例如在情形 3 中，在进入者寄递成本降低时，总福利也降低了，原因是进入者的高效率、低价格增强了自身的竞争力，迫使中国邮政提高其价格来弥补固定成本。同时，中国邮政较高的零售价格比进入者较低的零售价格对福利的影响大。因此，当进入者的效率提高时，总福利降低。如果进入者的效率大幅度提高的话，中国邮政将由此减少更多的业务量，以至于找不到能够使中国邮政满足盈亏平衡约束的价格。

情形 4 与情形 3 除了将规制者的目标更改为最小化零售价格以外，其他方面均相同。同情形 3 相比，在偏远地区的接入价格和 e 邮宝的价格提高，EMS 的价格有小幅度下降。实际上，情形 3 和情形 4 的模拟相差并不会太大,因为规制者要想最大化社会福利就必然要将价格定在尽可能接近最小化的零售价格水平上。另外,情形 4 的 EMS 价格要高于基准价格,这就意味着如果规制者的目标是最小化 E2E 产品的零售价格,允许旁路的市场放开将会导致更为不好的结果。相反,不允许旁路的市场放开将会降低中国邮政的零售价格,正如情形 1 和情形 2 所示,其正是当规制者的目标是最大化福利条件下的模拟结果。需要强调的是,本章以提高效率为出发点进行分析。如果放开市场竞争能够使中国邮政提高效率,那结果必然导致更高的福利或更低的零售价格。

第五节 小 结

一、主要结论

通过对邮政快递网络接入定价模型的构建、最优价格模型的推导和数值的模拟,我们不难得出,中国邮政作为目前我国唯一的普遍服务提供者,也是拥有邮政快递网络这一瓶颈设施的主导运营商,应当按照网络接入规制理论,研究建立适合自己的网络接入定价政策。就目前我国邮政快递网络接入的现实情况来讲,关于网络的接入问题还没有正式提上议程。尽管在一些地区存在着一定意义上的网络接入,并且接入现象逐渐显现,但大多数情况下是不被公开允许的。这种接入不受认可,只是"民间式"的接入,业内人士更愿意把进入者将邮件转送到中国邮政网络的行为称为低资费揽收。似乎众多的做法表明,让民营快递公司等一些快递企业接入中国邮政的网络是一件没有保障、随意性很强的行为。但实际上,邮政网络接入的做法在欧美国家十分盛行,甚至在一些除了快递业务的其他邮政业务当中,这种做法也是规范的、被认可的。邮政快递网络的接入也是中国邮政分摊自身庞大的固定成本,与进入者共同发展的重要做法。

针对以上提到的内容,本章对我国邮政快递网络的接入与接入定价问题,提出以下三点参考意见。

第一,应当进一步深化我国邮政快递网络的市场化,让市场决定中国邮政,也就是我国邮政快递主导运营商的价格水平。因为如果中国邮政的价格为垄断价格,那么寻租的情况就会出现,影响最优的接入定价。

第二，在进一步市场化的基础上，规制部门应当逐步开展关于我国邮政快递或其他邮政业务的网络接入研究，逐步放开网络的上游或下游市场的网络接入，允许在邮政快递网络的上下游市场展开市场竞争，而不是简单将快递业务作为竞争性业务的同时，又不为进入者提供公平的竞争环境。

第三，重视发展关于消费者的直接接入问题，快递市场业务的总量在一定时期内是不变的，无论是中国邮政还是民营快递，他们的用户群都来自广大消费者。由于他们彼此之间的产品是完全替代的，所以要维护住消费者对自己的忠诚度，唯有通过价格的激励才能够达到。目前，中国邮政的e邮宝业务是值得推崇的，但仍旧有继续改进的余地。所以，消费者以一定折扣的直接接入问题应当引起我国邮政部门的重视。

二、研究展望

与以往的接入定价研究不同，本章发现了邮政网络的接入与其他网络型产业的接入不同的地方，那就是消费者不需要通过运营商就可以直接接入在位者的网络。这种现象在我国邮政快递市场是存在的，本章将消费者的直接接入纳入研究对象中。通过严密的模型推导和数值模拟取得了一定的阶段性成果。但是，也正是由于国内关于邮政快递网络接入定价问题可参考的文献不多，难免会有一些不足之处，并且由于篇幅和条件的限制，本章在一些方面还有待于进一步完善。

一方面，本章在数值模拟时，将包裹的重量限制在50~500克。因为无论是中国邮政还是快递公司的首重标准基本是统一的，但续费标准会因各地的区域不同而有所差异。这样做的目的是数据的获取更有针对性，而不需要将续重收费的复杂性纳入模拟当中。但是，实际上现实中邮件的重量并不是都在首重以内，还可以放松该假设条件，将续重资费问题考虑进来进行研究。

另一方面，本章所指的快递邮件被限定在异地快递业务，而不包含本地快递业务，这样做的目的是减少建立接入定价模型的干扰因素，今后的研究可以将本地快递业务和异地快递业务区分开来进行分析和研究。实际上，关于邮政快递网络的接入定价问题，需要思考的还有很多，而不只是以上内容，仅仅是短时间的研究还是远远不够的，更重要的是不断深化和细化其中的问题，不断放松前提假设进行剖析，以使研究内容与结论更加适用于现实。

主要参考文献

[1] Armstrong M, Vickers D J. The Access Pricing Problem: A Synthesis [J]. The Journal of Industrial Economics, 1996, 44 (2): 131 – 150.

[2] Armstrong M, Vickers J. The Access Pricing Problem with Deregulation: A Note [J]. Journal of Industrial Economics, 1998, 46 (1): 115 – 121.

[3] Carter M, Wright J. Asymmetric Network Interconnection [J]. Review of Industrial Organization, 2003, 22 (1): 27 – 46.

[4] Dessein W. Network Competition in Nonlinear Pricing [J]. The RAND Journal of Economics, 2003, 34 (4): 593 – 611.

[5] Economides N, White L. Access and Interconnection Pricing: How Efficient Is the "Efficient Component Pricing Rule"? [J]. Antitrust Bulletin, 1995, 40 (3): 557 – 579.

[6] Laffont J J, Rey P, Tirole J. Network Competition: I. Overview and Nondiscriminatory Pricing [J]. The RAND Journal of Economics, 1998a, 29 (1): 1 – 37.

[7] Laffont J J, Rey P, Tirole J. Network Competition: II. Price Discrimination [J]. The RAND Journal of Economics, 1998b, 29 (1): 38 – 56.

[8] Laffont J J, Tirole J. Access Pricing and Competition [J]. European Economic Review, 1994, 38 (9): 1673 – 1710.

[9] Peitz M. Asymmetric Access Price Regulation in Telecommunications Markets [J]. European Economic Review, 2005, 49 (2): 341 – 358.

[10] 奥兹·谢伊. 网络产业经济学 [M]. 张磊, 译. 上海: 上海财经大学出版社, 2002.

[11] 陈代云. 产业组织与公共政策: 规制抑或放松规制? [J]. 外国经济与管理, 2000 (6): 7 – 12.

[12] 陈代云. 网络产业的规制改革: 以电力、电信为例 [J]. 中国工业经济, 2000 (8): 33 – 38.

[13] 姜春海. 网络产业接入定价的 ECPR 方法研究 [J]. 产业经济研究, 2005 (6): 63 – 72.

[14] 姜春海. 网络产业接入定价与垂直排斥 [J]. 产业经济研究, 2006 (6): 15–22.

[15] 蒋国萍. 快递业市场竞争的利弊分析 [J]. 中国外资, 2009 (207): 160–161.

[16] 李虹. 我国电信网络接入费 Ramsey-Boiteux 定价模型的探讨 [J]. 工业技术经济, 2002 (3): 75–77.

[17] 李俊森. 中小物流快递企业亟须构建诚信协作服务体系 [J]. 中国物流与采购, 2006 (7): 38–39.

[18] 李晓超. 我国物流快递业发展之探析 [J]. 佳木斯大学社会科学学报, 2007, 25 (5): 50–51.

[19] 廖秀珍, 蒋国江. 物流快递的盈利模式 [J]. 决策与信息（财经观察）, 2008 (7): 22.

[20] 罗凤兰. 民营快递企业发展分析 [J]. 中国物流与采购, 2010 (3): 64–65.

[21] 骆品亮, 林丽闽. 网络接入定价与规制改革：以电信业为例 [J]. 上海管理科学, 2002 (2): 14–17.

[22] 欧阳恩山, 闫波, 邹删刚. 单向接入定价的经济模型分析 [J]. 无线电工程, 2005 (11): 54–56.

[23] 让-雅克·拉丰, 让·泰勒尔. 电信竞争 [M]. 胡汉辉, 译. 北京：人民邮电出版社, 2001.

[24] 桑茹. 物流快递行业运作及发展要素探析 [J]. 山西青年管理干部学院学报, 2006, 19 (3): 57–59.

[25] 申风平, 余炳, 姜颖佳. 加快我国民营快递企业发展的对策研究 [J]. 中外物流业, 2010 (4): 86–88.

[26] 施蒂格勒. 产业组织和政府管制 [M]. 潘振民, 译. 上海：上海人民出版社, 1996.

[27] 滕颖, 唐小我. 接入定价与电信市场有效竞争的定量分析 [J]. 系统工程理论方法应用, 2003 (3): 214–217.

[28] 王俊豪, 周小梅. 中国自然垄断产业民营化改革与政府控制政策 [M]. 北京：经济管理出版社, 2004.

[29] 王俊豪. 政府管制经济学导论 [M]. 北京：商务印书馆, 2001.

[30] 王颂. 邮政业务 [M]. 北京：北京邮电大学出版社, 2000.

[31] 肖兴志,陈艳利. 纵向一体化网络的接入定价研究 [J]. 中国工业经济, 2003 (6): 21-28.
[32] 肖旭,刘秀清. 关于网络行业竞争与接入定价的理论分析 [J]. 中国工业经济, 2002 (9): 46-50.
[33] 杨海荣. 邮政概论 [M]. 北京:北京邮电大学出版社, 2005.
[34] 杨海荣等. 邮政实物传递网 [M]. 北京:北京邮电大学出版社, 2000.
[35] 于良春,丁启军. 自然垄断产业进入管制的成本收益分析——以中国电信业为例的实证研究 [J]. 中国工业经济, 2007 (1): 14-20.
[36] 余晖. 中国的政府管制制度 [J]. 改革, 1998 (3): 92-102.
[37] 苑春荟. 邮政运作管理 [M]. 北京:北京邮电大学出版社, 2000.
[38] 张维华,骆品亮. 网络双向接入定价的效率分析 [J]. 系统工程理论方法应用, 2002 (4): 319-323.
[39] 张昕竹. 网络产业:规制与竞争理论 [M]. 北京:社会科学文献出版社, 2000.
[40] 植草益. 产业组织论 [M]. 卢东斌,译. 北京:中国人民大学出版社, 1988.

第七章　电信产业的普遍服务问题研究

电信产业具备自然垄断产业特有的全程全网的技术特征和显著规模经济、范围经济以及巨额沉淀成本等经济特征，这些决定了在这个产业内由一家垄断厂商提供产品或服务时生产效率最高、平均成本最小。20世纪70年代之前，大多数国家都遵循自然垄断理论，对电信产业实行垄断经营的产业管理模式。自然垄断产业的边际成本递减特点，使垄断者既不能根据边际成本定价，也无法进行垄断定价（前者导致企业受损，后者则引致无谓损失）。此时，政府通过规制将价格确定为平均成本，这解决了垄断产业的价格冲突。但是，高成本地区和低收入消费阶层的消费需求并不能因为平均成本定价得到满足。当由于各方面原因与要求（如保障基本人权、推动经济发展、促进社会稳定、调节人口分布等）不得不实现这些消费者的需求时，就必然产生矛盾。

除了政府财政补贴以外，运营商内部的交叉补贴成为在垄断时期推广普遍服务的主要方法。毫无疑问，作为满足运营商预算平衡的一种机制，交叉补贴对促进垄断时期的电信普遍服务做出了巨大贡献。但是，交叉补贴导致不同服务的价格偏离成本，最终扭曲了垄断运营商提供不同服务的相对价格。另外，随着可竞争性理论的发展和自然垄断产业边界的变化，人们认为自然垄断行业的竞争性不断加强，部分环节甚至被重新定义为竞争性领域（如1996年美国电信法就已经将电信领域视为竞争性行业）。这就使得传统的交叉补贴的方式难以为继（主要是"撇奶脂"（skim creaming）的原因）。于是，在新形势下，大部分国家选择通过电信普遍服务基金这一"透明、非歧视、竞争中立"的机制，来推动电信普遍服务的实施（张昕竹等，2000）。例如，美国通过立法规定：任何一个能提供普遍服务的合格公司，不论其使用何种技术，只要提供政府规定的普遍服务项目，它就具有获得普遍服务补贴的资格。同时，设立了专门的普遍服务基金管理机构来承担普遍服务基金的征收、分配和使用职责。

此外，激励性规制工具——特许经营投标、拍卖机制也有效地应用于电信普遍服务的规制政策中，避免政府为准确计算成本补贴所做的大量工作。在使用基金时，各国运营商通常通过投标或竞标方式来实施普遍服务项目。报价最低者方可获得补贴，以此保证以最低成本提供普遍服务。然而，目前很多国内外经济学家所倡导，并且在一些国家已经实施的普遍服务基金，是不是就是最优的方式，会不会也有效率损失，这种实现方式与传统的实现方式有哪些相同点和不同点，还有哪些改进的地方？此外，普遍服务基金存在的前提是普遍服务的存在，而普遍服务存在的必要性这个看似理所当然的问题，其背后的经济学含义又是什么？这些问题，都是本章要考虑的问题。

第一节　电信产业普遍服务研究进展

一、概念界定与发展

"普遍服务"是当前国际上的一个通行概念，它属于政府公共政策的目标范畴，其含义是：为维护全体公民的基本权益、缩小贫富差距，国家通过制定法律和实施相关政策，确保在本国任意地方居住的所有公民均可以可接受的价格，获得满足生活和发展所需的基本服务。"普遍服务"最早出现于电信行业，关于电信行业普遍服务，国际经济合作与发展组织（OECD）于20世纪80年代给出了定义，即"任何人在任何地点都能以可以承担的价格享受电信业务，而且业务质量和资费标准一视同仁"。

OECD对普遍服务的界定传达了三个方面的基本含义，即普遍、平等、可支付。1998年，在《世界电信发展报告》中，国际电信联盟（ITU）进一步界定了电信普遍服务的特征，即服务的普遍性、接入的平等性及用户的可承受性。其他一些组织和学者对这个概念的界定也基本涵盖这三个方面。

虽然各个国家对普遍服务的定义有所不同，但其服务对象基本相同，主要包括：一是经济发展滞后、居民无力承担通信费用的地区；二是地方偏远因而网络基础设施建设成本高昂的地区；三是任何地区无力承担通信费用的居民。也就是说，普遍服务的根本内涵是为所有人提供不存在地域、质量、资费等方面差异且均有力承担的基本电信服务。

法国等部分欧洲国家将普遍服务拓展延伸至"公共服务"这一更加宽泛的领域，包括保证关键产品或服务的提供以及国防安全的需要、保护子孙后代利益的需要以及紧密团结公民以增强国家力量的需要等。这样，普遍服务的社会和政治目标日益多样化（杨永忠，2005）。

普遍服务最初的概念，是指由一家电信公司——AT&T 为所有的居民提供普遍的服务，实际是为了使潜在的消费者接入贝尔系统。威尔通过将其他电话公司和贝尔连接在一起，形成一个庞大、具有排他性且受政府规制的特许经营垄断企业，结束了分散状态下各运营商互不接入的困境，从而实现这种意义的"普遍服务"（Mueller，1997）。当时是不存在交叉补贴，因为除了本地服务，电话公司几乎没有其他业务，即没有其他业务可用来筹措补贴资金（Mueller，1997）。此后，美国1996年新电信法把美国的电信行业从垄断带入竞争时代，对电信普遍服务进行了重新定义，将促进电信普遍服务、提高服务水平作为重要目标，并就电信普遍服务的具体内容、服务对象、服务提供方式、资金来源以及管理方式等诸多问题做了详细规定。如此，电信普遍服务的概念伴随着电信行业尤其信息通信技术与电信业务的发展而实时更新，目标动态化、多样化成为其典型特征。

美国联邦通讯委员会（FCC）还专门成立了电信普遍服务基金管理部门（普遍服务管理公司，Universal Service Administrative Company），以便做到补贴资金筹集和分配的公平化和透明化。澳大利亚、英国、日本等国的法律也规定了相应的普遍服务义务，其内容与美国大体相同。然而随着电话领域的垄断逐渐消失，新的激励性规制工具、竞争性进入等逐渐代替传统的以费率为基础的、投资回报率式规制，以及相应的方法论（Laffont and Tirole，1999）。

虽然关于普遍服务的研究仍然以电信行业为主，但随着普遍服务的内涵不断拓展，关于电力、邮政、图书馆、其他自然垄断行业等领域的研究逐渐受到关注。作为政府公共政策的重要目标之一，普遍服务的应用范畴正不断扩大。特别是，普遍服务已从单纯的经济范畴转向经济、社会、政治等复合范畴，这充分体现了社会可持续发展导向下的现代价值理念。

二、普遍服务存在的必要性分析

一部分学者认为，影响普遍服务的主要因素是网络发展水平。网络发展水平的差异在很大程度上可以反映经济水平与电信发展水平的差异，而这些差异客观上又形成了对普遍服务的差异化要求。其中，米尔恩

(Milne，1998）将网络发展与普遍服务之间的关系分为五个阶段，即建网、网络扩张、市场大规模整合、网络完善和服务个性化。其他学者也普遍认为，只有市场成熟且有标准化服务的业务才应当实现普遍接入。也就是说，不应当把新技术或者新业务列入普遍服务提供范围，这充分强调了普遍服务之循序渐进、有层次、分阶段的特征。

为什么要实现普遍服务？拉丰和梯若尔（Laffont and Tirole，2000）归纳了两个最一般的理由。其一，针对特定消费者的再分配，包括残疾人、老年人、低收入阶层、交通不便的农村消费者等弱势群体，确保其不会因为资费大幅度上涨而遭受不利影响。其二，按照国家或地区发展规划，鼓励和引导居民从过度拥挤的大城市向其他地区迁移，从而实现更加合理的人口分布。事实上，这一合理性的内涵是消除大城市中拥挤所产生的负外部性和维护农村或落后地区居民的一般福利。

崔善奎（Seon-Kyou Choi）、金东株（Dong-Ju Kim）、金邢灿（Hyeong-Chan Kim）、崔等（Choi et al.，1999）将经济增长模型用于分析普遍服务问题，并用"网络溢出效应"（network spillover）较好地解释了实现普遍服务对电信企业的意义。崔善奎等创造性地将通信网络的发展作为影响经济增长的重要内生变量，这是因为网络扩张可以提高生产要素的边际产出，如此引出了企业对网络扩张和普遍服务的需求。这一模型改变了之前单纯从网络外部性以及对网络需求的角度研究普遍服务的局限性，从企业对网络资源供给的角度出发，证明社会最优的均衡网络资源供给大于私人最优的均衡网络资源供给。因此，政府推动电信普遍服务，是扩大网络规模效应并确保均衡网络资源供给实现社会最优的有效途径。毫无疑问，这从理论上对普遍服务的实际意义进行了充分论证（吴洪和张晓铁，2004）。

当然，也有一些学者持反对观点，其中密尔顿·穆勒（Mueller，2001）的分析比较具有代表性。在"作为财富分配的普遍服务政策"一文中，穆勒提出了两个观点：一是普遍服务政策的实质是社会财富再分配，即将富人的财富部分转移给穷人，这并不是促进信息化社会发展的合理道路，相反会严重抑制企业家的创新精神；二是财富再分配往往与政治利益紧密关联，普遍服务很有可能成为政治家为达成其政治目的而挪用的借口，这值得全社会高度警惕。就人均财富增长与电话普及率正相关而言，穆勒认为两者的因果关系是"经济发展到一定阶段后需要更大通信网络的支持"，而不是"通信网络扩张促进了经济增长"。虽然普遍服务可以有效提高电话的普及率，并使得边际地区的电信服务有所改善。但是，这只能起到极为有限的作用。通信服务的大规模扩张，其动力是投资者的商业行为，而不是普遍服务。

穆勒认为，即使财富的再分配具有合理性，也应严格限制其范围，毕竟不是财富创造而是财富转移。再分配从来都是利用政府权力对财富重新"洗牌"的政治过程，这一过程中利益联盟与政府之间的讨价还价是常有之事。特别地，通过政治上讨价还价实现的普遍服务会面临很高的退出壁垒，因为总会有既得利益者阻挠电信服务的有效退出。

三、普遍服务的实现机制

在世界银行的发展报告中，克雷默等（Cremer et al., 1998）对普遍服务义务（USO）做了系统的经济学研究。他们从分析普遍服务的基本原理和定义入手，讨论了之前重点被关注的成本和收益问题，并对在垄断条件和自由竞争条件下各种可能的融资实现机制进行了对比分析。作者提出，普遍服务本质上要求高低成本的消费者支付的费用与对其提供服务的边际成本不符，只要高成本消费者支付低于其成本的价格，低成本的支付高于成本的价格，这种定价策略就可以被视作涉及普遍服务。显然，这种要求是不强求统一定价的。但是，基于被证实有益的政治经济原因或公平原因，统一定价可以被视作额外的条件。在不考虑统一定价这个额外条件的情况下，普遍服务实际上是对不同群体在考虑了再分配效应的基础上实现收支平衡的拉姆齐定价策略。但是考虑的时候，具体的价格就变成在收支平衡、统一价格约束下，实现既定再分配效用函数的数学问题。

电信市场开放后更多的私营企业开始进入，此时激励这些企业投资农村电信基础设施成为普遍性的难题。对此，佩哈等（Peha et al., 1999）设计了一些方案，试图将企业的普遍服务义务打包推向市场。其中，克雷默（Cremer, 2001）等主张在开放市场后，对各企业进行利润抽成并成立普遍服务基金（USF），然后通过公开招投标的方式确定具体企业承担普遍服务责任（USO），由普遍服务基金对其进行补贴。如此，实施普遍服务中间接补贴转变为直接补贴，既有利于企业之间的市场竞争，又能避免无效的市场进入。凯利（Kelly, 2000）等还对多胜者组合拍卖机制进行专门研究，提出设计竞争中性的拍卖机制。

瓦莱蒂等（Valletti et al., 2002）指出，普遍服务问题在电信行业非常普遍。尽管大家对普遍服务的关注比较多，但是关于实现普遍服务的机制设计的完整研究还非常少，在竞争环境下尤其如此。作者将这个问题分解为相互关联的统一定价约束和覆盖率约束这两个规制干预问题，而且这些约束是相关的，规制措施不能割裂开单独来看。例如，统一定价条件下，在位者和潜在进入者的覆盖范围要低于没有约束的时候。由于相互影响，单独考虑最终某种约束的效果不好评估，要通盘考虑不同约束措施条件下的影响。这些约束在降低企业收益率方面会有直接的影响，更重要地，可能会因为对企业间策略关系的原因而影响竞争的性质。因此，机制设计要明确考虑到对竞争的影响，机制应该是"竞争中性"的。此外，不同的消费群体受到的影响是不一样的，这使得对福利的比较相对困难。作者指出，如果在统一定价约束下，在位者、潜在进入者都能自由选择覆盖范围，与没有约束相比，两者覆盖范围都要小些。当在位者同时受价格和范围两个约束时，进入者的范围也在在位者的覆盖区间内增加，这在原则上是有利于消费者的，因为可以有更多选择供应商的机会，但是与此相伴的结果是价格增加，这会给以前的消费者造成福利损失。安顿等（Anton et al.，1998）与乔恩等（Chone et al.，2000）同瓦莱蒂等（2002）类似，也是分析了普遍服务义务及对企业策略空间的影响。这两篇文章在价格约束导致建立战略联系方面得到相似结论，但是更强调融资机制（Chone et al.，2000）以及补贴所造成的战略性影响。作者将其归结为拍卖机制（Anton et al.，1998）。

克鲁和克莱因多弗（Crew and Kleindorfer，1998、2001）讨论了普遍服务与已有邮政服务地区的关系，进入以及进入者的覆盖范围等对在位者面临统一定价和普遍约束时所设定价格的影响等问题。他们通过在位者和潜在进入者模型讨论了已有邮政服务地区与普遍服务的最优边界，而不考虑各参与者的相互策略影响。瓦莱蒂等（2002）则正好相反，主要研究在一系列外生约束下在位者和进入者的策略行为，而不是最优的政策搭配。此外，克鲁和克莱因多弗还讨论了不同的进入情境对在位邮政服务提供商提供普遍服务的能力的影响。

拉丰和张昕竹（2004）对发展中国家中针对普遍服务的最优规制问题进行规范分析，且在统一定价和区别定价两种不同定价机制下，探讨了信息不对称和合谋威胁对最优普遍服务政策的影响。研究表明，在两种定价机制下，信息不对称都会使得农村地区的价格上升且网络覆盖面缩小。尽管统一定价可以实现财富再分配，并使得农村地区的电信服务资费降低，但是其代价是网络覆盖率降低。因此，在使用统一定价机制来推进普遍服务时，未接入网络的农村居民可能会因为网络投资规模缩小而受损，如此就难以真正实现普遍服务目标。事实上，发展中国家尚未建立完善的电信网络基础设施，贫困居民对于基本业务的支付意愿还相对较高，但因为网络覆盖不足而无法得到满足。从这个角度来说，发展中国家的政府应当将激励网络建设投资作为重点，而不是扭曲市场价格。统一定价方式虽然有利于农村消费者，但会延缓网络投资的进度。因此，在制定普遍服务政策时，应当综合考虑网络基础设施的投资激励与定价策略。而在激励投资方面，拉丰和肯尼特（Laffont and Kennet, 2001）证明，发展中国家通常难以建立类似普遍服务基金的市场竞争机制，相反交叉补贴仍然最具效率。

克莱莫和拉丰（Cremer and Laffont, 1998）等对普遍服务税和接入费用做过比较：当不存在旁路且网络以固定比例作为投入品进行生产（即不能被其他投入品替代）时，普遍服务税和接入费是等价的。接入费用可能包含更少的交易成本，然而对于具体包含多少差别，研究不能得出准确结论，当竞争者的销售受某种商品税影响时尤其如此。如果存在旁路的可能，接入费用可能会导致生产的无效率。对消费者来说，普遍服务的融资相对来说是更透明的，不像接入费要涉及其他的边际成本、网络的固定成本等晦涩的内容，这些内容可能会影响接入费用。作者经过仔细推敲后进一步发现，普遍服务税收和接入费相等的情况只有在市场完全竞争，竞争者技术和产品同质的情况下才成立。最优的税收和接入费取决于需求弹性、技术以及市场结构。作者在附注中也提出，这个准确税收规模的衡量并非易事。普杜等（Poudou et al., 2004）考虑了不存在旁路时网络产业在实现普遍服务时的逆向选择问题。作者以不存在普遍服务的情况为基准，扩展了福利最大化的覆盖率约束模型，并解释了如何调整为全面覆盖（普遍服务）的问题。由于信息租金的存在，当厂商相对来说效率不高时，与不存在普遍服务的要求相比，高昂的公共基金影子成本会导致更低的覆盖范围。

阿姆斯特朗（2001）提出，普遍服务基金或普遍服务税等零售工具应当被用来处理实施普遍服务引起的价格扭曲（比如地区间的统一零售税），而批发工具应被用来处理生产的非有效性（这意味着接入费应该以成本为基础）。当不存在旁路情况时，这归结为有效成分定价，分为两部分。在他的分析中，竞争者之间的相互策略性行为因为零售定价的外生决定而缺失。阿姆斯特朗（2002、2006）延续接入价格、普遍服务以及旁路三者结合讨论的思想，对潜在进入者需要在位者提供接入支持以及不需要提供接入支持情况下，以实现有效率进入的社会约束和企业个体约束为条件，讨论了普遍服务税以及接入价格的征收问题。

克兰德尔和威夫曼（Crandall and Waverman，2000）声称大多数发达国家建立在费率结构扭曲基础上的普遍服务并没有真正的经济上的必要性，在美国尤其如此。其理由是普遍服务对提高接入率的作用微乎其微，因为该机制并没有触及低接入的根源——接入或不接入取决于未付的长途账单。补贴是通过对本地以及长途电话额外收费来实现的，这种补贴机制实际反过来导致了这些被额外征费的业务更低的接入，这是低接入的第二个原因。而且，由于这些业务的弹性高于接入的弹性，额外收费产生了负面的经济福利损失。

通过经验数据，克兰德尔和威夫曼（2000）注意到，虽然没有像电话这样的补贴，但是冰箱等耐用消费品却比电话的普及率高，并且有低收入消费者进行购买。他们的观点是，装机费和通话费用对提高普及率的作用要大于每月补贴的座机费。他们肯定了罗杰森和韦雷尔（Rogerson and Werel，1999）的建议，并且认为该建议可能是竞争环境下平衡问题的优质解决办法。具体地，该建议指出，可以稍微增加本地线路费或者长途线路费，并且通过基金降低长途费率，而不是通过像以往人们接受的那种相反的做法。提高本地费率，这可能引发高成本农村地区的反对。2000年时，FCC已经做了这样的修订：除多线业务之外，停止长途线路费并相应地增加本地线路费用。

阿勒曼和拉波波特（Alleman and Rappoport，2000）将普遍服务定义为以低于成本的价格提供电话接入服务。这个定义包含了三部分内容：目标、工具（即可行的执行方法）、融资机制。他们认为普遍服务的基本原理或动机是好的：刺进经济增长，提高电话/互联网接入率，促进教育/医疗的发展。但是，仔细考察后发现，要么是融资机制与目标冲突，要么是工具选择太过宽泛，最终效果都不理想。结论是，这个政策的提出有待于进一步推敲，不仅不能实现理想的目标，还会造成不利于生产的影响。同克兰德尔和威夫曼的思想类似，阿勒曼和拉波波特也认为普遍服务政策是一项收入再分配方面非常不严密的体系，并且将带来巨大的经济福利成本。此外，罗森和威默（Rossion and Wimmer，2000）挑战了"可支付得起"这一论调，认为消除补贴对网络范围的影响仅仅是温和的，并且认为普遍服务在权益平等方面存在欠缺，因为受到补贴者包含一部分住在郊区的富裕家庭，而提供补贴者却包含一部分住在城市的贫困家庭。

陈金波和何建敏（2003）认为，实现电信普遍服务的关键，是建立具有竞争中性的实现机制,在解决投资与收益之间矛盾的同时,要确保对电信服务价格的扭曲最小化。普遍服务基金这一方式的优点是,从垄断时期的"暗补"转变为竞争下的"明补",这样不仅能有效激励电信运营商扩大网络规模,而且也符合WTO在基础电信谈判协议中所明确的"透明、无歧视、竞争中立、技术中立"原则。同时,招投标方式可以确保政府的补贴支出最小化,其结果是网络扩张的成本最小化、社会效益最大化。另外,普遍服务基金方式相当于一种"隐性税收",具有进行社会财富再分配的作用,如此可以增进社会福利。该方式的负面影响是扭曲市场相对价格,抑制市场机制的作用,并且还会给消费者施加强制性的消费选择。

杨永忠(2006)提出,确定普遍服务基金的使用顺序比盲目补偿所有项目要重要。资助非常贫穷的地区项目的效果不一定好,应当将资金投入潜在用户多、需求大的地区。这些地区的电信运营商在获得补贴并进入市场后,可以逐步开展良性循环的市场运营。普遍服务政策应当与电信政策的目标相符,即促进市场竞争。普遍服务政策应当是对市场机制的合理补充,而不是成为市场机制的替代品。在新经济中,不合理的普遍服务政策必然损害市场竞争。如果用普遍服务政策取代市场机制,最终电信扩张的成本将增大,这明显不符合实现普遍服务的目标。因此,普遍服务应当优先通过市场机制来解决。

针对电信行业的现状,谢雪梅等(2004)归纳总结了区域划分法、强制性提供服务、接入亏损补贴、普遍服务基金等几种普遍服务实现机制。同时,基于委托代理理论建立了普遍服务基金分配模型,并用以分析参与约束与激励相容约束等相关问题。结果表明,普遍服务基金是相对可行有效的解决方案。

李以宁(2005)认为,基于交叉补贴实现的普遍服务,其实质是从低成本用户到高成本用户的转移支付。也就是说,目前各国电信行业中普遍推行的普遍服务本质上是社会财富再分配,或者说是消费者内部的再分配。而任何再分配方式都会削弱双方的工作机理,最终造成效率损失。阿特金森和斯蒂格利茨(Atkinson and Stiglitz, 1976)的最优税收理论表明,一次性征收的直接税(即直接对收入或生产要素征税)所造成的效率损失最小[①]。但是,这种税收是建立在一系列严格假设基础上的,而电信产业往往不能同时满足Atkinson-Stiglitz定理中的假设2至假设5。因此,普遍

---

① 这一理论也被称为Atkinson-Stiglitz定理。

服务是一次性直接税的有效替代品，对于中国这种发展中国家而言尤其如此。

吕志勇和陈宏民（2005）基于中国电信改革背景，从社会福利角度考察普遍服务机制设计问题，结论是：统一定价方式最初能够增进服务，但随着区域网络扩张和市场条件恶化将逐渐产生负向福利效应。因此，现阶段我国应当实行"村村通"计划而不是"户户通"计划。另外，随着经济社会发展和电信不断普及，普遍服务实施范围应不断扩大，以便减少社会矛盾、实现社会公平。石文华等（2005）基于问卷调查数据，对我国推进普遍服务中交叉补贴的作用进行了实证检验。他们认为，目前长话补市话的政策产生的财富转移比较理想。

第二节　电信产业普遍服务的经济意义

普遍服务的基本特征是，在有一定质量保证和价格合理的基础上扩大基本服务的范围，让所有用户能以可接受的价格接受满足基本需求的服务。而所谓普遍服务的经济意义，应该是实现普遍服务这个结果或者实现过程中所能带来福利增加或者经济效率提升等作用。因此，应该以此为标准来判断是否需要普遍服务以及怎样实现等问题。

在已有研究中，关于普遍服务的目的和作用主要提及公平、经济发展、收入再分配、地区合理规划甚至经济效率等（Johnson，1988；Crandall and Waverman，2000；Laffont and Tirole，1999；Alleman and Rappoport，2000）。但是，一些研究将扩大服务范围作为普遍服务的目标。尽管普遍服务实现过程确实伴随服务范围的扩大，但覆盖率只是普遍服务内涵的一部分，单纯从覆盖率或普遍性的角度来谈问题是没有意义的。更多地，扩大服务覆盖范围的目的是通过扩大覆盖率来实现经济或社会意义的目标。因此，在讨论普遍服务的政策目标时，更应该将扩大服务范围背后的经济或社会意义作为中心内容。

一、网络外部性

电信产业是一个具有典型网络外部性[①]的产业，正是电信产业这种独特

[①] 也有文献将其称为网络效应，该问题最先由罗希夫斯（Rohlfs，1974）提出并进行系统研究。尽管有大量学者研究网络外部性（或网络效应），但在具体的界定上却还存在较大争议。

的网络外部性使得电信普遍服务的特征区别于电力产业等其他产业（张昕竹和林涛，2005）。在电信业中，网络外部性是指用户从网络中获得的效用与网络规模成正比，即网络规模越大、用户越多，接入网络的用户可以取得联系的人就越多，因而能够获得更多的效用。特别是新用户接入电信网络同时会增加原有用户的效用，也即给原有用户施加了正外部性。网络外部性可能导致市场失灵，而普遍服务政策的一个重要目的就是恢复配置效率。

接入的人越多，网络系统的价值越大。这种效应无法内部化，因而会影响个体对网络的接入动机（Johnson，1988；Laffont and Tirole，1999；Mueller and Schement，1996）。因此，需要通过对那些边际成本以下的消费者进行补贴，把它们也纳入网络范围内，从而使所有的用户都能受益。克雷默等（1998）也认为，在一些网络行业，个人入网或不入网的决定往往直接影响其他人得到的效用；但是对于个人而言，他们只会从自身的得失角度考虑这个问题。因此，在一个没有政府规制的市场上，外部性可能导致低效率的产出。

张昕竹和林涛（2005）对网络外部性进行了详细分析（见图7-1）。图中的个人边际收益曲线表示每个新用户入网得到的效用，这是典型的用户接入的向下倾斜的需求曲线。如果网络接入价格等于边际成本 c，此时得到的用户规模为 n_1。在没有网络外部性时，n_1 就是最优网络规模。图中个人边际收益曲线上的虚线表示新用户带来的外部边际收益；将个人边际收益与边际外部性两条线叠加，就得到社会边际收益曲线。当存在网络外部性时，社会边际收益等于边际成本时得到社会最优水平 n_2。

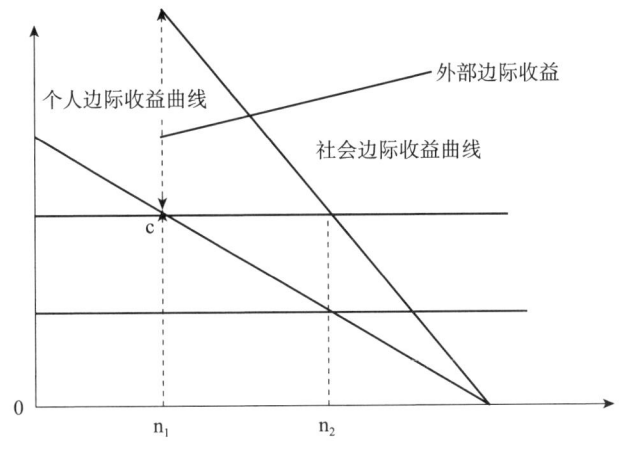

图7-1 网络外部性与接入补贴

资料来源：张昕竹和林涛（2005）。

里奥丹（Riordan，2001）提出，当存在网络外部性时，可能存在多个电话普及率的均衡水平。如图7-2所示，在达到临界规模 n_1 前，由于入网用户太少，用户得到的效用低于较高的价格或平均成本。如果不存在外部补贴，大家都有这样的预期，于是都会选择不装电话。此时，所有人都不安装电话成为一个纳什均衡，并且达成该均衡时的网络规模较小。而当电话普及率超过某一临界水平时，电信网络就可以实现自我发展，并且在较高的普及率水平上达到均衡。相反，如果预期其他消费者均选择安装电话，则此时安装电话的效用就相对较高，即安装电话成为最佳选择，这时将在较高的网络规模 n_2 上实现均衡（也即私人最优网络规模）。但是，需要指出的是：因为现有用户并不会考虑边际用户的效用，因而自我发展所实现的最优网络规模 n_2 仍然小于社会最优网络规模 n_3。也就是说，即使在电话普及率很高时，网络外部性仍有可能导致实际网络规模小于社会最优网络规模（Noam，1998）。

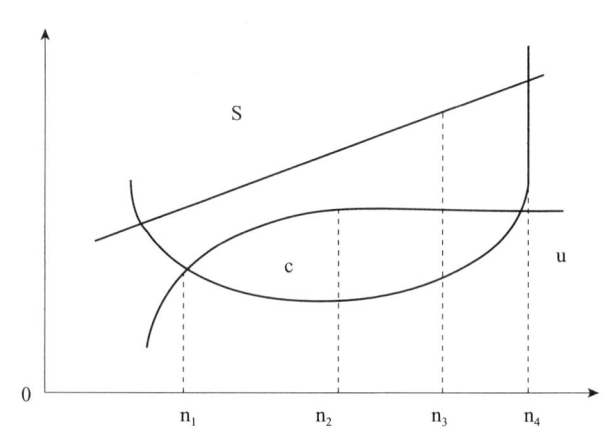

图7-2 网络外部性与多重均衡

注：横轴表示用户规模，竖轴表示平均成本、价格和效用。
资料来源：里奥丹（Riordan，2001）。

图7-1中的个人边际收益曲线对应于图7-2中的"u"形曲线，显然，张昕竹和林涛的表述不够准确，因为：随着用户规模增加，个人的收益或者说效用是增加而非减少的，这与传统意义上的边际效用递减规律不同。一般来说，用户对"接入"的消费只有一次，因而不存在边际效用递减的情况。但是，其"个人边际收益＋外部边际收益＝社会边际收益"这一思想与里奥丹一致。

对于里奥丹（2001）关于多个均衡水平的论述，本章认为，当用户数超过临界值（即 n_1 点），效用大于平均成本，网络逐渐自我成长壮大[①]。与这种发展相伴的是，一方面网络成本分摊得更低，表现在图 7-2 中即平均成本的下降；另一方面新用户效用增加，表现为图中"u"形曲线弧形部分。实际上，随着网络扩张，在网络外部性的作用下，已有用户的效用跟新用户应该是一样的，即假设原来有 n-1 个用户，每个用户的效用是 u_{n-1}。在第 n 个用户接入后，前 n-1 个用户和第 n 个用户的效用都变成了 u_n。其中，老用户新增加的效用 $u_n - u_{n-1}$ 就是网络外部性的体现。随着新用户效用开始趋于稳定，老用户效用也开始稳定，即平均效用趋于 u_{n_2}。此时平均成本开始上升，最终新用户效用与平均成本的差越来越小，直到两者相等，新用户停止接入，最终实现均衡。这个过程中，当网络扩张到 n_2 时，老用户平均成本降到最低，而且由于网络外部性的作用，效用达到最大化，是已有用户的最佳受益点。此时新进入用户由于效用大于成本，会选择继续进入，直到两者相等（即 n_4 处）。但是，从 $n_2 \sim n_4$ 的过程实际上是老用户福利下降的过程。最终，新老用户都满足相同的成本与相同的效用，在 n_4 点达到均衡。也就是说，最终的均衡点 n_4 不存在网络外部性。正外部性最明显的是 $n_1 \sim n_2$ 处，负外部性表现在 $n_2 \sim n_4$ 处。实际上，在超过 n_2 后，不会再有正外部性。对社会福利的影响体现在新接入用户的效用，以及由于新接入所导致的原有用户负的福利影响的总和。

当然，这里面可能存在的一个问题是：像前面提到的拉丰和梯若尔、穆勒和诗曼特等的论断，"需要通过对那些边际成本以下的消费者进行补贴，把它们也纳入网络范围内，从而所有的用户都能受益"。本章认为，这种情况可能是新入网用户的效用特别低，比如说由于农村居民社会交往的范围、商业联系的紧密程度等原因，造成了已有用户的效用扩大（如业务人群拓展），而新用户却很少打电话，这样新入网用户对老用户的网络外部性作用远大于自身的效用。这种情况出现时，就需要通过补贴，把他们纳入网络，以求将正的网络外部性发挥到极致。但是从长期来看，最终新入网人群跟已有人群的使用效用还是要趋于一致的。

阿勒曼和拉波波特（2000）提出，在美国和欧洲都有很高的电话接入率，但是很难说有了新的接入用户，原有用户的外部收益就更高了。而

[①] 张昕竹（2001）指出，尽管与发达国家相比我国电信普及率仍然处于较低水平，但由于电信服务的应用日益广泛，居民会对电信网络的最终发展程度形成较高的预期，因此，在低水平电信网络规模上实现均衡的可能性并不大。

且，如果这种效应非常明显，电信公司也会想办法将这种外部性内部化[①]。因为当内部化以后，原来有些不想接入的用户就接入了，就会有更多的消费者，这对电信公司是有利的。对于发展中国家，这个问题的结果更不明显（Laffont and Tirole，1999）。

普遍服务所谓的以一定补贴来实现增加平等接入机会的做法，通常被视作纠正网络外部性导致的市场非效率的一种工具（主要针对于电信、邮政等通信领域的网络，尤其是网络尚处于发展阶段的发展中国家）。但是，克雷默等（1998）指出了这些解释的局限性：第一，外部性问题只适用于通信网络尤其是电信网络，对于电力、自来水、煤气等行业，外部性不是那么明显；第二，即使在电信等网络型行业里存在外部性问题，采取与普遍服务相关的一些措施，比如统一定价，也不见得跟外部性有什么直接联系（即强加给运营商的统一定价等义务并不能改变外部性的事实）；第三，网络外部性导致更低的网络接入，这个命题还没有得到准确论证，也并不是那么显而易见。

因此，以网络外部性作为推行普遍服务的理由，尽管讨论或者争辩得非常突出，但是合理性非常有限。从图7-2可以看出，当用户规模增加到一定程度时，最优选择是将规模控制在 n_2 点，从而达到单个消费者享有最大福利。而且，这在一定程度上也符合最近的自然垄断理论中"技术进步和需求扩张导致原有自然垄断产业垄断属性弱化"这一解释。

二、普遍服务与经济增长

崔等（Choi et al.，1999）用经济增长模型来分析普遍服务的作用。迄今为止，关于普遍服务的研究主要关注电信网络的外部性，即以新古典经济增长模型作为理论基础。崔善奎等将通信网络规模纳入经济增长模型之中，并且将其作为可促进经济增长的重要内生变量，其依据是网络规模扩张可以提高生产要素的边际生产率。同时，他们认为，除GDP增长和资本存量增加外，经济规模扩大的表现还包括网络规模扩大。电信网络的扩大会产生有益于整个经济的溢出效应，而单个运营商无法准确识别这一效应，因而只会按照利润最大化原则确定自身的网络建设投资。客观上，网络投入的加大，为所有社会成员都带来更为广泛的利益，这即网络扩张的溢出效应。普遍服务作用的实质就是要建立无所不在的通信网络，

[①] 正如张昕竹（2001）所提到的，在电信网络发展的初期，运营商可以通过采用价格促销的方法来加快网络发展，如此可以达到较高水平的均衡。

以企业为基础将这种社会所得到的溢出效应在企业中"内部化",并将这一效应发挥到极致。

同样,张昕竹和林涛(2005)认为,一方面,普遍服务政策有助于促进电信业的快速发展。通过实施普遍服务政策,将电信网络延伸至广大的农村地区,扩大了运营商的电信市场,产生直接经济效益。[①] 另一方面,电信业的发展将有力促进经济增长,而经济增长反过来会带动电信业发展。也就是说,电信业对经济增长的作用包括直接贡献和间接贡献两个方面。除直接产生经济效益之外,电信业也是其他产业发展的中间投入品,它可以通过提高其他产业的生产效率来间接促进经济增长。特别是,电信业发展能够大幅降低实体经济交易成本,是国民经济至关重要的基础设施,也是国民经济的增长源泉。电信业消费其他产业的中间产品还可以带动相关产业的发展,这些推动和带动构成了电信业对经济增长的间接作用。当然,经济的不断增长也会增加整个经济对电信的需求,促进电信业技术创新和业务创新,从而促进电信业的发展,为普遍服务的实施奠定物质基础。

当然,也有学者反对"普遍服务促进经济发展"这一观点。穆勒(2001)认为,尽管有证据表明人均财富增长与电话普及率之间为正相关关系,但其中的因果关系是:经济发展到一定程度后需要更大通信网络的支持。同时,他还认为,即使电信网络对经济有内生作用,电信网络的扩张也不是普遍服务能够实现的。事实上,通信技术设备迅速实现普及,所依赖的不是普遍服务,而是企业家的商业行为。阿勒曼和拉波波特(2000)则认为,经济发展和电话普及率有很强的相关性,但是不能说这里面一定存在因果关系。

单纯就电信产业与经济增长的互动关系而言[②],本章认为,人类最初发明电话是为了满足人们的生活需求,而不是以促进经济增长为目的。但是电信业的发展使人们的联系变得更为紧密,电话的出现及其他通信技术的进步使得原来不可能达到的经济增长成为可能。逐渐地,人类的社会活动被电信业支撑着发展到离不开电信业的阶段,一旦电信业不存在,很多

[①] 英国电信委员会认为,由于英国承担普遍服务的运营商提前占据了其他运营商不提供服务的市场,产生了广告效应等正面影响。因此,普遍服务对运营商来说还具有无形资产等长期效应。于是,其对普遍服务的判断是并未给企业造成不公平的负担,因而也不应建立普遍服务基金和对普遍服务进行补偿。

[②] 关于穆勒(Mueller)提到的普遍服务与服务覆盖率之间的关系,在后面内容中有涉及,这里就不再论述。

经济活动无法正常运行，经济增长失去支撑。但这并不是说，电信业与经济自然增长是等价的。从电信业出现，到电信业成为经济增长的支撑，这涉及电信业如何成为经济增长支撑的过程。其中的关键是经济发展对电信业依赖的程度（试想，在原始部落接入电话对原始社会经济增长带来的促进作用，显然是无法与现代经济社会相比的）。这应该也是中国许多农村地区有通信线路无通信费用，即所谓"热装冷用"现象的一个归纳。因为这些地区经济发展对电信依赖程度低，收入不能支撑通信费用，无法形成良性循环，自然导致很低的使用率。从这个意义上，穆勒所说的"经济增长推动电信普及而非相反"的观点更显出合理性，只有经济发展需要电信产业的支撑，人们的收入可以支撑通信的费用，才能有利于电信产业的良性发展。

从当前社会来看，无论从直接贡献还是对经济的支撑来看，电信业的发展对经济发展的作用都是举足轻重的。但是，依靠普遍服务提高电信普及率，并且通过电信来带动或拉动经济增长的传递模式是需要相应的条件来配合的，电信的发展必须配合其他条件才能发生化学反应，产生有利于经济增长的结果。经济的增长是各种合力作用的结果。

三、普遍服务与收入再分配

美国学者弥尔顿·L.穆勒（Mueller，2001）在"作为财富分配的普遍服务政策"一文中明确提出，普遍服务的实质是社会再分配，即将富人的财富部分转移给穷人。克雷默等（1998）认为，普遍服务可以被视作除了或者说代替税收和转移支付来实现再分配的另外一种再分配手段，即通过定价策略①来实现再分配。

上述学者的论断表明，由于成本或收入的原因，要使本来没有消费能力的用户以可以接受的价格获得基本服务，需要有消费能力的用户来补贴这些人群。即普遍服务的实现，必然伴随着收入再分配。普遍服务的实现过程，也就是实现再分配的过程。一般而言，通过统一定价或对高成本用户制定不能完全反映成本的价格，电信普遍服务通常实施的是两种不同的再分配：一方面，对高成本地区用户提供补贴或很难提供的服务；另一方面，对低收入用户提供补贴。例如美国的普遍服务分为高成本地区项目和低收入项目。当然，这种划分并不是绝对的，它们之间显然存在着一定程

---

① 在电信业，实现普遍服务收入再分配的价格政策，规制经济学上称为规制税（Posner，1971）。

度的重合，例如城市中也存在低收入居民，高成本地区也有富人。

从再分配的性质来看，克雷默等（1998）认为，电信产业的普遍服务与政府对某些重要的私人物品（如教育、儿童医疗）的供应实行免费或补贴策略是一致的。他们认为类似公共教育、医疗这样的产品尽管具有一定的外部性，但并不属于严格意义上的私人产品—产品具有排他性，并且边际成本并不趋于零。政府之所以干预这类产品供给的原因可能是因为教育或者健康补贴，是降低社会不平等程度的有效途径[1]，是以其他行业的税收来补贴这些行业的消费。实际上，即使像食品和住房等竞争性非常强的产业，很多国家仍然在这些领域，通过一定的补贴政策实施收入再分配。然而，对于再分配的效果，学者们却没有很好地衡量方法，根据边际效用递减的规律，再分配有利于增加社会福利，但是该分配效应的大小取决于政府部门对不同阶层福利函数的定义或对不同的群体施加不同的福利权重，而这个权重是不具有准确标准的。因此，普遍服务的再分配效应的量化难度非常大。

关于电信普遍服务作为收入再分配的手段，张昕竹和林涛（2005）归纳了以下三个重要特征。其一，从相对价格扭曲中获得补贴所需资金。一般而言，作为一种政府补贴政策，普遍服务的资金是通过向低成本地区或高收入群体收取较高资费的方式获得的（如统一定价）。其二，在产业内部实现预算平衡。普遍服务通过扭曲相对价格来实现收入再分配补贴资金的方法相当于征收间接税，不同于通过财政税收手段得到补贴资金。其三，电信普遍服务是以提供实物而非现金的方式来改善收入分配，即提供电信服务。

克雷默等（1998）在分析普遍服务的再分配的作用时给出了电信、电力以及邮政部门的例子。对于电信或者电力行业，按照前面讲的，通过交叉补贴，使得高成本地区的消费者受益，这两个行业是以收入或成本高低为依据的主动消费的再分配。对于邮政行业来说，付费规则是发出者付费。对于城市与农村的交流而言，一般是城市发出、农村接收，因此，农村是主要受益方。如果没有普遍服务义务，运营商就会降低投递的频率以降低运营成本，或者对于相对分散、不具有投递规模的农村居民加收固定费用。这对于农村的居民影响更大些。没有普遍服务义务，商业信函也会根据距离的不同，将多出的成本转嫁到高成本收件人身上。因此，普遍服

---

[1] 张昕竹和林涛（2005）也认为，之所以选择电信产业实行普遍服务，可能也是因为电信产业对于克服贫困、降低不平等程度有重要作用。

务的再分配作用体现在减轻高成本用户的更高费用负担。由于邮政属于被动消费的再分配，所以不是那么明显，但高成本的农村居民确实是因为普遍服务得到了好处。作者指出，邮政的再分配作用不太明显，却同样存在。与之相类似，包括学校、图书馆等机构的普遍服务义务，实际上这些机构的再分配特征没有像公共教育等方式明显（即局限于一部分人）。

通常来说，经济学家对于普遍服务的再分配作用没有太多疑义，但是与普遍服务的再分配相伴的主要问题主要是：一是为什么要用扭曲相对价格而不是财政手段来获得补贴资金，毕竟财政是收入再分配的重要手段；二是从实施收入再分配的角度，为什么通过提供实物的方式，或者更确切地讲，通过提供电信服务的方式实现收入再分配。

阿勒曼和拉波波特（2000）指出，如果普遍服务的目标是转移收入，直接将钱转移给那些目标群体是否比非直接地通过他们或许不想进行消费的服务的补贴要更有效率呢？他们对普遍服务的第二项异议是，对某些服务进行固定价格的补贴并不能对有需求的群体产生理想的收益。对于不同的消费者，某一业务的消费量跟收入是没有必然联系的。简单地讲，如果拿电话业务的需求来说，按收入对消费者进行分类，你会发现每一类群体里都有打长途多或少的人。据克兰德尔在对美国年收入低于 10000 美元家庭的电话费用统计中，长途费用平均占总费用的 45%（Crandall，1998）。这说明，如果依靠长途补市话，可能会出现用长途较多的贫困家庭对用市话较多的富裕家庭补贴的情况。克兰德尔和威夫曼考察了美国、加拿大、英国的电话使用数据，结果发现，低收入家庭也消费了较大数量的长途服务（Crandall and Waverman，2000）。而且每个阶层的消费都是高度分散的，不能说某个消费层就只消费哪类产品，像其他的服务，无线、光纤、互联网等，这些业务没有补贴，但是消费者也一样会进行消费。美国 1996 年电信法提出农村跟城市的电信资费是"合理可比"的，然而，因为农村居民一般较为分散、较多使用长途电话，所以如果通过对长途提高费用来补贴农村居民的做法实际上会适得其反。

四、普遍服务与城乡统筹发展

一般而言，统筹城乡改革与发展，其最终目标是在城乡经济发展的基础上打破城乡二元结构，使得农村居民可以平等享有参与经济、文化、政治等建设的权利以及享受均等化公共服务的权利。实际上这与普遍服务的内涵是吻合的，即让所有人尽快以合理的价格获得基本公共服务。统筹城乡发展规划，需要努力实现城乡空间布局一体化，重点是加大基础设施建设力度、完善农村地区产业布局，最终要落实到对农村的基本产品和服务的提供上来。

本章认为，统筹城乡发展的主要目的是克服城乡二元结构及其引致的"大城市病"问题。在解决这两个问题的过程中，普遍服务都发挥了积极的作用。

由于历史和国情原因，我国长期实行农村支持城市的倾斜政策，其结果是：城乡严重分割、城乡差距日益扩大、城乡二元结构矛盾不断凸显。在工业化进程中，农村居民做出了不可估量的贡献，但却未能充分享受工业化的成果。这一问题如果迟迟得不到解决，则必然会影响国民经济持续发展与社会稳定。此外，在工业化和城市化快速发展过程中，大量农村居民向城市移民，导致了城市基础设施超负荷运行或不能满足需要，住宅缺乏、交通拥挤、城区贫富分化、生活环境恶化、社会治安问题丛生、管理成本上升等一些问题，即"大城市病"。城市过度扩张和无序发展使政府不得不高度重视城市规划问题，不断探索可以改善城市现状的方式方法。

许多国家特别是发展中国家将促进城乡协同发展，作为应对"大城市病"的重要举措。出现大城市病的重要原因在于地区发展不平衡所导致的人口流动。农村地区基础设施条件差，就业和脱贫机会少。农民不堪忍受农村地区不断恶化的生活环境和条件，便大规模向城市迁移。城市化的飞速发展，在很大程度上加剧了这种城乡之间的差异化和人口流动。当通过治理大城市存在的交通拥堵、污染等各种问题，鼓励相关企业迁往中小城市，限制农村居民移民等政策无法奏效时，一些国家就会采取各种措施来改善农村的生活条件和农业的发展条件，以减缓农村居民向城市的迁移。许多国家提倡并实施增加农业产业投资、改善农村基础设施条件等，陆续提出了地区间协调发展的政策。

通过分析可知，城乡统筹意味着支持相对落后的农村地区，加大农村基础设施投资建设力度，不断改善和提高农村生活条件，为农村提供基本的服务。普遍服务就是要解决低收入和高成本地区的居民的最基本的服务需求，广大的农村和落后地区正是普遍服务的对象，因此，当政府在引导市民迁往郊区或乡村的过程中，由于面临地区高服务成本或者过高的服务价格等问题，不利于政府政策的实施。利用普遍服务对这些地区以低于成本的价格向消费者提供服务，有利于政府城乡统筹发展的实现。

第三节 电信产业普遍服务的实现机制

在合理考虑普遍服务对社会福利的影响后,经济学家就应该确定普遍服务的内容以及实现机制等问题。在目前仍有很多争议且决策尚带有较多政治经济学成分的情况下,分析一下现行的普遍服务实现机制,从效率的角度对各种实现机制进行比较分析,也是非常有意义的。通过比较分析,力求将非效率因素减至最少。本章认为,所谓普遍服务实现机制的设计就是要做到有效的融资和有效的补贴,在融资和补贴的过程中尽量做到最小福利损失。

普遍服务的实现,不管是通过政府税收然后转移支付的形式还是通过交叉补贴的形式,本质上都是一部分消费者对另一部分消费者的补贴或者支持。本章认为,与一般的收入再分配不同的是,普遍服务再分配的特殊之处在于前提是必须要保证高服务成本、低收入人群的基本电信需要。这就说明了,普遍服务的实现机制实际上包括两个方面:一方面是融资机制;另一方面是补偿机制。不能是简单地对高收入者征税这样的收入再分配,因为征税仅仅解决了融资的问题。有些普遍服务实现方式,如交叉补贴是同时包涵这两个方面的,而有的方式,像税收和转移支付就将实现机制分为两个过程。

一、普遍服务的融资机制

(一) 普遍服务的融资方式

在不同的文献中,对普遍服务的资金筹集方法有不同的介绍,具体说来也衍生出很多的形式,归纳起来主要有四种:一是内部交叉补贴,即垄断运营商时期业务间的补贴和各个地区间的补贴。例如分拆前的美国电话电报公司 (AT&T) 以及中国电信,都是采取这种形式,补贴的来源主要是电话初装费和附加费,以及国内长途业务、国际业务上的盈利等。二是接入费用,即电信公司分拆后,固定电话公司对长途电话公司收取的接入费用,并用这个费用来支持普遍服务的补贴。三是普遍服务基金[①],是指

---

① 实际上,普遍服务基金的概念,从目前主要实行该机制的国家来看,资金来源是包含多方面的,既有包含许可证等拍卖性资产,也可能包含接入费用甚至是财政渠道等。这里主要是为了与这些方式有所区别,主要指的行业内部的共同担当。

按某一经营指标的一定比例向所有电信运营商统一收费,即行业内的企业共同承担普遍服务义务。四是政府政策扶持和补助,例如通过政府税收政策、低息贷款、国外援助等方式提供或者是通过许可证与频率拍卖、码号资源、特许经营权收费等资源性收入等方式来募集。普遍服务基金、接入费用、政府转移支付都可以看作将公司内部的交叉补贴的"暗补"转变为向社会公开的或公司间的"明补"(姜爱林,2006)。

姜爱林(2006)认为,大体上可以将普遍服务融资机制分为两类:一是内部补偿,即在电信产业内部,用高盈利地区/业务的超额收入来弥补非盈利或低盈利地区/业务所造成的损失,具体包括内部交叉补贴、接入亏损补偿等方式;二是外部补偿,即从国民经济其他行业获得补贴电信行业所需的资金,并将其用于实现特定的电信普遍服务目标。两种再分配的不同之处在于负担的群体不同,或者说是税基不同。税收是对全部生产要素的征税,然后通过转移支付来实现,可以视作所有消费者对电信这个行业部分高成本或低收入消费者的补贴,而交叉补贴可以视作只对行业内甚至是行业内的部分业务征税,是行业内消费者之间的补贴。

(二) 普遍服务的融资原则

关于普遍服务的融资机制,吴红和张晓铁(2004)等学者提出一些基本原则。

第一,竞争的公平性,这是融资机制要考虑的首要原则。普遍服务本身要解决的主要问题就是不公平的问题,因而创造并维护公平竞争的市场应作为融资的重要标准,任何措施都应当尽量避免对市场上的某些电信公司有利而对另一些不利。

第二,运作的效率性。实施普遍服务不应该成为企业拒绝提高经济效率、降低成本及改进技术的障碍和借口。

第三,实施的可行性。主要是要求透明度高,尽量避免信息不对称而导致的机会主义行为。

第四,融资的平稳性。即应该选择能够稳定持久地获取资金的方式。

二、普遍服务的补贴机制

根据普遍服务补偿的来源与去向,吴洪和张晓铁(2004)将普遍服务补偿机制分为三种类型:一是成本补偿机制,即通过建立成本计量模型来计算各个电信企业的成本,并以此为基础确定补偿标准,当企业的服务成本高于该标准时即可获得成本补偿;二是收入补偿机制,即对低收入者直接给予货币补贴，确保其有条件享受电信服务，这是减轻其电信资费负担最直接的方法；三是价格补偿机制，这是电信网络垄断时期的常用方法，本质上相当于"暗补"形式的成本补偿，也即人们常说的"交叉补贴"。

阿勒曼和拉波波特（2000）认为，普遍服务的补贴机制可分为两种：一是低于成本定价的服务补贴；二是相当于直接给消费者资助的定向补贴或者说目标补贴（类似于美国给失业者或贫民的救济）。这两种方法的区别在于谁得到补贴：第一种是运营商得到补贴，消费者只是间接受益；第二种是消费者得到补贴。这两种方法美国都用过，而大多数国家采用的是第一种，即低于成本的接入价格，或者以"可支付的价格"提供服务。

显然，以上两种分类方法实质上是一样的。本章再提到补贴方式的时候，就直接用成本补偿与收入补偿的说法，分别表示对消费者实际价格降低的补偿和对消费者直接的现金补偿。

三、普遍服务实现机制的比较

实现普遍服务的过程包括融资和补贴两部分，本章认为不同的实现机制就是各种融资机制和补贴机制的结合。因此，在实现机制的比较上是可以就这两个方面分开进行比较。然而根据现有文献反映的情况来看，目前人们理解的概念，例如交叉补贴、普遍服务基金等名词，既可以被理解为普遍服务的一种实现机制，也可以理解为融资机制，即内涵有大有小，在论述起来难免会有混淆和重复的感觉。因此，本章在比较不同的实现机制时，主要从各实现机制的异同点角度进行讨论，而不是分开讨论。

（一）普遍服务实现机制的相同点

不同普遍服务实现机制之间的相同点，主要体现在补偿方式的选择上。按照前面对补偿方式的讨论，补偿方式主要分为成本补偿与收入补偿两种。成本补偿是对某一种或几种消费品的价格进行补贴，因而就存在一个受补贴的服务选择问题，而收入补偿是直接对低收入者进行现金补偿。成本补偿对某些产品或服务进行补贴实际上是将某种消费选择强加于消费者，是取代消费者并为之决定他们要消费的产品和服务。显然，在这一点上，成本补偿方式是存在效率扭曲的。

张昕竹和林涛（2005）对于这一点的解释是，根据公共经济学理论，选择实物补贴方式的最主要理由是，慈善或收入再分配具有集体消费品的特征，因此，收入再分配的目标不仅仅是极大化受益者的效用，还要极大化纳税人或补贴资金提供者的效用。如果纳税人只关心受益者的效用，那么提供现金补贴确实是最有效的方式。但一般来讲，很多人希望帮助受益者得到食品、住房、电信、供水等对生存和发展必不可少的物品和服务，而不希望用这些钱购买其他物品或服务。在这种情况下，转移支付将采取实物方式。

此外，根据世界银行的研究：尽管一般而言，提供现金的效率高于提供实物的效率，但根据前面的分析，这个结论只有在补贴数量大于受益人的消费数量时才成立。例如在现有收入水平上，如果受益人只需要其他更必要的产品或服务，而不是电信接入服务，此时提供普遍服务的效率小于提供现金或其他实物；如果受益人的消费额大于补贴额，比如在补贴后的预算约束下，受益人需要电信接入服务，此时实物补贴并不影响受益人面临的相对价格，因而从效率角度，提供现金与提供实物的效率等价。在一般情况下，在实施电信普遍服务时，补贴受益的对象往往只是基本电信服务，因而具有转移支付性质的电信普遍服务的效率并不一定低于现金转移支付的效率。

经济学家对于成本补偿的另一个疑义，可以用图7-3来说明，因为提高接入率是普遍服务的重要内容，那么笼统地通过对某一业务的补贴费率的方法来实现扩大覆盖率的目标是极其没有效率的。因为边际消费增量以内的消费者是不需要通过补贴使之维持接入的，仅仅是边际消费者需要提供覆盖接入成本的补贴。

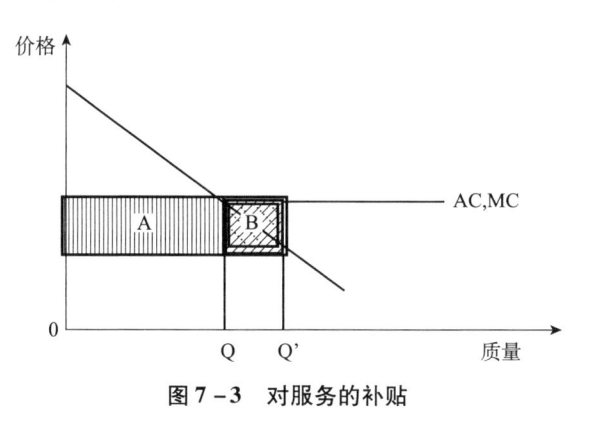

图7-3 对服务的补贴

从图7-3可以看出，为实现从Q至Q'的消费增量，如果笼统地补贴A+B。同样实现这个增量，如果仅是补贴边际增量，则需要的补贴量是B，即通过直接补贴B区域，实现Q-Q'的增量。提出这个问题实际是在说明，补贴的时候应该补贴那一部分确实需要补贴的人群，而不是笼统地全面补贴。于是这种简单的不区分目标群体的补贴方式也为很多反对普遍服务的经济学家所诟病。但是这里面临的一个问题是，如何辨别这一部分目标补贴群体，即确定边际消费增量。这个问题也是收入补偿机制所面临的最大问题。对于收入补偿机制来说，可能遇到的最大困难就是区别或者认定低收入人群的问题，即与之伴随的认定成本的问题，因为当有货币或其他形式补贴的时候，非低收入人群也会有激励伪装成低收入者。而且收入是一个动态的概念，这种以收入高低为基准的认定不是一劳永逸的一次性成本支出，这无疑增加了转移支付的难度。这样的话，准确确认每个人的情况将是高成本甚至是不可能的。

有经济学家提出，使用任何可以识别的工具或力量都要比简单地补贴全部消费者要有效率得多（Hausman，1998；Laffont and Tirole，1999）。而且美国确实已经在向这方面努力了，生命线计划就是联邦政府和州政府共推的为"合格的"低收入消费者负担部分本地业务支出的补贴计划。

还有学者认为，不区分的消费者补贴将会是低效率的，也会造成过度消费。但是如果与确认区分的不可能或者高成本相比，高覆盖率的补贴也许是更有效的（Cremer et al.，1998）。其理由是，虽然美国实行的生命线或连接线计划在一定程度上可以识别一定的消费群体，但是现实中不可能提供能够识别所有类型消费者的菜单。根据英国电信管理局（OFTEL）的计算结果，那些专门为穷人提供的基本电信服务，可能最后只有10%的低收入者选择了这些服务。高尔鲍茨等（Garbacz et al.，1997）对美国连接线计划和生命线计划产生的交叉补贴和电信普及率改变进行了实证分析，得出的结果是交叉补贴对接入率的影响很小。克雷默和拉丰（1998）认为，在无法获得足够的信息实现更加有效的直接转移支付的情况下，这样的政府策略是一种次优选择。

以上分析说明，在这个问题上，经济学家也没有达成共识。但是从目前各国采取的普遍服务政策来看，对消费者的直接补贴的力度还是没有交叉补贴形式下对某一类业务价格补贴的力度大。即不管在融资机制上是选择行业内或者行业外融资的方式，在补贴方式上的共同点就是主要选择成本补贴。目前，国内关于普遍服务收入补偿机制的研究尚未开始。

（二）普遍服务实现机制的不同点

1. 融资效率方面

（1）税收方式。税收的获得是有成本的，具体包括征税成本、纳税成本及课税的社会成本（或负效应）三个方面。用经济学的语言来说就是公共资金的影子价格或影子成本[①]。阿特金森和斯蒂格利茨（1976）证明，

---

① 公共影子价格是指在征税过程中，每获得1单位的税收所需要付出的额外的社会成本。

一次性征收的直接税所造成的效率损失或影子成本最小①。也就是说，调节收入分配的最好方法是对收入或生产要素直接征税，而不是利用间接税取得所需资金。这个重要理论说明，规制企业不应该为了实现收入再分配而扭曲相对价格，其价格应该等于边际成本。但是，阿科森－斯蒂格里兹定理的成立是有条件的，结论的成立建立在一系列严格假设基础上，主要包括（张昕竹等，2000）：

假设1：消费者获取收入的能力存在差异，而税务部门并不能观察到这些差异；

假设2：税务部门可以事后证实消费者的实际收入；

假设3：针对收入课税不受任何限制；

假设4：消费者对劳动收入和产品/服务的偏好是可以分离的，即消费者对任何产品/服务的偏好与劳动投入无关；

假设5：消费不具有外部性。

（2）企业内部交叉补贴方式。企业内部交叉补贴，是垄断体制下国内外盛行的普遍服务实现机制。这种方式是电信运营商进行不同业务或地区之间的交叉互补，主要包括业务间交叉互补（如长途电话补贴短途通话、国际通话补贴国内通话）、地区间交叉互补（如低成本地区补贴高成本地区）以及用户间交叉互补（如办公用户补贴居民用户、中高收入用户补贴低收入用户）。

根据前面的讨论，用扭曲电信业务相对价格的方法得到补贴资金相当于征收间接税（其影子价格为企业预算约束的拉格朗日乘子②），而且是在比较小的税基上对于电信产业征收的间接税。根据标准的微观经济学中有关商品税理论，每单位产出的税收福利损失随着税收量的增加而增加。也就是说，对于既定的税收额，广税基、低税率，要比薄税基、高税率造成的福利损失要小些。具体到普遍服务的"征税"上，交叉补贴所实行的对一部分消费者多征收的额外费用实际上可以看作商品税的一种特殊情

---

① 所谓直接税，是指纳税义务人是税收负担的实际承担者，他不能将税负转嫁给别人。直接税通常是直接对收入或生产要素征税。

② 拉丰和张昕竹（2004）指出，对于行政管理效率较低的发展中国家，只要合理地分摊普遍服务负担，企业内部交叉补贴很可能是更有效的实现机制。是否应该用内部交叉补贴实现普遍服务的纯学术上的争议，最早源于1998年4月20日~21日召开的世界银行ABCDE（世界银行发展经济学年会）。作为特邀代表，拉丰做了主题发言。在演讲中，拉丰根据一系列学术研究结果提出：对于很多发展中国家，由于制度上的原因，选择实现普遍服务目标的最优机制并不现实，而内部交叉补贴可能是更现实的次优选择。

况。因为交叉补贴融资的负担主要集中于有限的电信业务，而不是来源于一般的税收，"税基"相对来说是较小的，这就使得产生补贴的那部分服务的价格上涨幅度较大。因此，从获取资金的角度，这种方法比一般税收系统间接税的效率低，并且比直接税的效率更低。用交叉补贴的形式实现再分配是一种低效率的公共政策。

但是正如前面所提到的，Atkinson-Stiglitz 定理在电信行业并不适用。从次优角度，考虑某些重要的制度和交易成本因素时，内部交叉补贴方式便成为一次性直接税的良好替代。尤其是像中国这样的发展中国家，其重要的制度特征是，由于税制设计的不完善和征税过程中产生的经济扭曲，税收系统的效率通常较低，或者说公共资金具有较高的影子成本。据巴拉德等（Ballard et al.，1985）的研究，发达国家公共资金的影子价格一般约为 0.3，而受税制不合理、征收效率低等因素影响，中国公共资金的影子成本高达 1.5~2.0（张昕竹，1995）。于是出现的问题是，公共资金的影子价格可能要高于交叉补贴资金的影子价格。这使得通过财政支出来保证电信基本服务的供给变得更为困难，此时交叉补贴的再分配优势更明显（李以宁，2005；拉丰和张昕竹，2004；张昕竹和林涛，2005；Cremer et al.，1997①）。

张昕竹和林涛（2005）用图示说明这个观点。利用交叉补贴来实现收入再分配，相对价格的扭曲将带来相应的社会成本，但是这种方法能够避免税收方式所产生的社会成本，其相应的总福利水平取决于预算约束的影子成本（内生的），而与外生的公共资金的影子价格无关（图 7-4 中的水平直线）。但是，利用税收手段实现再分配所得到的社会总福利水平与影子价格负相关（图 7-4 中的斜实线）。如果公共资金的影子价格非常高，则利用交叉补贴方式所得到的社会福利很可能高于税收方式所得到的社会福利。

（3）接入费用方式。接入收费是在长途业务领域引入竞争的情况下，普遍服务通过显性补贴形式得到维持。与垄断时期成本分摊的区别在于，成本分摊是企业内部进行的补偿，而接入费用是不同企业间的费用结算。

---

① 克雷默（Cremer et al.，1997）也提出了这样的思想，其公式为：$W = T - (U_r + U_M + \pi_m + \pi_c)$。其中，$T$ 表示公共预算的影子成本，括号里的内容表示普遍服务机制实行前后导致的总社会剩余的变化（也可以看作社会福利成本）。作者将这种方法应用于法国邮政行业的普遍服务实证研究，在价格和成本数据以及对需求曲线估算的基础上，得出了大于零的 W 值。也就是说，其结论是"邮政行业的普遍服务能够促进福利"。

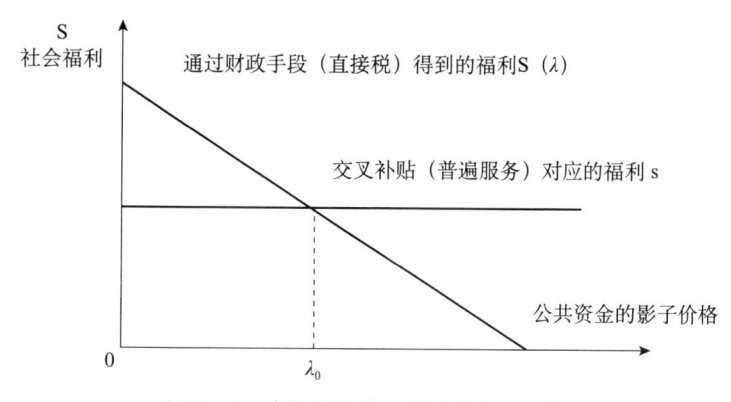

图 7-4 直接税与交叉补贴的福利比较

资料来源：张昕竹和林涛（2005）。

其实质是，通过向所有长途电话公司征收接入费的办法来回收一部分本地电话网络成本。也就是说，原来的补贴额是垄断企业内部不同业务之间的相互融通，而企业分拆后，就成为不同企业之间的业务补贴。

从美国 AT&T 分拆后所实行的接入费用融资方式来看，融资的思想还是交叉补贴，即对某些业务进行加价筹集资金，然后补贴另外的业务，接入费用方式仍然没有摆脱间接税的弊端。此外，单纯对长途电话这一项业务加价，并没有改变原来企业内部交叉补贴的窄税基问题。唯一变化的是从企业内部交叉补贴变成了企业间的融资，即对所有长途电话公司征税。接入费用的融资成本是产业内预算平衡的拉格朗日乘子，较企业内部交叉补贴而言，对长途的征税从一家企业变成了多家企业。显然，由于交易费用的原因，产业预算约束的拉格朗日乘子是大于企业预算约束的拉格朗日乘子的。即接入费用要比企业内部交叉补贴的融资成本高。至于与公共资金的融资成本的比较，则需要根据计算得出。

（4）普遍服务基金方式，即所有电信运营商都必须缴纳普遍服务基金并履行普遍服务义务，而所集中的资金统一转移支付给实际提供业务的运营商。普遍服务基金是对所有业务、所有运营商都进行融资，在接入费用的基础上扩大了融资的业务范围，也就是扩大了税基。普遍服务基金也是从企业内部交叉补贴变成了企业间的交叉补贴融资，同样其融资成本也是产业内预算平衡的拉格朗日乘子。只是由于融资的业务范围扩大了，以及由于其他融资加价产品的价格弹性的原因，这个成本可能较接入费用的成本还要大。

此外，与企业内部交叉补贴受"撇奶脂"威胁、接入费用受旁路威胁的影响不同，普遍服务基金的资金来源较为稳定，规模也容易得到控制。面向运营商收缴资金，只要企业不停产，就能保证基金的稳定供给，且基金规模将随着行业的发展而不断扩大。与频率拍卖等一次性收费不同，普遍服务基金是从源头着手解决筹资问题的有效方式。一次性许可费相当于进入的沉没成本，不会改变运营商的利润最大化定价策略，但是会影响进入。从静态角度来看是筹集基金的解决办法，但从动态角度来看，会因为阻挠了一部分更有效率的潜在进入者进入而使福利损失。所以不能只以单期的福利来选择融资方式。

2. 竞争环境方面

（1）税收方式。直接税的课税对象是私人所有的收入或财产，不会对企业产品定价产生影响，所以不会出现下面所要讨论的由于对某些产品加价对竞争所带来的影响。

（2）企业内部交叉补贴方式。企业内部交叉补贴适用的环境是垄断条件，这种方式抑制了竞争的有效性。如果将市场分为高成本市场和低成本市场，原来的交叉补贴是垄断企业在两个市场上都进行垄断经营。一方面对于像 AT&T 这样市场垄断力量大的企业，由于外部缺乏竞争的环境，企业不会产生一种提高生产效率、降低成本的"外部压力感"，从而出现X-非效率[1]；另一方面由于信息不完全的原因，垄断企业在受规制的过程中会虚报成本、增加利润。此外，因为人为对接入的低价格及对其他服务的高价格进行干预，使得市场不能辨别服务商的效率，这会导致高价格市场上无效率的进入以及排斥受补贴市场上有效率的、低成本的进入。而且，为了保证和维持补贴机制的实行，垄断者还可能排斥技术进步和效率提高[2]。从动态角度来看，电信行业正在经历技术以及竞争方面的变革，这样的机制对该市场发展的扭曲是相当严重的。

阚凯力（1999）在论述美国原来普遍服务政策弊端时曾经指出，在 AT&T 垄断时期的市场，AT&T 的正常营业成本与用于实现普遍服务的成本根本无法区分，所以其开拓市场的成本或者运营低效率的成本可能就变成了 AT&T 的"普遍服务"成本，而且也可能以实现"普遍服务"的名

---

[1] X-非效率由美国哈佛大学教授勒博斯坦最先提出，这一概念反映的是大企业由于自身原因而出现的非效率情况。具体地，大企业特别是垄断企业内部层次多、机构复杂而庞大，由于缺乏外部竞争压力且制度安排不完善，很难实现成本最小化或利润最大化的经营目标，也即内部资源配置处于低效状态。

[2] 新的接入技术会导致以前高成本地区的成本下降，这会导致受补贴企业补贴减少甚至失去受资助的资格，补偿受益者具有利用规制过程保护受补偿地位的动机（Rosston and Wimmer, 2000）。

义去向消费者额外收费。为了维持这种利益,"普遍服务"的名义也被在位垄断者利用作为进行规制俘获的借口,相关的主体可能会产生一系列的寻租等行为,在体制上排除或限制两个市场的竞争。交叉补贴存在的最大问题在于,政府将普遍服务的社会利益目标委托给民营企业去执行,却因为对在位者在高成本市场和低成本市场的全面垄断无法形成有效的监督机制,结果是两个市场都存在非效率。

(3) 接入收费方式。在高成本和低成本市场上,接入费用方式仍然保持了受补贴产品的垄断经营,也就没有摆脱上述关于企业内部交叉补贴有关这方面的不利影响。所不同的是,由于对融资业务进行了分拆,引入了竞争,从而获得了这一部分业务市场上的竞争效率。由于对所有的长途运营商都收取接入费用,因而也不容易导致市场上无效率地进入及"撇奶脂"行为。

(4) 普遍服务基金方式。普遍服务基金最大的优势在于对竞争环境的改变,实践证明,普遍服务基金有以下优点。

一是透明度、公平和公正程度高。政府管理的普遍服务基金在收缴、管理、使用方面都有法律统一规定,并向社会公布,因而较其他方案更易于监督。

二是不需要保留一部分垄断业务领域,尽可能提高了竞争的范围。所有运营商均需承担普遍服务义务,因而普遍服务基金并不会妨碍市场竞争,且满足竞争中性原则。这种方式是对大家都收取费用,不会只对普遍服务提供者有负担,能有效缓解"撇奶脂"的威胁,使得潜在进入者只有比在位者更有效率时才能获得市场。通过广收不提供普遍服务的运营商的税赋,扩大了普遍服务的税基,更符合提高效率的要求。

三是促进普遍服务提供企业竞争。基金的分配通过招投标方式进行,即在承诺履行同等普遍服务义务的前提下,要价最低的运营商可以得到资金支持,且享有建设网络和开展业务的权利。这种方式有利于企业之间进行平等竞争,因而可以引导其努力降低成本。普遍服务基金的使用采用拍卖形式,就避免了需要补贴地区成本的讨论。①

从本质上来说,使用普遍服务基金的形式是为了尽可能同时获得高成本地区和低成本地区的竞争效率。如果原来内部交叉补贴形式下,垄断企

---

① 目前存在的一些方法,如净可避免成本法(net avoidable cost approach)主要是基于会计学的方法。该方法仅适用于剔除普遍服务义务后市场结构不发生较大变化,且运营商不能计算从服务那些非盈利客户得到其他利益的情形(如 OFTEL 于 1997 提出,运营商为这些消费者服务可能是出于名声或长远策略的考虑)。

业的服务效率已经非常高,而且成本信息非常透明,那么内部交叉补贴机制就是不同群体间收入再分配的简单数学问题。即对一部分人提高价格而对受补贴的人降低价格,最后达到统一定价或非统一定价的可以接受的平衡状态。问题就在于垄断的非效率以及信息不对称背后的垄断利润。

对于原来承担普遍服务义务的垄断厂商来说,在高成本地区服务会有一个补贴额的概念。用 T_m 表示高成本地区垄断时期需要的补贴额,对高成本地区的服务成本进行拍卖后需要的补贴额变为 T_c。一般来说 $T_c < T_m$,即应该要求垄断厂商在低成本地区有一个降价的过程。此时对低成本地区引入竞争,一方面使得垄断厂商失去垄断利润,也通过竞争提高厂商的生产效率,降低服务成本;另一方面,新进入厂商的加入,使得市场价格有下降的趋势,而且随着厂商数量的增加,每个厂商负担的补贴额也会减少(设每个厂商都是一样的,共有 n 个厂商,T_c/n 逐步减小)。这种过程一直持续到新进入厂商的超额利润为零,即通过竞争实现低成本市场垄断价格 p_m 向竞争价格 p_c 的转变,给低成本地区的消费者带来更大福利。其中,$p_m = c_m + T_m + \pi_m$,即垄断厂商时期的价格等于低效率成本、高成本地区垄断补贴额与低成本地区垄断利润三者之和。$p_c = c_c + T_c + \pi_c$,即竞争价格等于高效率成本、高成本地区拍卖补贴额与低成本地区竞争利润之和。

(三)普遍服务实现机制的选择

1. 普遍服务实现机制的发展趋势

随着电信业科技进步,以及自然垄断理论的更新,电信业的自然垄断属性正在逐渐发生变化。受不断放松规制的浪潮和引入竞争的影响,出现了一些新兴业务和新兴公司。再加上对一部分消费者征收的额外费用为无效率进入者提供了"撇奶脂"的机会,传统的高利润业务的市场份额逐步被分割或取代,甚至使在位者的生存受到威胁,交叉补贴无法得以维持。原有的由垄断企业独自承担普遍服务义务的做法也是有失公平的。于是出现了通过规制者保留一部分垄断业务来缓解这种情况的说法,与之相对应的是在多大程度上保留垄断业务的问题。然而,这都没有从根本上摆脱上述的福利损失、抑制竞争等缺陷,规制者要考虑相互矛盾的两个方面:一方面,竞争中性要求不能过度保护,以充分发挥潜在进入者可能有的高效率;另一方面,普遍服务提供者的生存能力可能因为保护或补偿措施的不够,而受到低效率的潜在进入者诸如"撇奶脂"等行为的威胁。然而从世界范围来看,竞争的趋势已经越来越明显,为了充分获得竞争带来的效率,由政府出面建立新的普遍服务政策和机制,就成为竞争环境下普遍服务政策的客观要求。

接入费用并没有解决其他使用本地网络的业务（例如长途以及新兴起的卫星、光纤、无线移动等）应该分担多大成本的问题。这为掌握瓶颈资源的本地网络公司提供了获取垄断利益的机会，垄断者借以向其他电信业务提供商征收数额巨大的接入费。这导致了本地旁路业务的兴起，许多长途电话公司和新兴电信公司以光缆、微波等连接各大用户和自己所有的长途网，向用户直接提供电信服务。高额的接入费用一方面为各种新技术和新业务的使用以及竞争格局的形成设置了人为的障碍；另一方面，提供旁路业务的公司挖走了业务量最大、成本最低的用户，长途业务和大用户对普遍服务的贡献大大缩小，使得普遍服务难以维持。接入补偿机制最早在美国、加拿大等国使用过，但其因为效率较低且妨碍竞争已被淘汰。

目前国际上比较流行的是普遍服务基金机制。建立普遍服务基金的国家不仅包括美国、加拿大、澳大利亚等发达国家，也有南非、印度、智利等大量发展中国家，普遍服务基金形式正在成为普及电信业务的主流方案。我国的工业和信息化部、财政部等政府部门都在积极推动建立新的普遍服务机制的工作，建立和完善普遍服务的法律基础，政府主管部门的意见也是倾向于普遍服务基金制度。

通过以上的比较和分析，可以判断人们对普遍服务实现机制的认识是不断深入的，对实现机制的改进也是随着环境的变化逐步深入的。从目前来看，普遍服务基金形式是资源配置扭曲相对较小的机制，也是国内外多数经济学家所倡导的普遍服务实现机制。在融资上，普遍服务基金保留了预算平衡的交叉补贴思想，从企业内部交叉补贴变为行业补贴，而且实行全体电信服务商根据收入、通话量等某一指标按比例缴纳的产业交叉补贴。显然，这个税基是要大于垄断企业交叉补贴单一业务价格扭曲的税基，而小于一般直接税收税基的。至于普遍服务基金所产生的额外执行成本（影子价格是产业预算约束的拉格朗日乘子）与公共资金的影子成本之间大小的比较，可以通过计算得出。然而普遍服务基金因国家而异，这种产业交叉补贴的形式，对不提供普遍服务义务的厂商征收的普遍服务税，这个税的征收的标准是什么？而且，一般文献中介绍的关于普遍服务基金的内容，主要是从大的机制背景的介绍，如实行拍卖机制、成立什么样性质的管理机构、如何征收等问题，对普遍服务基金本身很少进行细致研究，关于普遍服务基金的补贴力度、业务选择、征收方式与征收比例等具体机制设计的研究还较为缺乏。

2. 普遍服务融资与补贴产品的选择

在融资产品与贴产品的选择上，各个国家不同，同一国家的不同时期也不同，各国宣称的依据主要是根据普遍服务定义进行的基本产品或服务选择。这里，我们抛开普遍服务基金引致的两个市场间竞争、融资效率等问题不谈，以美国现行普遍服务基金机制的融资范围以及补贴产品为参考对象，结合其垄断交叉补贴时期的相关内容进行讨论，以求进一步分析普遍服务基金形式在融资产品及补贴产品上的合理选择问题。

垄断交叉补贴时期，美国的补贴机制是 AT&T 在不同业务之间或不同用户之间进行内部隐性补贴，具体包括三种形式：一是长途业务补贴本地业务，主要依靠成本分摊方式实现；二是城市用户补贴农村用户，即根据网络建设的总成本与用户总数来确定通信服务价格；三是商业用户补贴居民用户，即对两者收取不同的价格。本地业务是使用最频繁、涉及面最广的电信业务，在美国 1934 年《电信法》中，维持本地电话低资费是当时电信普遍服务的主要内容。美国 1996 年实施新电信法后，美国进行电信规制的理论基础发生了彻底改变，开始将竞争引入所有电信市场。1996 年以前普遍服务的基本内容是维持本地电话服务的低价格，这一目标在本地电信市场由垄断转向竞争的情况下，通过对原有的接入收费体制与价格结构进行改革加以实现。根据普遍服务的两个原因——收入再分配和区域规划（张昕竹等, 2000），美国现有的普遍服务项目可以分为两大类，即补贴低收入用户和补贴高成本地区。其中，前者主要包括生命线补贴项目（lifeline assistant program）和生命线接入项目（lifeline connection program），其资金主要来自对长途电话业务的征税。对农村和偏远地区等典型的高成本地区有两种补贴机制。其一是按照美国电信行业的技术特性，FCC 将每家本地电话公司之接入成本的 25% 明确为洲际通话成本，即 25% 甚至更多的共同成本需要用洲际长话服务的收费来回收。这实际是长途业务向本地电话服务提供补贴，类似于接入费用的形式。另外一种补贴方法是，对于接入主线小于 50000 路的本地电话公司，由于此时尚未达到交换设备的规模经济，这些公司可以获得补贴。具体方法是，按照长途电话时间的比例将交换成本部分分摊到国内长途电话服务业务上。新电信法还对普遍服务的内容进一步扩展，增加了对学校、图书馆等具有特殊通信服务需求的人群的补贴。从不同时期美国电信普遍服务的补贴及融资产品变化来考察，可以发现以下三个特征。其一，普遍服务基金与交叉补贴相比，形式上更简化了，但主要内容是一致的。原来的三种补贴（长话补市话、城市补农村、商业补居民），归结为最主要的一点就是低成本地区长途业务补贴高成本地区的市话业务。目前的普遍服务项目（对低收入用户和高成本地区的补贴）中的高成本项目，资金来源是长途电话费用，补贴用户是本地电话费用，低收入项目的资金来源也是长途费用，所以不管是融资产品还是补贴产品，普遍服务与交叉补贴没有大的区别。其二，普遍服务基金的资金来源是所有从事跨州电信服务的公司都必须交纳的资金，但是，仅仅从事国际电信服务、优先电缆租赁业务、开放式视频系统、卫星广播和信息服务的公司不在此列。这与许多学者所倡导的对所有电信运营商按一定比例收取普遍服务基金的原则是不同的，只对长途等少数业务加价和部分电信服务公司收取资金的做法似乎有悖于扩大税基的原理和融资公平性的原则。其三，新增加的普遍服务项目（如为贫困地区学校等提供高级电信业务），可操作性或者说针对性强，因为相对于个人消费者而言，这些机构的数量少，识别成本相对要低，对这些特殊人群的高级电信服务更多的是考虑地区发展的需要。

普遍服务不同业务间的补贴如图7-5所示。

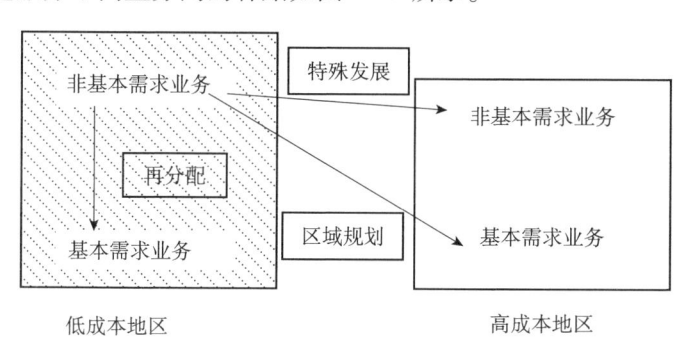

图7-5 理想状态下普遍服务不同业务间的补贴

决定普遍服务能否实现的一个重要因素是普遍服务如何界定，也就是补贴的用途，因为普遍服务的基本定义中强调对基本服务的覆盖范围，是以服务为导向来进行价格调整的，服务的选择在确保普遍服务实现的过程中非常重要。按照新的普遍服务的补贴内容，如果将产品分为基本消费品和非基本消费品，图书馆、医疗机构等特殊人群受补贴的服务应该算是非基本消费品这一类。从对贫困学校、图书馆及农村医疗机构提供接入高级电信业务（互联网）这一点可以看出，即便以美国这样的经济发展水平也没有将互联网作为基本产品来实现普及。实行这样的普遍服务更多的是为了更好地普及教育和医疗，这些是对社会发展有关键作用的领域不能简单地在用经济增长和区域规划来解释。以长话补贴市话为主要内容的普遍服务基金形式应该属于基本需求业务这一类,因此,美国现行的补贴范围同时包含了高级业务与基本需求业务。

由于对学校、公共医疗等特殊发展需求的普遍服务补贴可操作性相对较强,且不作为美国普遍服务基金发放的主要部分,我们这里主要讨论传统意义上的基本服务补贴。普遍服务基金或者交叉补贴的价格扭曲机制,是对所需补贴人群的基本服务进行价格补贴。前提是受补贴的服务是目标受补贴消费者最需要的产品,并且其他消费者很少消费该产品,即不同的消费者对不同的产品有固定偏好,只有这样才能达到有效地对目标群体进行补贴。美国现行选择的受补贴服务是本地业务,说明本地业务即 FCC 所认定的基本服务。

然而,对于"基本服务"的概念目前还没有准确的界定。显然,通信需求同衣、食、住、行等其他方面的需求一样,是人们的基本需求的一种。但是,同属于通信服务的长途业务和本地业务,为什么说本地业务属于基本服务,因而需要不属于基本服务的长途业务来补贴呢?从需求的收入弹性来说,图 7-6 显示随着收入增加,人们对本地业务需求的增速放缓,转而增加对长途业务的需求,这是不是说明随着收入增加,人们"本地电话"这一基本需求得到满足了呢?此外也有经济学家的研究显示,长途业务的需求价格弹性远大于接入及本地业务的需求价格弹性,这是不是说明当价格上升时,人们首先选择将相对来说不属于基本需求的长途业务放弃呢?然而,从总的消费量上来说,根据上一节里克雷多尔(Crandall)提出的,在对美国年收入低于 10000 美元的这一低收入阶层家庭的电话费用统计中,长途费用平均占到总费用的 45%。克雷多尔等(Crandall et al.)还给出了加拿大、英国的电话使用数据,同样发现低收入家庭也消费了较大数量的长途服务,这是不是说明长途业务也是人们生活中的重要方面?对于美国这样人口居住相对分散的国家尤其如此。而且随着人口流动性增加,长途业务的比重是不是也会上升呢?我们这里姑且不论本地业务是不是基本产品或服务,单纯就目前存在的对本地业务的补贴效果进行讨论。由于美国的电信消费数据不容易获得,下面以中国的业务消费数据就补贴产品选择市话进行讨论,其在基本原理上是一样的。

图 7-6、图 7-7 是石文华等(2005)根据 2004 年问卷调查得到的中国不同收入阶层消费者电话支出情况,调查的对象是中国网通集团属下的北方 10 省(市)通信用户。从图中可以看出,随着家庭收入增加,家庭电话支出也增加。相对于长途电话支出而言,各阶层对本地电话服务的需求差异非常小,这说明本地电话的需求收入弹性远小于长途电话。另外,中国家庭的电话

支出主要用于本地电话（平均约为 73.6 元），而长途电话支出（平均约为 25.04 元）相对较少。并且，月通话资费支出占家庭月收入的比重仅约 2%。

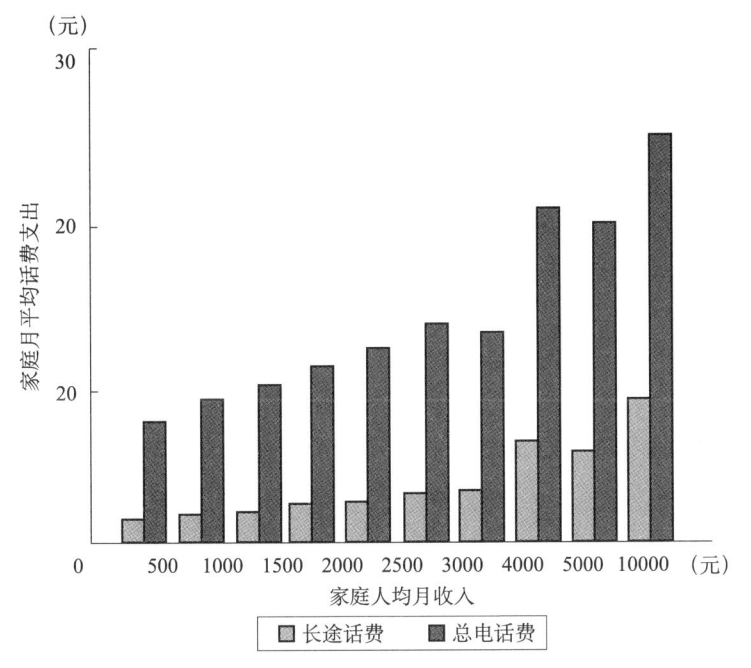

图 7-6　家庭长话支出和总电话支出比较

资料来源：石文华等（2005）。

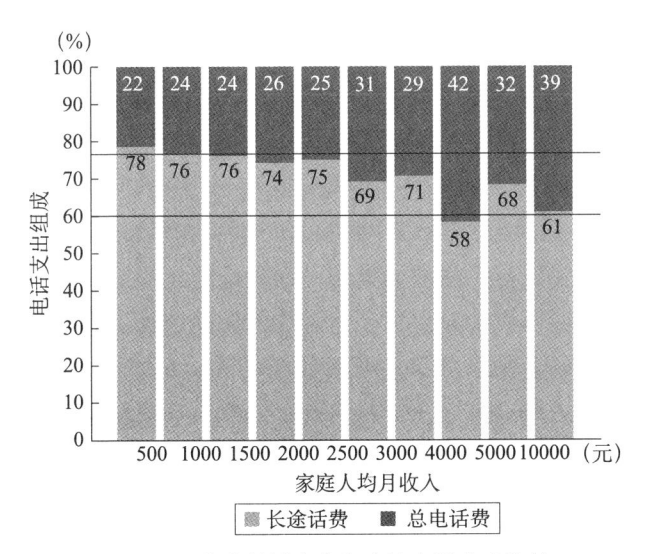

图 7-7　家庭长话支出和本地电话支出比较

资料来源：石文华等（2005）。

就本地电话的消费总量来说，如果简单地根据收入水平分为低收入和高收入两类消费群，当两者对本地电话的支出比例相当时，在总的本地电话支出中两者的份额要根据高低收入者的总收入比例确定。从图7-7中可以看出，高收入者对本地电话的消费比例逐渐下降但降幅比较平缓，与收入的增长幅度，尤其是按照目前中国高于0.4的基尼系数对应的高低收入者的收入差距来说，消费比例的因素对总的本地电话支出的影响要小很多。因此，总的来说，高收入者在本地电话总支出中占有较大比例，即对于图7-8中本地业务部分来说，A＞B。只是具体大多少，还要根据消费者收入分布状况来准确确定。而对于长途总支出来说，在高收入与低收入者的支出中，收入和消费比例同一个方向变动。在总的社会长途费用中，高收入者所占的比例要较本地电话费更高，即对于长途电话总支出，也是A＞B，且A、B的比例差距较本地业务更悬殊，用图7-8可以表示。

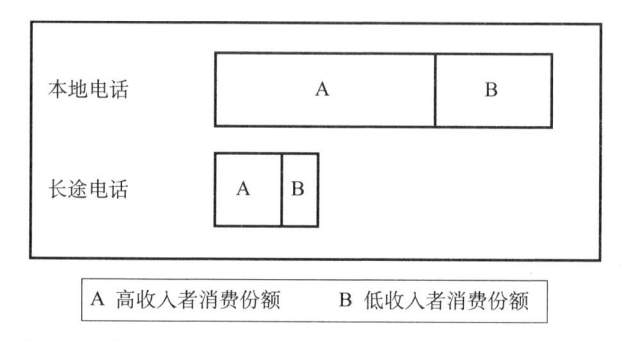

[图：本地电话 A｜B；长途电话 A｜B；A 高收入者消费份额　B 低收入者消费份额]

图7-8　中国长途和本地电话的总支出及高低收入者的比例

按照中国的数据，就总的电话支出而言，图中长途部分的总支出A+B，大约为本地电话A+B的1/3（长途业务平均支出73.6元，本地为25.04元）。而在美国，如果是按照克雷多尔所说45%的长话来计算的话，美国的长途跟市话总支出是大体相当的，表现在图7-8中就是本地电话部分的总支出A+B与长途的总支出A+B接近。当对市话部分进行价格补贴时，由于高收入者消费了较多数量的受补贴产品。所以即对高成本地区再分配的效果是，高收入群体获得较多补贴，低收入者获得较少补贴，对市话补贴的最大受益群体是高收入者，同时也说明通过这种方式来实现普遍服务的效果是很差的，并没有有效增加基本产品的覆盖范围。

同时，依靠对低成本地区的长途加价来获得补贴的行为，因为长途总支出中低收入者也占据了一定比例，所以就存在给低成本地区低收入者增加负担的情况。因此，总的情况是，对长途的A+B加价来补贴对市话的A+B，唯一不同的是长途与本地支出中A、B的比例不同，从而对低收入地区的低收入者的负担要相对小一些（长途中 A/B 的值更高）。如果两个 A、B 的比例相当，又通过高成本地区自身的价格扭曲来实现的话，无疑可以看作从左口袋放到右口袋，即将低成本地区有钱人和穷人的钱分别放到高成本地区有钱人和穷人的口袋里。对于中国长途消费比例较低的情况，如果是通过长途加价来融资，则需要加价的比例很高，但需要补贴的市话占比很高，融资额对市话的降价幅度是有限的。从这个角度讲，可能美国较高的长途比例来补贴相对较低的市话比例，则可以较大幅度降低市话水平，增加本地电话的服务范围。这就说明，以长途业务补贴本地业务的做法，本地业务接受补贴所带来的增加服务覆盖率的效果取决于消费者对本地业务与长途业务的消费比例。

除了上面的原因，阿勒曼和拉波波特（Alleman and Rappoport，2000）认为，通过扭曲价格来实现普遍服务补贴融资的机制是相当高成本的。提高价格的这些服务通常比本地服务有更高的弹性，这种普遍服务政策实际上是有悖于拉姆齐定价机制的。为实现福利损失最小化，应当对需求弹性较小的商品制定相对较高的成本加成，对需求弹性较大的商品制定相对较低的成本加成（Ramsey，1927）。也就是说，成本加成的程度与需求弹性的大小成反比。但是，泰勒（Taylor，2002）等测算表明，长途电话的需求价格弹性远大于本地电话：就美国而言，前者约为 -0.7，而后者约为 -0.03～-0.02。对于普遍服务项目而言，价格每降低 10% 可以实现的用户数量增加尚不到 0.3%。同时，作为普遍服务基金征收基础的长途电话业务，其资费每上涨 10%，消费量将锐减 7%。因此，通过对长途电话服务加价来筹集普遍服务资金，且通过降低安装费用和本地电话资费以图提高电话普及率，这种做法不仅使得消费者福利严重受损，而且还会因为引致基金来源缩减而无法实现目标。

第四节　电信普遍服务试点调研分析

2015 年财政部、工业和信息化部出台了《财政部 工业和信息化部关于开展电信普遍服务试点工作的通知》，鼓励和推进全国范围内的电信普遍服务试点工作。工业和信息化部遴选发布了三个批次共计 326 个地市作为电信普遍服务试点地市。为深入了解我国电信服务的普遍性、价格的可承受性、一定质量的保证性以及是否存在城乡差异等，课题组于 2017 年 8

月赴湖南省湘西土家族苗族自治州（简称"湘西或湘西州"）和益阳市进行电信普遍服务的调研工作。湘西州在"2016年度电信普遍服务试点地市名单"之中，益阳市为第二批试点地方。

一、电信普遍服务试点工作目标

（一）湘西州"宽带乡村"建设目标

"宽带乡村"工程的建设目标是：在2016年底前，实现吉首、保靖、凤凰三县市范围内所有农村地区实现100%以上行政村宽带接入能力达到12兆比特每秒，农村宽带普及率达到40%。

湘西电信分公司制定了分阶段完成12兆接入能力的目标：（1）截至2014年底3个县（市）目标区域12兆及以上速率宽带比例为27%；（2）2015年底实施区域12兆及以上速率宽带比例目标值为60%；（3）2016年底实施区域12兆及以上速率宽带比例目标值为100%。

湘西州"宽带乡村"示范工程项目预算总投资9157万元，其中乡镇到行政村光缆线路建设工程共投资4024万元，行政村光纤到户工程共投资3147万元，无线基站建设工程共投资1354万元，配套设施建设工程共投资632万元。

（二）益阳市电信普遍服务建设目标

2016年11月，益阳市政府和中国电信湖南分公司签约，正式将电信普遍服务项目的承建责任交付中国电信益阳分公司。本期工程计划投资1.66亿元，在全市七个区县的554个行政村实现宽带网络全覆盖，确保有线宽带接入速率高于12兆比特每秒，且同时提供不少于6年的运营维护服务。中国电信益阳分公司在项目推进过程中强化责任体系、强化项目管理、坚持信息惠民的原则，为开展创建活动的村，免费提供给用户使用光猫或机顶盒，光网入户用户的户均补贴为200元左右，总补贴额度约1268万元；同时，利用翼支付给予每户每月50元的返现优惠，总额度约475.5万元（约一半的用户用足3个月）。

二、电信普遍服务试点工作成效

（一）湘西州"宽带乡村"项目工作成效

截至2016年11月底，已经完成所有实施区域内行政村通宽带。吉首市、凤凰县、保靖县3县市累计新开通12兆以上速率宽带村377个，其中光网宽带村220个，无线宽带村157个，宽带用户渗透率为31.8%（含

3G、4G 用户）。①

资费情况：湘西电信主推 139 元/月的套餐，包括 2 台手机通话上网、500 分钟漫游、1 个电视用 ITV 机顶盒。

（二）湘西州电信普遍服务工作成效

截至 2017 年 3 月底，自治州移动公司全面实现电信普遍服务协议 579 个行政村（合并村之前）的宽带覆盖（村委会、村小、村卫生院），乡镇一级干部可以通过视频会议进行办公。截至 2017 年 7 月底，电信普遍服务行政村共发展宽带及互联网电视用户 5279 户，带宽一般为 50 兆。

资费情况：湘西移动 2016 年针对实施普遍服务区域设置的资费是单独看电视 300 元/年，如果有一个移动手机卡，达到 68 元或 98 元每月的套餐，则可免去这 300 元的费用；若用户支付 200 元购买"小锅卫星电视信号接收器"，移动电话资费将更加便宜，每月 20~30 元话费即可满足一般用户需求。②

（三）益阳市电信普遍服务工作成效

2016 年 11 月至 2017 年 6 月，中国电信益阳分公司累计向普遍服务村投资光网建设资金 1.51 亿元，新建光网端口 12.02 万个。截至 2017 年 6 月，益阳全市 554 个普遍服务村有 521 村实现了光网达到，工程实施进度为 94%；专用光猫安装数 958 个，完成进度为 86.4%。截至 2017 年 6 月，益阳全市 554 个普遍服务村共计光网入户数光网 6.34 万户，其中宽带 4.88 万户、接入光网 ITV3.7 万户，光网平均入户率约为 15.67%。

资费情况：中国电信益阳分公司对开展普遍服务地区设置的套餐为 99 元/月（农村）和 129 元/月（城市）。其中 99 元/月套餐包含 1 张副卡，129 元/月套餐包括 3 张副卡，上网不计流量、不计时长，不收取长途和漫游费，可满足一家人需要。此外，还返 20 元或 30 元超市购物券，一年可对一家用户累计返还 1000 元以上。③

三、电信普遍服务应用状况

在电信普遍服务光网宽带建设的同时，湘西州和益阳市也大力推动电信普遍服务的应用，将推动互联网的应用与地方特点融合，如与发展旅游

---

① 来源于中国电信股份有限公司湘西分公司提供的《湘西自治州"宽带乡村"工程完成情况汇报》。
② 来源于湖南移动湘西自治州分公司提供的《湘西电信普遍服务试点调研汇报》。
③ 来源于中国电信益阳分公司提供的《关于电信普遍服务项目推进情况的汇报》。

业、将当地的特产水竹凉席和小龙虾等放于网络购物平台、与精准扶贫工作相结合，都取得了良好的效果，具体应用有：益阳市的"益村"平台、"平安乡村"、南县乡村物流、桃江"淘宝村"、南县国际涂鸦村、紫薇村"虚拟旅游"、湘西州贵炭村"村村响""精准扶贫 App"等。

（一）益阳市"益村"平台

2017 年，在益阳市委市政府主导下，在 58 农服公司应用推动下和中国电信益阳分公司的技术支持下，"益村"应用在手机端、电脑端、电视端（电信 ITV）同步呈现，首期 12 个村民服务中心全方位视频接入"益村"平台集中展示。该平台是集电子党务、政务、村务、劳务、服务、商务和精准扶贫等于一体的农村综合·信息应用服务，是"互联网+"的具体应用，将极大地改变益阳农村地区的"六务"生态。第一次实现了手机屏、计算机屏、电视屏（电信 ITV）的三屏同步融合，第一实现了由市、县（区）、镇（乡）、村四级党务、政务、村务、劳务、服务、商务和精准扶贫的无缝联动，第一次实现了政府各职能部门数据信息的全面共享。

（二）益阳市"平安乡村"

依托高速光网，益阳电信斥资 9 万元，对首期 12 个村的村民服务中心和关键路口安装高清摄像设备，并用电信高速光网连接到天翼云平台，便于市级各部门调用和 58 农服采集。凡宽带入户率达到益阳市信息化示范村标准的，都将获得摄像设备的奖励，用电信高速光网连接到天翼云平台，建成"平安乡村"。村里人员的进出，可以随时调阅，也可存储下来备以后查阅。①

（三）乡村物流——南县捷风物流科技有限公司

南县捷风物流科技有限公司是首个聚焦农村的全国性物流网络，实现了快递进村服务，缩短了城市与乡村的鸿沟，打通城市与乡村的上下行。率先提出"商贸+电商"的网络协同理念，以"互联网+流通"理念，驱动县域传统实体商贸企业实现业务在线化、数据化、智能化的线上线下融合发展。对接全国各大批发零售电商平台等第三方外部网络订单，统一汇入捷风县域中心，通过智能化分配、集单式发货等服务，为客户提供更优质的物流服务。②

---

① 来源于益阳电信等提供的资料"普遍服务村露脸了——58 农服携手益阳电信造福全市农村"。

② 来源于南县捷风物流科技有限公司官方网站 http：//www.geeferri.com/和调研资料。

（四）淘宝村——桃江县水竹凉席

由于光网覆盖到位，电商已由普遍服务前的3家增长到目前的12家。由于普遍服务所带来的电商大发展，该村成为省内闻名的"电商村"。竹凉席加工是桃花江镇株木潭村的支柱产业。全村现有竹凉席加工厂29家，其他竹制品加工厂3家，其中，"春龙牌"凉席获湖南省第四、第五届农博会金奖。目前，春龙竹艺有限公司年产值在1亿元人民币左右，销售渠道包括三个方面：一是来自电子商务平台的订单，在阿里巴巴、天猫、京东、苏宁易购、出口通等各大电商网站都开通了品牌旗舰店，线上订单占年销售额的60%左右；二是来自传统线下渠道的批发客户，主要通过参加行业内的各种展会，来获取客户订单，这部分销售额占比为30%左右；三是来自国外客户的外销订单，占比10%左右[1]。

（五）互联网+旅游

益阳市借助电信普遍服务，还大力推进互联网+旅游，如将益阳市南县罗文村发展为"国际涂鸦村"，举办"中国·湖南首届国际涂鸦艺术节"，展出中外涂鸦大师创作的20栋乡村民居墙面和数十个集装箱搭建的创意空间外墙在内的130余栋民居涂鸦[2]。此外，益阳市资阳区紫薇村发展"虚拟旅游"。紫薇村是一个以花卉苗木为主的近郊型农业村，总人口约3800人，总面积7000亩，包含3800亩优质稻田，近2000亩花卉苗木。近年来，紫薇村通过"紫薇云"等互联网基础设施开展虚拟旅游，实现了大数据连接"智慧生产""智慧服务"和"智慧管理"[3]。湘西州移动分公司也积极助力农村电商发展，与湘西邮政合作，助力推动农村电商建设。

四、电信普遍服务存在的问题

（一）部分行政村用户对宽带网络的需求不足

调研中发现湘西、益阳等地，部分行政村宽带使用率仅为10%左右，很多行政村年轻人外出工作，常住居民以50岁以上村民或儿童居多，对网络的需求不是很强烈。虽然临近城市的或者有年轻人的行政村使用率可

---

[1] 来源于调研资料《电信普遍服务助力株木潭村成为省内闻名的水竹凉席电商标杆村》。
[2] 来源于中国新闻网："中国·湖南首届国际涂鸦艺术节在南县罗文村启幕 活动为期2天"，http：//bz.heze.cn/life/2017-04/07/content_2283.htm。
[3] 来源于中国日报网："智慧乡村"紫薇村：大叔大妈直播售农产品，http：//hn.chinadaily.com.cn/2017-11/06/content_34190203.htm。

能高一些，但整体来看，用户对宽带网络的需求不足问题依然严重。下一步应在完善行政村通宽带工作的同时，加强宣传、加强对用户的动员，尤其应注意加强对用户宽带网络需求的创造和引导。

（二）多家运营商光网重复建设

移动、联通、电信三大电信运营商都想进军农村提供服务，每个公司建一次电杆、电缆、光网等，会造成大量的重复建设和资源浪费。调研中发现中国铁塔股份有限公司成立后，铁塔建设更为规范，实现了网运分离。未来多家运营商光网重复建设投资问题的解决可效仿铁塔的模式，由国家负责建设，运营商负责日常运营，然后国家向运营商收取一定的使用费用。

（三）偏远山区电信建设运营成本过高

普遍服务前期投资很大，例如在偏远的贫困山区，用户需求有限，调研中发现了一个极端情况，只有1个用户想安装宽带，电信公司评估认为需要搭建20根电杆。若单纯根据企业的成本收益核算将会做出不投资建设的决定，但最终出于承担社会责任的角度，益阳电信分公司仍为其提供了服务。相关部门未来应充分考虑到偏远山区电信建设运营成本过高这一重要问题，为真正实现电信普遍服务，有必要适当加大补贴力度。尤其是对于贫困地区，扶贫工作可以与电信普遍服务工作的开展有机结合。

（四）电信业企业投资回报周期长

若按平均40%的入户率，按129元套餐收费，我们粗略估计需多少年可收回投资成本。益阳市共获得国家普遍服务建设资金2320万元，554个村，平均计算下来一个村大概4万元，一个村投资大概是国家资金的10倍（5倍以上）。如果不算运营维护成本，2~3年能收回成本，但实际上达不到40%；还有3/4是山地上的行政村，投资更大，入户率更低，只有15%~18%的入户率，预计需要6~8年才能收回投资建设成本。

（五）农村建设标准和赔补标准有待完善

电信普遍服务项目协议签订前，由于在目前的农村地区没有现成的杆路和管道，所有的投资和建设标准均是以寄挂电力杆路的方式进行规划建设，没有赔补费用。但是从2016年9月开始，湖南省通管局和湖南省移动公司下达了涉电涉线整改文件，考虑到安全生产的工作要求，严禁寄挂电力杆路，在农村地区只有全部新建杆路。这不仅加大了建设投资，而且协调难度增大，赔补费用增高，导致很多施工单位退场或消极怠工。

第五节 小 结

一、基本结论

电信业的普遍服务问题，是一个实践操作先于理论研究的问题。在很长一段时间内，人们只是凭着一些简单的价值取向和判断继续着这项政策。随着电信产业改革的不断推进和相关经济理论的进展，现实中出现了影响原有普遍服务政策继续执行的障碍，也引起了经济学家对这个问题的关注。于是就有了对普遍服务的经济学意义上的研究和不同观点的碰撞，其中普遍服务存在的必要性问题是各方争论的焦点，也是规制政策改革的焦点，因为这是事关利益格局调整的重要问题，无论是消费者还是垄断厂商、潜在进入厂商都对这个问题非常敏感。但是真正有意义的工作是通过经济学家的研究，对普遍服务存在的基础，以及如何更有效率地实现普遍服务的目标，能够有准确、客观、全面的认识。只有这样，才能对有关普遍服务的各种价值判断有一个清楚、准确的回答。

克雷默等（1998）提到单纯从成本的角度来考察我们所讨论的问题，即便是能定义并且准确衡量，讨论也是片面的，不能展现整个普遍服务政策的影响。于是，就有了在传统的成本与收益的平衡体系框架下讨论扭曲定价的效率损失，普遍服务的再分配效应及其他对社会福利产生影响的因素的比较问题。首先，需要对与普遍服务相关的影响社会福利的因素尽可能全面认识，例如第三节中所列举的多种正面作用（再分配的效应、对经济增长的促进作用、克服城市拥挤的外部性等）。同时，普遍服务还涉及在融资、补贴实现过程中所伴随的成本，例如公共资金的社会成本，收入补偿方式的认定成本等。这些都是影响普遍服务成本收益判断的因素，而对于可能存在的其他影响因素，还需要在研究过程中进一步去挖掘。

在对相关因素合理界定之后就面临具体量化的问题，这可能是更大的难题。比方说，根据边际效用递减的规律，再分配有利于社会福利增加。然而分配效应的大小，取决于不具有准确判断标准的政府部门对不同阶层福利函数的定义，或者说设置权重的比例。对于其他方面的影响，从目前的文献来看，也是没有达成共识的，包括很多价值判断的成分或者是只能停留在定性判断或假设的阶段。

此外，从本章的分析来看，目前的普遍服务实现机制，似乎也并不能很好地完成普遍服务的任务，或者说代价到底是多大还不能准确确定。因此，在综合考量普遍服务政策对社会总福利的影响方面，经济学家是遇到障碍的。对普遍服务存在必要性的判断上还没有统一标准，且普遍服务的实现机制上还有很大缺陷。这也印证了不同的经济学家以及不同的政府对是否采取普遍服务政策上的分歧。于是有经济学家将普遍服务最终存在的理由归结为很大比重的政治经济学因素。例如，农村居民支持统一定价可能是因为他们认为其他政策如转移支付不可信或者统一定价的举措较容易辨别，公众更容易接受。普遍服务还可以解释为规制俘获，潜在进入者通过游说使得在位者多承受普遍服务的义务，或者在位者通过俘获，保持在某一领域的垄断地位，理由就是为了实现普遍服务。

总之，这些问题，从目前来看还是难以准确解答的，还需要经济学家深入研究。对所有的人提供相同的服务，收取相同的价格是体现了人人平等的理念。作为不断发展和积累的社会物质文明，在满足人们的基本需求上不断进步，这也符合普遍服务的内容与时俱进的思想。但是当面临实际解决这些问题时，从经济学的角度必须要考虑成本收益问题，在这些问题还不能很明确地给出解释的情况下，恐怕对这个问题的争论还将继续下去。

二、研究展望

实际上，普遍服务问题广泛存在于各个领域，因而还可以从各个方面加深对这一主题的研究。结合现实情况，笔者认为可以从以下三个视角深化研究。

第一，不同行业的普遍服务问题。关于普遍服务的必要性，显然不同的行业是有所不同的（如城市污水处理行业，普遍服务的原因可能更多的是环境保护方面的要求和城乡统筹方面的要求，像电信业中所列举的网络外部性、经济增长内生变量等因素就不是那么明显）。本章在行文的过程中主要以电信业为背景对普遍服务问题进行了研究，但是普遍服务的思想——对所有人提供有质量保证的、价格可以接受的基本服务同样适合于其他行业的，也应该是社会发展的必然要求。所以对于其他行业的普遍服务的问题还有待于进一步研究，对不同行业的共同点也尽量在比较中进行归纳。

第二，普遍服务的融资机制与补贴产品选择。通过对电信服务中长途和本地电话的需求分析，可以发现目前所定义的普遍服务产品，也就是所宣称的基本产品的概念是有待于进一步研究的。如果以价格弹性为依据来判断，显然长途的需求弹性要大于本地电话，但是这并不代表长途电话对消费者来说不重要，尤其是随着人口流动性的加强，对长途的业务需求可能会不断增强。特别是对于偏远地区的消费者来说，可能因为居住地的分散，更需要长途电话而不是本地电话服务。所以说，对普遍服务融资和补贴产品的定义、规范、合理选择将是普遍服务实现过程中的一个非常重要研究方面。因为这种选择很大程度上决定了普遍服务实现与否或者是实现的效率或效果。

第三，普遍服务基金拍卖发放机制。除了一般的特许经营拍卖当中所涉及的防止合谋，补偿经营者沉淀投资，可能存在的新经营者所接手的原来垄断经营厂商的资产，技术升级换代等问题，对于普遍服务特许经营中还要面临如何定义受补贴的特许经营区域的问题。对不同地区进行特许经营招标并不一定能够导致统一定价，实际上由于各个地区的情况相差很大，很难保证每次特许的最终价格都是统一的。显然，当规制者有统一定价的要求时，特许制并不是一个合适的解决思路。如果太小，很难满足统一定价的要求；太大了竞争的效果又不好，定义多大的范围供竞标是采用特许经营招标所面临的一个难题。

主要参考文献

[1] Alleman J, Rappoport P N, Weller D. Universal Service: The Poverty of Policy [M]. University of Colorado Law Review, 2000.

[2] Alleman J. Book Review of Who Pays for Universal Service: When Subsidies Become Transparent [J]. Information Economics and Policy, 2000, 12: 417 – 421.

[3] Choi S K, Kim D J, Kim H C. Network Spillovers as an Alternative Efficiency Argument for Universal Service Policy [J]. Telematics and Informatics, 1998, 15 (4): 265 – 273.

[4] Crandall R C, Waverman L. Who Pays for Universal Service? When Subsidies Become Transparent [M]. Washington, DC.: Brookings Institution Press, 2000.

[5] Cremer H, Gasmi F, Grimaud A, Laffont J J. The Economics of Universal Service: Theory [R]. The Economic Development Institute of the World Bank, 1998.

[6] Garbacz C, Thompson H G. Assessing the impact of FCC lifeline and link-up programs on telephone penetration [J]. Journal of Regulatory Economics, 1997, 11 (1): 67 – 78.

[7] Garbacz C, Thompson H G. Universal Service Versus Universal Competition: A Review Article of Crandall and Waverman [J]. Journal of Regulatory Economies, 2001, 19 (1): 193 – 196.

[8] Hoernig S, Barros P P, Valletti T M. Universal Service and Entry: The Role of Uniform Pricing and Coverage Constraints [J]. Journal of Regulatory Economics, 2000, 21 (1): 169 – 190.

[9] Milne C. Stages of Universal Service Policy [J]. Telecommunications Policy, 1998, 22 (9): 775 – 780.

[10] Mueller M. Universal Service Policies as Wealth Redistribution [J]. Government Information Quarterly, 1999, 16 (4): 353 – 358.

[11] Mueller M. Universal Service: Interconnection, Competition and Monopoly in the Making of the American Telephone System [M]. Cambridge, M. A., The MIT Press, 1997.

[12] Rogerson W, Kwerel E. A Proposal for Universal Service and Access Reform [C]. AEI Conference on Innovations in Universal Service for Telecommunications, 1999.

[13] Rosston G L, Wimmer B S. The "state" of universal service [J]. Information Economics & Policy, 2000, 12 (3): 261 – 283

[14] 姜爱林. 电信普遍服务若干问题研究 [J]. 西安邮电大学学报, 2006 (4): 52 – 58.

[15] 阚凯力. 评美国的电信普遍服务政策 [J]. 世界电信, 1999 (8): 36 – 39.

[16] 李以宁. 浅析我国电信改革中的普遍服务 [J]. 当代财经, 2005 (11): 88 – 90.

[17] 吕志勇, 陈宏民. 定价约束、社会福利与电信普遍服务机制设计 [J]. 上海交通大学学报, 2005 (3): 492 – 495.

[18] 马芸, 赵会茹. 委托—代理理论在电力普遍服务管制政策中的

应用研究 [J]. 华北电力大学学报, 2006 (1): 45 - 49.
- [19] 马芸, 赵会茹. 基于国际经验的中国电力普遍服务实施机制的研究 [J]. 工业技术经济, 2005 (7): 83 - 86.
- [20] 让 - 雅克·拉丰, 让·泰勒尔. 电信竞争 [M]. 胡汉辉, 译. 北京: 人民邮电出版社, 2001.
- [21] 让 - 雅克·拉丰, 张昕竹. 发展中国家普遍服务义务的经济分析 [J]. 当代财经, 2004 (1): 3 - 9.
- [22] 石文华, 杜武恭, 谢雪梅. 电信普遍服务在中国的实施效果分析 [J]. 吉林大学学报, 2005 (11): 610 - 614.
- [23] 王俊豪. 美国的电信普遍服务政策及其启示 [J]. 科技进步与对策, 2004 (2): 33 - 35.
- [24] 王山竹. 我国电信普遍服务管制政策综述 [J]. 广西通信技术, 2004 (1): 1 - 4.
- [25] 吴洪, 张晓铁. 电信普遍服务研究 [M]. 北京: 人民邮电出版社, 2004.
- [26] 吴洪. 国外电信普遍服务理论与我国普遍服务政策 [J]. 北京邮电大学学报, 2001 (10): 25 - 29.
- [27] 谢雪梅, 张珂, 吕廷杰. 竞争环境下的电信普遍服务管制博弈分析 [J]. 吉林大学学报, 2004 (3): 123 - 127.
- [28] 杨永忠. 自然垄断产业普遍服务的理论基础、成因与政策 [J]. 生产力研究, 2006 (2): 180 - 182.
- [29] 张昕竹, 林涛. 农村电信普遍服务与信息化 [R]. 国家信息化专家咨询委员会委托研究课题, 2005.
- [30] 张昕竹, 让 - 雅克·拉丰, 安·易斯塔什. 网络产业: 规制与竞争理论 [M]. 北京: 社会科学文献出版社, 2000.
- [31] 张昕竹. 用电信业普遍服务政策改善经济发展不平衡 [J]. 通信世界, 2001 (16): 8.
- [32] 张盈庚. 我国电信普遍服务的几个基本问题探讨 [J]. 北京邮电大学学报, 2004, 6 (4): 24 - 27.

第八章　药品集中采购中生产经营企业的团队道德风险研究

　　从探索、试点到正式推广，由地方政府主导的药品集中采购制度已历经10余年。实施药品集中采购制度的目的，主要在于规范药品流通市场秩序、降低药品价格、减轻患者用药负担。然而，这一制度并未得到社会各界的认可，要求取缔的呼声从未消失[①]。药品集中采购制度之所以长期招致各方不满，一方面是因为其打破了原有的利益分配格局；另一方面则在于其不仅没有实现预期目标，反而引致了新的矛盾。就药品生产经营企业（以下简称"药企"）而言，与其相关的问题主要有：一是中标企业的违约率普遍较高，而大量优质的药品被迫退出市场；二是使用劣质原材料、药品质量低下等问题大量存在[②]；三是药企以生产仿制药为主，缺乏自主创新甚至逃避创新。在缺乏可行替代制度的情况下，改善药品集中采购制度成为当前阶段的必然选择。为此，我们必须思考的问题是：这些弊端的存在，是源于制度本身的缺陷，还是受其他因素的影响？遗憾的是，国内文献对这一问题的关注十分有限[③]。

　　从委托代理理论视角来看，药企是医疗机构（药品采购方）的代理人[④]，而伪劣生产、虚假创新等问题就是药企实施败德行为的直接结果。于是，抑制代理人的败德行为是改善药品集中采购制度的关键。值得注意的是，上述弊端普遍存在，甚至已成为群体性败德（李新春和陈斌，

[①] 2014年3月，来自医药界的全国两会代表联名提议取消药品集中采购制度，再次引发了社会争议。

[②] 例如，2012年4月15日，央视《每周质量报告》播出了当期节目《胶囊里的秘密》，揭开了性质恶劣的"毒胶囊"事件。

[③] 对药品集中采购制度的研究相对较少，具体可参见何芬华、力晓蓉，2011：《中国药品集中招标采购历程的文献研究：1999－2010》，《中国卫生政策研究》第4卷第4期。

[④] 在我国，药品集中采购涉及药品集中采购机构、医疗机构、药企与付费方等多方主体。从广义上来说，药企是其他所有主体的代理人。为此，本章仅分析企业这一类主体，暂不考虑企业与医疗机构合谋的情形。

2013)。因此，我们必须对行业整体而非企业个体的行为进行分析。具体地，本章将同类药企视为一个松散的广义团队①（其团队目标在于向医疗机构提供质量可靠、价格合理的药品），继而从团队道德风险视角来研究普遍性问题的内在形成机理及其影响因素。

所谓团队道德风险，是指在成员较多的团队中，团队成员可能采取损公肥私或者损害委托人或其他代理人利益的败德行为，且这些行为会因为团队结构的局限性而无法被观察（Alchian and Demsetz，1972；Homlstrom，1982）。同时，这种败德行为具有普遍性或群体性特征②。就药企而言，其团队道德风险主要表现为普遍性使用劣质原料、虚假或规避创新等。当企业通过这些手段降低成本从而获取更多利润时，无疑损害了委托方以及其他企业的利益。

事实上，在药品集中采购环境中，药企主要通过价格与质量两种手段参与市场竞争③。为此，我们通过分析中标企业的价格与质量决策，研究企业群体出现团队道德风险的内在原因。考虑一个序贯博弈模型：医疗机构等采购机构在采购某种药品时，两家中标企业之间进行异质性竞争，而竞争策略是选择价格与质量。其中，企业的价格决策受到双重约束：一方面，企业制定的价格不能高于其中标价格；另一方面，企业的质量决策将影响药品生产的边际成本，因而决定了其价格决策的下限。在构建基本模型后，根据实际情况，我们分两种情形展开分析：一是"唯价格论"情形，即药品集中采购遵循"低价者得"原则；二是"双信封招标"情形，即采购机构综合考虑价格与质量两大因素来决定由谁中标。

本章模型与李新春和陈斌（2013）类似，但存在四个方面的差异：一是在药品集中采购中，企业之间主要开展价格竞争，因而理论分析的基础是伯特兰博弈模型；二是企业在一个有界区间中进行价格决策，其上限是招标机构确定的中标价格，而下限主要取决于药品质量水平；三是这里考察的创新行为是提高药品质量，而非降低生产药品的边际成本；四是企业根据采购合同中的约定向医疗机构供应药品，因而无须进行产量决策。

---

① 狭义的团队是指在工作中拥有共同目的、绩效目标以及工作方法，且以此自我约束的一小群人。广义的团队不仅包括现实中的各种工作组、项目组、创业团队等，还包括不同组织的联盟或企业集团。

② 从这一角度来说，本章的"团队道德风险"概念，等同于李新春和陈斌（2013）中的群体性败德。

③ 招标采购是药品集中采购的主要模式，因此本章未对药品集中采购与药品集中招标采购加以区分。

第一节 团队道德风险研究的进展

尽管团队能够内部化成员之间的正外部性，从而使团队总产出大于个体单独产出之和（Alchian and Demsetz, 1972），但团队生产或协作有其自身的局限性：团队生产具有不确定性，同时成员具有信息优势，并且其个人成本与团队成本不一致（Olson, 1965），于是团队成员有采取损害委托人或其他代理人利益的败德行为的内在动机。团队道德风险的存在，导致了团队激励机制的弱化和团队生产的低效率，因而是经济学研究的一个重要领域[1]。

"搭便车"行为是团队道德风险的主要形式[2]，即团队成员减少自身努力与成本投入而坐享他人劳动成果的投机主义行为。霍姆斯特姆（Holmstrom, 1982）证明，"搭便车"问题不仅是行动不可观测和产出不确定的结果，同时也是实施预算平衡的结果。也就是说，如果风险中性的所有成员以某一份额共同分享团队产出，则不存在任何分成规则，这使得合作博弈中作为纳什均衡的某种行动可以同时满足帕累托最优条件。针对霍姆斯特姆的观点，埃斯瓦瑞和克特威（Eswaran and Kotwal, 1984）、盖纳（Gaynor, 1989）、哈蒙德和米勒（Hammond and Miller, 1992）等进行了激烈讨论，最终证明了引入第三方委托人的必要性。

此后，关于团队道德风险（主要是搭便车行为）的一般性研究可以分为四类：其一，对霍姆斯特姆（1982）的模型进行拓展，以深入分析团队道德风险的形成机理及其对团队效率与激励机制的影响。盖纳（1986）证明，当代理人对自己在团队生产中的作用有错误意识时，存在满足预算平衡并能产生帕累托最优纳什均衡的分配方案。拉斯姆森（Rasmusen, 1987）则证明，当个人努力不可观测时，如果代理人是风险厌恶者且风险厌恶程度或惩罚力度足够大，则替罪羊、大屠杀等预算平衡合约就是有效率的。此外，还有拉德纳（Radner, 1986）、勒格罗和马修斯（Legros and Matthews, 1993）、董保民（2003）、毛刚等（2004）、宋俊（Song,

---

[1] 团队道德风险也是管理学与伦理学的重要研究领域，参见 Strother (1976)、Boling (1978)、Saul (1981)、Carroll (1987)、Donaldson and Dunfee (1994) 等。

[2] 团队成员合谋是团队道德风险的另一种主要形式，重要文献参见：Tirole (1986)、Kofman and Lawrree (1993)、Martimort (1997)、Laffont and Martimort (1997; 1998; 2000)、Horner and Jamison (2007)。

2012）等。

其二，继阿尔钦和德姆塞茨（Alchian and Demsetz，1972）之后，研究监督机制对团队道德风险的防范作用。例如，卡诺迪亚（Kanodia，1985）证明，监督成本对监督策略与工作机制有决定性作用，而随机监督可以得到接近最优的团队效率。范里安（Varian，1990）、尼科诺娃（Nikolowa，2009）等指出，代理人之间的相互监督可以提高团队效率。坎德尔和拉兹尔（Kandel and Lazear，1992）则系统分析了内部压力对团队生产的激励作用，认为内部压力有效缓解搭便车问题。

其三，以霍姆斯特姆（1982）为基础，探讨激励机制在抑制团队道德风险方面的作用。例如，菲茨罗伊（Fitzroy，1982）研究了在竞争性公司中对每个员工的均衡激励，他认为计件工资和相对绩效奖金能够提高员工的努力水平。当员工个人的实际努力不确定时，对绩效最高和最低的员工予以奖励和惩罚，是解决搭便车问题的有效方案。拉兹尔和罗森（Lazear and Rosen，1981）分析了根据锦标赛结果而非产出水平来决定支付的薪酬机制，从而证明，当员工是风险中性时，根据排名决定工资能够引致与以个人产出水平为依据时相同的有效配置；如果员工的能力可以提前知道，则采用"锦标赛"制度能够得到更加有效的均衡结果。此外，夏皮罗和斯蒂格利茨（Shapiro and Stiglitz，1984）认为，可以将均衡失业率作为对员工的一种激励手段，而拉斯姆森（1987）则提出了"替罪羊"方案和"大屠杀"方案。

其四，从交叉学科角度，研究团队或代理人自身的特征对团队道德风险影响。例如，斯蒂格利茨（1990）指出，社会关系可以作为减少道德风险的低成本手段；埃斯皮诺萨等（Encinosa et al.，2007）证明，团队规范或社会准则能抑制团队成员的败德行为；马斯和莫雷蒂（Mas and Moretti，2009）研究了团队生产中的同群效应，认为同伴压力的存在可部分的内部化团队成员的搭便车行为。此外，其他文献从领导关系（Hermalin，1998）、过度自信（Che and Yoo，2001）、利他行为（Falk and Ichino，2006）、不公平厌恶（Rey-Biel，2008）、集体声誉（李金波，2010）等方面研究了最优激励机制设计和实施问题。

经过30多年的发展，团队道德风险理论已经取得了丰硕成果。然而，已有研究以一般性分析为主，较少关注特定情境中的团队道德风险问题。例如，李新春和陈斌（2013）研究了我国食品行业中存在的团队道德风险（即群体性败德）。他们构建了食品生产企业的序贯博弈模型，从而对食品安全问题进行规范分析，结果表明，当政府对违法行为的惩罚力度较轻时，所有企业都倾向于采取败德行为而非创新行为，这是就产生了群体性败德。

受信息不对称影响，医疗机构不能准确区分不同企业生产或提供药品的质量。这时，采取败德行为的企业仍然可以参与市场竞争，如此便产生了搭便车问题。鉴于以下原因，本章将从团队道德风险视角来分析药品集中采购中生产经营企业所存在的问题：第一，药企采取伪劣生产、消极创新等败德行为的目的，在于增强市场竞争力、获取更多利润，也就是说这些问题的出现与企业之间的竞争密切相关；第二，药企的败德行为具有普遍性特征，因而必须从整体而非个体的角度进行分析；第三，通过探讨药品集中采购中生产经营企业的团队道德风险，可以加深对药品集中采购的理解，并借鉴团队道德风险理论的研究成果来对药品集中采购制度进行优化设计。

第二节 基本模型

这里，我们将生产经营同种药品的企业的集合视为一个团体，其任务是为医疗机构提供质量和价格均符号要求的药品。因此，药企是医疗机构的代理人，同时也受药品集中采购机构的规制[1]。在药品集中采购这一制度下，生产采购目录中药品的企业均需通过参与集中采购方有可能进入市场。其中，只有中标企业才有资格向医疗机构出售药品。也就是说，在单个采购周期内，某种规格药品的供给市场近似于为寡头垄断市场。

在采购周期中，药企的经营决策包括两个阶段，即招标阶段与采购阶段。招标阶段的决策对采购阶段有直接影响，但企业的道德风险主要发生在采购阶段。同时，招标阶段确定的中标价是中标企业在采购阶段出售药品的最高限价。在实际中，采购机构按照"一品两规"原则进行招标，而多家企业之间进行异质性产品竞争。为获取更多利润，企业可能通过不规范生产以降低生产成本，同时在招标阶段通过降低投标价格以提高中标的可能性。也就是说，这一过程中企业需要在价格和质量两个方面进行决策。

---

[1] 在当前体制下，药品集中采购机构同时承担管理、组织、监管、惩罚等多项智能。

简单起见,假设药品在某种药品的招投标中共有两家企业中标,分别为企业 1 和企业 2。其中,企业 1 代表具有成本与技术优势的药品生产厂商,因而企业 2 代表生产成本较高的药品生产厂商①。它们生产这种药品的成本函数为②:

$$C_i(q_i) = (c_i + dm_i)q_i \qquad (8-1)$$

其中,下标 i 表示企业;q_i 表示企业 i 的市场需求量,即其获得的药品采购合同。括号内部分则表示企业生产单位药品的边际成本,它的大小由两个方面因素决定。

一是反映企业技术水平的初始边际成本 c_i。我们假定企业 1 具有技术优势,其在生产同等质量的单位药品时具有更高的效率,也即有相对较低的初始边际成本,于是,有 $c_1 < c_2$。

二是企业最终选择的药品质量 m_i。药品质量③是企业生产成本的主要影响因素之一,在同等技术水平下企业的生产成本与产品质量正相关。为简化分析,我们假设单位产品的边际成本与药品质量之间是线性关系,且相应系数为 d ($d>0$)。但是,医疗机构事先并不知晓药品质量,因而其需求只是关于药品价格的函数。相应地,企业提高药品质量并不必然能够增加市场份额。因此,企业通常会将把国家制定的药品质量标准作为上限值。同时,企业还可以通过使用劣质原材料、偷工减料等方式,来降低药品质量并最终降低生产成本(我们将此定义为"败德行为")。假设 $m_i = 0$ 表示药品质量正好等于国家质量标准,则 $m_i < 0$ 表示企业采取了降低药品质量的败德行为④。同时,$m_i \in [\underline{M}, 0]$,也即企业最多只能将药品质量降低至 $\underline{M}$。

如果企业降低了药品质量,则医疗机构在使用药品时有可能会发生医疗事故。而医疗事故发生后,政府部门在调查后将对相应企业予以惩罚。因此,采取败德行为的企业将有可能遭到惩罚,而期望惩罚程度是关于政府部门监管惩罚力度的递增函数,即:$P = P(g)$,$\partial P(g)/\partial g > 0$。其中,$P$ 是指期望惩罚;g 是指政府部门的惩罚力度。

医疗机构通过招标方式集中采购药品 $Drug$,因而相应企业之间主要进

---

① 我们将企业 1 和企业 2 分别作为真实市场上两类药企的代表。
② 在市场上,只有中标企业才会生产并出售这种药品,因而在一个采购周期内(通常为一年)不存在潜在进入者,从而不存在进入壁垒。因此,本章忽略固定成本。
③ 这里,药品质量主要表现为其对适应征的治疗效果。
④ 此外,$m_i > 0$ 表示企业通过创新行为提高了药品质量,在后文的扩展部分将考虑这一情形。

行价格竞争。换句话说，医疗机构对药品 Drug 的需求是关于药品价格的函数。假设两家企业的药品是同质的，且需求函数为线性形式，则有：

$$q_i = a - bp_i + b\theta p_j \qquad (8-2)$$

其中，$a > 0$ 是反映市场容量（即医疗机构对药品 Drug 的总需求）的参数，$b > 0$ 反映企业所生产药品的需求价格弹性，$b\theta > 0$ 反映交叉价格弹性。因为企业所生产的药品受自身价格的影响较大，因而有 $\theta \in [0, 1]$。θ 可以反映药品的差异性，即两家企业所生产药品之间的可替代程度。θ 越大，表明两家企业所提供药品之间的可替代程度越高：若 $\theta = 0$，则两家企业之间不存在竞争关系；若 $\theta = 1$，则两家企业的药品可以完全替代，此时它们之间的竞争程度最高[1]。此外，由于中标企业的药品定价不能超过其中标价，所以有 $0 < p_i \leq p_i^b$。其中，p_i^b 表示企业 i 的中标价格。

因为药品集中采购以一年为周期，因此，本章只考虑中标后企业1与企业2同时进行决策这一情形。具体地，两家企业的博弈时序如下。

时期1：企业1与企业2同时中标，中标价格分别为 p_1^b、p_2^b。

时期2：两家企业同时进行药品质量决策，即降低质量，或保证标准质量。

时期3：两家企业同时选择药品价格，并与医疗机构签订采购合同[2]。

时期4：企业向医疗机构配送药品，市场达到均衡，企业获得相应利润。

时期5：政府部门对出现医疗事故的药企施加惩罚。

第三节 "唯价格论"情形下的团队道德风险

在采用"双信封招标"之前，大部分省份在药品集中采购中遵循"低价者得"这一原则，即单纯以降低药品价格为目标。因此，我们首先考虑"唯价格论"这一较为简单的情形。也就是说，医疗机构在采购药品时，仅将药品采购价格作为决策变量[3]。我们通过逆序归纳法来考察企业

---

[1] 在药品集中采购中，中标企业所生产的药品在质量、规格、包装等方面存在些许差异。因此，在一般情况下，中标企业所生产药品之间具有不完全的可替代性，即 $0 < \theta < 1$。

[2] 各中标企业分别制定等于或低于中标价格的药品采购价格，医疗机构根据采购价格选择采购对象，并与之签订采购合约。此时，企业的药品生产量由采购合约决定。

[3] 以挂网限价模式为例，由医疗机构组成的采购机构设置一个最高限价，采购价低于这一限价的企业均可向医疗机构出售药品。

的生产决策,即先分析时期 3 企业的价格竞争,得出伯特兰均衡价格和利润;再考虑在时期 2 企业将选择何种质量决策以实现其自身利润最大化。

一、价格竞争

在时期 3,视企业的质量决策为外生给定,此时两家企业之间进行伯特兰价格竞争。因为医疗机构在采购药品时仅考虑药品价格,从而企业提高药品质量无法获得更大的市场份额,因而药品质量 $m_i \leq 0$,即企业不会选择创新行为。

根据伯特兰模型,在企业 2 选择价格 p_2 时,企业 1 将选择价格 p_1 以实现其利润最大化:

$$\max \pi_1 = (a - bp_1 + b\theta p_2)(p_1 - c_1 - dm_1) \quad (8-3)$$

通过求解最大化问题,可以得到企业 1 的价格反应函数:

$$p_1 = \frac{a + b\theta p_2 + b(c_1 + dm_1)}{2b} \quad (8-4)$$

相应地,企业 2 的价格反应函数为:

$$p_2 = \frac{a + b\theta p_1 + b(c_2 + dm_2)}{2b} \quad (8-5)$$

当价格竞争达到均衡时,两家企业的最优价格决策分别为:

$$p_1^* = \frac{(2+\theta)a + 2b(c_1 + dm_1) + b\theta(c_2 + dm_2)}{4b - b\theta^2} \quad (8-6)$$

$$p_2^* = \frac{(2+\theta)a + 2b(c_2 + dm_2) + b\theta(c_1 + dm_1)}{4b - b\theta^2} \quad (8-7)$$

假设两家企业都是规范的药企,因而都会生产标准质量的药品,不会通过败德行为牟取暴利,即有 $m_1 = 0$ 且 $m_2 = 0$。此时,企业的药品价格应该以其初始边际价格为下限,即 $p_i \geq c_i$。因此,理性企业的投标价格必须高于其边际成本,从而获得利润空间,即 $p_i^b \geq p_i \geq c_i$。同时,在市场达到均衡时,有 $p_1^* < p_2^*$①。

但是,在激烈的市场竞争中,是否中标关系到企业的生存。因此,企业将降低投标价格,以提高中标的可能性。在理性情形下,由于具有成本优势,企业 1 中标的可能性大于企业 2。企业 2 为了中标,可能设定低于边际成本的投标价格。此时,可以得到命题 1。

---

① 当 $m_1 = 0$、$m_2 = 0$ 时,有 $p_1^* - p_2^* = \frac{(2b - b\theta)(c_1 - c_2)}{4b - b\theta^2} < 0$。

命题 1：如果企业 2 的投标价 $p_2^b \leq \dfrac{bc_1 - a}{b\theta}$，则中标企业 1 在正常生产下无法获得正的利润[①]。

事实上，命题 1 充分反映了药品集中采购中频繁出现的优质药品"中标死"现象。生产优质药品的企业具有成本优势，它可以制定相对较低的价格并参与招投标竞争。中标后企业可以采取低价战略以扩大市场份额，最终实现薄利多销。然而，如果其他企业在招投标竞争中不断降低价格，则具有成本优势的药企也只能采取价格战策略。当竞争达到一定的程度时，优质药品的价格必然低于企业生产的边际成本。这时，如果企业仍然选择保证药品质量，则必然无法获得正的利润。于是，生产优质药品的企业往往会陷入两难困境：要么因亏损而"死亡"，要么采取败德行为。

二、质量选择

由于市场存在信息不对称，当单个企业降低药品质量时，医疗机构无法将低质量药品与标准质量药品区分开来。此时，企业仍然可以按照标准质量出售药品。因此，企业有降低质量从而降低成本的内在动机。

如果企业 2 选择了质量 m_2，则企业 1 选择质量 m_1 时所获得的利润为：

$$\begin{aligned}\pi_1(m_1 \mid m_2) &= (a - bp_1^* + b\theta p_2^*)(p_1^* - c_1 - dm_1) = \\ &\left[\frac{(2+\theta)a + 2b(c_1 + dm_1) + b\theta(c_2 + dm_2)}{4b - b\theta^2} - c_1 - dm_1\right] \\ &\times \left[a - \frac{(2+\theta)a + 2b(c_1 + dm_1) + b\theta(c_2 + dm_2)}{4 - \theta^2}\right. \\ &\left. + \theta\frac{(2+\theta)a + 2b(c_2 + dm_2) + b\theta(c_1 + dm_1)}{4 - \theta^2}\right]\end{aligned} \quad (8-8)$$

因此，与生产标准质量 ($m_1 = 0$) 的药品相比，企业 1 降低质量（使 $m_1 = M_1$）所能得到的利润增加额为：

$$\begin{aligned}\Delta\pi_1(m_1 \mid m_2) &= \pi_1(m_1 = M_1 \mid m_2) - \pi_1(m_1 = 0 \mid m_2) \\ &= \frac{(\theta^2 - 2)dM_1}{(4 - \theta^2)^2}\left[(4 + 2\theta)a + (\theta^2 c_1 - 2c_1 + \theta c_2)b + \right. \\ &\left. (\theta^2 - 2)bdM_1 + 2\theta bdm_2\right]\end{aligned} \quad (8-9)$$

由上可知，企业 1 通过实施用败德行为获得的利润增量是关于企业 2

[①] 本章所有命题与引理的证明见附录。

药品质量 m_2 的递增函数。类似地，如果给定企业 1 的质量选择 m_1，则企业 2 从败德中获得的利润增量为：

$$\Delta \pi_2(m_2 \mid m_1) = \pi_2(m_2 = M_2 \mid m_1) - \pi_2(m_2 = 0 \mid m_1)$$
$$= \frac{(\theta^2 - 2)dM_2}{(4 - \theta^2)^2}[(4 + 2\theta)a + (\theta^2 c_2 - 2c_2 + \theta c_1)b + \quad (8-10)$$
$$(\theta^2 - 2)bdM_2 + 2\theta bdm_1]$$

当且仅当利润增量大于期望惩罚时，企业才会选择采取败德行为。为此，需要进一步考察企业的质量决策。为了便于说明，我们先定义 M^1、M^2、M^3 等参数，它们分别是以下三个方程的解：

$$\frac{(\theta^2 - 2)dM^1}{(4 - \theta^2)^2}[(4 + 2\theta)a + (\theta^2 c_1 - 2c_1 + \theta c_2)b + (\theta^2 - 2)bdM^1] = P(g)$$
$$(8-11)$$

$$\frac{(\theta^2 - 2)dM^2}{(4 - \theta^2)^2}[(4 + 2\theta)a + (\theta^2 c_2 - 2c_2 + \theta c_1)b + (\theta^2 - 2)bdM^2] = P(g)$$
$$(8-12)$$

$$\frac{(\theta^2 - 2)dM^3}{(4 - \theta^2)^2}[(4 + 2\theta)a + (\theta^2 c_2 - 2c_2 + \theta c_1)b + (\theta^2 - 2)bdM^3 + 2\theta bdM^3] = P(g)$$
$$(8-13)$$

为了得出相应的命题，首先证明以下引理：

引理1：（1）$M^2 < M^1$；（2）$M^3 < M^2$。

这时，可以得到命题 2。

命题2：在时期 2（即质量选择阶段）实现均衡时，企业 1 与企业 2 的质量决策共有四种情形：（1）当 $M^1 < \underline{M}$ 时，企业 1 与企业 2 均选择标准质量；（2）当 $M^2 < \underline{M} < M^1$ 时，企业 1 降低药品质量，企业 2 保持标准质量；（3）当 $M^3 < \underline{M} < M^2$ 时，企业 1 的选择与企业 2 相反，即企业 2 保持标准质量时企业 1 选择降低药品质量，反之亦然；（4）当 $\underline{M} < M^3$ 时，企业 1 与企业 2 均选择降低药品质量。

命题 2 表明，在药品集中采购中，中标企业是否选择败德行为主要取决于政府部门的惩罚力度：如果惩罚力度比较高，则中标企业将按标准质量生产药品；如果惩罚力度相对较低，则所有中标企业均有选择降低药品质量的内在动机。其中，优质药品生产企业更有可能降低质量，这是因为：这类企业拥有较大的市场份额，其从降低药品质量中可以获得更大的成本节省和更多的潜在利润。

同时，我们以企业 1 为例来说明团队道德风险。如果政府部门对医疗事故相关企业的惩罚力度较低，则企业 1 可以生产低于国家标准质量的药品，但基于信息优势仍然与合格药品一同在市场上出售。此时，企业 1 可以从两个方面获得更多收益：一是更低的药品生产边际成本；二是通过低价策略获得的更大市场份额。毫无疑问，企业 1 的搭便车行为将严重损害企业 2 和医疗机构的利益。

实际上，药企的这种败德行为在现实中并不少见：一方面，企业有降低质量、削减成本并最终增加利润的内在动机；另一方面，为提高中标概率，成本劣势企业会不断降低投标价格直至低于边际成本，并且在中标后通过成本节省来获取正的利润。

通过对模型中的各参数进行比较静态分析，可以得到命题 3。

命题 3：当政府部门的惩罚力度较低时（$\underline{M} < M^1$），企业 1 选择败德行为的内在动机将在以下情形中增加：（1）a 增大；（2）c_1 减小；（3）c_2 增大。①

命题 3 的含义是，如果政府部门的惩罚力度较低，则企业 1 的败德行为选择还会受到市场容量、生产成本与竞争对手生产成本等因素的影响，其原因在于：（1）市场容量越大（即 a 增大），企业 1 通过降低质量获得的市场份额增幅也越大；（2）如果成本优势越突出（即 c_1 减小或者 c_2 增大），企业 1 从降低质量中获得的利润增量也越大。

三、质量选择的动态化

在药品集中采购中，处于成本劣势的企业可能降低投标价，以此提高中标可能性。目前，我国医药制造业市场集中率非常低，以中小型企业为主，市场竞争非常激烈。过度的市场竞争将使得中标价格往往低于药品的生产成本，这时中标企业只有通过降低药品质量进而降低成本才有可能获得正的利润。特别地，与具有成本优势的企业相比，处于成本劣势的企业有降低药品质量的更强动机。

就药品而言，药企无疑具有非常明显的信息优势，它们拥有关于药品质量、生产成本等的私人信息。因此，药企可以通过中标价格来获知竞争对手的质量决策，于是在时期 2 中两家企业将先后做出药品质量决策。

我们先考虑企业 2 率先行动这一情形，企业 1 在观察企业 2 的中标价

---

① 命题 3 与李新春和陈斌（2013）中的命题 2 略有差异，其原因在于：在药品集中采购中，药企之间进行价格竞争。药品定价一方面影响中标的可能性；另一方面影响市场份额。

格和采购价格后进行质量选择。在"唯价格论"下，企业 2 的中标价将低于其初始边际成本，即 $c_1 < p_2^b < c_2$。此时，如果继续生产，企业 2 必定会降低质量，即 $m_2 = M_2 < 0$。如果企业 1 仍然坚守质量标准，那么它的利润变动为①：

$$\Delta \pi_1(m_1 = 0 \mid m_2) = \pi_1(m_1 = 0 \mid m_2 = M_2) - \pi_1(m_1 = 0 \mid m_2 = 0) < 0 \tag{8-14}$$

换句话说，企业 2 通过败德行为侵占了企业 1 的正当利润②。此时，如果企业 1 得不到补偿，则其要么退出市场，要么同样采取败德行为。

现在，我们考虑另外一种情形，即企业 1 首先做出质量决策。假定企业 1 选择的质量为 m_1，则企业 2 通过败德行为获得的利润增量为：

$$\begin{aligned}\Delta \pi_2(m_2 \mid m_1) &= \pi_2(m_2 = M_2 \mid m_1) - \pi_2(m_2 = 0 \mid m_1) \\ &= \frac{(\theta^2 - 2)dM_2}{(4 - \theta^2)^2}[(4 + 2\theta)a + (\theta^2 c_2 - 2c_2 + \theta c_1)b \\ &\quad + (\theta^2 - 2)bdM_2 + 2\theta bdm_1]\end{aligned} \tag{8-15}$$

同理，有 $P(g) < \Delta \pi_2(m_2 \mid m_1 = M_1 < 0) < \Delta \pi_2(m_2 \mid m_1 = 0)$，即企业 1 选择败德行为后，企业 2 选择败德行为的利润将减少。但是，如果政府部门的惩罚力度足够低，使得 $P(g) < \Delta \pi_2(m_2 \mid m_1 = M_1 < 0)$，则企业 2 仍然将选择败德行为。

此时，企业 1 面临的情形可分为两种：(1) 如果 $m_1 = 0$，企业 2 必然选择败德行为，企业 1 的正当利润随之减少；(2) 如果 $m_1 = M_1 < 0$，基于成本优势和先发优势，企业 1 可以进一步扩大市场份额并获得更多利润。根据以上分析，可以得到命题 4。

命题 4：如果政府部门的惩罚力度相对较低，且市场对药品的需求与其质量无关，则市场竞争越激烈，药企发生团队道德风险的可能性越大。

命题 4 所反映的正是"唯价格论"情形中药品质量普遍下降这一现状。药品采购机构遵循"低价者得"原则，迫使企业通过降低投标价格来参与竞争。最终中标价格低于边际成本，企业往往通过降低质量以及成本以获取正的利润。同时，我国政府部门对企业的监管与惩罚力度较低，企业采取败德行为的机会成本较小，因而有通过降低药品质量以获得竞争优势的较强动机。

---

① $\partial \pi_1(m_1)/\partial m_2 > 0$（证明参照命题 2 的证明）。

② 随着竞争程度的增强，企业 1 的正当利润将不断减少。如果政府部门的惩罚力度足够低，使得企业 2 可以将质量降低到一定程度，企业 1 将无法获得正的利润。

第四节 "双信封招标"情形下的团队道德风险

由于我国医药制造业行业集中率较低，片面强调低价格必然会导致药品质量普遍下降这一后果。为了保障药品质量，安徽首次引入了印度的"双信封招标"制度。在这种招标模式下，只有通过"技术标"审核的企业才有参与"商务标"的资格。但是，在"双信封招标"模式中，仍然存在一些问题，例如，一方面，难以真正践行质量优先原则；另一方面，企业可以达成合谋，从而降低药品的国家质量标准，或者贿赂采购机构以逃避"技术标"审核。

在"双信封招标"模式中，药品质量是药企之间相互竞争的另一种途径。现在我们对基本框架进行扩展，以分析"双信封招标"模式中药企的相关行为。"双信封招标"情形与"唯价格论"情形的根本差异在于，企业需要通过质量审核方可参与投标竞争，且竞争中需要先后做出质量决策和价格决策，最终中标者争夺市场份额。

一、模型扩展

事实上，消费者从药品中获得的效用是药品使用价值（简单定义为质量与价格之比，即通常意义上的性价比）[1]。因此，消费者根据药品的使用价值而非价格进行购买决策，此时市场需求是药品价格和质量两个参数的函数。

在"双信封招标"模式中，企业的标书包括技术标和商务标。如果中标，则说明企业具有相应的生产技术，能够保证药品的质量。也就是说，企业所生产药品的质量得到了采购机构的认可。因此，企业选择的质量变量将直接进入需求函数，从而得到[2]：

$$q_i = a - bp_i + b\theta p_j + e(m_i - m_j) \qquad (8-16)$$

其中，$m_i - m_j$ 是两家企业所生产药品的相对质量差异，而 $e > 0$ 是市场对相对质量差异的敏感程度[3]。同样，企业生产单位药品的边际成本取决于

---

[1] 药品质量越高、价格越低，消费者从中获得的效用越大。

[2] 为了简化分析，我们将纳入质量变量的消费者需求函数加以转换，以保持其线性形式，具体证明和转换过程参见附录（6）。

[3] 与"双信封招标"模式相对应，e 可以反映采购机构在招标过程中赋予质量因素的相对权重。同时，$e = 0$ 表示采购机构完全遵循"低价者得"原则。

药品质量：

$$C_i(q_i) = (c_i + dm_i)q_i \qquad (8-17)$$

其中，$m_i \in [\underline{M}, \overline{M}]$，$\underline{M} < 0$ 与 $\overline{M} > 0$ 分别表示药品质量的下限与上限。此时，$m_i = 0$ 表示正常质量，而不再是国家标准质量①。

企业的质量选择可以分为三种情况：（1）保持正常水平，即 $m_i = 0$；（2）败德行为，即 $\underline{M} < m_i < 0$；②（3）创新行为，即 $0 < m_i < \overline{M}$。企业可以通过创新行为来提高药品质量③，但它必须为创新进行专项投资，并且投资 I 与政府资助力度 s 呈负相关关系。也就是说，$I_i = I_i(s)$，$\partial I_i/\partial s < 0$。同时，因为企业 1 具有技术优势且拥有自主专利，因此，企业 1 提高药品质量所需的投资要小于企业 2，即 $I_1(s) < I_2(s)$。此外，企业不会同时选择创新行为和败德行为。

与之前相比，企业 1 与企业 2 的博弈时序发生了以下变化：在时期 2，企业做出质量决策后，将向医疗机构公开。与之前的分析一致，当市场达到均衡时，企业 1 与企业 2 的最优价格决策如下：

$$p_1^* = \frac{(2+\theta)a + 2b(c_1 + dm_1) + b\theta(c_2 + dm_2) + e(2-\theta)(m_1 - m_2)}{4b - b\theta^2}$$
$$(8-18)$$

$$p_2^* = \frac{(2+\theta)a + 2b(c_2 + dm_2) + b\theta(c_1 + dm_1) + e(2-\theta)(m_2 - m_1)}{4b - b\theta^2}$$
$$(8-19)$$

$$p_1^* - p_2^* = \frac{(2b - b\theta)(c_1 - c_2) + (bd + 2e)(2-\theta)(m_1 - m_2)}{4b - b\theta^2}$$
$$(8-20)$$

此时，企业的最优价格主要受三大因素的影响：一是市场容量，企业定价关于市场容量正相关；二是自身与竞争对手的边际成本，企业最优定价关于自身成本正相关、关于竞争对手成本负相关；三是相对质量差距，

---

① 药企可以游说相关机构，使其制定一个低于正常水平的质量标准。如此，企业生产低于正常质量水平的药品，同样可以通过"技术标"审核。在此，假定游说成本是事后惩罚的一部分。也就是说，如果企业通过游说降低了药品标准质量，则其生产这种质量标准下的药品将有遭受事后惩罚的可能。

② $\underline{M} < m_i < 0$ 意味着中标企业在招标阶段向采购机构提供了虚假信息，同时也欺骗了医疗机构和患者。因为这种行为发生在事前，且企业通过损害代理人的利益而获益，因此可以定义为"事前道德风险"。

③ 在为期一年的采购期内，企业难以通过技术创新来降低生产成本，但它可以采用更先进的配方或技术来生产药品。在国内，这表现为：企业向国外企业购买更先进的专利。

企业的市场需求随着相对质量的提高而增加。

二、质量选择博弈

假定企业 2 选择质量为 m_2，则企业选择质量 m_1 时获得的利润为：

$$\pi_1(m_1 \mid m_2) = [(a - bp_1^*) + b\theta p_2^* + e(m_1 - m_2)](p_1^* - c_1 - dm_1)$$

$$= \left[\frac{(2+\theta)a + 2b(c_1 + dm_1) + b\theta(c_2 + dm_2) + e(2-\theta)(m_1 - m_2)}{4b - b\theta^2} - c_1 - dm_1 \right]$$

$$\times \left[a - \frac{(2+\theta)a + 2b(c_1 + dm_1) + b\theta(c_2 + dm_2) + e(2-\theta)(m_1 - m_2)}{4 - \theta^2} \right.$$

$$\left. + \theta \frac{(2+\theta)a + 2b(c_2 + dm_2) + b\theta(c_1 + dm_1) + e(2-\theta)(m_2 - m_1)}{4 - \theta^2} + e(m_1 - m_2) \right]$$

$$(8-21)$$

则企业 1 从败德行为（即 $m_1 = M_1 \in [\underline{M}, 0)$）或创新行为（即 $m_1 = M_1 \in (0, \overline{M}]$）中得到的利润增加额为：

$$\Delta\pi_1(m_1 \mid m_2) = \pi_1(m_1 = M_1 \mid m_2) - \pi_1(m_1 = 0 \mid m_2) =$$

$$\frac{(2e - e\theta + bd\theta^2 - 2bd)M_1}{b(4 - \theta^2)^2} \times [4a + 2a\theta + (2b\theta^2 - 4b)c_1 + 2b\theta c_2$$

$$+ (2bd\theta + 2e\theta - 4e)m_2 + (2e - e\theta + bd\theta^2 - 2bd)M_1]$$

$$(8-22)$$

同理，企业 2 的利润增加额为：

$$\Delta\pi_2(m_2 \mid m_1) = \pi_2(m_2 = M_2 \mid m_1) - \pi_2(m_2 = 0 \mid m_1) =$$

$$\frac{(2e - e\theta + bd\theta^2 - 2bd)M_2}{b(4 - \theta^2)^2} \times [4a + 2a\theta + (2b\theta^2 - 4b)c_2 + 2b\theta c_1$$

$$+ (2bd\theta + 2e\theta - 4e)m_1 + (2e - e\theta + bd\theta^2 - 2bd)M_2]$$

$$(8-23)$$

令 $M_i^* = \dfrac{4a + 2a\theta + (2b\theta^2 - 4b)c_i + 2b\theta c_j}{4e - 2e\theta - 2bd\theta}$，其中，$e \neq \dfrac{bd\theta}{2 - \theta}$[①]。从中

[①] 当 $e = \dfrac{bd\theta}{2 - \theta}$ 时，$\Delta\pi_i(m_i \mid m_j)$ 与 m_j 无关，这与实际情况相悖，所以本章不考虑这种情况。

可知，当 $0<e<\frac{bd\theta}{2-\theta}$，有 $M_i^*<0$；当 $e>\frac{bd\theta}{2-\theta}$ 时，有 $M_i^*>0$。① 首先，我们先证明引理2。

引理2：给定竞争对手的质量选择后，药企从偏离正常质量水平中得到的利润增加额与其质量选择之间的关系可以分为以下五种情况：

（1）若 $e<\frac{(2-\theta^2)bd}{2-\theta}$，$M_i>0$，且 $m_j \leqslant M_i^*$，则 $\partial\Delta\pi_i(m_i|m_j)/\partial M_i>0$；

（2）若 $e<\frac{(2-\theta^2)bd}{2-\theta}$，$M_i<0$，且 $m_j \geqslant M_i^*$，则 $\partial\Delta\pi_i(m_i|m_j)/\partial M_i<0$；

（3）若 $e>\frac{(2-\theta^2)bd}{2-\theta}$，$M_i>0$，且 $m_j \geqslant M_i^*$，则 $\partial\Delta\pi_i(m_i|m_j)/\partial M_i>0$；

（4）若 $e>\frac{(2-\theta^2)bd}{2-\theta}$，$M_i<0$，且 $m_j \leqslant M_i^*$，则 $\partial\Delta\pi_i(m_i|m_j)/\partial M_i<0$；

（5）若 $e=\frac{(2-\theta^2)bd}{2-\theta}$，则 $\Delta\pi_i(m_i|m_j)\equiv 0$，且 $\partial\Delta\pi_i(m_i|m_j)/\partial M_i \equiv 0$。

引理2表明，企业的质量选择必然受到竞争对手选择的影响。同时，还可以得到以下启示：（1）若 $e<\frac{(2-\theta^2)bd}{2-\theta}$，则满足一定条件时两家企业的质量选择方向相反；（2）若 $e>\frac{(2-\theta^2)bd}{2-\theta}$，则在满足一定条件时企业之间的质量选择方向相同；（3）当 $e=\frac{(2-\theta^2)bd}{2-\theta}$ 时，两家企业都不会选择偏离标准质量水平。

考虑到企业1在创新方面具有优势，故假定企业1先做出选择，而企业2在观察到企业1的决策信号后再做选择。为了便于分析，我们定义 M_1^1、M_1^2、M_2^1、M_2^2 等变量，它们分别是以下方程的解：

$$\pi_1(m_1=M_1^1<0|m_2=0)-\pi_1(m_1=0|m_2=0)=P(g) \quad (8-24)$$

---

① 其中，$4a+2a\theta+(2b\theta^2-4b)c_i+2b\theta c_j>0$ 恒成立。

$$\pi_2(m_2 = M_2^1 < 0 \mid m_1 = M_1^1) - \pi_2(m_2 = 0 \mid m_1 = M_1^1) = P(g)$$
(8-25)

$$\pi_1(m_1 = M_1^2 > 0 \mid m_2 = 0) - \pi_1(m_1 = 0 \mid m_2 = 0) = I_1(s)$$
(8-26)

$$\pi_2(m_2 = M_2^2 > 0 \mid m_1 = M_1^2) - \pi_2(m_2 = 0 \mid m_1 = M_1^2) = I(s)$$
(8-27)

参照引理 1，可以得到：$M_2^1 < M_1^1$，$M_1^2 < M_2^2$。此时，可以分为几种情况，但本章仅考虑 $\underline{M} < M_2^1 < M_1^1$ 与 $M_1^2 < M_2^2 < \overline{M}$ 同时成立这一情况①。换句话说，因为政府部门惩罚力度不足、创新成本相对较低，无论是选择败德行为还是创新行为，企业均能有利可图。如果企业选择采取败德行为，则必有 $m_1 = m_2 = \underline{M}$。相反，如果企业选择创新行为，则有 $m_1 = m_2 = \overline{M}$。于是，可以得到命题 5。

命题 5：当 $\underline{M} < M_2^1 < M_1^1 < 0$ 与 $0 < M_1^2 < M_2^2 < \overline{M}$ 均成立时，根据市场需求对相对质量差异的敏感度的不同，企业 1 与企业 2 的质量选择可以分为以下情况：

（1）当 $0 < e < \dfrac{bd\theta}{2-\theta}$ 时，若 $\underline{M} < M_2^* < 0$，则有 $m_1 = \underline{M}$ 与 $m_2 = \overline{M}$，或 $m_1 = \overline{M}$ 与 $m_2 = \underline{M}$；若 $M_2^* < \underline{M} < 0$，则有 $m_1 = \underline{M}$ 与 $m_2 = \overline{M}$，或 $m_1 = \overline{M}$ 与 $m_2 = \overline{M}$。

（2）当 $\dfrac{bd\theta}{2-\theta} < e < \dfrac{(2-\theta^2)bd}{2-\theta}$ 时，若 $0 < M_2^* < \overline{M}$，则有 $m_1 = \underline{M}$ 与 $m_2 = \overline{M}$，或 $m_1 = \overline{M}$ 与 $m_2 = \underline{M}$；若 $0 < \overline{M} < M_2^*$，则有 $m_1 = \underline{M}$ 与 $m_2 = \underline{M}$，或 $m_1 = \overline{M}$ 与 $m_2 = \underline{M}$。

（3）当 $e > \dfrac{(2-\theta^2)bd}{2-\theta}$ 时，若 $0 < M_2^* < \overline{M}$，则有 $m_1 = \underline{M}$ 与 $m_2 = \underline{M}$，或 $m_1 = \overline{M}$ 与 $m_2 = \overline{M}$；若 $0 < \overline{M} < M_2^*$，则有 $m_1 = \underline{M}$ 与 $m_2 = \underline{M}$，或 $m_1 = \overline{M}$ 与 $m_2 = \underline{M}$。

（4）当 $e = \dfrac{(2-\theta^2)bd}{2-\theta}$ 时，有 $m_1 = m_2 = 0$。

命题 5 表明，除第（4）种情形外，在市场需求对相对质量差异有不同的敏感度时，都有可能出现两家企业同时选择败德行为的结果，即产生

---

① 其他几种情况要么较为简单，要么与"唯价格论"情形类似，因此，本章不其此进行分析。另外，惩罚力度较低符合我国实际情况。

团队道德风险。团队道德风险是否产生，主要取决于先发企业是选择败德行为还是创新行为。当前，我国药企大多以仿制国外药品为主，自主创新能力较为缺乏。同时，由于药品监管体系不健全，企业采取败德行为的机会成本较小。如此，企业有采取败德行为的内在动机，相应地团队道德风险极易出现。

需要强调的是，当市场需求对相对质量差异有较高敏感度时（即第（3）种情形），两家企业可以选择合谋，即通过游说等事前败德行为来降低国家制定的药品合格质量标准，最终实现共赢。

因此，只有在第（4）种情形中，企业才不会采取会降低质量的败德行为。其中，选择最优相对质量敏感度 $e^* = \dfrac{(2-\theta^2)bd}{2-\theta}$ 极为重要。分析相对质量敏感度同其他各个参数的关系，可以得到命题6。

命题6：在药品集中招标采购中，招标机构通过设定最优相对质量敏感度 e^*，可以制止企业采取败德行为，其中，e^* 与市场需求弹性 b、质量变动的成本系数 d、药品可替代程度 θ 等因素之间均为正相关关系①。

命题6之所以成立，是因为企业的质量选择会受到市场状况以及药品生产特性等多重因素的影响。例如，药品的需求弹性 b 越大，则企业通过降价可获得的市场份额增量越大，因而企业采取败德行为的可能性也越大。类似地，质量变动的成本系数 d 越大或者药品异质性 θ 越大，企业从败德行为中获得的收益就越大，因而激励采取败德行为。当企业采取败德行为的动机越强时，集中采购机构必须相应提高对相对质量的偏好（即提高最优相对质量敏感度 e^*），如此才能有效制止企业的败德行为。

另外，如果要鼓励企业选择创新，则一方面应提高惩罚力度与政府资助力度，以增加企业采取创新行为的相对收益；另一方面需要提高对相对质量的敏感度或重视程度，确保 $e > \dfrac{(2-\theta^2)bd}{2-\theta}$，且 $0 < M_2^* < \overline{M}$。如此，就可以获得 $m_1 = \overline{M}$ 与 $m_2 = \overline{M}$ 这一理想结果。

---

① 对 e^* 关于 b、d、θ 求导数，即可证明命题6。

第五节 小 结

一、团队道德风险防范机制

与其他主体相比，药企对药品的质量、生产成本具有信息优势。因此，规范引导药企的行为，抑制其中的团队道德风险，对于实现药品集中采购制度的预期目标十分重要。药品集中采购可分为招标与采购两个阶段，而企业的团队道德风险（以降低药品质量与减少药品自主创新为主）尽管发生在采购阶段，但它受招标阶段的影响。因此，对药品集中采购制度的优化设计应当从招标阶段着手。

（一）设置价格下限

实施药品集中采购制度，其目的在于降低药品价格，即通过集中招标确定为药品采购的价格上限。然而，现阶段我国医药制造业行业集中率较低，并且以小规模企业为主。企业为了争夺药品出售市场，往往会采取降低投标价这一手段。当中标价低于单位生产成本时，降低药品质量成为企业盈利的必然选择。因此，在药品集中采购中不仅要确定价格上限，也应该设置合理的价格下限，即摒弃"低价者得"原则。

在招标阶段，根据往年的药品零售价格和批发价格，确定合理的中标价区间，即 $p^b \in [\underline{p}^b, \bar{p}^b]$，$\underline{p}^b > 0$。规范趋利企业的生产经营行为，必须给其留有利润空间，因而中标价格下限不能低于批发价格的平均值。此时，企业的价格竞争策略将受到限制，同时道德风险行为发生的可能性也将减小。下面，以企业2为例加以说明。

当两家企业均合法经营时，企业2的均衡利润为：

$$\pi_2^l = (p_2^* - c_2) \times (a - bp_2^* + b\theta p_1^*) \qquad (8-28)$$

假设企业2选择降低质量（即 $m_2 < 0$），以降低价格、增强竞争优势。这时，企业2的边际成本为 $c_2 + dm_2$，其价格降低至中标价格的下限，即 $p_2 = \underline{p}^b$。同时，企业1仍然坚持质量标准，假设此时有 $p_1 = p'_1$。如此，企业2的均衡利润为：

$$\pi_2^u = [\underline{p}^b - c_2 - dm_2] \times [a - b\underline{p}^b + b\theta p'_1] \qquad (8-29)$$

其中，$\underline{p}^b < p_2^*$，$p'_1 < p_1^*$。企业2降低质量所得到的利润增加额为：

$$\Delta \pi_2(m_2) = [(a + bc_2 - b(\underline{p}^b + p_2^*)](\underline{p}^b - p_2^*) + b\theta(p'_1 \underline{p}^b - p_1^* p_2^*)$$

$$+ b\theta c_2(p_1^* - p'_1) + (-dm_2)(a - b\underline{p}^b + b\theta p'_1) \quad (8-30)$$

其中，第（1）、第（2）项小于 0，第（3）、第（4）项大于零。但整体而言，利润增加额将随着 $p_2 = \underline{p}^b$ 的降低而减少。也就是说，与自由竞价情形相比，企业降低质量的动机将减弱。如果提高政府惩罚力度，则必然有 $\pi_2(m_2) < P(g)$。

（二）多质量层次招标

目前，我国医药制造业存在的一个突出问题是：企业以生产仿制药品为主，自主创新和研发能力严重不足，原研药极其缺乏。除技术水平落后外，主要原因在于企业规模过小与创新激励不足。市场竞争过于激烈，创新成果可产生的利润相对较少，因而企业的创新投入激励不足。特别地，在采购药品时采购机构通常是将所有企业简单分组，让其参与无差别价格竞争，这进一步削弱了优质企业的创新激励。因此，相比较而言，仿制、降低质量等方式对企业更有吸引力。

为了提高市场对药企的创新激励，本章建议：在"双信封招标"制度的"技术标"评比阶段，将所有投标药品按照预期质量水平（如疗效、合格率）等分为若干层次，同时设置与质量水平正相关的门槛（如保证金等）①。此后，分层次进行药品集中招标采购，其作用主要包括两个方面：一是合理弱化企业间的价格竞争，引导其参与质量竞争；二是增加企业从事创新的潜在收益，以增强企业的创新激励。按质量分层次进行招标的实质，是赋予"质量"指标在招标中更大的权重，并且该权重增量会随着质量层级的增加而增大。下面，以具有创新优势的企业 1 进行分析。

当企业 2 选择质量 m_2 时，企业 1 选择创新行为（$m_1 = M_1 > 0$）的利润增加额为：

$$\Delta \pi_1(m_1 | m_2) = \pi_1(m_1 = M_1 | m_2) - \pi_1(m_1 = 0 | m_2)$$
$$= \frac{(2e - e\theta + bd\theta^2 - 2bd)M_1}{b(4-\theta^2)^2} \times [4a + 2a\theta + (2b\theta^2 - 4b)c_1$$
$$+ 2b\theta c_2 + (2bd\theta + 2e\theta - 4e)m_2 + (2e - e\theta + bd\theta^2 - 2bd)M_1]$$
$$(8-31)$$

对式（8-31）求偏导数，得到：

---

① 当前，药企普遍通过更新包装、变动规格等"换汤不换药"的方式来欺骗药品需求方和相关机构。因此，设置门槛的目的在于抑制目前盛行的虚假创新行为：在采购周期内，一旦证实企业存在虚假创新行为，将通过没收保证金、禁止投标等方式对其予以惩罚。

$$\frac{\partial \pi_1}{\partial e} = \frac{(2-\theta)^2 M_1(M_1 - 2m_2)}{b(4-\theta^2)^2} \quad (8-32)$$

如果 $M_1 > 2m_2$，则有 $\partial \pi_1/\partial e > 0$。换句话说，如果企业 1 的质量水平是企业 2 的两倍有余，则企业 1 采取创新的利润增量关于相对质量敏感度 e 正相关。同时，质量差异越大，不同药品之间的可替代程度 θ 将越小，但相对质量敏感度 e 会越大，这会进一步增加选择创新的可得收益。

以上分析表明，当企业 2 选择道德风险行为时，提高对质量的重视程度，将使企业 1 选择创新的可能性增加。同时，如果提高对道德风险行为的惩罚力度，增加对创新行为的政府资助力度，企业 1 必将选择创新行为，以获得更多利润。

二、主要结论

本章将药企视为一个广义上的团队，从而将药品集中采购中与之相关的问题归纳为团队道德风险。以李新春和陈斌（2013）为基础，本章构建并扩展了基本模型，分别从"唯价格论"与"双信封招标"两种情形来分析生产经营企业的价格与质量决策。根据对模型的解析，本章得到以下结论。

一是市场竞争加剧将导致中标价格降低，最终使得药企陷入两难困境。由于中标价格低于边际成本，企业在正常生产情况下将无法盈利。于是，中标企业要么退出市场，要么采取败德行为。特别地，因为利润空间较小，竞争加剧会首先冲击生产优质药品且采取"薄价多销"策略的企业。这类企业可能率先采取败德行为，从而出现优质药品逐渐不复存在的局面。

二是当政府部门对违法企业的惩罚力度较低时，所有企业都有采取败德行为的内在动机。同时，如果成本劣势企业采取败德行为，则优势企业必然采取败德行为，以避免正常利润被前者掠夺。如此，就出现了团队道德风险。另外，企业选择败德行为的可能性或意愿会受到市场容量、相对成本水平、市场竞争程度等因素的影响。

三是在"双信封招标"情形中，质量所占权重（也即对相对药品质量的敏感度）将直接影响药企的败德行为选择。具体地，如果权重较低，则所有企业都有选择败德（即通过降低质量来增加利润）的内在动机；而当权重较高时，由于创新成本相对较高，企业很可能放弃创新。相反，它们可能通过合谋等方式降低药品国家质量标准，以此从而实现利润的"合法"增长。

四是通过制定合理的"双信封招标"方式，可以制止药企的败德行为，并鼓励其采取创新行为。企业在两种行为之间的选择，主要取决于相应的成本收益比较。提高质量在招标过程中的分量，一方面可以弱化采取低价投标的竞争优势；另一方面能够增加创新的预期收益。这样，企业投资创新的内在动机将增强。

此外，本章研究表明，除提高政府监管部门的惩罚力度以外，药品集中采购中存在的弊端，可以通过制度优化设计得以减缓甚至消除。基于上述框架可以证明，设置价格下限、进行多质量层次招标等方式能有效抑制败德行为的出现，并促使企业选择创新行为。当然，深入了解团队道德风险防范机制的已有研究成果，对药品集中采购制度的优化设计大有裨益。

附录：命题与引理的证明

1. 命题 1 的证明

企业 2 为了提高中标的可能性，将投标价格降低至低于初始边际成本，并以此价格参与市场竞争。也就是说，企业 1 在竞争中将面临企业 2 的给定价格 $p_2 = p_2^b$。

当最优定价等于其边际成本时，企业 1 的最大化利润等于 0。根据企业 1 的价格反应函数，有：

$$p_1 = \frac{a + b\theta p_2^b + bc_1}{2b} = c_1$$

从中可以得到：$p_2^b = \frac{bc_1 - a}{b\theta}$。即当 $p_2^b \leq \frac{bc_1 - a}{b\theta}$ 时，$\pi_1 \leq 0$。

2. 引理 1 的证明

为了证明引理 1，我们首先证明：在等式 $x(x + y) = z$（z 为大于 0 的常数），变量 x 与 y 呈负相关关系。

变换等式，可以得到：$y = \frac{z - x^2}{x}$

因此，有：$\partial y / \partial x = \frac{-2x^2 - (z - x^2)}{x^2} = \frac{-x^2 - z}{x^2} < 0$

在 $\frac{(\theta^2 - 2)dM_i}{(4 - \theta^2)^2}[(4 + 2\theta)a + (\theta^2 c_i - 2c_i + \theta c_j)b + (\theta^2 - 2)bdM_i] = P(g)$ 中，令 $(\theta^2 - 2)dM_i = x$，令 $(4 + 2\theta)a + (\theta^2 c_i - 2c_i + \theta c_j)b = y$，$P(g) = z$，可以得到：$\frac{x}{(4 - \theta^2)^2}[y + bx] = z$，同理，有：$\partial y / \partial x < 0$。

又因为 $\partial x/\partial M_i = (\theta^2 - 2)d < 0$，所以有：$\partial M_i/\partial y > 0$。

因为 $\partial y/\partial c_i = b(\theta^2 - 2) < 0$，$\partial y/\partial c_j = b\theta > 0$，所以有：$y(i=1, j=2) > y(i=2, j=1)$，故：$M^2 < M^1$；同理，可以得到 $M^3 < M^2$。

3. 命题 2 的证明

首先，证明企业从败德行为中获得的利润增加额是质量降低程度的递增函数。

以企业 1 为例，令 $\Delta\pi_1(m_1 \mid m_2) = \pi_1(m_1 = M_1 \mid m_2) - \pi_1(m_1 = 0 \mid m_2) = \Gamma(M_1)\Pi(M_1)$。

其中，$\Gamma(M_1) = \dfrac{(\theta^2 - 2)dM_1}{(4 - \theta^2)^2}$，

$\Pi(M_1) = (4 + 2\theta)a + (\theta^2 c_1 - 2c_1 + \theta c_2)b + (\theta^2 - 2)bdM_1 + 2\theta bdm_2$。

因此，有：$\partial\Gamma(M_1)/\partial M_1 = \dfrac{(\theta^2 - 2)d_1}{(4 - \theta^2)^2} < 0$，$\partial\Pi(M_1)/\partial M_1 = (\theta^2 - 2)bd < 0$。

因为降低成本必然能够提高利润，即 $\Gamma(M_1) > 0$、$\Pi(M_1) > 0$ 恒成立，所以有：$\partial\Delta\pi_1(m_1 \mid m_2)/\partial M_1 < 0$，即败德行为的利润增加额随着质量降低程度的增加而增大。

其次，证明企业是否选择降低质量这种败德行为与政府部门的惩罚力度有关。当且仅当从降低质量中获得的利润增加额大于期望惩罚时，企业将选择败德行为。

由 $P(g) = \Delta\pi_1(m_1 \mid m_2)$ 可知，$\partial P(g)/\partial M_1 < 0$，即当政府部门的惩罚力度 $P(g)$ 提高时，企业 1 必须选择更低的质量水平，才能获得正的利润增加额。

同时，企业能够选择的质量水平存在下限 $\underline{M}$，因此，企业的质量决策由质量下限 $\underline{M}$ 与政府部门惩罚力度 $P(g)$ 共同决定，即：当惩罚力度 $P(g)$ 较高时，使得 $M^1 < \underline{M}$ 成立，这时企业 1 将保持标准质量；而当惩罚力度 $P(g)$ 相对较低时，使得 $M^1 > \underline{M}$，则企业 1 将降低质量。同理，可以得到企业 2 的质量决策。

4. 命题 3 的证明

对 $\Delta\pi_1(m_1 \mid m_2)$ 分别关于 a、c_1、c_2 求偏导数，可以得到：

(1) $\partial\Delta\pi_1(m_1 \mid m_2)/\partial a = \dfrac{(\theta^2 - 2)dM_1}{(4 - \theta^2)^2}(4 + 2\theta) > 0$；

(2) $\partial\Delta\pi_1(m_1 \mid m_2)/\partial c_1 = \dfrac{(\theta^2 - 2)dM_1}{(4 - \theta^2)^2}(\theta^2 - 2)b < 0$；

(3) $\partial \Delta \pi_1(m_1 \mid m_2)/\partial c_1 = \dfrac{(\theta^2 - 2)dM_1}{(4 - \theta^2)^2} \cdot b\theta > 0$。

5. 引理 2 的证明

以企业 1 为例进行证明，证明过程与命题 2 的证明类似。

令 $\Delta \pi_i(m_i \mid m_j) = \Gamma(M_i)\Pi(M_i)$，此时有：$\Gamma(M_i) = \dfrac{(2e - e\theta + bd\theta^2 - 2bd)M_i}{b(4 - \theta^2)^2}$，

$\Pi(M_i) = 4a + 2a\theta + b\theta^2 c_1 + 2b\theta c_2 + (2bd\theta + 2e\theta - 4e)m_j + (2e - e\theta + bd\theta^2 - 2bd)M_i$

此时，有 $\partial \Gamma(M_i)/\partial M_i = \dfrac{2e - e\theta + bd\theta^2 - 2bd}{b(4 - \theta^2)^2}$，$\partial \Pi(M_i)/\partial M_i = 2e - e\theta + bd\theta^2 - 2bd$。

因为 $b(4 - \theta^2)^2 > 0$ 恒成立，因此，两个偏导数的正负符号取决于 $2e - e\theta + bd\theta^2 - 2bd$。

由 $2e - e\theta + bd\theta^2 - 2bd = 0$，可以得到：$e = \dfrac{bd(2 - \theta^2)}{2 - \theta}$。

因此，当 $e < \dfrac{bd(2 - \theta^2)}{2 - \theta}$ 时，有 $\partial \Gamma(M_i)/\partial M_i < 0$、$\partial \Pi(M_i)/\partial M_i < 0$；

当 $e > \dfrac{bd(2 - \theta^2)}{2 - \theta}$ 时，有 $\partial \Gamma(M_i)/\partial M_i > 0$、$\partial \Pi(M_i)/\partial M_i > 0$；

当 $e = \dfrac{bd(2 - \theta^2)}{2 - \theta}$ 时，有 $\partial \Gamma(M_i)/\partial M_i = 0$、$\partial \Pi(M_i)/\partial M_i = 0$。

我们仅证明引理 2（1），其余各项证明方法相同。

由 $e < \dfrac{bd(2 - \theta^2)}{2 - \theta}$、$M_i > 0$ 可以得到：$\Gamma(M_i) < 0$。因为 $\partial \Pi(M_i)/\partial M_i < 0$，若 $\Pi(M_i = 0) \leq 0$，则必有 $\Pi(M_i) < 0$，因而有 $m_j < M_i^*$。所以当 $e < \dfrac{bd(2 - \theta^2)}{2 - \theta}$、$M_i > 0$、$m_j < M_i^*$ 时，有 $\partial \Delta \pi_i(m_i \mid m_j)/\partial M_i = \Gamma'(M_1)\Pi(M_1) + \Gamma(M_1)\Pi'(M_1) > 0$。

6. 引入质量的需求函数

消费者从某种商品中得到的效用为：$U = U(v_1, v_2, q_1)$，其中，v_1 是该商品的使用价值；v_2 是替代品的使用价值；q_1 是对商品的消费量。

令效用函数为柯布-道格拉斯形式，即 $U = U(v_1, v_2, q_1) = Av_1^{\alpha} v_2^{-\beta} q_1^{\gamma}$。其中，$1 > \alpha > \beta > 0$ 表示当前所消费商品比替代品对消费者效用的影响大。另外，$A > 0$，$0 < \gamma < 1$。

消费者面临收入约束，即 $p_1 q_1 \leq Y$，其中，Y 为可支配收入。

此时，消费者的消费决策由效用的最大化问题给出：
$MaxU(v_1, v_2, q_1)$，s.t. $p_1 q_1 \leq Y$

从中可以求得：$q_1 = \left(\dfrac{A\gamma v_1^{\alpha} v_2^{-\beta}}{\lambda p_1}\right)^{\frac{1}{1-\gamma}}$。其中，$\lambda > 0$。

对上式两边取自然对数，得到：
$$\ln q_1 = \frac{1}{1-\gamma}\ln\frac{A\gamma}{\lambda} + \frac{\alpha}{1-\gamma}\ln m_1 - \frac{1+\alpha}{1-\gamma}\ln p_1 - \frac{\beta}{1-\gamma}\ln m_2 + \frac{\beta}{1-\gamma}\ln p_2$$

通过对数变换，并且假设消费者对不同商品的质量有相同的敏感度，则可以得到线性的需求函数：$q_1 = a - bp_1 + b\theta p_2 + e(m_1 - m_2)$。

主要参考文献

[1] Alchian A, Demsetz H. Production, Infromation Costs, and Economic Organization [J]. The American Economic Review, 1972, 62 (5): 777–795.

[2] Che Y K, Kim J. Robustly Collusion-Proof Implementation [J]. Econometrica, 2006, 74 (4): 1063–1107.

[3] Encinosa W E III, Gaynor M, Rebitzer J B. The sociology of groups and the economics of incentives: Theory and evidence on compensation systems [J]. Journal of Economic Behavior & Organization, 2007, 62 (2): 187–214.

[4] Eswaran M, Kotwal A. The Moral Hazard of Budget-Breaking [J]. The RAND Journal of Economics, 1984, 15 (4): 578–581.

[5] Falk A, Ichino A. Clean Evidence on Peer Effects [J]. Journal of Labor Economics, 2006, 24 (1): 39–57.

[6] Fitzroy F R. Distribution, Efficiency and Incentives in Organizations [J]. Managerial and Decision Economics, 1982, 3 (4): 225–232.

[7] Gaynor M. Misperceptions, Moral Hazard and Incentives in Groups [J]. Managerial and Decision Economics, 1986, 7 (4): 279–282.

[8] Gaynor M. The Presence of Moral Hazard in Budget Breaking [J]. Public Choice, 1989, 61 (3): 261–267.

[9] Hammond G J, Miller J. Moral Hazard in Work Organizations: A Comment on Gaynor, Eswaran and Kotwal, and Holmstrom [J].

Public Choice, 1992, 74 (2): 245 – 256.

[10] Hermalin B E. Toward an Economic Theory of Leadership: Leading by Example [J]. The American Economic Review, 1998, 88 (5): 1188 – 1206.

[11] Homlstrom B. Moral Hazard in Teams [J]. Bell Journal of Economics, 1982, 13 (2): 324 – 340.

[12] Kandel E, Lazear P. Peer Pressure and Partnership [J]. Journal of Political Economy, 1992, 100 (4): 801 – 817.

[13] Kanodia C S. Stochastic Monitoring and Moral Hazard [J]. Journal of Accounting Research, 1985, 23 (1): 175 – 193.

[14] Lazear E P, Rosen S. Rank-Order Tournaments as Optimum Labor Contracts [J]. Journal of Political Economy, 1981, 89 (5): 841 – 864.

[15] Legros P, Matthews S A. Efficient and Nearly-Efficient Partnerships [J]. The Review of Economic Studies, 1993, 60 (3): 599 – 611.

[16] Mas A, Moretti E. Peers at Work [J]. The American Economic Review, 2009, 99 (1): 112 – 145.

[17] Nikolowa R. Mutual Monitoring Versus Incentive Pay in Teams [J]. Annals of Economics and Statistics, 2009, 93/94: 161 – 182.

[18] Olson M. The Logic of Collective Choice [M]. Cambridge: Harvard University Press, 1965.

[19] Radner R. Repeated Partnership Games with Imperfect Monitoring and No Discounting [J]. The Review of Economic Studies, 1986, 53 (1): 43 – 57.

[20] Rasmusen E. Moral Hazard in Risk-Averse Teams [J]. The RAND Journal of Economics, 1987, 18 (3): 428 – 435.

[21] Rey-Biel P. Inequity Aversion and Team Incentives [J]. The Scandinavian Journal of Economics, 2008, 110 (2): 297 – 320.

[22] Shapiro C, Stiglitz J E. Equilibrium Unemployment as a Worker Discipline Device [J]. The American Economic Review, 1984, 74 (3): 433 – 444.

[23] Song J. Futures Market: contractual arrangement to restrain moral hazard in teams [J]. Economy Theory, 2012, 51 (1): 163 – 189.

[24] Stiglitz J. Peer monitoring and credit markets [J]. World Bank E-

conomic Review, 1990, 4 (3): 351 - 366.

[25] Varian H R. Monitoring Agents with Other Agents [J]. Journal of Institutional and Theoretical Economics, 1990, 146 (1): 153 - 174

[26] 董保民. 团队道德风险的再研究 [J]. 经济学 (季刊), 2003, 3 (4): 173 - 194.

[27] 李金波, 聂辉华, 沈吉. 团队生产、集体声誉和分享规则 [J]. 经济学 (季刊), 2010, 9 (3): 941 - 960.

[28] 李新春, 陈斌. 企业群体性败德行为与管制失效——对产品质量安全与监管的制度分析 [J]. 经济研究, 2013 (10): 98 - 111, 123.

[29] 毛刚, 朱莲, 李开容, 等. 非营利组织团队激励机制 [J]. 西南交通大学学报, 2004 (1): 56 - 60.

第九章 声誉效应与食品安全水平的关系研究

自 2008 年三聚氰胺奶粉事件以来，我国被曝光的食品安全事件逐年增加，食品安全问题渐渐成为国人心中挥之不去且备受困扰的梦魇。尤其值得警惕的是，食品安全问题涉及企业数量剧增，不仅有众多中小企业，而且不少行业的龙头企业或上市公司也未能例外[①]。为应对日益严峻的食品安全形势，国家不断提高监管力度，并通过补贴生产基地建设、建设可追溯体系等措施保障食品尤其是农产品的安全。但是，受食品生产环节较多、食品行业竞争潜规则（李新春和陈斌，2013）、监管技术滞后等因素的影响，这些措施均收效甚微。因此，创新监管手段、提高监管效率迫在眉睫。

食品是经验品，因而食品企业与消费者之间存在严重的信息不对称。食品安全问题的发生，实质上是具有信息优势的生产企业（代理人）采取损害公众与政府（委托人）利益的机会主义行为的结果。因此，食品安全监管的有效途径是抑制企业的机会主义行为（或败德行为）。克雷普斯等（Kreps et al., 1993）、梯若尔（1996）等研究表明，声誉机制是抑制个人或团队机会主义行为的重要方式。当然，声誉机制要产生效果，必须满足以下条件：第一，与声誉有关的信息能够有效传播；第二，存在完善的绩效评价机制，委托人能够根据代理人的实际绩效及时调整其声誉；第三，存在竞争性的代理人市场，从而给代理人提供维持声誉的激励。

事实上，为保护和激励企业而建立的声誉机制在我国早已存在，例如中国驰名商标、中华老字号等。除了针对品牌或产品的声誉评定外，还有数量众多的以企业为评定对象的声誉机制。其中，大部分声誉机制都涉及食品行业。然而，由于每次被曝光的食品安全事件都涉及一些知名食品企

[①] 以奶粉业为例，在 2008 年 9 月进行的专项检查中，22 家 69 个批次被查出有三聚氰胺，且被检测出来的企业多为伊利、蒙牛、三鹿等大型企业。作为龙头企业或上市公司，这些企业具有很高的市场占有率，它们的不法行为严重威胁到国内奶粉业的发展。

业，人们对声誉机制的作用产生了质疑。那么，声誉效应能否对违法食品企业施加惩戒？声誉机制的存在能否给食品企业提供有效激励？政府部门与社会组织能否通过建立相应的声誉机制来保障并提高食品安全整体水平？为此，本章将通过基于国内现状的实证分析来回答这些问题。鉴于中国驰名商标评定的连续性、长期性和权威性，我们选择其作为我国现有声誉机制的代表。

第一节 声誉效应研究进展

到目前为止，学术界尚未形成对声誉的一致定义或概念[①]。其中，牛津英语词典对声誉的定义较为具体：声誉是人们对某人或某物的整体评价，或者某人或某物得到的尊重或赞美，它以过去的行为或特征为基础。可以说，声誉是反映主体相关信息的一种信号，而它的主体可以是个体，也可以是集体。本章的研究对象是食品生产企业，因而主要关注集体声誉。

法玛（Fama，1980）提出，可以将竞争性经理人市场作为解决企业内代理人问题的一种激励机制，从而首次将声誉引入经济学研究领域。克莱因和莱弗勒（Klein and Leffler，1981）则建议，声誉机制能够给经验品的生产者与销售者提供合适的激励，使其遵守承诺或者保证产品质量。之后，大量国外文献围绕声誉形成、声誉的保持与交易等进行了研究[②]。理论研究表明，声誉效应的存在，能够激励代理人提高努力水平。当然，除满足竞争性代理人市场等基本条件外，在不同情形中声誉发挥激励作用还需具备一些特定条件。

本章主要梳理对声誉效应的作用进行实证分析的重要文献[③]。最初对声誉效应的研究，主要关注其对败德企业的惩戒作用。一般认为，当企业的不当行为损害直接利益相关方（如消费者）的福利时，该企业将因声誉受损而遭到市场的严厉惩罚。例如，美国联邦贸易委员会（FTC）针对虚假性和误导性广告进行监管，而佩尔兹曼（1981）对其实施效果进行了实

[①] Fombrun and Riel（1997）对经管类文献中关于声誉的观点或关注点进行了详细的总结。
[②] 比较重要的理论研究文献包括 Klein and Leffler（1981）、Kreps et al.（1993）、Fudenberg and Levine（1992）、Holmstrom（1999）、Tadelis（1999）、Ekmekci and Wilson（2010）等。
[③] 关于声誉理论的研究成果与最新进展，参见：余津津（2003）、翟立宏和付巍伟（2012）、李军林和姚东旻（2013）。

证分析，结果表明：当上市公司因存在嫌疑而被 FTC 调查时，它将遭受巨大声誉损失。也就是说，声誉惩罚提高了公司发布虚假、误导性广告的机会成本。对产品召回、飞行员失误导致的航空事故、犯罪性欺诈等的实证研究也表明，出现不当行为的企业将因声誉受损而遭到惩罚[1]。

在对公共企业是否因联邦犯罪调查而遭受声誉惩罚的实证分析中，亚历山大（Alexander, 1999）发现，只有当受害方是直接利益相关方而非第三方时，这些企业才会受到严厉的声誉惩罚。卡波夫（Karpoff, 2005）等对违反环境规制的企业所受市场价值损失进行了测度，结果表明污染环境的行为主要由法律制裁而非声誉惩罚来加以约束。

其他文献则主要关注声誉效应在提高企业绩效、增加收入等方面的作用。邓巴（Dunbar, 2000）、方华（Fang, 2005）、纳拉亚南等（Narayanan et al., 2007）等发现，已经获得的市场声誉能显著提高投行等证券市场中介机构的业绩（如获取较高的服务费用、得到更多的承销委托），同时也能增加委托方的效益。在餐饮行业，金和莱斯利（Jin and Leslie, 2009）证明：连锁店经营能给经营者提供声誉激励，而特许经营单位倾向于免费搭乘连锁店的声誉。这类研究说明，声誉是企业参与市场竞争的一种主要比较优势（Rindova and Fombrun, 1999），它对企业绩效有显著的促进作用，而这也使得企业有建立并维持市场声誉的持续激励。

国内关于声誉理论的研究起步较晚，且早期阶段主要集中于对西方声誉理论的梳理与介绍。伴随着市场经济的飞速发展，国内学者开始更多关注声誉效应是否可以在国内市场中发挥作用。其中，研究对象主要包括证券市场中介机构、独立董事、政府投资审计机构、职业经理人等。[2] 这些研究大多证明，声誉效应在抑制市场参与者的机会主义行为方面具有非常重要的作用。当然，正如胡旭阳（2003）所指出的，受制度不完善、评级机构缺乏等因素影响，声誉效应的作用得不到充分发挥。

国内外研究表明，作为一种市场的自发力量，声誉效应可以从两个方面增进社会福利：一是声誉受损的可能性提高了企业采取败德行为的机会成本，如此有助于抑制有损消费者利益的败德行为的发生；二是较好的声誉有助于提高企业绩效、增加其收益，这就促使企业更加努力地提高产品

---

[1] 具体参见 Jarrel and Pelzman (1985)、Chalk (1986, 1987)、Mitchell and Maloney (1989)、Karpoff and Lott (1993; 1999)、Murphy et al. (2009) 等文献。
[2] 参见胡旭阳（2003）、刘江会（2004）、徐浩萍和戴晓娟（2006）、醋卫华（2012）、陈艳（2008）、周繁等（2008）、宁向东等（2012）、吴仲兵（2012）、刘惠萍和张世英（2005）、郑志刚等（2011）等文献。

质量或服务水平，以建立并维持市场声誉。换句话说，声誉效应与企业行为之间存在两种关系：一方面，采取机会主义行为的企业将因声誉受损而受到惩罚；另一方面，依法经营的企业将因更好的声誉而获得经济回报。

食品大多是经验品，因而消费者与生产企业之间存在严重的信息不对称。具有信息优势的企业极易采取败德行为，这就出现了当前我国食品安全事件频繁发生的情况。因此，抑制企业的机会主义行为是保障食品安全的关键所在。相比于成本昂贵但效果不佳的政府监管，现阶段我们更应当考虑使用通过市场力量来约束食品企业的生产经营行为。其中，声誉效应是重中之重[①]。吴元元（2012）指出，声誉机制具有的威慑作用充分考虑了企业的长期收入流，如此可借助消费者"用脚投票"来对企业利益结构的核心部分产生影响，最终有效制止企业的败德倾向。李新春和陈斌（2013）的分析也表明，在发生食品安全问题后，如果消费者可以甄别出违法企业并及时"用脚投票"，这就会大幅提高企业选择"败德行为"的经济成本。迫于"声誉"的压力，企业特别是行业领导者将倾向于通过创新而非败德来降低成本。

另外，以三聚氰胺事件作为外生冲击，孔东民（Kong, 2012）考察了投资者对我国食品行业上市公司企业社会责任的回应，研究结果表明，投资者或消费者日益关注与企业社会责任相关的事件，这直接影响着其对食品行业企业社会责任的态度。也就是说，政府部门可以通过制定政策来激发食品企业承担企业社会责任的活力，而食品企业可以通过更多关注企业社会责任来获取长期利益。这些研究表明，市场声誉机制是政府规制的有效补充，它能够起到对食品安全的保障作用。

第二节 研究假说、方法与数据

一、研究假说

目前，我国食品行业已满足声誉发挥作用所需要的基本条件，即竞争性市场、有效的信息传播渠道与声誉评定机构。但是，大量龙头企业或知名企业仍然出现食品安全问题这一现状，使得声誉效应在激励食品企业提

[①] 皮天雷（2009）指出，声誉是市场经济中缓解信息不对称、规范市场秩序的一种有效制度安排。

高食品安全水平方面的作用受到质疑。因此，有必要对此进行实证检验，从而为更好地发挥声誉机制的重要作用奠定基础。

声誉是反映企业相关信息的一种信号，因而声誉效应是市场对企业具体行为的反应。就食品安全而言，食品企业的行为决策包括依法经营与非法经营（败德）两种。根据已有研究，可以预期：因为向市场投入不安全食品，非法经营的食品企业将遭受声誉惩罚；在得到消费者的肯定后，依法经营的食品企业将获得市场份额提高、融资成本降低等经济回报。由此，我们可以得到假说一与假说二。

假说一：声誉惩罚，即非法经营的食品行业企业将因声誉受损而遭受严厉的市场惩罚。

假说二：声誉激励，即获得市场声誉能够提高食品行业相关企业的经营业绩。

此外，相对于无声誉企业的产品而言，消费者对有声誉企业的产品有更高的信任度。因此，获取声誉可以作为企业主动规避市场风险的一种有效战略，即已有声誉可以减少依法经营企业所受市场冲击。针对食品行业，我们提出假说三。

假说三：风险规避，即在发生食品安全事件时，已有声誉能够减少依法经营的食品企业所遭受的市场风险。

如果有证据表明上述三个假说成立，则说明声誉效应在规范食品企业行为、保障食品安全水平和提高消费者福利等方面发挥了积极作用。

二、研究方法

第一，通过事件研究法估计股票市场对某一食品安全事件的反应[①]，以对假说一进行检验。由于食品安全事件的爆发首先发生于一家企业，因而我们将单个企业（即上市公司）作为观察样本。首先，本章对食品安全事件的定义是：消费者举报、媒体曝光或政府相关部门发布公告，某一食品企业的产品存在危害人体健康的问题，或者已经造成了一定的损失与社会恐慌。其次，将事件的发生日期定义为时间 0[②]，并根据对事发企业做出行政或司法处理的时间确定若干个不等的时间窗口。然后，分别计算不

---

① 关于事件研究法的具体说明可见 MacKinlay（1997）、Kothari and Warner（2007）。

② 与其他使用事件研究法的文献不同，本章所关注的食品安全事件并没有一个非常明确的发生时点，而是存在一个发生时间区间。为此，本章将国家级媒体首次报道或者政府部门发布通告的日期作为发生日期。

同时间窗口内个股的正常收益率 $R'_{i,t}$ 与实际收益率 $R_{i,t}$，从而得到个股的异常收益率 $AR_{i,t}$。其中，采用市场模型计算正常收益率（$R'_{i,t} = \alpha_i + \beta_i R_{i,m} + \varepsilon_{i,t}$）①，采用的是为期240天的估计窗口②，而异常收益率则为正常收益率与实际收益率之差（$AR_{i,t} = R_{i,t} - R'_{i,t}$）。再其次，计算 N 家上市公司的日均异常收益 $AR_t = \sum_{i=1}^{N} AR_{i,t}/N$，以及时间窗口 $[t_1, t_2]$ 内的累计平均异常收益率 $CAR(t_1, t_2) = \sum_{t=t_1}^{t_2} AR_t$。最后，构造 t 检验来检验 $CAR(t_1, t_2)$ 是否显著不为 0。如果 t 检验结果表明，累计平均异常收益率显著小于零，则说明声誉效应对出现食品安全事件的相关企业施加了严厉惩罚。

第二，建立面板回归模型，以分析上市公司是否获得声誉（即中国驰名商标）③ 与其经营业绩之间的关系，从而验证假说二是否成立。衡量上市公司经营业绩的指标很多，本章将选用净资产收益率（ROE）、总资产收益率（ROA）等会计经营业绩指标④。Tobit 回归模型如下：

$$Perf_{i,t} = \alpha_1 + \gamma_1 Repu_{i,t} + \Gamma X_{i,t} + \varepsilon_{i,t} \quad (9-1)$$

其中，$Perf_{i,t}$ 是指上市公司 i 在第 t 年的经营业绩，而 $Repu_{i,t}$ 是代表上市公司是否获得中国驰名商标的声誉变量（$Repu_{i,t} = 1$ 表示上市公司 i 在第 t 年拥有中国驰名商标这一声誉）。因此，γ_1 是我们主要关注的系数。另外，$X_{i,t}$ 表示其他影响上市公司经营业绩的解释变量或控制变量。根据研究中国上市公司经营业绩影响因素的相关文献⑤，本章主要选取公司规模、资本结构、净利润增长率、市场状况等变量（变量定义见表 9-1）。考虑到不同类型（主要是企业规模）的企业在获得市场声誉的可能性方面存在差异，我们将引进声誉与公司规模的乘积这一变量。如果系数 γ_1 显著大于 0，则能证明假说二成立。

第三，结合事件研究法与回归分析法，考察声誉效应与食品安全事件发生后上市公司所受风险之间的关系，从而验证假说三的真伪。这里，我们考察的对象是与食品安全事件有关的上市公司，即事件发生源头企业与

---

① 其中，$R_{i,m}$ 是市场收益率，本章选取上证综合指数的每日收益率作为市场收益率的代表。

② 与国外一年约有 260 个交易日不同，国内一年大约有 240 个交易日。因此，参照 Armour et al.（2012），我们的估计窗口为 240 个交易日，即事件发生日的前 358 天到前 3 天。

③ 我们的判定标准是：如果某一上市公司本身或其母公司拥有被评为中国驰名商标的品牌，则该上市公司拥有中国驰名商标这一声誉。

④ 我们将用销售利润率（利润总额与营业收入之比）、主营业务利润率（主营业务利润与主营业务收入之比）进行稳健性分析。

⑤ 主要文献参见：卢锐和魏明海（2005）、张兆国等（2007）、李远鹏（2009）。

关联行业内的其他上市公司。因此,所有样本可以分为依法经营与非法经营两种,而非法经营中又可分为直接涉及与间接涉及两类。对假说三的检验,我们将使用回归模型:

$$Risk_i = \alpha_2 + \gamma_2 Repu_i + \Psi Y_i + \zeta_i \qquad (9-2)$$

其中,$Risk_i$是指上市公司i在事件窗口内遭受的风险,其衡量指标为股票日收益率方差($Risk_i = Var[(P_1 - P_0)/P_0]_n$)①。$Repu_i$是声誉变量,即上市公司i在食品安全事件发生期间是否拥有中国驰名商标这一声誉。如果系数γ_2显著小于零,则表明假说三成立。Y_i是影响上市公司风险的其他变量,本章将考虑股权集中度、资产负债率、财务杠杆系数、政治关联等变量(具体说明见表9-1)。

表9-1 主要变量的定义与单位

变量	定义	单位
公司规模	上市公司的年末总资产	元
资本结构	国有控股股东的持股比例	%
资产负债率	负债总额/资产总额	%
流通股比例	流通股数/总股数	%
净利润增长率	本期净利润额相对上期净利润额的增长比率	%
市场状况	A股市场的等权平均市场年累积收益率	%
财务杠杆系数	普通股每股税后利润变动率相对于息税前利润变动率的倍数	
股权集中度	前十名控股股东的持股比例	%
政治关联	上市公司的实际控制人是否为政府部门	

三、数据说明

为了检验假说一,我们考察了2000年1月至2013年6月,国内发生的具有较大社会影响力的食品安全事件。本章需要测度的是这类事件发生后股票市场的反应,以此分析市场是否对涉及事件的企业施以声誉惩罚。因此,我们收集了涉及企业为上市公司或者其附属公司的上市公

---

① 其中,P_0与P_1分别为上市公司i的股票在事件窗口期间某天的开盘价与收盘价,而n是事件窗口的天数。

司食品安全案例。经过初步筛选，我们得到了一个包含76个案例的样本①。

上市公司的股价波动可能同时受很多因素的影响，因此，要准确评估市场声誉的作用，就必须去除在考察期间还受到其他较大冲击的案例。具体而言，包括以下四类：第一，存在高管层变动；第二，发生了兼并、重组等结构变动；第三，在国外交易所上市；第四，因特殊原因被停牌。如此，我们一共排除了44个案例。根据事件发生的原因，我们将剩余案例分为非法添加、非正规生产、相关物质超标与其他等四类②。另外，有两个情况值得特别注意：第一，在32个有效案例中，相关企业受到行政或司法处理的比例尚不足50%；第二，多家企业重复发生食品安全事件。

假说二的检验，需要考察中国驰名商标这一声誉是否影响上市公司的经营业绩。因此，我们收集了食品行业上市公司的详细数据，考察对象为深交所和上交所的食品相关行业上市公司，时间区间为2000~2012年③。所有样本的描述性统计如表9-2所示。

表9-2　　　　　　　　食品相关行业上市公司描述性统计

变量	均值	中位数	最小值	最大值	标准差
公司规模（元）	2.57e+09	1.32e+09	2259431	4.52e+10	3.91e+09
净资产收益率（%）	1.05	6.28	-2604.88	946.69	84.42
总资产收益率（%）	2.51	3.15	-248.53	263.72	15.78
资本结构（%）	18.64	0.47	0.00	100.00	24.38
资产负债率（%）	50.54	46.16	0.17	931.71	44.22
流通股比重（%）	67.35	100.00	0.00	100.00	36.79
净利润增长率（%）	-323.79	-11.95	-42879.80	17941.10	391.19

为了比较声誉对企业经营业绩的影响，按照是否拥有中国驰名商标这一声誉，我们将所有上市公司分为有声誉与无声誉两组，分别计算不同年

---

① 主要的筛选工作包括两个方面：第一，根据报道事件的媒体等级与数量、事件影响范围、对事件做出回应的政府部门层次，去除部分影响较小的案例；第二，一些上市公司在同一月份内连续发生多次食品安全事件，我们将此视为一个案例。

② 四类事件的数量分别为7、16、5、4。

③ 在2009年之前，陆续有食品相关企业上市。截至2012年底，在国内上市的食品相关行业上市公司共计149家。其中，30.82%的企业拥有中国驰名商标这一声誉。

份两组企业的平均经营业绩。结果表明，有声誉一组的平均经营业绩明显高于无声誉一组：第一，除 2007 年以外，有声誉一组各年的平均 ROE 均高于无声誉一组，且最大差距为 4.63%；第二，有声誉一组的平均 ROA 全面高于无声誉一组，且两者最小差距为 1.12%，最大为 4.12%。此外，t 检验表明，无论使用 ROE 与 ROA 之中的哪一个来衡量企业的经营业绩，两组企业之间的差距均在 1% 的水平上显著（对应 t 值分别为 4.674、10.847）。

在对假说三的检验中，为了使不同案例之间具有较好的可比性，我们将考察对象锁定为涉及同一事件（即白酒塑化剂事件）的所有上市公司①。在选择案例时，除了首当其冲的白酒上市公司外，我们还将生产其他酒类及以白酒为主营业务的企业纳入考察范围。经过初步筛选，我们得到了包含 38 个案例的样本②。在 38 个案例中，有 8 家企业的产品被查出塑化剂超标。因此，我们将剩余的 30 家企业视为依法经营的企业。也就是说，用于回归分析的有效样本包含 30 个案例。在 38 家上市公司中，26 家拥有中国驰名商标这一声誉；仅有 5 家属于国有法人绝对控股。同时，在事件发生前后，有 6 家企业发生了兼并或重组，并且有 12 家企业正处于财务困境③之中。其他四个变量的描述性统计如表 9-3 所示。

表 9-3　　　　　　　白酒及相关行业上市公司描述性统计

变量	观测值	中位数	平均值	标准差	最小值	最大值
股权集中度	38	56.68%	54.03%	17.31%	17.82%	88.83%
公司规模（元）	38	2.61e+09	8.21e+09	1.29e+10	2.67e+08	5.99e+10
资产负债率	38	36.88%	37.69%	19.96%	8.79%	81.43%
财务杠杆系数	22	1.084065	1.254596	1.592511	-3.875708	6.221759

---

① 作为事件发生源头的酒鬼酒股份有限公司，其酒鬼品牌于 2000 年被评为中国驰名商标。2012 年 11 月 19 日，作为我国高端白酒知名品牌，酒鬼酒被第三方检测公司查出塑化剂超标 2.6 倍，由此引发了在国内产生广泛影响的白酒塑化剂事件。
② 被排除的案例主要有两类：一是在境外上市的企业；二是在事件发生前后停盘的上市公司。
③ 财务困境有多种定义，本章选择的定义是：若企业现金流量不足以抵偿其现有债务，则它处于财务困境。

第三节 实证结果分析

一、声誉惩罚

关于声誉惩罚的已有研究表明，如果企业出现损害消费者利益的败德行为，那么它将因声誉受损而遭到市场的严厉惩罚。而对上市公司而言，声誉惩罚的直接体现是：在事件发生前后的一段时间内，上市公司的股票将遭受较大的异常损失。因此，我们通过测度涉及食品安全的上市公司是否遭受异常损失，来对假说一进行检验。

在（-3, 3）这一事件窗口内，我们将样本的每日收益率与市场的日均收益率进行对比，即通过 $R_{i,t} - R_{m,t}$ 计算样本与市场的收益率差异，统计结果表明：从平均值或中位数来看，在食品安全事件发生当日及前后3天，样本的每日平均收益率相对低于市场的平均收益率。也就是说，在食品安全事件发生前后，相关上市公司的收益率普遍低于市场平均收益率。现在，我们计算（0）、（0, 1）、（0, 2）、（0, 3）、（-1, 1）、（-2, 2）、（-3, 3）等不同事件窗口内的累计平均异常收益，并对其进行 t 检验，结果如表9-4所示。从表中可知，在各事件窗口内，累计平均异常收益均小于零。其中，在（0, 1）和（0, 2）两个事件窗口内，食品安全事件导致上市公司遭受了显著损失（在10%的水平上显著）。同时，通过使用其他模型估计正常回报[①]，我们发现，在这两个事件窗口内，相应结果具有稳健性。

表9-4　　　　　　　　　累计平均异常收益

事件窗口	(0)	(0, 1)	(0, 2)	(0, 3)	(-1, 1)	(-2, 2)	(-3, 3)
累计平均异常收益（%）	-0.782	-0.801	-0.741	-0.412	-0.376	-0.289	-0.107
t 检验值	-1.531	-1.083*	-1.757*	-1.311	-0.984	-0.864	-0.450

注：*表示在10%的水平上显著。

基于以上结果，我们认为假说一成立，即发生食品安全事件的企业将

[①] 包括常数均值模型（将事发前的平均收益作为正常收益的预期）和市场调整模型（正常收益率等于市场收益率）。

受到市场声誉的惩罚。但与其他行业或市场相比,食品行业相关企业可能遭受的声誉惩罚具有以下特点:第一,从时间上来看,声誉惩罚主要集中在事件发生日当天及事后两天;第二,从强度上来看,与其他事件相比,食品企业因食品安全事件而受到的声誉惩罚相对较弱。

二、声誉激励

第三部分的统计分析已表明,有声誉上市公司的平均经营业绩明显高于无声誉上市公司。在这一部分,我们将探讨声誉对食品行业上市公司经营业绩的具体影响。我们将 ROE 作为上市公司经营业绩的衡量指标,并利用 Tobit 模型控制其他变量的影响①,检验有无声誉与 ROE 之间的关系,结果如表 9-5 所示。

首先,按照已有研究中的惯例,为了控制极端值的影响,需要按年度剔除 1% 分位数以下和 99% 分位数以上的观测值②。首先,除声誉变量外,我们引入公司规模③、资本结构、资产负债率、流通股比例等变量。如表 9-5 中的第(1)列所示,拥有声誉与 ROE 之间呈正相关关系,并且在 1% 的水平上显著,这说明声誉能够提高食品行业上市公司的经营业绩。同时,公司规模对 ROE 有促进作用,但系数并不显著。另外,值得注意的是:一方面,资本结构的对应系数为 -0.114(在 1% 的水平上显著),即国有控股股东持股比例增加,将降低食品行业上市公司的 ROE;另一方面,流通股比例对应的系数为 -0.072(同样在 1% 的水平上显著),这可能与食品行业相关企业的规模相对较小有关。此外,由资产负债率的对应系数可知,资产负债率并不会对食品行业上市公司的 ROE 产生较大影响。

其次,我们引入声誉与公司规模的乘积这一变量。由第(2)列可知,此时声誉对应的系数为 0.037(在 10% 的水平上显著)。同时,声誉与公司规模乘积的系数尽管很小,但在 5% 的水平上显著,这说明声誉对 ROE 的作用受公司规模的一定影响。考虑到企业追加投资的能力将影响其长期成长,并最终影响收益率的高低,因此,我们引入净利润增长率这一变量。第(3)列结果表明,净利润增长率的对应系数为 0.0012,并且在 5% 的水平上显著。这说明,净利润增长率的提高能够促进食品行业上市

---

① 当仅考虑有无声誉这一虚拟变量时,系数 γ_1 为 0.075,并且在 5% 的水平上显著。也就是说,与无声誉相比,有声誉能够使上市公司的净资产收益率提高 7.5%。

② 在 Tobit 模型中,当 ROE 的有效区间为 [-2, 2] 或 [-1, 1] 时,并不会对回归结果造成较大影响。

③ 在本章的回归分析中,当单独使用公司规模这一变量时,我们取其自然对数值。

表9－5　声誉激励的回归结果

变量	ROE (1)	ROE (2)	ROE (3)	ROE (4)	ROA (5)	ROA (6)	ROA (7)	ROA (8)
声誉	0.055*** (3.32)	0.037* (1.90)	0.032* (1.66)	0.024* (1.78)	0.034*** (4.57)	0.018** (2.10)	0.016* (1.84)	0.018** (2.35)
公司规模	0.014 (1.62)	0.005 (0.54)	0.009 (0.95)	0.010 (1.55)	0.013*** (4.16)	0.005* (1.67)	0.008** (2.31)	0.007* (1.88)
声誉×公司规模		6.54e-12** (2.21)	5.73e-12* (1.89)	5.73e-12*** (2.73)		5.57e-12*** (4.33)	4.99e-12*** (3.76)	5.31e-12*** (4.64)
资本结构	-0.114*** (-3.59)	-0.108*** (-3.41)	-0.098*** (-2.86)	-0.094*** (-3.97)	-0.057*** (-4.02)	-0.053*** (-3.73)	-0.047*** (-3.05)	-0.046*** (-3.56)
资产负债率	0.0001 (0.20)	-0.00004 (-0.07)	0.0001 (0.10)	0.0004 (0.08)	-0.142*** (-23.76)	-0.143*** (-23.62)	-0.139*** (-21.83)	-0.112*** (-18.10)
流通股比例	-0.072*** (-3.09)	-0.068*** (-2.91)	-0.052** (-2.08)	-0.066*** (-3.82)	-0.038*** (-3.92)	-0.035*** (-3.62)	-0.025** (-2.36)	-0.028*** (-2.96)
净利润增长率			0.0012** (2.52)	0.0015*** (4.49)			0.0009*** (4.60)	0.001*** (5.50)
市场状况				0.019*** (2.65)				0.014*** (3.67)
Prob > χ^2	0.0000	0.0000	0.0000	0.0000	0.0000	0.0000	0.0000	0.0000
N	1947	1947	1795	1795	1960	1962	1800	1800

注：在回归过程中，所有百分数已转换为常规数字；括号中为 t 检验值，*、**、*** 分别表示在10%、5%、1%的水平上显著，下同。

公司的收益率增长。另外，由于任一上市公司的经营业绩将受到市场整体状况的影响，因而我们将市场状况作为变量引入模型。由第（4）列的结果可知，市场状况的对应系数为0.019，并且在1%的水平上显著。这表明，市场的整体状况将显著影响食品行业上市公司的经营业绩。

我们还以 ROA 作为上市公司经营业绩的衡量指标，对声誉激励进行实证分析，回归结果如表9-5中的第（5）至第（8）列所示。同样可以发现，拥有声誉将显著提高食品行业上市公司的经营业绩（分别在1%、5%、10%等不同程度上显著）。此外，与之前相比，ROA 对应的回归结果在两个指标上发生了显著变化：第一，与之前相比，公司规模对应的系数显著为正；第二，与之前系数很小且符号不一致这一情况不同，资产负债率的对应系数在1%的水平上显著为负。其中的原因可能是：ROA 是税息前利润与总资产之比，而公司规模和资产负债率均与总资产有关，因此，总资产的变动将对 ROA 产生较大影响。

综上所述，Tobit 模型的回归结果为假说二（即声誉激励的存在性）的成立提供了证据支持：一方面，拥有声誉能够提高食品行业上市公司的经营业绩。具体而言，获得声誉能够促使 ROE 或 ROA 提高几个百分点，并且 ROE 的提高幅度大于 ROA。另一方面，声誉对食品行业上市公司经营业绩的促进作用，受到公司规模的一定影响。

最后，我们以销售利润率与主营业务利润率作为因变量，对上述回归结果进行了稳健性检验。结果显示，销售利润率和主营业务利润率均与声誉变量呈显著的正相关关系，并且其他变量并未出现较大差异。也就是说，稳健性检验的结果表明假说二具有可信性。

三、风险规避

为检验假说三，我们设置时间跨度为2~30天不等的多个事件窗口，以较好衡量上市公司在事件发生后所遭遇的市场风险。同时，我们先将38家上市公司分为非法经营（8家）和依法经营（30家）两类，而依法经营又分为有声誉（18家）和无声誉（12家）两类。在不同的事件窗口内，我们计算了各类上市公司的市场风险，结果表明：一方面，与依法经营的企业相比，非法经营的企业将遭受远高于整体的市场风险；另一方面，在依法经营的企业当中，有声誉企业与无声誉企业所受风险表现出显著差异（两者的差异在1%的水平上显著）。具体而言，有声誉企业的市场风险平均值最低，而无声誉企业的市场风险平均值明显高于整体样本的相应值。

下面,我们通过回归分析来探讨声誉在风险规避方面的具体作用。

首先,除声誉变量外,我们还考虑公司规模、政治关联、股权集中度。我们依次将不同事件窗口的市场风险作为因变量,回归结果如表9-6中的Panel A所示。结果表明,在不同的事件窗口内,声誉变量与上市公司遭遇的事后市场风险均呈负相关关系,但系数的显著性存在差异。具体而言,当事件窗口时间跨度为2天或3天时,系数不具有显著性;而当时间跨度延长至3~20天时,相应系数在10%或5%的水平上显著;而当时间跨度为30天时,系数再次不显著。

表9-6　　　　　　　　　风险规避的回归结果

变量	2天	3天	5天	10天	15天	20天	30天
Panel A							
声誉	-1.120 (-0.47)	-1.247 (-0.81)	-2.325* (-1.93)	-1.829* (-1.82)	-2.254* (-1.74)	-2.433** (-2.14)	-1.429 (-1.27)
公司规模	-0.524 (-0.47)	0.086 (0.12)	0.439 (0.79)	0.165 (0.36)	0.643 (1.08)	0.763 (1.46)	0.671 (1.30)
政治关联	-2.782 (-0.75)	-2.500 (-1.05)	-1.709 (-0.92)	-1.164 (-0.75)	-1.272 (-0.64)	-1.235 (-0.70)	-1.780 (-1.02)
股权集中度	2.712 (0.33)	-0.733 (0.14)	1.794 (0.44)	1.779 (0.52)	-2.393 (-0.54)	-1.679 (-0.43)	-0.819 (-0.21)
R-squared	0.0412	0.0747	0.1817	0.1448	0.1710	0.2338	0.1512
Panel B							
声誉	0.894 (0.42)	0.686 (0.46)	-1.409 (-1.21)	-0.856 (-0.76)	-1.890* (-1.77)	-2.093** (-2.40)	-0.772 (-0.65)
公司规模	0.434 (0.38)	0.747 (0.93)	1.071 (1.71)	0.251 (0.42)	0.014 (0.03)	0.190 (0.41)	0.075 (0.12)
政治关联	-2.655 (-0.88)	-2.402 (-1.12)	-1.192 (-0.72)	-0.779 (-0.48)	-0.037 (-0.02)	-0.169 (-0.14)	-1.109 (-0.65)
股权集中度	-5.354 (-0.63)	-6.924 (-1.15)	-4.848 (-1.04)	-0.989 (-0.22)	1.651 (0.39)	1.637 (0.47)	2.199 (0.46)
资产负债率	-7.188 (-1.15)	-2.064 (-0.46)	-0.444 (-0.13)	2.238 (0.67)	7.05** (2.22)	6.991** (2.70)	6.865* (1.94)
财务杠杆系数	0.238 (0.36)	0.718 (1.53)	0.511 (1.40)	0.196 (0.55)	-1.173*** (-3.50)	-1.203*** (-4.40)	-0.878** (-2.35)
R-squared	0.1529	0.228	0.3344	0.156	0.6135	0.7317	0.4827

同时，其他系数表明：第一，除跨度为2天的事件窗口外，公司规模均与市场风险呈正相关关系，但系数不显著。也就是说，公司规模的扩大将增加上市公司在事件发生时遭遇的风险。第二，政治关联与市场风险呈负相关关系，即与其他企业相比，国有控股的上市公司将遭受相对较小的风险。尽管缺乏显著性，但这一结论与研究政治关联与企业绩效之间关系的文献一致[①]。第三，股权集中度与市场风险之间的关系随事件窗口的变动而变化。

其次，考虑到资产负债率与财务杠杆系数将影响上市公司的市场风险，因而我们将其引入模型，结果见表9-6中的Panel B。与Panel A相比，声誉与市场风险之间的关系发生了些许变化：当事件窗口的时间跨度为2天与3天时，声誉变量对应的系数为正（不显著）；而当时间跨度为15天或20天时，相应系数分别在10%与5%的水平上显著。同时，股权集中度相应系数的符号与事件窗口的时间跨度密切相关：当时间跨度为2~10天时，系数小于0；而当时间跨度增加至20天或30天时，系数为正[②]。

另外，新引入的变量与市场风险之间的关系表现出如下关系：第一，当窗口时间跨度较小时，资产负债率的系数为负，而财务杠杆系数的对应系数为正，且两者均不显著；第二，当窗口时间跨度增加时，资产负债表与市场风险之间呈显著的正相关关系（在5%或10%的水平上显著），而财务杠杆系数与市场风险之间呈显著的负相关关系（在1%或5%的水平上显著）。

以上结果表明，当食品安全事件发生时，声誉在减少依法经营企业所受市场风险这一方面的作用，与所考察的事件窗口有关：当窗口时间跨度较小或较长时，声誉并未表现出明显的风险规避作用；当时间跨度为半个月左右时，声誉具有显著的风险规避作用[③]。考虑到我国政府机构在食品安全事件认定方面的滞后性，以及食品安全事件与股票市场相对较弱的关联性，我们认为，以上回归结果为假说三提供了证据支持。也就是说，在食品安全事件发生后，因为事前拥有声誉，依法经营的食品行业企业将遭

---

① 相关文献有Fisman（2001）、Leuz and Oberholzer（2005）、Faccio（2006）、Li et al.（2006）、于蔚等（2012）、田利辉和张伟（2013）等。

② 另外，上市公司的市场风险还受重组或兼并与否、是否处于财务困境等因素的影响。当引入这些变量后，并未改变所得结论，即当事件窗口的时间跨度为半个月左右时，声誉变量的对应系数在统计上显著为负。

③ 当我们仅考虑声誉变量时，也得到了类似结论。

受相对较小的市场风险。

最后，我们以股价的每日振幅作为因变量，对上述回归结果进行了稳健性检验。结果显示，当窗口时间跨度为半个月左右时，每日振幅与声誉变量呈显著的负相关关系。也就是说，稳健性检验的结果同样为假说三提供了证据支持。

第四节 小 结

一、主要结论

相对于委托人而言，代理人具有明显的信息优势。因此，因代理人采取机会主义行为（或败德行为）而产生道德风险的现象普遍存在。于是，抑制代理人的机会主义行为、减少委托人面临的道德风险，成为提高经济效率或社会福利的关键。大量研究也表明，声誉效应将对出现败德行为的代理人（尤其是企业）施加严厉惩罚。同时，合理的声誉机制将向代理人提供足够的激励，以减少他们的机会主义行为。然而，在我国食品行业，事实上却存在着一个矛盾现象：一方面，由政府部门或社会组织制定与实施、并且具有广泛影响力的声誉机制长期存在；另一方面，企业的败德行为时有发生，甚至有群体性爆发的趋势，而其中不乏已获得声誉的龙头企业或上市公司。尤其是2000年以来，食品安全事件频繁发生，使得声誉效应的作用与声誉机制的有效性受到人们的普遍质疑。

那么，在市场经济体制不断完善的国内市场上，声誉效应能否对侵害消费者利益的食品行业相关企业实行有效、严厉的惩戒？已有声誉机制能否给食品企业保障食品安全水平提供有效激励？政府部门或社会组织能否利用声誉机制对食品安全水平进行有效监管？结合事件研究法和回归分析法，本章以检验假说的形式，对这些问题进行了实证分析。结果表明，声誉效应与食品企业的行为具有以下关系：第一，当食品安全事件发生后，声誉效应将对相关食品企业施以严厉惩罚。第二，以中国驰名商标为例，已有的声誉机制能够给食品企业提供有效激励。具体而言，一方面，拥有声誉有助于提高企业的经营业绩；另一方面，在食品安全事件发生后，已有声誉能够降低依法经营的食品企业所遭受的市场风险，即建立并保持声誉可以作为食品企业规避风险的有效战略。因此，可以说声誉效应是政府部门可用于保障我国食品安全水平的一种重要手段。

同时，实证结果还表明，在国内，如果与资本市场上的其他事件相比，食品市场上的声誉的惩罚与激励作用相对有限，其表现为持续时间相对较短，惩戒与激励力度相对较小。也就是说，声誉对非法经营食品企业的惩戒与激励作用并没有得到有效发挥，其原因可能在于：第一，在食品安全事件发生后，市场主体（主要是消费者）无法迅速获取真实有效的相关信息；第二，已有的声誉机制过多，且缺乏严格的声誉评定与管理制度，使得各种声誉无法形成合力发挥其传递关于食品安全、食品质量等信息的作用。

二、政策建议

基于本章研究，我们认为，应当从以下三个方面着手，改善声誉效应发挥作用的制度环境，为利用声誉效应保障我国食品安全水平奠定基础。

第一，建立食品行业专门的声誉管理机构，整合现有企业各种声誉（品牌）机制，形成食品行业的分级制专有声誉机制。目前，国内存在由不同政府部门和有关机构评审产生的中国驰名商标、国家免检产品、中华老字号、中国著名品牌等多种全国性的声誉机制，相互间的交叉重叠与管理不善，大大降低了声誉机制的作用。为此，一是建立食品行业专门的声誉管理机构，专门负责食品行业的声誉机制构建和管理，完善声誉的评审、管理与退出制度；二是整合与构建食品行业新的声誉机制，重点是声誉分级制（可考虑分为国家A、B级，省部A、B级）和定期调整制（升级、降级与取缔等）；三是加强上述声誉管理机构的自身建设和促进声誉机制不断完善，建立监督机制，维护和提高二者自身的声誉。

第二，建立第三方的食品行业专门的声誉信息机构，完善与食品安全有关的信息采集与传递渠道，从而增强声誉机制的惩罚作用。由于信息不对称，食品安全事件发生时容易出现以下情况：一方面，由于食品生产经营链较长，相关部门难以对事件性质、责任及责任主体进行准确认定；另一方面，由于缺乏真实有效的信息，消费者难以迅速甄别非法经营企业以及辨别其相关食品。从而，市场无法及时对相关企业进行声誉惩罚，致使声誉效应没有得到有效发挥。因此，要建立第三方的食品行业专门的声誉信息机构，专门负责食品行业的相关信息及有关声誉信息的收集、存储、整理、定期发布等。为了保证其公正性，相应地建立其监督及进入退出机制。同时要鼓励食品行业加强与消费者之间的信息沟通；调动消费者与舆论媒体的监督积极性等。

第三，提高市场对声誉机制的认可度，从而增强声誉机制的激励作用。如果给企业评定的声誉不被市场的认可，那么声誉机制将丧失对企业提高努力水平的激励作用。因此，必须提高声誉机制的市场认可度，发挥其对企业的激励作用：一是加大食品企业及品牌声誉的宣传力度，提高企业声誉的附加价值（如减少广告投入、降低融资成本等），从而增加食品企业从声誉中可以得到的经济回报；二是公开食品企业相关数据信息，便于消费者就不同食品企业及食品的安全水平进行对比，更理性、安全地购买食品；三是建立快速的食品安全事件处理机制，及时查处违法企业，以此降低依法经营食品企业遭受的市场风险，增强声誉机制的风险规避作用。

主要参考文献

[1] Alexander C R. On the Nature of the Reputational Penalty for Corporate Crime: Evidence [J]. Journal of Law and Economics, 1999, 42 (S1): 489 – 526.

[2] Dunbar C G. Factors affecting investment bank initial public offering market share [J]. Journal of Financial Economics, 2000, 55 (1): 3 – 41.

[3] Fama E F. Agency Problems and the Theory of the Firm [J]. Journal of Political Economy, 1980, 88 (2): 288 – 307.

[4] Fang L H. Investment Bank Reputation and the Price and Quality of Underwriting Services [J]. The Journal of Finance, 2005, LX (6): 2729 – 2761.

[5] Fudenberg D, Levine D K. Maintaining a Reputation when Strategies are Imperfectly Observed [J]. The Review of Economic Studies, 1992, 59 (3): 561 – 579.

[6] Jarrell G, Peltzman S. The Impact of Product Recalls on the Wealth of Sellers [J]. Journal of Political Economy, 1985, 93 (3): 512 – 536.

[7] Jin G Z, Leslie P. Reputational Incentives for Restaurant Hygiene [J]. American Economic Journal: Microeconomics, 2009, 1 (1):

237 - 267.

[8] Karpoff J M, Lott J R, Wehrly E W. The Reputational Penalties for Environmental Violations: Empirical Evidence [J]. Journal of Law and Economics, 2005, 48 (2): 653 - 675.

[9] Karpoff J M, Lott J R. The Reputational Penalty Firms Bear from Committing Criminal Fraud [J]. Journal of Law and Economics, 1993, 36 (2): 757 - 802.

[10] Klein B, Leffler K B. The Role of Market Forces in Assuring Contractual Performance [J]. Journal of Political Economy, 1981, 89 (4): 615 - 641.

[11] Kong D M. Does corporate social responsibility matter in the food industry? Evidence from a nature experiment in China [J]. Food Policy, 2012, 37 (3): 323 - 334.

[12] Kreps D M, Milgrom P, Roberts J, Wilson R. Rational Cooperation in the Finitely Repeated Prisoners' Dilemma [J]. Journal of Economic Theory, 1993, 27 (2): 245 - 252.

[13] Mitchell M L, Maloney M T. Crisis in the Cockpit? The Role of Market Forces in Promoting Air Travel Safety [J]. Journal of Law and Economics, 1989, 32 (2): 329 - 355.

[14] Narayanan R P, Rangan K P, Rangan N K. The Effect of Private-Debt-Underwriting Reputation on Bank Public-Debt Underwriting [J]. The Review of Financial Studies, 2007, 20 (3): 597 - 618.

[15] Peltzman S. The Effects of FTC Advertising Regulation [J]. Journal of Law and Economics, 1981, 24 (3): 403 - 448.

[16] Rindova V P, Fombrun C J. Constructing Competitive Advantage: the Role of Firm-Constituent Interactions [J]. Strategic Management Journal, 1999, 20 (8): 691 - 710.

[17] Tadelis S. What's in a Name? Reputation as a Tradeable Asset [J]. The American Economic Review, 1999, 89 (3): 854 - 882.

[18] Tirole J. A Theory of Collective Reputations (with Applications to the Persistence of Corruption and to Firm Quality) [J]. Review of Economic Studies, 1996, 63 (1): 1 - 22.

[19] 陈艳. 我国独立董事的声誉激励机制研究 [J]. 经济体制改革,

2008（3）：77-82.

[20] 醋卫华，夏云峰. 声誉机制起作用吗？——基于中国股票市场的证据 [J]. 财经科学，2012（10）：21-29.

[21] 胡旭阳. 中介机构的声誉与股票市场信息质量——对我国股票市场中介机构作用的实证研究 [J]. 证券市场导报，2003（2）：58-61.

[22] 李新春，陈斌. 企业群体性败德行为与管制失效——对产品质量安全与监管的制度分析 [J]. 经济研究，2013（10）：98-111.

[23] 刘惠萍，张世英. 基于声誉理论的我国经理人动态激励模型研究 [J]. 中国管理科学，2005，13（4）：78-86.

[24] 刘江会. 我国承销商声誉与承销服务费用关系的研究 [J]. 财经研究，2004，30（4）：108-118.

[25] 宁向东，崔弼洙，张颖. 基于声誉的独立董事行为研究 [J]. 清华大学学报（哲学社会科学版），2012，27（1）：129-136.

[26] 吴元元. 信息基础、声誉机制与执法优化——食品安全治理的新视野 [J]. 中国社会科学，2012（6）：115-133.

[27] 吴仲兵，姚兵，刘尹生. 政府投资审计声誉机制研究 [J]. 审计研究，2012（3）：32-36.

[28] 徐浩萍，戴晓娟. 投资银行声誉与发行公司质量——来自中国资本市场的实证研究 [J]. 南开商学评论，2006（11）：81-96.

[29] 郑志刚，丁冬，汪昌云. 媒体的负面报道、经理人声誉与企业业绩改善 [J]. 金融研究，2011（12）：163-176.

[30] 周繁，谭劲松，简宇寅. 声誉激励还是经济激励——独立董事"跳槽"的实证研究 [J]. 中国会计评论，2008，6（2）：177-192.

第十章 环境规制下火电寡头企业策略性行为研究

环境保护是我国经济社会持续发展的基本前提，也是加快经济发展方式转变与经济结构调整的重大机遇。自改革开放以来，我国经济迅猛发展，国内生产总值（GDP）从 1978 年的 3645.2 亿元，增长到 2011 年 471564 亿元。但在创造"中国奇迹"的同时，我们也付出了巨大的环境代价。

就经济学层面，环境污染具有典型的外部性，需要政府进行环境规制。但是在不完全竞争市场中，寡头排污企业会对规制者进行"规制俘虏"，从而影响政府环境规制的有效性。而且，由于信息不对称情况普遍存在，规制者在制定相应环境规制政策的时候，可能由于政治、技术等因素，对环境的规制并不完全，即并不是所有的排污企业都受到规制，例如规制者对一些中小企业，民间作坊的环境规制并不完全。因此，分析不同环境规制政策工具以及不同规制程度下，寡头排污企业的策略性行为是环境规制研究的一个重点。正是基于以上原因，本章通过分析环境规制下我国火力发电市场中寡头排污企业的策略性行为，探讨这些行为对环境规制的影响，并对不同策略性行为导致的减排情况进行比较，为政府进行环境规制提供相应的建议。

第一节 环境规制与企业策略性行为研究进展

一、国外相关研究

在爱思唯尔的"Science Direct Online"全文数据库中，以"regulation"以及"strategy"为题目检索国外从 1822 年至今的文献。其中，属于经济学（Economics）、计量经济学（Econnometrics）和金融（Finance）三个学科的文章一共有15121篇，但是其中专门谈及环境规制的文章比较少，将近200篇。从这些文献可以看到，国外学者对环境规制的研究主要涉及环境规制政策工具选择及其规制效果分析。

（一）环境规制政策工具

关于环境规制政策工具的研究，源于关于环境外部性的理论以及解决外部性的方法的讨论。从已有研究中可知，基于市场的环境规制政策工具有两种，即价格规制（征收排污费）与总量规制（进行排污权交易）。其中，价格规制的思想源于庇古（Pigou，1932），总量规制的思想源于科斯（1960）。

在现实世界中广泛存在着信息不对称问题，由此会导致规制俘虏。因此，学者们对于环境规制政策工具选择的研究都是在信息不对称前提下进行的。韦茨曼（Weitzman，1974）、阿达尔和格里芬（Adar and Griffin，1976）率先研究了这两种规制政策工具的选择。其中，韦茨曼（1974）建立了经典的理论模型，在静态分析框架下分析当存在信息不对称时，运用排污税或者排污许可证政策工具进行规制的社会福利效果以及规制选择。他认为，在信息不对称下，最优规制政策取决于污染治理的边际成本和边际收益曲线的斜率。罗伯特和斯宾塞（Roberts and Spence，1976）设计了排污权交易加排污费或给予补贴的综合规制，这一政策主要内容是规制者先发放一定数量排污权，当被规制者排污超出限额时，规制者对被规制者征收排污费，当被规制者排污小于限额时，则给予一定补贴。

库威尔（Kwerel，1977）认为，将价格规制与总量规制结合起来，可以诱导竞争性厂商向规制当局公开他们的真实削减成本。本福德（Benford，1998）将库威尔（1977）的模型扩展为动态模型，从而发现，在动态条件下，当企业处于完全竞争的市场且不存在策略性行为时，可找到环境规制的最优路径。史普博（Spulber，1985）论述了信息不对称下规制机制的设计，证明了信息不对称下规制最优时的总产量和污染水平，比完全信息下最优化时的总产量和污染水平要低，提出次优环境规制。克林（Kling，2000）利用博弈论分析了企业、政府之间关于污染排放的收费和惩罚问题，建立了政府关于排污权收费的机制设计模型。施特纳（Sterner，2002）总结了不同国家的环境规制政策工具的选择和设计，并对交通运输环境政策进行了讨论。

此外，不少学者研究了从环境规制对企业创新影响的角度探讨环境规制政策工具的选择。其中，怀特和唐宁（White and Downing, 1986）、米利曼和普林斯（Milliman and Prince, 1989）、荣格（Jung, 1996）、亨梅尔斯坎普（Hemmelskamp, 2000）、波特尼和斯塔文斯（Portney and Stavins, 2002）等认为，征收排污费和排污许可证交易对技术创新的激励高于排污标准等规制政策工具。但是，对于征收排污费以及排污许可证交易的激励程度，各位学者分析的结论不一：怀特和唐宁（1986）认为排污费更优，米利曼和普林斯（1989）认为排污权交易制度更优，而荣格（1996）认为哪种规制方式更优取决于企业规模和产出规模的大小。亨梅尔斯坎普（2000）在上述理论研究的基础上，对3000多家德国企业进行了问卷调查，以分析排污标准和征收排污费对环境创新行为的激励作用。其结果表明，环境规制实施的效果与规制政策的选择有较强关系。

（二）环境规制中的企业策略性行为

对于环境规制中企业策略性行为的研究，学者们主要从信息不对称下企业策略性行为开始。在理论层面，库威尔（1977）认为，排污企业在面临一般性环境规制措施下会对规制者采取欺骗行为：在排污权交易下，企业倾向于夸大削减污染的成本；而在排污费规制下，企业倾向于少报削减污染的成本。哈福德（Harford, 1997）基于企业总是试图逃避污染处罚以追求利益最大化这一假设前提，分析了政府征收排污费对企业环境绩效的影响。勒布和马甘特（Loeb and Magant, 1979）最先将规制过程看作委托代理问题，从而设计了一个旨在提高规制效率的激励契约模型。沃格桑和芬辛格（Vogelsang and Finsinger, 1979）在成本与需求信息都不对称且对企业不能提供补贴的条件下，提出了最优规制激励机制。

达斯古普塔等（Dasgupta et al., 1980）认为，在不对称信息下的动态博弈过程中，显示机制的运用也有可能会引发企业策略性行为。帕辛吉安（Pashigian, 1982）研究环境规制对排污企业市场份额的影响，发现环境规制将提高大厂商的市场份额，而小厂商要么从产业退出要么变成大厂商。莫迪娜等（Moledina et al., 2003）构建了一个信息不对称条件下的动态模型，用以分析企业策略性行为对环境规制的影响。他们证明，在征收排污费时，企业为获得较低的税收水平会在第一阶段过多治理，而在第二阶段规制者据此降低排污费水平时会出现治污不足。通过这种策略性行为，企业可以实现两阶段治污成本净现值的最小化。当规制者选择可交易许可证进行规制时，则会出现相反结果。

在实证研究方面，尼尔森和蒂滕贝格（Nelson and Tietenberg, 1993）

基于 1969~1983 年美国 44 个私有电力企业的样本数据，对"差别化环境规制降低了电力产业的资产周转率并导致 SO_2 排放增加"这一假说进行检验。古尔德和马泰（Goulder and Mathai，1998）研究了环境规制政策对技术创新的影响，他们认为，环境规制虽然在一定程度上会增加企业成本、降低资产周转速度，并可能在一定时段内影响生产效率，但对减少企业排放、控制污染企业数量和激励技术创新方面有较大的积极作用。梅森和斯旺森（Mason and Swanson，2002）通过对欧洲环境规制与专利保护的分析，认为多个规制机构间的非合作可能赋予企业市场势力，进而使产出偏离社会最优水平。

二、国内相关研究

在中国知网数据库中，以"环境规制"或"环境管制"为题进行检索国内 1979~2011 年的文献，一共得到 424 篇。其中，与环境规制下企业策略性行为有关的文章非常少，只有 32 篇。

（一）环境规制政策工具

国内关于环境规制政策的研究成果比较丰富，主要代表有王俊豪（2001）、谢地（2003）、马昕等（2004）、王雅莉和毕乐强（2011）。郭朝先（2007）分析了中国环境规制的新趋势，认为这种新趋势表现为更多采用基于市场的环境规制工具和自愿环境规制政策工具，主要有：排污收费标准提高，范围扩大；总量控制越加明确，成为约束性指标；环境影响评价制度日益完善，范围逐步扩大；自愿环境管理多样化。

沈芳（2004）构建了关于成本和收益不确定条件下环境规制政策工具选择的静态模型，以及存在诱发性革新技术时的动态模型。张昕竹（2000）、白让让和郁义鸿（2004）等对规制政策工具进行了理论和实证分析，他们认为，激励性规制工具在环境规制中作用更加明显。于立（2005）比较分析了激励性规制中被广泛采用的价格上限规制与传统的收益率规制，从而得出了它们各自的适用范围。于良春和黄进军（2005）分析了环境规制目标与规制政策工具选择问题，他们认为，排污费制度对环境规制目标偏离程度较大，应从改革现行的排污收费制度、加强规章制度和规制机构建设以及建立信息披露机制入手，来改进中国的环境规制。宋英杰（2006）研究了基于成本收益分析的环境规制工具选择，认为政策工具的选择取决于制度、技术等许多因素的制约。石磊（2007）研究了如何设计环境规制机制，以兼顾经济增长和环境保护，并证明基于市场的环境规制机制具有明显优势。

(二) 环境规制中的企业策略性行为

张嫚 (2004) 从企业竞争力的角度研究了环境规制问题,建立了基于环境—竞争—竞争力的矩阵 (ECM),从而探讨了环境规制下企业的策略性行为。王爱兰 (2008) 认为,如果被规制企业仅仅是被动遵从环境规制,那么企业的环境遵从成本必然会导致企业总成本增加,从而使企业的经济效益和竞争力下降,且环境规制导致的成本与收益对比情况因企业而异。

郭庆 (2006) 分析信息不对称时环境规制下企业的策略性行为,指出在制定环境规制政策时要设法消除信息不对称的影响。他还分析了中小企业在环境规制下,会采取末端治理技术而非清洁生产方式,并提出运用激励相容政策工具解决此问题。陈建伟 (2009) 运用规制俘虏理论分析不同企业可能选择不同策略性行为的情况,以及影响选择的因素,并提出相关环境规制建议。黄民礼 (2011) 从规制者—排污企业—公众三者的互动关系中,研究环境规制的有效性,并分析了排污企业在面对规制时的策略性行为。李云雁 (2011) 分析企业应对环境规制的策略与技术创新行为,研究企业技术创新行为与环境规制的关系。

在考察环境规制时,学者们主要关注环境规制的政策工具,而较少研究被规制企业的策略性行为。同时,分析企业策略性行为的文献均将信息不对称作为重要的前提假设。另外,现有研究一般将完全规制情形作为基准,对于不完全环境规制考虑不足。本章尝试在这些方面进行拓展研究,即在不同的环境规制政策工具与规制程度下考察寡头企业的策略性行为。

第二节 环境规制下寡头企业的策略性行为

受资源能源禀赋影响,我国高度依赖火力发电。国民经济对电力的需求不断增加,这同时也使得经济发展与环境保护之间的矛盾日益尖锐。生态环境危机加剧,要求我们加快保护环境,而政府进行环境规制是重中之重。我国的环境规制属于命令—控制型,但这种模式存在明显的局限性,我们必须深入探讨基于市场机制的环境规制政策工具。为此,我们探讨实施不同环境规制政策工具或者使用不同强度的环境规制时,寡头企业的策略性行为有什么特征。最终基于研究结果探寻最优环境规制策略,以便为我国环境规制机构完善相关政策提供支持。

一、排污泄漏模型

环境污染具有典型的外部性，而环境规制是政府解决环境污染问题的主要工具。但是，在制定规制政策时，规制机构可能受政治、法律、技术等因素的影响，难以实现对环境污染的全面、有效规制。其中，在对中小企业特别是民间作坊的规制上更是如此。当规制不完全时，被规制企业的成本会增加，而未被规制企业的成本反而会降低。如果所有企业的产品具有高度同质性，则未被规制企业就可以生产更多的产品并占领更大的市场份额，其结果是：被规制企业因为环境规制所减少的排污量会因为未被规制企业排污量的增加而被抵消，甚至于出现污染更加严重的情况。

福利（Fowlie，2008）深入探讨了规制不完全的实际影响。具体地，作者研究在规制者采用排污权交易进行规制时，规制不完全情境下寡头企业的策略性行为，模型主要有以下假设。

假设1：在不完全竞争市场中，共有 $N(i \in \{1,\cdots,N\})$ 家排污企业，且企业数量固定，没有企业进入与退出。

假设2：所有企业生产同质产品，相互之间进行古诺竞争。其中，企业 i 的产量为 q_i（$i \in \{1,\cdots,N\}$），市场总产出为 $Q(Q = \sum_{i=1}^{N} q_i)$。同时，市场需求函数为 $P = a - bQ$。企业的成本函数为 $C_i(q_i)$，边际成本 $C'_i(q_i)$ 用 c_i 表示，且企业的边际成本仅与生产工艺有关。

假设3：被规制企业 i 的排污量为 e_i，而 r_i 表示企业的单位产品排污率。企业的污染治理能力恒定不变，即 r_i 是固定的，因而有：$e_i = q_i r_i$。该行业的总排污量为 D，且 $D = \sum_{i=1}^{N} q_i r_i (i \in \{1,\cdots,N\})$。

假设4：规制者使用排污权交易政策进行环境规制，其给予每家企业的初始排放权配额为 A_i。排放权可以在企业之间相互交易，且交易价格为 τ。

假设5：引入一个状态变量 d_i，它表示企业对应的规制状态。具体地，$d_i = 1$ 表示企业被规制，而 $d_i = 0$ 表示企业未被规制。

假设6：规制者的目标是最大化社会福利，而企业的目标是利润最大化。

根据以上假设，可以得到排污企业的利润函数为 π_i：

$$\pi_i = Pq_i - c_i q_i + \tau(A_i - d_i r_i q_i) \quad (10-1)$$

求得利润最大化时的一阶条件为:

$$\frac{\partial \pi_i}{\partial q_i} = P + P'q_i - c_i - d_i r_i \tau = 0 \qquad (10-2)$$

其中,因为 $P = a - bQ$,所以 $P' = -b$。此时,对于 N 个排污企业有:

$$N(a - bQ) - bQ - \sum_{i=1}^{N} c_i - \tau \sum_{i=1}^{N} d_i r_i = 0 \qquad (10-3)$$

其中,对于每个排污企业有:

$$q^*(d) = \frac{a - bQ - c_i - \tau d_i r_i}{b} \qquad (10-4)$$

由此,可求得古诺博弈的均衡总产量 $Q^*(d)$,以及每个排污企业的均衡产量 $q^*(d)$:

$$Q^*(d) = \frac{Na - \sum_{i=1}^{N} c_i - \tau \sum_{i=1}^{N} d_i r_i}{(N+1)b} \qquad (10-5)$$

$$q^*(d) = \frac{a + \sum_{i=1}^{N}(c_i + \tau d_i r_i) - (N+1)(c_i + \tau d_i r_i)}{(N+1)b} \qquad (10-6)$$

福利(2008)定义的排污泄漏,是指不完全规制时企业的排污量与不规制时企业排污量两者之间的差值。假设规制不完全时企业的产量为 q^*,而无规制时企业产量为 q^0。用 L 表示排污泄漏,则有:

$$L = \sum_{i=1}^{N}(1 - d_i) r_i (q^* - q^0)$$

$$= \sum_{i=1}^{N}(1-d_i) r_i \left\{ \frac{a + \sum_{i=1}^{N}(c_i + \tau d_i r_i) - (N+1)(c_i + \tau d_i r_i)}{(N+1)b} - \frac{a + \sum_{i=1}^{N} c_i - (N+1) c_i}{(N+1)b} \right\}$$

$$= \sum_{i=1}^{N}(1-d_i) r_i \left[\frac{\sum_{i=1}^{N} \tau d_i r_i - (N+1)\tau d_i r_i}{(N+1)b} \right]$$

$$= \frac{1}{(N+1)b} \sum_{i=1}^{N} \left[(1-d_i) r_i \sum_{i=1}^{N} \tau d_i r_i \right] - \frac{1}{b} \sum_{i=1}^{N} \left[(1-d_i) r_i \tau d_i r_i \right]$$

$$(10-7)$$

因为不论 d_i 取何值，$\frac{1}{b}\sum_{i=1}^{N}[(1-d_i)r_i\tau d_i r_i] = 0$，所以有：

$$L = \frac{1}{(N+1)b}\sum_{i=1}^{N}[(1-d_i)r_i \sum_{i=1}^{N}\tau d_i r_i] \qquad (10-8)$$

令 $N_1 = \sum_{i=1}^{N}d_i$，$N_0 = \sum_{i=1}^{N}(1-d_i)$，$\bar{r}_1$ 为受规制排污企业的平均排污率，$\bar{r}_0$ 为不受规制排污企业的平均排污率。于是，式（10-8）可以简化为：

$$L = \frac{N_0\bar{r}_0 \cdot (\tau N_1 \bar{r}_1)}{(N+1)b} = \frac{N_0\bar{r}_0}{(N+1)b} \cdot \tau N_1 \bar{r}_1 \qquad (10-9)$$

通过分析规制前后企业产量的变动，可以得到以下结论。

其一，如果其他条件不变，排污泄漏 L 随着 $\bar{r}_0$、$\bar{r}_1$ 的增加而增加。也就是说，企业的污染治理水平对排污差值有着同向影响。

其二，当其他条件不变时，排污泄漏 L 与需求价格弹性负相关，即：需求价格弹性越小（即 b 越大），规制前后的排污差值越小；反之，则排污差值越大。

其三，定义 B 表示无规制、$COMP$ 表示完全规制、INC 表示不完全规制，则三种情形下被规制企业均衡产量的关系为：$Q^B > Q^{INC} > Q^{COMP}$。也就是说，由于规制增加了企业的边际成本，因而均衡产量将随着规制程度的提高而减少。

其四，如果不受规制企业的平均排污率大于被规制企业（即 $\bar{r}_0 > \bar{r}_1$），且 $\frac{N}{N+1} > \frac{\overline{r_1^2}}{\bar{r} \cdot \bar{r}_1}$，则不完全规制时该产业的总排放量大于不受规制时的总排放量。也就是说，不完全规制并不能产生减少污染物排放的作用。

其五，如果不受规制企业的平均排污率小于被规制企业（即 $\bar{r}_0 < \bar{r}_1$），且 $\frac{N}{N+1} > \frac{\overline{r_0^2}}{\bar{r} \cdot \bar{r}_0}$，则完全规制时行业的总排放量大于不完全规制时的总排放量。这就表明，完全规制的效果反而不如不完全规制。

假定规制者采用排污权交易实施环境规制，福利（2008）考察了不完全环境规制情形中寡头企业的策略性行为以及由此相应产生的排放泄漏。但是，其并未考虑规制者采用征收排污费进行规制这一情形。而在我国，征收排污费是最为常见的规制方式，相反排放权交易方式仅在几个地区进行试点。目前，并没有形成完善的排放权交易市场，其交易价格的不确定因素较多，离市场均衡价格相距甚远。因此，根据我国实际，分析运用排污费进行环境规制更具现实意义。

下面,我们对福利(2008)的模型进行修改,并分析不完全环境规制时,运用征收排污费进行规制下寡头企业的策略性行为。

二、寡头企业策略性行为分析

(一)模型修改

由于我们考察的是排污费机制而不是排污配额机制,因而需要将福利(2008)模型中的假设4调整为:规制者使用征收排污费对企业进行环境规制,且对单位污染物排放征收的费用为τ。

这里,假设每单位排污量征收费用τ不同于排放权交易下的价格τ。排污费是规制者制定的每单位规制价格,而排放权交易价格为被规制者在进行交易时达成的交易价格。

(二)模型分析

根据修改后的假设,可以得到排污企业的利润函数π_i:

$$\pi_i = Pq_i - c_iq_i - d_i\tau r_iq_i \quad (10-10)$$

由式(10-10)可得到利润最大化时的一阶条件:

$$\frac{\partial \pi_i}{\partial q_i} = P + P'q_i - c_i - d_ir_i\tau = 0 \quad (10-11)$$

因为$P = a - bQ$,所以$P' = -b$,得到的均衡结果为:

$$Q^*(d) = \frac{Na - \sum_{i=1}^{N}c_i - \tau\sum_{i=1}^{N}d_ir_i}{(N+1)b} \quad (10-12)$$

$$q_i^*(d) = \frac{a + \sum_{i=1}^{N}(c_i + \tau d_ir_i) - (N+1)(c_i + \tau d_ir_i)}{(N+1)b} \quad (10-13)$$

相应地,排污泄漏L为:

$$L = \frac{1}{(N+1)b}\sum_{i=1}^{N}\left[(1-d_i)r_i\sum_{i=1}^{N}\tau d_ir_i\right] = \frac{N_0\bar{r}_0(\tau N_1\bar{r}_1)}{(N+1)b} = \frac{N_0N_1}{(N+1)b}\tau\bar{r}_0\bar{r}_1$$

$$(10-14)$$

现在,我们在不完全规制情境下,探讨征收排污费时寡头企业的策略性行为及其相应结果。由此,可以得到以下结论。

其一,若其他条件不变,排污泄漏L关于$\bar{r}_0$、$\bar{r}_1$正相关,即企业的污染治理水平对排污差值有同向影响。

其二，如果其他条件不变，则排污泄漏 L 与需求价格弹性负相关，即：需求价格弹性越小（即 b 越大），规制前后企业的排污差值越小，因而环境规制的效果较差；反之亦然。

其三，在分析均衡产量，由于利润最大化得到的均衡结果一致，所以也可以得到：$Q^B > Q^{INC} > Q^{COMP}$。

其四，在规制者使用征收排污费进行规制时，不规制与不完全规制两种情形下的排污泄漏有以下关系：若规制有效，则不完全规制时的总排放量小于不受规制时的总排放量；若规制无效，则不完全规制时的总排放量大于不受规制时的总排放量。具体地，不规制时行业的总排放量为：

$$\sum_{i=1}^{N} r_i q_i^*(d) = \sum_{i=1}^{N} r_i \left[\frac{a + \sum_{i=1}^{N} c_i - (N+1)c_i}{(N+1)b} \right] \quad (10-15)$$

不完全规制时的总排放量为：

$$\sum_{i=1}^{N} r_i q_i^*(d) = \sum_{i=1}^{N} r_i \left[\frac{a + \sum_{i=1}^{N} (c_i + \tau d_i r_i) - (N+1)(c_i + \tau d_i r_i)}{(N+1)b} \right]$$

$$(10-16)$$

式（10-15）与式（10-16）相减，得到：

$$\Delta E = \sum_{i=1}^{N} r_i \left[\frac{a + \sum_{i=1}^{N} (c_i + \tau d_i r_i) - (N+1)(c_i + \tau d_i r_i)}{(N+1)b} \right] -$$

$$\sum_{i=1}^{N} r_i \left[\frac{a + \sum_{i=1}^{N} c_i - (N+1)c_i}{(N+1)b} \right]$$

$$= \sum_{i=1}^{N} r_i \left[\frac{\sum_{i=1}^{N} \tau d_i r_i - (N+1)\tau d_i r_i}{(N+1)b} \right] > 0 \quad (10-17)$$

由此，可得：

$$\sum_{i=1}^{N} r_i \sum_{i=1}^{N} \tau d_i r_i > (N+1)\tau d_i r_i^2 \quad (10-18)$$

这是因为：$N_1 = \sum_{i=1}^{N} d_i$，$N_0 = \sum_{i=1}^{N} (1-d_i)$，$\bar{r} = \frac{\sum_{i=1}^{N} r_i}{N}$，所以有：$\bar{r}_1^2 = \frac{\sum_{i=1}^{N} d_i \bar{r}_i^2}{N_1}$，$\bar{r}_0^2 = \frac{\sum_{i=1}^{N} (1-d_i) \bar{r}_i^2}{N_0}$。由此，式（10-18）可以简化为：

$$N\bar{r}_0\bar{r}_1 > (N+1)\overline{r_1^2} \quad (10-19)$$

从而得到：

$$\frac{N}{N+1} > \frac{\overline{r_1^2}}{\bar{r}\bar{r}_1} \quad (10-20)$$

如果 $\bar{r}_0 > \bar{r}_1$，则 $\frac{\overline{r_1^2}}{\bar{r}\bar{r}_1} < 1$。当 N 很大时，则有 $\lim\frac{N}{N+1} = 1$。如此，可以得到：如果不受规制企业的平均排污率大于被规制企业（即 $\bar{r}_0 > \bar{r}_1$），则不完全规制时企业的总排放量将大于不受规制时的总排放量。因此，当 $\bar{r}_0 > \bar{r}_1$ 且 $\frac{N}{N+1} > \frac{\overline{r_1^2}}{\bar{r}\bar{r}_1}$ 时，不完全规制时的总排放量更大，也即不完全规制反而不如不规制。

其五，当规制者通过征收排污费进行规制时，不完全规制与完全规制下的排污泄漏有以下关系：若规制有效，则完全规制时的总排放量小于不完全规制时的总排放量；若规制无效，则结果相反。具体地，不完全规制时的总排放量为：

$$\sum_{i=1}^{N} r_i q_i^*(d) = \sum_{i=1}^{N} r_i \left[\frac{a + \sum_{i=1}^{N}(c_i + \tau d_i r_i) - (N+1)(c_i + \tau d_i r_i)}{(N+1)b} \right]$$
$$(10-21)$$

完全规制时的总排放量为：

$$\sum_{i=1}^{N} r_i q_i^*(d) = \sum_{i=1}^{N} r_i \left[\frac{a + \sum_{i=1}^{N}(c_i + \tau r_i) - (N+1)(c_i + \tau r_i)}{(N+1)b} \right]$$
$$(10-22)$$

式（10-21）与式（10-22）相减，得到：

$$\Delta E = \sum_{i=1}^{N} r_i \left[\frac{a + \sum_{i=1}^{N}(c_i + \tau d_i r_i) - (N+1)(c_i + \tau d_i r_i)}{(N+1)b} \right]$$
$$- \sum_{i=1}^{N} r_i \left[\frac{a + \sum_{i=1}^{N}(c_i + \tau r_i) - (N+1)(c_i + \tau r_i)}{(N+1)b} \right] > 0 \quad (10-23)$$

将式（10-23）化简得到：

$$\sum_{i=1}^{N} r_i \sum_{i=1}^{N} d_i r_i - \sum_{i=1}^{N} r_i \sum_{i=1}^{N} r_i < (N+1)(\sum_{i=1}^{N} r_i d_i r_i - \sum_{i=1}^{N} r_i r_i)$$
$$(10-24)$$

由式（10-24）可知：

$$\sum_{i=1}^{N} r_i \Big(\sum_{i=1}^{N} (1-d_i) r_i \Big) > (N+1) \Big(\sum_{i=1}^{N} (1-d_i) r_i^2 \Big) \quad (10-25)$$

$$N \bar{r} N_0 \bar{r}_0 > (N+1) N_0 \overline{r_0^2} \quad (10-26)$$

由此，可以得到：

$$\frac{N}{N+1} > \frac{\overline{r_0^2}}{\bar{r} \bar{r}_0} \quad (10-27)$$

因为 $\bar{r}_0 < \bar{r}_1$，所以 $\frac{\overline{r_0^2}}{\bar{r} \bar{r}_0} < 1$。而当 N 很大时，有 $\lim \frac{N}{N+1} = 1$。于是，若不受规制企业的平均排污率小于被规制排污企业（即 $\bar{r}_0 < \bar{r}_1$），则完全规制时的总排放量更大。因此，若 $\bar{r}_0 < \bar{r}_1$ 且 $\frac{N}{N+1} > \frac{\overline{r_0^2}}{\bar{r} \bar{r}_0}$，则完全规制不如不完全规制。

其六，完全规制时的总排放量始终小于不受规制时的总排放量。具体地，不受规制时所有企业的总排放量为：

$$\sum_{i=1}^{N} r_i q_i^*(d) = \sum_{i=1}^{N} r_i \left[\frac{a + \sum_{i=1}^{N} c_i - (N+1) c_i}{(N+1) b} \right] \quad (10-28)$$

进行完全规制时的总排放量为：

$$\sum_{i=1}^{N} r_i q_i^*(d) = \sum_{i=1}^{N} r_i \left[\frac{a + \sum_{i=1}^{N} (c_i + \tau r_i) - (N+1)(c_i + \tau r_i)}{(N+1) b} \right] \quad (10-29)$$

同理，可以得到：

$$\Delta E = \sum_{i=1}^{N} r_i \left[\frac{a + \sum_{i=1}^{N} (c_i + \tau r_i) - (N+1)(c_i + \tau r_i)}{(N+1) b} \right]$$

$$- \sum_{i=1}^{N} r_i \left[\frac{a + \sum_{i=1}^{N} c_i - (N+1) c_i}{(N+1) b} \right] \quad (10-30)$$

$$= \sum_{i=1}^{N} r_i \left[\frac{- \sum_{i=1}^{N} \tau r_i + (N+1) \tau r_i}{(N+1) b} \right] > 0$$

当所有企业均受规制时，市场的均衡产量会因为征收排污费引致的成本提高而降低。其中，高效企业的 r_i 较大，所以 $(N+1)(c_i + \tau d_i r_i)$ 相对较大。于是，市场均衡产量较小，最终的总排放量减少。

与已有文献考察仅考察寡头企业的策略性行为不同，我们在完全竞争与垄断两种市场结构下进行探讨。在完全竞争市场中，由于企业数量很多，均衡价格是外生给定的，且每家企业的市场份额都很小。因此，不完全规制所引致的排放泄漏很小。而在垄断市场中，垄断企业可以制定使自身利润最大化的价格。此时，泄漏规模完全取决于企业的策略。如果规制前后企业的产量相差越大，则排污泄漏也越大。

（三）模型结论

基于上述分析，可以得到以下结论。

其一，若其他条件不变，则排污泄漏 L 关于 $\bar{r}_0$、$\bar{r}_1$ 递增，即企业的污染治理水平对排污差值有同向影响。

其二，当其他条件不变时，排污泄漏 L 关于需求价格弹性负相关，即：需求价格弹性 b 越大时排污差值越小，反之亦然。

其三，在分析均衡产量，由于利润最大化时，得到的均衡结果一致，所以也可以得到：$Q^B > Q^{INC} > Q^{COMP}$。

其四，当规制者使用排污费进行规制时，如果不受规制企业的平均排污率大于被规制企业（即 $\bar{r}_0 > \bar{r}_1$），且 $\frac{N}{N+1} > \frac{\bar{r}_1^2}{rr_1}$，则不完全规制时的总排放量大于不受规制时的总排放量。也就是说，不完全规制只会起到加剧污染的作用。

其五，若不受规制企业的平均排污率小于被规制排污企业（即 $\bar{r}_0 < \bar{r}_1$），且 $\frac{N}{N+1} > \frac{\bar{r}_0^2}{rr_0}$，则完全规制的规制效果反而不如不完全规制。

其六，当规制者使用排污费方式时，完全规制时的总排放量始终小于不规制时的总排放量。

其七，市场结构不同，排污泄漏情况不一。完全竞争市场中，由于完全竞争市场中企业数量很多，价格外生给定，排污企业在市场中所占份额很小，因而排放泄漏很小。而在垄断市场中，排污泄漏只取决于该企业的特征与决策。受规制前后垄断者的产量相差越大，那么排污泄漏就越大。

以上分析表明，不管规制者采取排污费还是排放权交易，环境规制造成的排污泄漏都是一致的。进一步地，排污泄漏 L 主要取决于被规制企业的平均排污率、不被规制企业的平均排污率以及需求价格弹性等因素。

第三节 不完全规制下企业策略性行为数值模拟分析

在理论分析中，基于不完全环境规制前提，本章分别分析了征收排污费（价格规制）与排污权交易（总量规制）两种规制政策下排污企业的策略性行为，以及其造成的社会总体排污量。规范分析表明，在均衡产量方面存在 $Q^B > Q^{INC} > Q^{COMP}$ 这一关系。但是，从社会总排污量这一视角来看，这种关系并不一定成立。换句话说，在一定情况下不完全规制时的排污量可能大于不规制时的排污量，而完全规制时的排污量也可能大于不完全规制时的排污量。其政策含义是，环境规制并不必然起到有效治理环境污染的作用，必须制定与实际情况相适应的环境规制政策。

为使结果更加明晰，现在我们在模型基础上进行数值模拟，以便为政府优化环境规制提供有益参考。当前我国排污权交易制度尚处于试点阶段，并未形成完善的排污权交易市场。同时，排污权交易案例中 SO_2 的价格波动较大，还有一些污染物并未形成市场化的交易价格，而是以烟尘排放的增量来补偿 SO_2 排放的减少量。特别是，大多试点是在环保部门的行政推动下进行的，缺乏排污权交易的详细数据。因此，我们仅对排污费方式进行模拟分析，并根据模拟结果对我国火电领域环境规制情况进行考察。

一、研究假设

在数值模拟中，虽然假设并不完全符合现实环境，但是相关结果可以为现实环境规制提供基准参考。刘金平（2010）认为，只有少部分企业被纳入排污监管，大量中小企业游离于排污监管之外。事实上，中小企业应当是污染监管的重点，但对其进行监管在实践上却难以实现。因此，在进行数值模拟时，我们将火力发电厂分为大、中、小三种类型。

我们考虑的数值模拟环境是，在一个火力发电比较充足的区域，其电力主要由火力发电厂供应。同时，该区域所产生的电力全部用于本地，不存在对外电力传输。根据我国火力发电市场的集中程度，假定该区域共有三家火力发电厂，分别是大型发电厂、中型发电厂和小型发电厂。

电力是同质产品，因而三家发电厂之间进行古诺竞争。火电厂的成本

函数为 $C_i(q_i)$，且边际成本、排污量和排污率分别为 c_i、e_i、r_i。同时，规制者对发电厂征收的单位排污费用为 τ。根据国家统计局公布的历年电力行业需求价格弹性与生产价格弹性，且为简化计算，假设该区域的电力需求函数为：$P = 80 - Q$。其中，P 是指上网电价，而 Q 是指发电厂的上网电量。

二、模拟变量赋值

其中，大型发电厂（电厂1）的数据根据我国五大发电集团的数据进行设定，中型发电厂（电厂2）的数据取全国平均数据，小型发电厂（电厂3）的数据则来自国内小型发电厂的数据。模拟所需数值均为实际数据平均值的取整数，因而假设三家发电厂的边际生产成本与排污率分别如表10-1所示。

表10-1　三家电厂的边际生产成本及排污率

电厂	边际生产成本 c_i	排污率 r_i
电厂1	3	2
电厂2	4	4
电厂3	5	4

从前面可知，不完全规制下企业的最优产量为：

$$q^*(d) = \frac{a + \sum_{i=1}^{N}(c_i + \tau d_i r_i) - (N+1)(c_i + \tau d_i r_i)}{(N+1)b} \quad (10-31)$$

根据之前假设的电力需求函数 $P = 80 - Q$，可知：$a = 80$，$b = 1$。同时，假设 $\tau = 2$。进行数值模拟后，所得结果如表10-2所示。

表10-2　不同规制程度下电厂数值模拟结果

项目	情形		电厂1	电厂2	电厂3
一、规制者不进行规制	（1）电厂1、电厂2、电厂3均不受规制	单个电厂均衡产量	20	19	18
		单个电厂排污量	40	76	72
		社会总产量	57		
		社会总排污量	188		

续表

项目	情形		电厂1	电厂2	电厂3
二、规制者完全规制	（2）电厂1、电厂2、电厂3均受规制	单个电厂均衡产量	21	16	15
		单个电厂排污量	42	64	60
		社会总产量	52		
		社会总排污量	166		
三、规制者不完全规制	（3）规制电厂1，不规制电厂2、电厂3	单个电厂均衡产量	17	20	19
		单个电厂排污量	34	80	76
		社会总产量	56		
		社会总排污量	190		
	（4）规制电厂2，不规制电厂1、电厂3	单个电厂均衡产量	22	13	20
		单个电厂排污量	44	52	80
		社会总产量	55		
		社会总排污量	176		
	（5）规制电厂3，不规制电厂1、电厂2	单个电厂均衡产量	22	21	12
		单个电厂排污量	44	84	48
		社会总产量	55		
		社会总排污量	176		
	（6）规制电厂1、电厂2，不规制电厂3	单个电厂均衡产量	19	14	21
		单个电厂排污量	38	56	84
		社会总产量	54		
		社会总排污量	178		
	（7）规制电厂1、电厂3，不规制电厂2	单个电厂均衡产量	19	22	13
		单个电厂排污量	38	88	52
		社会总产量	54		
		社会总排污量	178		
	（8）规制电厂2、电厂3，不规制电厂1	单个电厂均衡产量	24	15	14
		单个电厂排污量	48	60	56
		社会总产量	53		
		社会总排污量	164		

（一）产量视角

就单个发电厂而言，当受到政府规制时，它可能出于利润最大化的考虑而减少产量。根据表10-2中不同情形的数值模拟结果，进一步分析可以得到各个电厂在不同情形下的市场份额（见表10-3）。

表10-3　　　　　　　　不同规制程度下电厂市场份额

情形	市场份额（%）		
	电厂1	电厂2	电厂2
（1）	35	33	32
（2）	40	31	29
（3）	30	36	34
（4）	40	24	36
（5）	40	38	22
（6）	35	26	39
（7）	35	41	24
（8）	45	28	26

电厂1的排污率与边际成本相对较低，因而是具有先进技术的优质厂商。上述分析表明，与不进行规制相比，完全规制情形中电厂1的产量会增加，而电厂2和电厂3的产量有所降低。也就是说，进行完全规制时电厂1的市场份额增加。特别是，如果仅对电厂2和电厂3进行规制（即情形（8）），则电厂1的市场份额达到最大，即达到45%。此时，总排污量处于最低水平。

就社会总产量而言，情形（2）的产量最小。而在完全规制与不规制两种情形中，产量最大的分别是情形（1）和情形（3）。同时，不完全规制情形下的产量正好在其他两种情形之间，也即符合理论分析得出的$Q^B > Q^{INC} > Q^{COMP}$这一结论。

（二）排污量视角

从社会总排污量来看，排污量最小的是情形（8），即电厂2和电厂3受规制、而电厂1不受规制，相应的排污量为164。相反，完全规制时的排污量为166（即情形（2））。同时，排污量最大的也不是无规制情形（此时排污量为188），而是电厂1受规制且电厂2与电厂3不受规制的情形（3），其排污量为190。

这个结论与人们的预想并不一致，即规制越严格并不意味着排污量越小，同时规制越放松时的排污量也并非最大。其原因在于，实施环境规制后社会总排污量的变动会受到被规制者与不受规制者平均排污率差异的影响（见表10-4）。

表10-4 不同情形下受规制排污企业的平均排污率（$\bar{r}_1$）与不受规制排污企业的平均排污率（$\bar{r}_0$）

情形	$\bar{r}$	$\dfrac{N}{N+1}$	$\bar{r}_1$	$\bar{r}_1^2$	$\bar{r}_0$	$\bar{r}_0^2$	$\dfrac{\bar{r}_1^2}{\bar{r}\bar{r}_1}$	$\dfrac{\bar{r}_0^2}{\bar{r}\bar{r}_0}$
（1）不规制			-	-	3.33	12	-	-
（2）完全规制			3.33	12	-	-	-	-
（3）	3.33	0.75	2	4	4	16	0.6	1.2
（4）			4	16	3	10	1.2	1
（5）			4	16	3	10	1.2	1
（6）			3	10	4	16	1	1.2
（7）			3	10	4	16	1	1.2
（8）			4	16	2	4	1.2	0.6

第二节分析表明，当 $\bar{r}_0 > \bar{r}_1$ 且 $\dfrac{N}{N+1} > \dfrac{\bar{r}_1^2}{\bar{r}\bar{r}_1}$ 时，不完全规制时的总排放量将大于不规制时的总排放量。而当 $\bar{r}_0 < \bar{r}_1$ 且 $\dfrac{N}{N+1} > \dfrac{\bar{r}_0^2}{\bar{r}\bar{r}_0}$ 时，完全规制时的总排放量也会大于不完全规制时的总排放量。也就是说，完全规制的减排效果反而不如不完全规制。

从数值模型情况来看，情形（3）满足 $\bar{r}_0 = 4 > \bar{r}_1 = 2$，且 $\dfrac{N}{N+1} = 0.75 > \dfrac{\bar{r}_1^2}{\bar{r}\bar{r}_1} = 0.6$。此时，模拟结果是：不完全规制时的总排放量为190，大于不规制时的社会总排放量188。这一对比表明，仅对电厂1进行规制反而会导致社会总排放量增加，最终结果是环境规制失效。

情形（8）满足 $\bar{r}_0 = 2 < \bar{r}_1 = 4$，且 $\dfrac{N}{N+1} = 0.75 > \dfrac{\bar{r}_0^2}{\bar{r}\bar{r}_0} = 0.6$，此时得出的数值模拟结果是：不完全规制时的社会总排放量为164，小于完全规制时的社会总排放量166。也就是说，在减排方面完全规制反而不如不完全规制。

根据以上分析，可以发现，环境规制的实际效果会受到规制强度、被规制企业与不被规制企业之平均排污率差异等因素的影响。在一定条件下，不规制反而优于规制，且不完全规制优于完全规制。这一结果的政策启示是：对于排污率低于某一水平的企业，可以考虑放松对其的环境规制；如此，污染率低的企业获得更大的市场份额，而污染率高的企业必然减产。只要高污染率企业的污染物减幅大于低污染率企业的污染物排放量的增幅，那么放松管制就足以起到治理环境污染的作用。

第四节　小　结

一、主要结论

当前，我国主要通过命令—控制型政策工具来实施环境规制，但排污费、排污权交易等基于市场机制的政策工具也在使用或推广使用。如何更好地发挥后者的作用，是改善环境治理的重点。本章在福利（2008）的基础上并结合我国实际情况，对使用排污费进行不完全规制条件下寡头企业的策略性行为进行全面分析。同时，进一步分析规制者如何通过选择环境规制强度来更好发挥市场型政策工具的作用。

通过理论分析与数值模拟，可以得到以下结论。

其一，在不同市场型政策工具下，环境规制强度变动所引致的排污泄漏一致。也就是说，排污泄漏主要取决于被规制企业与不受规制企业之平均排污率的差异。

其二，在不同环境规制强度下，均衡产量存在 $Q^B > Q^{INC} > Q^{COMP}$ 这一关系，也即环境规制增加了企业的生产成本，最终使得均衡产量减少。

其三，在不同规制强度下，市场结构会对规制效果产生显著影响。在完全竞争市场中，每家企业的市场份额均很小，且市场价格是外生给定的，因而规制与否并不会显著改变总排污量。而在垄断市场中，企业可以自由选择可最大化利润的价格。此时，规制前后企业的排污率相差越大，排污泄漏也就越大。相反，在不完全竞争市场中，规制者的规制强度选择相对复杂，即提高规制强度并不一定减少排污量，放松规制也并不一定增加排污量。

其四，在不同规制强度下，寡头企业所采取的策略性行为都有可能导致规制失效。具体地，社会总排放量不仅与企业的产量相关，它还受到被规制企业的平均排污率、不受规制企业的平均排污率、所有企业的平均排污率以及企业数量、市场结构等因素的影响。当满足一定条件时，可能出现以下情形：不完全规制的排污量小于完全规制，不规制时的排污量小于不完全规制。这一结果与人们的预期并不相同，但它能够为现实中存在的规制失灵现象提供可信解释。

二、政策建议

当前，国内大部分火力发电厂都已经在能耗方面达到了国际先进水平，且新建发电机组的效率越来越高。同时，燃煤发电机组均已安装脱硫设备。这些都意味着在排污率不发生重大变化的情况下，命令—控制型政策工具的作用将逐渐变小。相应地，政府部门需要重新审视如何更好地对火力发电厂进行有效规制。对此，我们建议如下。

其一，加快完善并使用基于市场的环境规制政策工具。2004 年以来，我国制定了每千瓦时上网电价提高 1.5 分的政策，以激励企业进行脱硫处理。同时，还出台了差别电价、惩罚性电价等政策，这些措施有效减少了 SO_2 的排放。本质上，脱硫电价政策相当于减少向企业征收的排污费，但据生态环境部统计，已建成烟气脱硝的发电机组有大量处于不正常运行或不运行状态，而部分企业甚至未依法取得排污许可证。另外，在征收排污费时，不少电厂拒交或迟交排污费。因此，需要继续完善和落实市场型环境规制政策工具，确保其充分发挥作用。

其二，进一步拓展规制范围，特别是重点监控排污率较高的中小型发电厂。当前规制机构主要监管大型发电企业，但这些企业的排污率通常较低。仅规制低排污率企业而忽视高排污率中小企业，可能导致环境规制失效，甚至加剧环境污染。

其三，以市场情况调研为基础，合理确定环境规制强度，避免一刀切式的环境规制。环境规制的目的是在实现经济发展与环境保护的协调，而不是完全以牺牲经济发展为代价来保护环境。因此，环境规制强度的选取应当符合两个条件：一是满足火力发电行业的发展要求；二是保证环境规制具有节能减排的效果。在条件成熟时，可以进行不完全规制，即放松对低排污率电厂的规制，加强对高排污率电厂的规制。同时，以市场机制为依托，合理整合发电行业，为污染排放的持续减少奠定基础。

其四，在实行排污费规制的同时有序实施排污权交易制度，加快建立和完善排污权交易市场。相比排污费机制，排污权交易机制能够更好地激发企业减少污染物排放和能耗的积极性，并且实现社会最优的资源配置。特别是完善排污权交易制度，已成为世界环境规制的发展趋势。

主要参考文献

［1］Adar Z, Griffin J M. Uncertainty and the choice of pollution control instruments ［J］. Journal of Environmental Economics & Management, 1976, 3（3）: 178 - 188.

［2］Benford F A. On the Dynamics of the Regulation of Pollution: Incentive Compatible Regulation of a Persistent Pollutant ［J］. Journal of Environmental Economics and Management, 1998, 36（1）: 1 - 25.

［3］Coase R H. The Problem of Social Cost ［J］. The Journal of Law & Economics, 1960, 3: 1 - 44.

［4］Dasgupta P, Hammond P, Maskin E. On Imperfect Information and Optimal Pollution Control ［J］. The Review of Economic Studies, 1980, 47（5）: 857 - 860.

［5］Downing P B, White L J. Innovation in pollution control ［J］. Journal of Environmental Economics and Management, 1986, 13（1）: 18 - 29.

［6］Harford J D. Firm Ownership Patterns and Motives for Voluntary Pollution Control ［J］. Managerial and Decision Economics, 1997, 18（6）: 421 - 431.

［7］Kwerel E. To Tell the Truth: Imperfect Information and Optimal Pollution Control ［J］. The Review of Economic Studies, 1977, 44（3）: 595 - 601.

［8］Loeb M, Magat W A. A Decentralized Method for Utility Regulation ［J］. The Journal of Law and Economics, 1979, 22（2）: 399 - 4046.

［9］Milliman S, Prince R. Firm incentives to promote technological change in pollution control ［J］. Journal of Environmental Economics and Management, 1989, 17（3）: 247 - 265.

［10］Moledina A A, Coggins J S, Polasky S, et al. Dynamic environmental policy with strategic firms: prices versus quantities [J]. Journal of Environmental Economics & Management, 2003, 45 (2): 356 – 376.

[11] Pigou A C. The economics of welfare [M]. London: Transaction Publishers, 1920.

[12] Roberts M J, Spence M. Effluent Charges and Licenses Under Uncertainty [J]. Journal of Public Economics, 1976, 5: 193 – 208.

[13] Schelling T C. The strategy of conflict [M]. Cambridge, M. A.: Harvard University Press, 1981.

[14] Spulber D F. Effluent regulation and long – run optimality [J]. Journal of Environmental Economics & Management, 1985, 12 (2): 103 – 116.

[15] Vogelsang I, Finsinger J. A regulatory adjustment process for optimal pricing by multiproduct monopoly firms [J]. Bell Journal of Economics, 2000, 10 (1): 157 – 171.

[16] Weitzman M L. Prices vs. Quantities [J]. Review of Economic Studies, 1974, 41 (4): 477 – 491.

[17] 安锦. 我国生态环境保护的财政补贴制度研究 [J]. 经济论坛, 2009 (9): 9 – 11.

[18] 白让让, 郁义鸿. 价格与进入管制下的边缘性进入——一个理论模型分析 [J]. 经济研究, 2004 (9): 70 – 81.

[19] 蔡素兰. 运用市场机制推进污染治理市场化运营 [J]. 当代经济 (下半月), 2008 (2): 66 – 67.

[20] 曹东, 王金南. 中国工业污染经济学 [M]. 北京: 环境科学出版社, 1999.

[21] 杜小伟. 政府规制下企业环境责任缺失的成因、对策分析 [J]. 广西财经学院学报, 2009, 22 (3): 16 – 18, 23.

[22] 郭朝先. 我国环境管制发展的新趋势 [J]. 经济研究参考, 2007 (27): 30 – 35.

[23] 郭庆, 李佳路. 环境规制中的激励与监督——国外理论研究综述 [J]. 环境经济, 2005 (8): 30 – 32.

[24] 郭庆. 信息不对称条件下的环境规制 [J]. 山东经济, 2007 (4): 10 – 13, 18.

[25] 哈密尔顿, 等. 里约后五年: 环境政策创新的创新 [M]. 张庆丰, 等译. 北京: 中国环境科学出版社, 1998.

[26] 韩瑜. 我国中小企业污染治理的经济学分析与财税政策 [J]. 福建论坛 (人文社会科学版), 2007 (11): 16–19.

[27] 何瑛, 何爱英. 中小企业的特点对污染治理的影响与解决途径分析 [J]. 经济师, 2007 (1): 205–206.

[28] 贺立龙, 陈中伟, 张杰. 环境污染中的合谋与监管: 一个博弈分析 [J]. 青海社会科学, 2009 (1): 33–38.

[29] 金碚. 资源环境管制与工业竞争力关系的理论研究 [J]. 中国工业经济, 2009 (3): 5–17.

[30] 经济合作与发展组织. 发展中国家环境管理的经济手段 [M]. 刘自敏, 李丹译. 北京: 中国环境科学出版社, 1994.

[31] 李项峰. 环境规制的范式及其政治经济学分析 [J]. 暨南学报 (哲学社会科学版), 2007 (2): 47–52, 154.

[32] 李云雁. 环境管制与企业技术创新: 政策效应比较与政策配置 [J]. 浙江社会科学, 2011 (12): 48–55, 154–155.

[33] 马士国. 基于市场的环境规制工具研究述评 [J]. 经济社会体制比较, 2009 (2): 183–191.

[34] 马昕, 李泓泽, 等. 管制经济学 [M]. 北京: 高等教育出版社, 2004.

[35] 沈芳. 环境规制的工具选择: 成本与收益的不确定性及诱发性技术革新的影响 [J]. 当代财经, 2004 (6): 10–12.

[36] 生延超. 环境规制的制度创新: 自愿性环境协议 [J]. 华东经济管理, 2008 (10): 27–30.

[37] 宋英杰. 基于成本收益分析的环境规制工具选择 [J]. 广东工业大学学报 (社会科学版), 2006 (1): 29–31.

[38] 托马斯·思德纳著. 环境与自然资源管理的政策工具 [M]. 张蔚文, 黄祖辉, 译. 上海: 上海三联书店、上海人民出版社, 2005.

[39] 王爱兰. 论政府环境规制与企业竞争力的提升——基于"波特假设"理论验证的影响因素分析 [J]. 天津大学学报 (社会科学版), 2008 (5): 389–392.

[40] 王俊豪. 政府管制经济学导论: 基本理论及其在政府管制实践

中的应用 [M]. 北京：商务印书馆，2001.
- [41] 王雅莉，毕乐强. 公共规制经济学 [M]. 北京：清华大学出版社，2011.
- [42] 王燕. 环境问题的经济学分析——兼论推进环境规制改革的必要性 [J]. 商业经济，2009 (12)：24-26.
- [43] 谢地. 政府规制经济学 [M]. 北京：高等教育出版社，2003.
- [44] 于立，姜春海. 规制经济学的学科定位与理论应用 [M]. 大连：东北财经大学出版社，2005.
- [45] 于良春，黄进军. 环境管制目标与管制手段分析 [J]. 理论学刊，2005 (5)：4-7，128.
- [46] 臧传琴. 环境规制工具的比较与选择——基于对税费规制与可交易许可证规制的分析 [J]. 云南社会科学，2009 (6)：87-102.
- [47] 张红凤，周峰，杨慧，郭庆. 环境保护与经济发展双赢的规制绩效实证分析 [J]. 经济研究，2009 (3)：14-26，67.
- [48] 张嫚. 环境规制对企业竞争力的影响 [J]. 中国人口·资源与环境，2004 (4)：128-132.
- [49] 张昕竹. 中国规制与竞争：理论和政策 [M]. 北京：社会科学文献出版社，2000.
- [50] 张卓元，于祖尧，吴太昌，等. 政治经济学大辞典 [Z]. 北京：经济科学出版社，1998.
- [51] 赵红. 环境规制对产业绩效的影响研究综述 [J]. 生产力研究，2008 (22)：162-166.
- [52] 赵玉民，朱方明，贺立龙. 环境规制的界定、分类与演进研究 [J]. 中国人口·资源与环境，2009，19 (6)：85-90.
- [53] 中国环境与发展国际合作委员会，中共中央党校国际战略研究所. 中国环境与发展：世纪挑战与战略抉择 [M]. 北京：中国环境科学出版社，2007.

第十一章　内部性、多重道德风险与安全规制

在我国经济快速发展、国家综合实力和人民生活水平大幅提升、社会深刻变革的过程中，我国的生产安全和产品安全问题凸显，风险明显加大，形势依然严峻。一是生产安全事故总量和死亡人数。两个指标在1993~2002年的10年里持续攀升，最高的一年分别达到107万起、近14万人。虽然从2003年起事故总量和死亡人数连年"双下降"，但2015~2017年仍然发生有6.4万、6万、5万起事故，死亡4.3万、4.1万、3.6万人[①]。

二是产品安全中的食品安全。虽然近几年的食品安全合格率有较大提高[②]，但不合格食品总量以及涉及食品安全的违法案件仍然有较大规模。其中，2015年向社会公开不合格的食品有6552个批次，同时食药部门查处涉及食品、保健食品违法案件24万件，公安机关侦破危害食品安全犯罪的案件1.5万件；2016年共处置生产经营单位9264件次，罚没总额达1.2亿元，下架封存不合格食品428.2吨、召回326.9吨；2017年各级食品药品监管部门对于抽检发现的不合格食品及企业及时进行了核查处置，移送司法机关案件线索278件次，责令下架封存、召回不合格食品1108吨[③]。因此，生产安全和产品安全问题，是我国当前和今后亟待解决的重大社会问题。

[①] 根据2015~2017年全国安全生产工作会议公布的全国发生的各类事故和死亡人数及百分比统计计算。

[②] 2015~2017年，国家食品药品监督管理总局在全国范围内的食品抽检情况为：2015年共抽检17万批次，抽检食品合格率是96.8%；2016年共抽检25.7万批次，抽检食品合格率是96.8%；2017年共抽检23.33万批次，抽检食品合格率是97.6%。整体来看，呈持续稳中向好态势。

[③] 数据来源：毕井泉，国务院新闻办公室举行的新闻发布会上的讲话，2016年2月29日；国家食品药品监督管理总局，关于2016年全国食品安全抽检结果公告，2017年1月16日；孙梅君，在国家食品药品监督管理总局举行的新闻发布会上的讲话，2018年1月23日。

第一节　内部性与双向道德风险

与产生环境污染问题的原因外部性问题不同，导致生产安全和产品安全问题的原因主要是内部性问题。内部性这个概念，是由美国经济学家丹尼尔·F. 史普博（1989）在《管制与市场》（英文版）一书中首次提出的。他认为，内部性（internality）是指由交易者所经受的但没有在交易条款中说明的成本和收益。

造成内部性的原因主要是三种"交易成本"：一是在存在风险的条件下，当事人签订意外性合约（contingent contract）①的成本；二是当合约当事人的行为不能完全观察到时，所发生的观察成本或监督成本；三是合约当事人收集他人信息和公开自身所占有的信息时，所发生的成本。史普博认为，交易成本或不完全信息可能导致交易的参与方不能完全分配交易所产生的净收益，而此净收益的不完全分配即指的就是某种内部性。也就是说，内部性的存在使得交易者不能获取全部潜在的交易所得（史普博，1999）。因此，内部性无论是正的还是负的，都与合约的交易条款或合约安排及其执行密切相关。

合约也称契约、合同，它是一组承诺的集合，这些承诺是签约方在签约时做出的，并且预期在未来合约到期日能够被兑现。从经济学的角度来看，现代合约可以分为完全合约与不完全合约。完全合约是指，缔约双方都能够完全预见合约期内可能发生的重要事件，愿意遵守双方签订的合约条款，且当缔约方对合约条款产生争议时，第三方（如法院）能够强制其执行②。不完全合约是指，缔约双方都不能够完全预见合约期内可能发生的重要事件，在双方签订的合约时，就设计一种机制来应对条款的不完全性即合约包含缺口和遗漏条款，它包括再谈判和处理不确定性事件，当合约执行过程中不确定性风险发生后，这个机制自动启动。

道德风险（moral hazard）是指在完全合约中，签约时双方都了解有

---

① "contingent contract" 也可以翻译成或有合约，阿罗-德布鲁在其模型中创造了一个或有商品的概念，即一种对交换的商品不能对其物质形态做出准确的描述，无法对商品的划分做出可以看见的，但可通过交换能够提高当事人的满足程度的配置的商品。在这里，意外性合约主要指的是防范意外性事故的合约，即防范潜在职业风险的就业合约，与消费者购买商品签订或有合约不同。

② 李风圣在《契约经济学》一书的译者前言中有相关论述，详见科斯等（1999）。

关信息，签约后有一方利用自身的信息优势，采取机会主义行为，给对方造成损失。道德风险属于内生性风险，实际上是签约后的交易成本问题。双向道德风险（double moral hazard）是指在完全合约关系中，合约双方都具有各自不能被对方观测到的私人信息（即信息优势），并采取了不利于对方的机会主义行为，从而产生了相互作用的道德风险问题[①]。

在信息不对称条件下，生产者（工作场所）安全的就业合约和产品安全的销售合约签订后，由于双向道德风险的作用，导致内部性问题的发生。概括起来讲，生产者（工作场所）安全的内部性问题：一是为什么就业合约中不能明确地包含工人可能遭遇的意外事故和健康损害？二是为什么工伤（亡）赔偿制度不能对企业（雇主）和工人采取更加有效的安全与健康预防保护性措施提供激励[②]？而产品安全的内部性问题包括：一是为什么销售合约中不能明确地包含消费者可能遭遇的意外事故和健康损害[③]？二是为什么产品标准和保险不能对企业和消费者采取更加有效的产品安全保护性措施提供激励？

生产者（工作场所）安全的就业合约涉及两个主体，企业（雇主）和生产者，这里假设企业中的管理者与雇主目标和行为一致，故将其合二为一，统称为企业（雇主）。产品安全的销售合约表面上涉及两个主体，企业和消费者，但实际上还包括企业的生产者这个主体，因为生产者是产品安全的销售合约的履行即安全风险控制实际执行者。下面，我们分析这两种合约涉及的两对不同主体的机会主义行为，以及产生的双向道德风险的内部性问题。

首先，我们假设企业（雇主）和生产者都是风险中性的，并假设两者的安全防范水平是固定的，但具有不可观察性，即为了减少不安全产品所做的努力无法直接观察到。一是企业（雇主）对于工作场所安全防范水平不同的生产者，提供不同安全标准的防范措施，造成"劣币驱逐良币"的现象。二是生产者对于不同安全标准工作场所的防范措施，在生产过程中

---

① "double moral hazard"一词的翻译有双向道德风险、双边道德风险和双重道德风险，都是指合约的双方各自具有信息优势，采取了机会主义行为，相互给予对方了道德风险。本章使用了双向道德风险。

② 国内外的研究文献表明，工伤（伤亡）赔偿制度不能对工人采取更加有效的安全与健康预防保护性措施提供激励的原因，在于工人对其生命价值的判断（估值）不足。

③ 产品的意外事故和健康损害——产品安全适用于搜寻品和经验品，消费者一般是尽可能购买安全（卫生或健康）风险小的产品（如驰名商标的产品、老字号产品、进口产品），但也可能购买已知具有安全（卫生或健康）风险的产品（如香烟）。

采取不同的工作场所安全防范水平。这两种不可观察性的行为不能够在就业合约中描述，导致双向道德风险的内部性问题发生。

其次，我们假设企业和消费者都是风险中性的，并假设两者的安全防范水平是固定的，但对另一方来说是不可观察的，即为了减少不安全产品所做的努力无法直接观察到。一是企业对于产品安全防范水平不同的消费者，提供不同安全标准的产品，造成"劣币驱逐良币"的现象。二是消费者对于购买的不同安全标准的产品，在使用产品过程中采取不同的产品安全防范水平。由于这两种不可观察性的行为不能够在产品购买合约中描述，导致双向道德风险的内部性问题发生。

解决这种双向道德风险的内部性问题的基本思路是，在生产者（工作场所）安全的就业合约签约后，我们假设企业（雇主）和生产者都是风险中性的，安全防范水平存在不可观察性，但由于防范失效引起的损失在事故发生后却可以观察到，并由此可推断事故引起的单位损失与防范水平的联系，即事故概率与防范水平（努力）的关系。因此，可以设计一个考虑责任规则的风险转移机制：一是在签订合约后，如果安全防范水平不可观察，安全事故发生后，则企业（雇主）和生产者承担共同过失责任；二是在签订合约后，如果安全防范水平不可观察，安全事故发生后，通过计算事故引起的单位损失将企业（雇主）和生产者共同过失中的防范水平进行比较，区别双方在共同过失责任中实际过失责任及大小；三是根据企业（雇主）和生产者双方在共同过失责任中实际情况（有无过失责任、过失责任大小）来承担损害赔偿责任。

在产品安全的销售合约签约后，我们假设企业和消费者都是风险中性的，安全防范水平存在不可观察性，但由于防范失效引起的损失在事故发生后却可以观察到，并由此可推断事故引起的单位损失与防范水平的联系，即事故概率与防范水平（努力）的关系。因此，可以设计一个考虑责任规则的风险转移机制：一是在签订合约后，如果安全防范水平不可观察，安全事故发生后，则企业和消费者承担共同过失责任；二是在签订合约后，如果安全防范水平不可观察，安全事故发生后，通过计算事故引起的单位损失将企业和消费者共同过失中的防范水平进行比较，区别双方在共同过失责任中实际过失责任及大小；三是根据企业和消费者双方在共同过失责任中的实际情况（即有无过失责任、过失责任大小）来承担损害赔偿责任。

第二节 多重道德风险与安全问题

如上所述，我们在信息不对称条件下，基于风险中性的假设，分别讨论了生产者（工作场所）安全和产品安全两种合约签订后的双向道德风险引起的内部性问题。但是在现实中，生产者（工作场所）安全和产品安全两种合约具有密切的联系。从企业的角度来看，它既要与生产者签订就业合约，又要与消费者签订销售合约。在就业合约中，除了生产者（工作场所）安全的约定外，还包括生产者按照产品质量安全标准生产产品的约定；在销售合约中，除了企业和消费者两个主体外，也包括生产者合约的履行，即安全风险控制实际执行主体。也就是说，在这两种合约中，生产者具有在就业合约中的显性主体和在销售合约中的隐性主体多重身份。如果将这两种合约联系在一起考虑，假设企业（雇主）和消费者两个主体具有高安全风险防范水平，不存在道德风险问题；生产者的安全风险防范水平不确定，从而产生了多重道德风险问题。

多重道德风险（multiple moral hazard）是指在存在联系的两个完全合约关系中，具有信息优势的某一方主体（显性主体或隐性主体），可能会分别做出不利于不同对方主体的机会主义行为，从而产生了多重的道德风险问题。多重道德风险与双向道德风险的区别在于，一是前者存在于两个联系着的完全合约关系之中，后者存在于单独的完全合约关系之中。二是前者在两个联系着的完全合约中，同一个主体针对不同的另一方主体采取的机会主义行为，产生的道德风险是多重的；后者是在单独的完全合约中，合约双方都针对另一方采取机会主义行为，产生的道德风险是双向的。

我们假设具有信息优势的生产者，在生产者（工作场所）安全合约（简称合约1）中是显性主体，另一方主体是生产单位法人；在产品安全合约（简称合约2）中是隐性主体，另外两方主体分别是生产单位法人和消费者，即从产品安全合约来讲，生产单位法人和消费者是合约的显性主体，而生产者是隐性主体[①]。那么，生产者对两个联系着的完全合约即简称合约1和合约2，有两个选择：采取机会主义行为、产生道德风险或不

[①] 如果从生产单位内部合约来讲，生产单位法人和生产者是显性主体。

采取机会主义行为、不产生道德风险。当前者发生后，合约的另一方主体（生产单位法人、生产单位法人和消费者）有两种选择：默认或规制。当另一方主体默认时，生产者道德风险带来的收益为正；当另一方主体进行规制时，生产者道德风险带来的收益为负。另一方主体如果是软弱的，一般采取默认态度；另一方主体如果是强硬的，一般采取规制行为。进一步来看，多重道德风险在两个联系着的完全合约中的博弈特征如下。

情况一：在第一阶段，当生产者在合约1中采取机会主义行为，生产单位法人是软弱的，采取了默认态度，生产者道德风险带来的收益为正；在第二阶段，生产者观察到合约1中的结果后，在合约2中也同样会采取机会主义行为，生产单位法人和消费者有两种选择：默认或规制。这两个主体的选择可能不同，即生产单位法人选择默认，因为在合约1中就是默认；而消费者则选择规制，因为消费者更关心产品安全问题。这时生产者道德风险带来的收益取决于生产单位法人和消费者行为选择一致性程度。

情况二：在第一阶段，当生产者在合约1中采取机会主义行为，生产单位法人是强硬的，采取了规制行为，生产者道德风险带来的收益为负；在第二阶段，生产者观察到合约1中的结果后，在合约2中则不会采取机会主义行为，生产单位法人和消费者有两种选择：默认或规制。这时两个主体的选择完全一致，因为生产单位法人在合约1中就是规制，而消费者关心产品安全必然也选择规制。

下面，我们按照同质生产者与异质生产者两种情况，分析多重道德风险问题。

首先，我们分析同质生产者在两种合约中的多重道德风险问题。同质生产者是指企业的产出可以观察，而各个成员的努力程度却不能观测，但团队中的成员不存在"搭便车"和"合谋"的机会主义行为[①]。一般来说，同质生产者只是一种理论假设，在现实世界很难找到，它是为了下面异质生产者理论分析的需要而进行的铺垫。

同质生产者在两个合约中的安全防范水平可以有四种不同的组合：一是生产者（工作场所）安全合约中的高安全防范水平和产品安全合约中的低安全防范水平。在这种安全防范水平组合中，生产者在自身安全有保障的前提下，却生产出不安全的产品，给消费者带来潜在或直接的安全风险。二是生产者（工作场所）安全合约中的低安全防范水平和产品安全合

---

① 这里参考了同质产品的概念，同质产品是指企业向市场提供的同类产品或服务具有完全的可替代性，其各方面的特性都完全一样，使其与其他企业生产的同类产品或服务无法区别。

约中的高安全防范水平，在这种安全防范水平组合中，生产者按照生产安全标准生产了安全产品，而生产者自身的工作场所安全却没有得到保障，存在潜在或直接的安全风险。三是两种合约中的高安全防范水平。这种组合生产者不存在道德风险问题，可忽略不计。四是两种合约中的低安全防范水平。

这种安全防范水平双低组合是典型的同质生产者多重道德风险问题：生产者自身的工作场所安全没有得到保障，又生产出不安全的产品，给生产者和消费者带来了多重的潜在或直接的安全风险。这种生产者（工作场所）安全和产品安全两种合约签订后，多重道德风险内部性问题产生的原因有：一是同质生产者对其生命价值的判断（估值）偏低，导致对工作场所安全防范水平重视不够（程启智等，2014）；二是同质生产者对产品安全的重要性认识偏低，导致对产品安全防范水平重视不够；三是同质生产者自身素质偏低，导致对掌握工作场所和产品安全防范技术的能力有限。

其次，我们分析异质生产者在两种合约中的多重道德风险问题。异质生产者也称团队生产，它不但是指在现代社会分工下，一般的生产都是社会化大生产，即分工协作下的团队生产；而且是指团队生产的特性极易产生团队中的道德风险问题。团队中的道德风险是指团队的局限性所引发的道德风险问题，即：在团队生产中团队产出是可观察到的，但各个成员的努力程度却很难观测并衡量，此时团队中有的成员可能采取不利于团队生产目标完成的投机行为。在这种情况下，团队成员的理性行为选择是要么"搭便车"，要么合谋。

搭便车（free-riding）是指在团队生产和信息不对称条件下，虽然团队的总产出可观测，但团队中的每一个成员都想不付成本而坐享他人之利（即搭团队其他成员努力的便车）的一种投机行为。其根本原因在于团体利益同享，而责任与成本却由团体每个成员承担。合谋（collusion）也称串谋，是指在团队生产和信息不对称条件下，相互竞争的团队成员之间以及团队成员与基层管理者之间串通起来，采取隐藏行动、损害委托人利益并从中牟利的现象。

异质生产者在两种合约中产生的多重道德风险的"搭便车"行为：一是从企业内部来看"搭便车"行为，表现为团队中的个别或少数成员自律性差，存在工作场所安全和产品安全问题，但利用信息不对称隐藏了真实情况，搭了团队多数成员工作场所安全和产品安全的便车，这就是所谓"滥竽充数"。二是从企业之间来看"搭便车"行为，表现为企业之间利用自身的信息优势，在参与工作场所安全和产品安全行业自律问题上不积极不努力，或者假积极假努力，甚至放弃各自本应承担的社会责任，这就是所谓的"玩忽职守"。三是从行业内部来看"搭便车"行为，表现为行业内的众多企业利用共同的信息优势，不但不参与工作场所安全和产品安全行业自律，甚至出现群体性违反安全标准、规定和道德规范的行为，即发生行业的群体性败德行为和事件，这就是所谓的"群体性败德"①。

异质生产者在两种合约中产生的多重道德风险的"合谋"行为：第一，从企业内部来看"合谋"行为，一是表现为团队成员组成内部小团体的合谋，共同产生工作场所安全和产品安全问题，在企业这个大团队中可分为一对一、一对多、多对多的内部小团体合谋；但这时，企业中还有自律性强、保障工作场所安全和产品安全的成员及内部小团体。二是表现为企业成员组成一个大团队合谋，即团队成员集体合谋行为，共同产生了工作场所安全和产品安全问题；但这时，企业中已没有自律性强、保障工作场所安全和产品安全的成员及内部小团体了，这就是所谓的"内部潜规则"。第二，从企业之间来看"合谋"行为，表现为企业之间缺乏声誉机制和追逐集体声誉的动力，在参与工作场所安全和产品安全行业自律问题上不积极努力，产生企业之间的合谋，即所谓的"行业潜规则"。第三，从行业内部来看"合谋"行为，表现为行业内部缺乏锦标赛式正面激励机制，导致行业协会不但不参与工作场所安全和产品安全行业自律，甚至产生与安全监管部门的合谋，导致工作场所安全和产品安全规制的失效。

第三节　多重道德风险与安全规制

前面提到，在企业这个团队中还存在着由其成员组成的内部小团体（ingroup），它包括企业内部的正式组织（经过组织设计、计划而建立的个人地位和权责关系）与非正式组织（由于成员相互间产生的共同观念、价值和行为准则所而形成认同关系），它在异质生产者（团队生产）的安全规制分析中具有重要作用。下面，我们以内部小团体为视角，从锦标赛、声誉、信息披露和内部人举报等方面，来讨论异质生产者多重道德风

---

① 群体性败德行为（collective immoral actions）是指在行业内较为普遍地存在着企业利用质量等信息不对称优势，以牺牲消费者或其他相关者利益为代价追逐其利润最大化的投机行为（李新春和陈斌，2013）。

险内部性的安全规制问题。

锦标赛制（tournament）也称相对绩效评价机制，是指参赛人竞赛结果的相对名次，而不是绝对成绩，决定了参赛者最终的胜负。它的优点：一是鼓励代理人之间的竞争，克服搭便车行为，导致任何一个代理人增加的努力都能够增加总产出而使所有代理人受益；二是降低了委托人事后操纵产出的激励，因为最后无论哪个代理人胜出，委托人都必须对其进行奖励。锦标赛制的缺点：一是会引起代理人之间的破坏性竞争行为，即合谋现象产生，导致团队总产出受到不利影响；二是会引起代理人的各种策略性行为，导致团队总产出受到不利影响，如通过自由选择团队组成或者打击和破坏团队成员的努力来提高锦标赛的获胜概率等。

在两种合约中，通过锦标赛制解决多重道德风险的基本思路是：由两种合约的另一方即企业（雇主）或消费者设计一个激励机制，能够诱导生产者即内部小团体之间合作或者某个生产者即内部小团体帮助其他小团队提高安全防范水平。具体地，激励机制包括在就业合约中明确生产者即内部小团体之间合作或者相互帮助提高生产环境安全防范水平的激励条款；在销售合约中明确生产者即内部小团体之间合作或者相互帮助提高产品安全防范水平的激励条款。通过锦标赛机制最终克服多重道德风险，使得生产者、企业（雇主）或消费者多方受益。

自亚当·斯密开始，经济学就一直把声誉（reputation）作为保证合约诚实执行的重要机制。即使合约的每一方都意识到另一方是狭隘自利的，但出于声誉的考虑，包含潜在机会主义行为的交易也会持续下去。经济学中标准的声誉模型是由克雷普斯等（1982）创建的，他们认为声誉能够增加承诺的力度。声誉的作用在于为关心长期利益的参与人提供一种隐性激励，以此保证其短期承诺行动，声誉因而可以成为显性合约的替代品。声誉效应不能保证代理人选择最优努力水平，但是至少能够让代理人尽可能地做到最好，以增加其长期效用。

声誉研究的领域之一是关于个体声誉与集体声誉。个体声誉的经典表述是，在完备的市场体系内，必然存在着一个客观行为主体的声誉市场，它会对单个行为主体产生激励。这一思想来源于法玛（1980），而具体阐释由霍姆斯特姆（1982）给出。集体声誉也称组织声誉、企业声誉，是克雷普斯（1990）在声誉理论的基础上结合不完全合约理论发展而来的。他提出，企业是作为一个声誉的载体而存在的，企业出于未来收益的考虑，是有保护维持其声誉的激励。之后，梯若尔（1996）讨论了个体声誉与集体声誉的关系，他认为集体声誉是个体声誉的集合。通过观察代理人的行为记录（混杂着噪声）发现，代理人的声誉会影响所属团队的声誉。本章讨论的异质生产者的声誉，对企业内部而言，是个体声誉问题；对企业外部而言，则是集体声誉问题。

在两种合约中通过声誉机制解决多重道德风险的基本的思路是，两种合约的另一方即企业（雇主）或消费者设计一个隐性激励机制，能够诱导生产者即内部小团体之间合作或者某个生产者即内部小团体帮助其他团队提高安全防范水平。所谓隐性激励是指，虽然这种激励并没有在合约的条款中明确，但是人力资本专用性强的生产者（企业的管理者和年轻员工），会通过自己的努力，在给企业带来良好业绩（集体声誉）的同时提高业内对自己能力的良好评价（个体声誉）。具体来说，在就业合约与销售合约中，虽然并没有明确生产者主动提高安全防范水平的激励条款，但是，企业的管理者和年轻员工（即特殊的内部小团体）为了自己能够得到业内对自己能力的良好评价，会主动付出比一般人更多的努力。最终克服了多重道德风险，使得生产者、企业（雇主）或消费者多方受益。

信息披露（information disclosure）是指公众公司以说明书、公告书以及定期报告和临时报告等形式，把公司及与公司相关的信息，向投资者和社会公众公开披露的行为。信息披露制度，也称公示制度、公开披露制度、信息公开制度，是指上市公司为保障投资者利益、接受社会公众的监督而依照法律规定必须将其自身的财务变化、经营状况等信息和资料向有关部门报告，并向社会公开或公告的制度。从规制的角度来讲，针对工作场所和产品安全，应采取信息披露规制即强制信息披露。

在完全竞争市场中，不仅企业的工作场所和产品安全信息，可以通过价格和广告进行有效传递；而且生产者的工作场所和产品安全信息，也可以通过其在生产过程中采取的安全防范水平来传递。但是，在垄断竞争或寡头竞争市场中，上述企业和生产者的工作场所和产品安全信息的传递，往往受到各种干扰而发生阻断、失真、滞后等问题。因此，信息披露规制成为必然选择。

在两种合约中通过信息披露规制解决多重道德风险的基本的思路是，政府针对两个合约信息披露的缺陷，采取提供市场交易必需的公共信息、消除对安全信息传递的限制、对广告进行必要的管理、建立工作场所和产品安全标准的披露规则等规制工具，一方面提高市场传递工作场所和产品安全信息的能力；另一方面通过强制信息披露对工作场所和产品安全进行直接规制，从而达到克服多重道德风险内部性的目的。具体来说，主要是对于企业的内部小团体的工作场所和产品安全防范水平的信息，政府通过"白名单"即正面信息制度①，进行强制信息披露。它包括生产班组的安全防范水平信息和生产产品批次的安全水平信息，而不仅仅是企业安全防范水平的总体信息②。

内部人举报（internal whistleblowing）也称"吹响哨子"③，是指公司内部员工将公司涉嫌违法违规的信息根据一定的程序向特定机构检举告发的行为。本章所讨论的内部人举报，特指企业内部员工的举报，不包括消费者对产品质量安全问题的举报，以及记者或执法者"卧底"打入企业内部进行举报等情况④。内部人举报的程序分为两种类型，即根据公司内部控制程序进行举报的内部程序、向对公司负有监督管理职能的监管机构以及向社会公众举报的外部程序。两者在功能上具有一定的互补性和差异性：对举报人来说，在保密、奖励和保护程度方面，外部程序比内部程序偏优；对于企业来说，在纠错和声誉保护方面，内部程序比外部程序偏优（蒋学跃，2013）。

在两种合约中通过内部人举报规制解决多重道德风险的基本的思路是，政府针对两个合约内部人举报的缺陷，设计出台对内部举报人保密、奖励和保护的相关规制工具，一方面鼓励内部举报人为了自身和公共利益，向相关规制机构举报涉及工作场所和产品安全的违法违规问题；另一方面通过内部举报人制度法规的存在，威慑涉及工作场所和产品安全的违法违规行为的产生，从而达到克服多重道德风险内部性的目的。具体来说，我们可以将企业的内部小团体分为偏好举报、保持沉默和合谋违规等三种类型，规制机构可以进行机制设计，通过企业偏好举报的内部小团体主动举报企业合谋违规的内部小团体，在工作场所和产品安全防范方面的违法违规问题。它包括生产班组的安全防范问题和生产产品批次的安全防

---

① 白名单是指在电脑系统中，如果设立了白名单，则在白名单中的用户（或 IP 地址、IP 包、邮件等）会优先通过，不会被当成垃圾邮件拒收，安全性和快捷性都大大提高。本书借用此概念是指政府强制披露正面信息而不是负面信息（黑名单）。

② 我国《企业信息公示暂行条例》自 2014 年 10 月 1 日起施行，还仅仅属于（暂行）行政法规范畴，应加快立法进程。2019 年 6 月 18 日，国家市场监督管理总局发布关于《企业信息公示条例（修订征求意见稿）》公开征求意见的公告。

③ "吹哨人"最早的原意是英国警察发现有案件发生时，吹响哨子以引起其他警察和路人的注意。后来延伸成为及时发现并报告损害公共利益行为的告密者。欧美等国家都有类似法案。

④ 这里我们参考西方国家的高校和研究机构设立了伦理审查委员会 IRB，由于教师或研究人员不是记者或执法者，因此"卧底式"研究是违反学术道德而绝对禁止的。

范问题，而不仅仅是企业安全防范水平的问题①。

第四节 小　结

综上所述，锦标赛制度和声誉机制属于市场机制的激励性规制，信息披露制度和内部举报人制度则属于传统的行政规制。两者的区别在于，前者强调竞争的压力和作用，后者凸显强制性规定的约束力；而两者的联系在于：介乎于政府与市场之间的机制设计可以同时存在于两者之中。机制设计是指在自由选择、自愿交换、信息不完全及决策分散化的条件下，设计出一套规则或制度来达到既定的目标。机制设计成功的前提是参与相容和激励相容，即一是各个经济主体具有参与活动的积极性；二是各个参与者在追求自利的同时也达到了设计者所设定的整体目标。

也就是说，在讨论的锦标赛、声誉、信息披露和内部举报人四个方面的安全规制时，我们可以机制设计为抓手，在满足内部小团体的参与相容和激励相容的条件下，调动企业中具有参与偏好的内部小团体的积极性，解决异质生产者在就业合约和销售合约中的多重道德风险内部性问题，实现工作场所安全和产品安全。

主要参考文献

[1] Fan R L. On the Internality-Externality of Occupational Safety and Regulation [J]. Technoeconomics & Management Research, 2012, 3: 105–108.

[2] Holmstrom B. Moral Hazard in Teams [J]. Bell Journal of Economics, 1982, 13 (2): 324–340.

[3] Kreps D M, Milgrom P, Roberts J, et al. Rational Cooperation in the Finitely Repeated Pisoner's Dilemma [J]. Journal of Economic The-

---

① 涉及内部人举报的两部法律《中华人民共和国安全生产法》和《中华人民共和国食品安全法》存在一定的差距。其中《中华人民共和国食品安全法》有相关保密、奖励（包括所有举报人）和保护内部人举报的规定；而《中华人民共和国安全生产法》仅涉及从业人员有权对本单位安全生产工作中存在的问题提出批评、检举、控告，没有相关保密、奖励和保护的规定（第五十一条）。

ory, 1993, 27 (2): 245-252.
[4] Ren J. A Transaction Cost Analysis of the Internality and Government Regulation [J]. Journal of Ocean University of China, 2014, 6: 82-86.
[5] Tirole J. A Theory of Collective Reputation [J]. Review of Economic Studies, 1996, 63 (1): 1-22.
[6] 腾月, 张守文. 食品安全规制必要性的法经济学分析 [J]. 商业经济, 2013 (22): 128-129.
[7] 程启智, 李文鸿, 吴泞江. 基于职业安全管制效益评价的工人生命价值估算——以中国煤炭行业工人生命价值为例 [J]. 云南财经大学学报, 2014, 30 (1): 145-153.
[8] 丹尼尔·F. 史普博. 管制与市场 [M]. 余晖等, 译. 上海: 上海三联书店、上海人民出版社, 1999.
[9] 蒋学跃. 上市公司违规视野下的内部人举报制度研究 [J]. 证券市场导报, 2013 (11): 55-62.
[10] 科斯, 哈特, 斯蒂格利茨, 等. 契约经济学 [M]. 李风圣等, 译. 北京: 经济科学出版社, 1999.
[11] 李新春, 陈斌. 企业群体性败德行为与管制失效——对产品质量安全与监管的制度分析 [J]. 经济研究, 2013 (10): 98-111, 123.
[12] 钱颖一. 市场与法治 [J]. 经济社会体制比较, 2000 (3): 1-11.

第十二章　信号发送、承诺与食品安全社会共治

自 20 世纪末以来，发达国家的政府开始对食品安全规制的治理结构进行改革。作为弥补市场治理、政府治理和社会自治不足，以及更加透明和有效的一种治理方式，食品安全社会共治应运而生并不断发展。近年来，我国的食品安全状况呈现趋稳向好但形势依然严峻的阶段性特征。借鉴国际经验并结合我国食品安全规制的实际，在 2013 年 6 月召开的全国食品安全宣传周上，汪洋副总理提出了食品安全社会共治的概念，要"构建企业自律、政府监管、社会协同、公众参与、法治保障的食品安全社会共治格局"。2015 年 10 月 1 日起施行的《中华人民共和国食品安全法》规定，食品安全工作实行预防为主、风险管理、全程控制、社会共治，建立科学、严格的监督管理制度。由此表明，社会共治已经成为我国食品安全规制的重要准则。

现有的文献从不同的角度探讨了食品安全社会共治的相关理论及实践问题，并取得了一定的成果。但是，这些研究大多基于治理或共同治理理论，少有从合约理论出发来深入分析食品安全社会共治问题。因此，本章在问卷调查的基础上，从经验实证中得出"共知—共识—共治"这个食品安全社会共治的基本逻辑，深入探讨合约理论中信号发送和承诺这两个概念[①]，对于食品安全社会共治的影响和作用。

第一节　共知—共识—共治：食品安全社会共治的基本逻辑

本书第三章第四节从理论上分析了实现社会共治目标和提升治理效果

[①] 阿维纳什·迪克西特指出，从合约的角度来看，治理可能由于信息和承诺等原因出现问题。见参考文献。

的前提是，社会共识和社会共知，并进一步得出"社会共治的前提是社会共识，而社会共识的前提是社会共知"的结论。因此，食品安全社会共治实现的基本逻辑就是"社会共知—社会共识—社会共治"。

为了从经验实证中来验证食品安全社会共治实现的基本逻辑，我们从社会成员即消费者的视角出发，通过问卷调查，得出消费者对食品安全社会共治基本逻辑的描述性统计结果[①]。由于社会共知、社会共识和社会共治三者并没有直接的测量指标，我们尝试在问卷中设计了三个指标，即消费者食品安全的认知情况、评价情况和参与情况，来对应共知、共识和共治三个维度信息。具体来说，调查消费者对食品安全的认知水平的主要问题包括，什么是安全食品、引发食品安全问题的原因、我国《食品安全法》的主要规定等，对应于食品安全众所周知的社会共知维度；调查消费者对食品安全的评价程度的主要问题包括，对我国食品安全状况的评价和食品安全规制的评价等，对应于食品安全基本一致的社会共识维度；调查消费者对食品安全社会共治的参与意愿的主要问题包括，遇到食品安全问题解决的途径、是否愿意参与食品安全社会共治活动和能否举报发现的食品安全违法违规问题等，对应于食品安全共同参与的社会共治维度。同一位被访者同时填写三份问卷，以综合分析消费者对食品安全社会共治的认知水平、评价程度和参与意愿三者之间的内在联系。即对有效样本进行三项指标之间的影响路径分析和中介效应分析，实证检验食品安全社会共治实现的基本逻辑（详细过程参见本章附录）。

第一，影响路径分析。其结果如下：认知与评价之间的标准化路径系数为0.364，P=0.000，显著，说明认知对评价有显著正向影响；评价与参与之间的标准化路径系数为0.364，P=0.000，显著，说明评价对参与有显著正向影响；认知与参与之间的标准化路径系数为0.279，P=0.000，显著，说明认知对参与有显著正向影响。

第二，中介效应分析。也就是说，在得知认知对评价有显著正向影响和评价对参与有显著正向影响的基础上，需要检验认知与参与之间的中介效应是否显著。其结果如下：认知通过评价作用于参与，间接效应为0.13，占比43.75%，较显著；认知对参与的直接效应为0.279，占比为56.25%，显著；中介总效应为0.496，说明认知与参与之间的中介效应

---

① 本次调查共发放问卷5100份，回收5079份，问卷回收率99.59%，剔除部分有缺失值的样本、认知卷（15题）、评价卷（16题）和参与卷（18题）三个问卷不一致的样本后，得到有效问卷4358份，问卷有效率85.80%。

显著。

以上分析表明，消费者对食品安全的认知水平、评价程度和消费者对食品安全社会共治的参与意愿之间存在着显著的内在联系。因此，实证检验的结果支持食品安全社会共治实现的基本逻辑是社会共知—社会共识—社会共治这一观点。

需要进一步指出，社会共识在食品安全社会共治实现的基本逻辑中，起着重要的作用。其原因在于，社会共识的本质不是达成完全一致认识或意见，也不是形成了共同价值观，而是社会多元利益主体共同参与、通过表达真实信息和意愿及其相互博弈达成，并承诺遵守和执行、或以约定的方式和程序（再谈判）修改的相关规则（合约）[1]。

食品具有经验品（experience goods）和信任品（credence goods）的双重特征，经验品具有事前（购买前）信息不对称而事后（购买后）信息对称的特征；信任品则是事前（购买前）和事后（购买后）都存在信息不对称的特征。因此。产生食品安全问题的根本原因在于消费者和食品企业之间存在着严重的信息不对称，食品安全社会共治就是要解决信息不对称条件下的激励问题。基于食品安全社会共治实现的基本逻辑并考虑篇幅的原因，本章集中讨论合约理论中的信号发送和承诺两个概念，对于食品安全社会共治的影响和作用。

第二节　信号发送：食品安全社会共治的基础

在经济活动中，广义的委托代理关系[2]及其产生的各种代理问题之一就是逆向选择（adverse selection）问题，即在签订合约时代理人利用私人信息（隐藏信息）导致委托人得到一个不利于自己的结果，并且造成市场资源配置扭曲的现象。而解决逆向选择问题的机制之一[3]，就是信号发送

---

[1]　这里涉及了合约理论的四个重要概念：参与约束（也称个体理性约束条件，是指各个经济主体具有参与活动或签订合约的积极性，活动或合约可以达到经济主体的利益追求）、信号发送、承诺、再谈判（是指为克服或降低合约执行中不确定性导致的风险而通过重新谈判来修改合约，它具体分为完全合约理论中的再谈判和不完全合约理论中的再谈判）。

[2]　狭义的委托代理关系是指所有者与经营者之间的关系；而广义的委托代理关系则包括雇佣关系、买卖关系、合伙关系和上下级关系等。

[3]　另一个解决逆向选择问题的机制是信息甄别，即委托人设计某种方案来主动识别代理人的私人信息。

(signalling)，是指拥有私人信息的代理人通过采取某种可被观察的行动来向委托人显示自己的真实信息。狭义的食品安全信号发送，是指食品生产流通企业通过采取某种可被观察的行动（如注册商标或做广告、高水平定价）来向消费者显示自己食品安全的信息。广义的食品安全信号发送，即食品安全社会共治的信号发送，是指食品企业、食品行业、政府规制部门以及各种社会成员或组织（媒体、消费者、非政府组织等）通过采取某种可被观察的行动（实际参与食品安全规制活动）来向社会显示食品安全及其规制的信息。

关于信号发送与食品安全治理的相关文献主要包括四个方面。一是主动披露信息。格罗斯曼（Grossman，1981）证明，在质量参数可低成本接受事后验证的条件下，如果卖方主动披露信息，既能和低质量的竞争者相区别，又能阻止买方的逆向选择。二是信号发送的验证。在信号发送中，信号使得买方能够事先就质量给出一个预测，唯有这种预测被事后消费所证实，该信号才能持续有效，否则买方必定放弃对该信号的信任、转而寻求新的信号类型（周波，2010）。三是信号发送与消费者信任程度。高原和朱丽莉（2017）通过情景模拟实验的方式，实证研究了嵌入活动情境下的大型乳制品企业信号发送模式对消费者食品安全信任的影响。四是信号发送的实现条件。李想（2011）通过引入质量缺陷在重复购买前可能被曝光这一因素，研究了食品安全型信任品的质量信号显示问题，得到了分离均衡以及可能并存的混同均衡的实现条件。

与李想（2011）论文不同的是，本章将食品安全与食品质量区别，集中讨论食品安全问题。一些相关文献都直接使用产品质量模型来分析食品安全问题，实际上，食品安全（food safety）与食品质量（food quality）是有区别的，前者是指控制会使食物有害物慢性或急性损害消费者健康的所有危害；后者是指某一产品或服务所具有的能够满足消费者既定需要的全部特征。例如，食品造假问题中的以次充好（牛肉掺猪肉），这是食品质量问题，而不是食品安全问题。食品质量属于经验品问题，而食品安全属于信任品问题。

广义食品安全信号发送的基本假设是，食品安全社会共治的企业、市场、政府和社会力量四个主体，都可以分为高能力与低能力两种类型。高能力主体达到可被观察指标的努力成本较低，但实现社会共治的水平较高；低能力主体达到可被观察指标的努力成本较高，但实现社会共治的水平较低。具体来说，四个主体参与食品安全社会共治的行为都具有两种可能性：食品企业可能会生产并销售安全食品或者不安全食品；市场可能会出现食品安全的优胜劣汰或者劣币驱逐良币；政府可能会选择严格规制或者不严格规制；社会力量可能会参与共治或者不参与共治。进一步讲，一方面企业、市场、政府和社会四个主体可能选择真实的信号发送，即说真话；另一方面企业、市场、政府和社会四个主体可能选择虚假的信号发送，即说假话。

信号发送的运行机制包括分离均衡和混同均衡。分离均衡是指在均衡状态下，不同类型的代理人所选择可被观察指标的最优水平不同，因而委托人可以通过该指标来区分不同类型的代理人。

对于食品生产流通企业来说，这个可被观察指标就是赔偿和惩罚机制：主动建立食品赔偿和惩罚机制的企业，就是生产流通安全食品的企业；没有建立食品赔偿和惩罚机制的企业，就是生产流通不安全食品的企业。在市场上，建立食品赔偿和惩罚机制的企业得到高价格和高收益，没有建立食品赔偿和惩罚机制的企业得到低价格和低收益。

对于食品市场来说，这个可被观察指标就是知名品牌（驰名商标）。当食品市场培育和形成了一定数量的知名品牌且与安全食品相联系（即具有知名品牌的食品就是安全食品）时，这个食品市场就会形成优胜劣汰的局面；当食品市场未能培育和形成一定数量的知名品牌且与安全食品无关系时，这个食品市场就会形成劣币驱逐良币的局面。食品市场上的知名品牌越多，安全食品与市场发展必然良性循环；食品市场上知名品牌越少，不安全食品与市场发展必然恶性循环。

对于政府来说，这个可被观察指标就是规章和文件：当政府主管部门出台一系列食品安全规制的规定和文件时，就表明政府主管部门对食品安全问题采取严格规制行为；当政府主管部门仅仅出台少量食品安全规制的规章和文件时，就表明政府主管部门对食品安全问题采取不严格规制行为。政府出台食品安全规制规章和文件越多，政府的食品安全规制行为的效果就越明显；政府不出台或少出台食品安全规制规章和文件，政府的食品安全规制行为的效果就不明显。当然，也会出现重规叠矩和有章不循的问题（可以另文讨论）。

对于社会力量来说，这个可被观察指标就是社会组织：当社会力量（媒体、消费者和非政府组织等）成立食品安全治理社会组织时，就表明社会力量积极参与食品安全社会共治；当社会力量（媒体、消费者和非政府组织等）没有成立食品安全治理社会组织时，就表明社会力量不积极参与食品安全社会共治。食品安全治理社会组织成立越多，社会力量参与食品安全社会共治程度越高；食品安全治理社会组织成立越少，社会力量参与食品安全社会共治程度越低。

通过以上四个可被观察指标，在分析企业、市场、政府和社会力量四个主体各自两类不同类型的食品安全社会共治最优水平差异的基础上，我们得到了企业、市场、政府和社会力量四个主体关于食品安全社会共治的分离均衡。但是，这种分离均衡是不稳定的。食品安全社会共治的企业、市场、政府和社会力量中的四个低能力主体，都有动力发送虚假信号（说假话）以伪装成高能力主体。而高能力主体只有在低能力主体所占比例高的条件下[1]，才会有动力发送真实信号（说真话）表现出自己的高能力。

由于赔偿和惩罚机制、知名品牌（驰名商标）、规定和文件、社会组织等可被观察指标实现最优水平即信号发送是有成本的，且企业、市场、政府和社会力量中的不同类型主体的成本存在着明显的差异。因此，高能力主体与低能力主体都会在成本—收益原则下做出最有利于自己类型的选择。也就是说，低能力主体会在不努力或稍做努力达不到较优水平、少努力但伪装成多努力达到最水平之间进行选择；而高能力主体则会在比较努力达到较优水平、十分努力达到最优水平之间进行选择。结果导致企业、市场、政府和社会力量不同类型主体所选择的可被观察指标——赔偿和惩罚机制、知名品牌（驰名商标）、规定和文件、社会组织所表现出来的最优水平相同，即达到了混同均衡。

混同均衡是指在均衡的状态下，不同类型的代理人所选择的可被观察指标的最优水平相同，因而委托人不能通过该指标来区分不同类型的代理人。在混同均衡下，赔偿和惩罚机制、知名品牌（驰名商标）、规定和文件、社会组织等指标没有任何的信息价值。这时，四个指标达到的程度越低，表明两类主体付出的成本越低，而得到的收益则越高，但食品安全社会共治却处于低水平状态。

比较分离均衡与混同均衡可以发现，随着信号发送成本的降低，低能力主体可以较容易地（付出较低成本）通过发送虚假信号伪装成高能力主体。例如，安全食品标识本来是区别安全食品与不安全食品的信号发送，但由于制作标识技术的普及和成本降低，一些不安全食品也使用了安全食

---

[1] 当低能力主体所占比例低时，高能力主体需要支付一定的成本才能得到分离均衡下稍高于平均水平的共同治理水平；当低能力主体所占比例高时，高能力主体则需要支付较多的成本但能够得到分离均衡下明显高于平均水平的共同治理水平。

品标识。这样就使得原来的分离均衡转变为混同均衡，消费者无法仅凭安全食品标识来确认安全食品的真假。因此，低能力主体更愿意接受混同均衡。而高能力主体则更愿意付出更多的努力（成本）使可被观察指标达到最优水平，由混同均衡转变成最优的分离均衡，实现信号发送中的唯一均衡。

第三节 承诺：食品安全社会共治的关键

承诺（commitment）是指在一个动态的激励性合约中，双方对于各自事后行为的自由裁量权做出可置信的约束，并通过限制双方的信息和预期，达到共同履约的结果。

在跨期规制这种重复性的合约关系中有三种承诺形式：（1）完全承诺。即缔约双方具有足够的跨期承诺能力，他们将信守长期合约的承诺，而不会质疑合约条款，最初的合约将随时间推移得到完美执行。（2）无承诺。由于交易环境或跨期承诺能力的约束，缔约双方只能签订短期合约，双方的关系就由一系列的短期合约加以调节。（3）有限承诺。缔约双方可以签订长期合约，只要任何一方想要实施该合约，合约将得到有效执行；一旦缔约者均发现就权利与义务重新谈判符合各自的利益，则他们将进行合约的再谈判。在多数情况下，承诺与再谈判和无承诺更切合实际情况。

狭义食品安全承诺是指，食品生产流通企业通过有效的自我约束主动向消费者做出自己食品安全可置信（安全保障机制）的承诺；广义食品安全承诺是指，食品企业、食品行业、政府规制部门和社会力量（媒体、消费者、非政府组织等）通过有效的自我约束主动向社会做出自己食品安全及其监管可置信的承诺。

关于承诺的相关文献主要包括：第一，法学意义的承诺。唐晓晴（2016）梳理了法学上的要约与承诺理论的发展脉络，指出要约承诺虽然是唯一呈现在法典中的缔约流程，但缔约是不是只能通过要约承诺这一种方式，却值得推敲。焦海涛（2012）从我国《反垄断法》出发，讨论了经营者承诺制度的适用与完善问题。第二，管理学意义的承诺。一是组织承诺，樊耘等（2013）基于理论演进角度，对组织承诺的内涵、影响变量特别是文化情景、以及测量方法等研究进行了综述；二是关系承诺，蒋晓荣和李随成（2012）从规范承诺、持续承诺、情感承诺三个维度，讨论了关系收益、关系特性、关系成本等前因变量对合作关系的影响；严兴全等（2010；2011）分别从卖方视角和买方视角，探讨了信任、承诺、关系行为与关系绩效的关系，得出卖方对买方的情感承诺越高，则机会主义行为程度越低，而买方对卖方的承诺则降低了买方默许行为的结论。第三，经济学意义的承诺。沈铁松和熊中楷（2010）通过建立寡头厂商的价格博弈模型，分析了信息不对称下厂商无承诺、单边承诺和双边承诺三种市场中，厂商承诺行为对产品延伸服务市场结构与厂商博弈均衡的影响。

与本章最相关的文献是，王夏阳和傅科（2013）从企业社会责任出发，探讨了企业的价格—质量一致性承诺对消费者选择的影响，并结合我国食品行业面临的实际情况，分析不同类型的质量保证机制的差异，得出企业主动承诺是更优的质量保证机制的结论。与王夏阳和傅科（2013）不同的是，本章探讨的是价格—安全一致性承诺、可置信承诺和率先承诺等食品安全三种承诺的内在机制。

价格—安全一致性承诺来自价格—质量一致性承诺，由经典文献苏宣敏和张富强（Su and Zhang, 2009）提出，即：在存在策略性消费者时，企业的价格承诺、质量承诺和可获得性（数量）保证可以提高整个供应链的绩效。在数量有保证的前提下，价格—质量一致性承诺就是指低质低价、高质高价，而不存在低质高价问题。借鉴价格—质量一致性承诺，来讨论食品安全治理，我们提出价格—安全一致性承诺（consistent commitment of price-safety）的概念。狭义的食品安全价格—安全一致性承诺是指，食品生产流通企业要在符合食品安全标准的基础上实现价格—安全一致性承诺，既要价格一致，不采取价格歧视①策略；又要安全一致，稳定保持并逐步提高食品的安全水平。广义的食品安全价格—安全一致性承诺，是指食品企业、食品行业、政府规制部门和社会力量（媒体、消费者、非政府组织等），在食品安全及其规制的过程中做出价格—安全一致性承诺，既要价格一致，就是各个主体共同付出成本（努力）；又要安全一致，就是经过共同努力明确食品安全达到一定的水平。

对于食品生产流通企业来说，价格—安全一致性承诺有三种情况，一是企业既不做出价格一致性承诺，也不做出安全一致性承诺，消费者被迫接受不安全食品，食品市场充斥着不安全且低价的食品；二是企业能做出价格一致性承诺，但不做出安全一致性承诺，企业对食品安全做出了一定

---

① 价格歧视（price discrimination）又称价格差别化，是指企业向不同的消费者，以不同的价格出售完全相同的产品。

的努力，市场上出现了一部分高于消费者可接受的最低安全水平的食品；三是企业做出了价格—安全一致性承诺，安全与价格相符的食品被生产出来并经过流通环节，消费者对安全食品的需求基本得到满足并不断提高。

对于食品市场来说，与企业的价格—安全一致性承诺的三种情况相联系，当企业既不做出价格一致性承诺，也不做出安全一致性承诺时，食品市场处于一种低水平的非均衡状态；随着消费者收入水平和食品安全认知水平的提高，这种非均衡必然被打破。当企业能做出价格一致性承诺，但不做出安全一致性承诺时，食品市场处于一种低水平的均衡状态；但这种均衡并不稳定，既可能退回低水平的非均衡状态，也可能进入高水平均衡状态。当企业做出了价格—安全一致性承诺时，食品市场处于一种高水平的均衡状态，并且随着消费者收入水平和食品安全认知水平的进一步提高，食品市场均衡状态将达到新的高水平。

对于政府和社会力量来说，价格—安全一致性承诺也有三种情况。一是政府和社会力量既不付出食品安全规制或治理的成本（努力），也没有食品安全达到一定水平的明确要求，听任社会上不安全食品的泛滥。二是政府和社会力量付出食品安全规制或治理的成本（努力），但没有食品安全达到一定水平的明确要求，社会上出现了一部分安全食品，但总体上食品的安全水平较低。三是政府和社会力量既付出食品安全规制或治理的成本（努力），也有食品安全达到一定水平的明确要求，社会上出现了较多的安全食品，总体上食品安全处于较高水平，并有进一步提高的趋势。

可置信承诺（credible commitment）是指当事人主动约束自己的行为（自由裁量权），按照事前的约定履行合约。狭义的可置信承诺是指当事人承诺在合约执行过程中不进行再谈判。广义的可置信承诺还包括信息披露[①]和规制遵从，本章重点分析规制遵从。规制遵从（compliance）是指被规制者对待规制机构制定的各种规制标准的执行态度及相关行为，也称合规即遵守法规制度的程度，它与规制执法（enforcement）是一个问题的两个方面。只有当被规制者遵从规制执法措施时，执法才是有效的。被规制者的遵从行为与政府的规制执法都具有成本，而且具有相关性。也就是说，被规制者规制遵从程度高，则规制执法成本低。

对于食品生产流通企业来说，一方面，食品安全规制遵从并非免费的

[①] 信息披露（information disclosure）是指公众公司以说明书、公告书以及定期报告和临时报告等形式，把公司及与公司相关的信息，向投资者和社会公众公开披露的行为。关于信息披露与安全规制的相关分析，请参阅本书第十一章。

午餐，必然需要企业投入大量的人力、物力和财力，即付出大量的成本。有文献表明，以食品企业实施 HACCP① 为例，企业的成立年份、规模、销售网络、认证年份和注册资本都影响着企业实施 HACCP 后的各项成本（刘霞等，2008）。另一方面，食品安全规制遵从对于食品生产流通企业而言，也是向市场、政府和消费者做出的一个可置信的承诺，其规制遵从程度越高，可置信承诺的程度越高。

对于食品市场来说，如果市场参与主体的食品安全规制遵从的程度低、比重大，则表明市场的成熟度、规范性、安全性及可置信承诺的程度较低；如果市场参与主体的食品安全规制遵从的程度高、比重大，则表明市场的成熟度、规范性、安全性以及可置信承诺的程度较高。同时，前者的食品市场优胜劣汰的竞争机制失效，规制执法成本高；而后者的食品市场优胜劣汰的竞争机制发挥作用，规制执法成本低。

对于政府来说，食品安全规制遵从有两个含义：一是指下级政府对上级政府食品安全规章、制度和政策遵从，以及涉及的下位法对上位法②的遵从；二是指政府的规制执法的严格程度以及对企业、市场和社会组织规制遵从的影响。政府食品安全规制遵从是向社会发出的可置信承诺，遵从程度高可明显提高政府的公信力。当然，政府的食品安全规制遵从和规制执法也是有成本的，但两者的关系有待进一步探讨。

对于社会力量来说，食品安全规制遵从意味着积极参与食品安全治理即社会共治，将能够提高企业和市场的规制遵从水平，且随着社会组织参与度提高到一定程度后，也会促进政府规制执法水平的上升。虽然社会组织的参与需要耗费一定的成本，但与整个社会的食品安全水平提高相比，总体收益会大于成本。同时，社会力量食品安全规制遵从的可置信承诺，为食品安全社会共治构建了良好的社会环境。

率先承诺（first commitment）是指个人或组织领先公开自己的承诺并取得领先优势，其他个人或组织追随其后不得不做出承诺。经济学分析策略行为时，有一个著名的领导者模型，它包括产量领导模型和价格领导模型。领导者模型描述的是这样一个产业，在该产业中存在着一个支配企业（领导者）和若干个中小企业（追随者），所有的企业生产相同的产品。

---

① HACCP 即危害分析与关键控制点（hazard analysisand critical control point）的英文缩写。
② 上位法和下位法是指法在法律体系中所处的效力和等级位置，通常由制定该法的不同立法机构或国家机关的等级地位而决定。在我国的法律体系中，上位法高于下位法，后者不得与前者相抵触。

领导者率先公布其关于产量或价格的决定，而后追随者则根据领导者的决策相应地调整自己的产量或价格决策。这种策略性行为就是动态博弈过程，博弈的结果就是将威胁①和允诺②转化为承诺，这时，率先承诺就是可置信承诺。

对于食品生产流通企业来说，一方面，具有领导者地位的食品企业向追随者地位食品企业做出食品安全的率先承诺，并对追随者给予允诺（奖励），对不追随者予以威胁（惩罚）；另一方面，具有领导者地位的食品企业向市场、政府和社会力量另外三个主体做出食品安全的率先承诺，促使其做出食品安全及监管的承诺反应。

对于食品市场来说，一方面，在食品行业的细分市场③中，具有领导者地位的食品细分市场向处于追随者地位的食品细分市场做出食品安全的率先承诺，并对追随者给予允诺（奖励），对不追随者予以威胁（惩罚）；另一方面，具有领导者地位的食品细分市场向企业、政府和社会力量另外三个主体做出食品安全的率先承诺，促使其做出食品安全及规制的承诺反应。

对于政府来说，一方面，在同级政府中，具有领导者地位的某个政府向处于追随者地位的同级政府做出食品安全的率先承诺，并对追随者给予允诺（奖励），对不追随者予以威胁（惩罚）；另一方面，具有领导者地位的某个政府向企业、市场和社会力量等另外三个主体做出食品安全的率先承诺，促使其做出食品安全及规制的承诺反应。

对于社会力量来说，一是在同类社会力量（如媒体）中，具有领导者地位的社会力量向处于追随者地位的社会力量做出食品安全的率先承诺，并对追随者给予允诺（奖励），对不追随者予以威胁（惩罚）；二是在不同的社会力量（媒体、消费者、非政府组织等）中，具有领导者地位的某个或某类社会力量向其他社会力量做出食品安全的率先承诺，促使其做出食品安全及规制的承诺反应；三是具有领导者地位的社会力量向企业、市场和政府等另外三个主体做出食品安全的率先承诺，促使其做出食品安全及规制的承诺反应。

进一步讲，以上分析的率先承诺与锦标赛制有异曲同工之妙。合约理

---

① 威胁（threat）是指如果对手采取了某种行动，那么你将对他进行惩罚。
② 允诺（promise）是指如果对手采取某种行动，那么你将给予他一定的奖励。
③ 根据我国最新的《国民经济行业分类标准》（2017），食品制造业分为焙烤食品、糖果制品、方便食品、乳制品、罐头食品和调味品等。在本章中可以分为高端市场、中等市场和低端市场三类。

论有大量关于分析代理人锦标赛制的文献,其基本含义是鼓励同类主体(代理人)为竞赛的相对名次(不是绝对成绩)相互竞争①。

第四节 小 结

从以上分析可以得出两点结论。

第一,在广义的食品安全信号发送中,通过企业、市场、政府和社会力量的可被观察指标——赔偿和惩罚机制、知名品牌(驰名商标)、规定和文件、社会组织,所表现出来的最优水平由差异到相同再到差异,最终区分出不同类型的主体及其努力程度,从而激励企业、市场、政府和社会力量四个主体共同提升食品安全水平。因此,信号发送是实现食品安全社会共治的基础。

第二,在广义的食品安全承诺中,企业、市场、政府和社会力量四个主体的价格—安全一致性承诺、可置信承诺和率先承诺等三种承诺形式,虽然存在着一定的差异,但其相同之处在于,通过承诺,不仅对各自产生了有利的约束机制,而且四个主体之间构建了有效的激励机制,从而有助于企业、市场、政府和社会力量四个主体形成食品安全治理的合力。因此,承诺是食品安全社会共治的关键。

附录:消费者食品安全认知、评价和参与行为实证研究

一、研究设计

(一)指标选取与问卷设计

本次问卷调查涉及三个方面的内容,即消费者对食品安全的认知、评价与参与情况。因此,课题组设计了三份问卷,其中考虑了认知、评价与参与三种行为之间的内在联系。除受访者的性别、年龄、受教育程度、家庭月收入等基本信息外,问卷的重要问题是调查受访者对食品安全以及食品安全监管的认知、评价、参与。

---

① 关于锦标赛制的分析,请参阅本书第十一章。

消费者的认知、评价、参与等变量均为不可直接观测的潜变量，没有直接的数据与之对应。因此，需要通过其他可观测变量将潜变量量化。所用数据源于消费者问卷调查，变量与问卷题目的对应关系如表 12 – 1 所示。

表 12 – 1　关于消费者食品安全认知、评价、参与情况的问卷设计

调查内容（潜变量）		调查题项（观测变量）
认知	CO1	在日常生活中，您关注食品安全问题吗？
	CO2	对于 2009 年 6 月 1 日起实施的新《食品安全法》，您是否了解？
	CO3	您知道我国的食品安全监管机构吗？
	CO4	您对各个食品安全监管机构的监管职责和范围了解吗？
	CO5	您是否了解食品加工企业申请 QS 认证的程序？
评价	EV1	您对当前我国食品安全总体状况的评价是？
	EV2	您对我国当前食品安全法律法规完善程度的评价是？
	EV3	新《食品安全法》的颁布对你的食品安全信任感有何影响？
	EV4	您认为我国当前食品安全检验检疫标准
	EV5	你认为我国当前食品安全准入标准
	EV6	您对当地政府及有关部门食品安全监管工作的总体评价是？
参与	PA1	如果有相关的食品安全知识讲座您有兴趣参加吗？
	PA2	您对现阶段消费者参与食品安全监管的参与渠道有什么看法？
	PA3	环保团体、消费协会等非政府组织的活动对您参与食品安全监管是否有影响？
	PA4	您觉得有关食品安全宣传教育活动的组织水平高低对您参与是否有影响？

（二）数据收集

消费者分布于社会各行各业，且性别、年龄和收入水平等因素也会直接影响其对食品安全及监管的认知、评价和参与。所以要对地区、性别、年龄、收入水平和所在行业不同的消费者进行科学的抽样调查，在汇总后再通过结构方程模型等方法研究消费者对食品安全及监管的认知、评价与

参与情况。为保证数据的真实性和可靠性,课题组采用现场调查方式①。

(三) 受访者基本特征

在随机抽样的基础上,课题组通过在京上学的大学生协助开展调查。需要强调的是,为了提高数据的可信度,所有被调查对象都是所在家庭中负责购物的成员。其中,在北京地区的调查共获得4314份有效问卷,受访者的主要特征包括:男女各占比例36.9%、63.1%;已婚与未婚各占43.6%、56.4%;行业方面,食品行业从业人员占5.8%;年龄方面,44岁以下、45~59岁与60岁及以上三个年龄段分别占比70.4%、27.3%、2.3%;受教育程度方面,高中及以下、大学及以上分别占比24%、76%;家庭月收入方面,3000元及以下、3001~6000元、6001~12000元、12001~20000元、20000元及以上五个部分占比分别为22.6%、25.7%、33%、12.9%、5.8%;食品消费占家庭消费方面,比例属于20%以下、20%~40%、40%~60%、60%以上四个分段的比例分别为19.2%、49.5%、21.8%、9.4%。总体而言,三份问卷调查均具有较高的代表性和可靠性,能够通过问卷信度检验和效度检验,可用于计量分析。

(四) 研究方法

相比于传统回归分析方法,结构方程模型的典型特征是将态度、行为、评价等潜变量作为主要变量,且允许各潜变量存在误差。因此,我们使用结构方程模型对问卷调查数据进行深入分析。具体地,在用SPSS 19.0软件对数据进行描述性统计分析和信度检验后,进一步使用AMOS 17.0软件建立关于消费者食品安全的认知、评价与参与情况的结构方程模型。

二、实证结果与分析

(一) KMO检验

通过效度检验,是问卷调查数据可用于进一步分析的基本前提。我们主要运用SPSS软件进行效度检验,以考察数据质量是否符合要求。

问卷调查结果的KMO和Bartlett检验结果如表12-2所示,其中,KMO值为0.794,Bartlett球形检验结果为P=0.000,即在1%的置信水平

---

① 问卷调查数据获取依托于北京市社会科学基金重大项目"北京食品安全输入性风险的防控机制研究"(14ZDB18)和北京市科协重点调研项目"北京食品安全输入性风险的防控机制研究"。

上显著，问卷所得数据可以用于做因子分析。

表 12-2　　　　　　　　　　KMO 和 Bartlett 的检验

KMO		0.794
Bartlett 的球形度检验	近似卡方	10776.394
	df	105
	Sig.	0.000

（二）因子分析

（1）初始模型，如表 12-3 所示。

表 12-3　　　　　　　　　　旋转成分矩阵

变量	成分		
	1	2	3
CO1	0.026	0.239	-0.134
CO2	0.024	0.541	0.169
CO3	0.060	0.670	-0.089
CO4	0.085	0.721	-0.055
CO5	0.137	0.739	-0.020
EV1	0.638	0.076	-0.117
EV2	0.696	0.059	-0.053
EV3	0.543	0.288	0.031
EV4	0.717	0.087	-0.060
EV5	0.433	-0.003	0.170
EV6	0.680	0.075	-0.048
PA1	0.235	0.319	0.774
PA2	0.269	0.146	0.765
PA3	0.056	0.031	0.051
PA4	-0.032	-0.013	-0.270

(2) 调整后模型，如表 12-4 所示。

表 12-4　　　　　　　　　旋转成分矩阵

变量	成分 1	成分 2	成分 3
CO3	0.065	0.744	-0.042
CO4	0.098	0.770	-0.012
CO5	0.133	0.777	0.022
EV1	0.684	0.077	-0.055
EV2	0.747	0.072	0.006
EV4	0.727	0.105	-0.029
EV6	0.706	0.089	0.007
PA1	0.013	0.017	0.809
PA2	-0.063	-0.045	0.798

提取方法：主成分法；旋转方法：Kaiser 标准化的正交旋转法；在 6 次迭代后收敛。

CO 因子代表"认知"，旋转后的因子载荷量 CO3 = 0.744，CO4 = 0.770，CO5 = 0.777。EV 因子代表"评价"，旋转后的因子载荷量 EV1 = 0.684，EV2 = 0.747，EV4 = 0.727，EV6 = 0.706。PA 因子代表"参与"，旋转后的因子载荷量 PA1 = 0.809，PA2 = 0.798。从表 12-4 中可以看出，各因子的载荷量均聚到一起，且不同因子之间各自分离，这说明剔除部分选项后对各因子进行旋转的效果较好。

(三) 模型拟合度

结构方程模型，如图 12-1 所示。

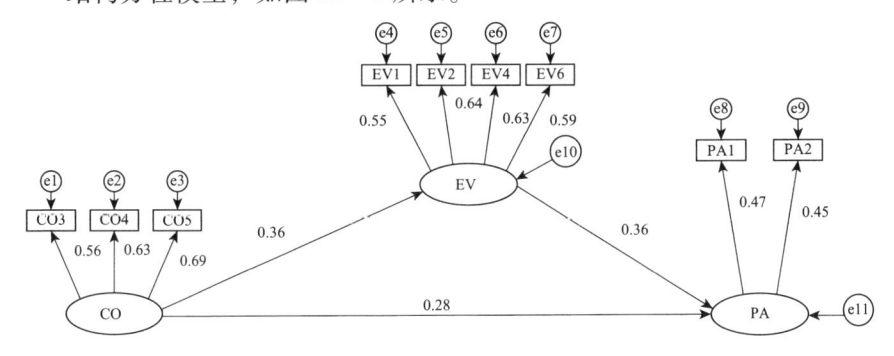

图 12-1　结构方程模型

使用 AMOS 17.0 软件建立结构方程模型,各拟合指数的经验判别标准如表 12-5 所示。

表 12-5　　　　　　　　　　　　模型拟合度

指标	CMIN/DF	GFI	CFI	RMR	RMSEA	IFI	NFI
数值	2.799	0.998	0.994	0.011	0.017	0.994	0.991
标准	<3	>0.9	>0.9	<0.08	<0.08	>0.9	>0.9

(四) 路径分析

路径分析结果,如表 12-6 所示。

表 12-6　　　　　　　　　　　　路径分析结果

路径	Estimate (ns)	Estimate (s)	S.E.	T 值	P 值
评价→认知	0.448	0.364	0.027	16.404	***
参与→评价	0.313	0.364	0.028	11.144	***
参与→认知	0.295	0.279	0.034	8.804	***

注:Estimate (ns) 为非标准化载荷量;Estimate (s) 为标准化载荷量;S.E. 为标准误。
*** 表示在 1% 的显著水平上显著。

由上述路径表格可知,各路径系数的具体情况如下:(1) 认知与评价之间的标准化路径系数为 0.364,P=0.000,显著,即认知对评价有显著正向影响;(2) 参与与评价之间的标准化路径系数为 0.364,P=0.000,显著,即评价对参与有显著正向影响;(3) 认知与参与之间的标准化路径系数为 0.279,P=0.000,显著,即认知对参与有显著正向影响。

(五) 中介效应

通过以上检验得知,认知对评价有显著正向影响;评价对参与有显著正向影响,因此,需要检验认知与参与之间的中介效应是否显著。

直接效应为认知对参与的标准化路径系数,间接效应为认知对评价的标准化路径系数乘以评价对参与的标准化路径系数,总效应为直接效应与间接效应之和。同时,本书采用 Sobel test 来检验中介效应的显著性,结果如下。

认知通过评价作用于参与,间接效应为 0.13,同时 Sobel Z 值为 9.27,大于 1.96。这说明中介效应显著,且认知对参与的直接效应也显著,标准化路径系数为 0.28。因此,此处为部分中介。各种效应的具体比例如表 12 -7 所示。

表 12 -7 中介效应分析结果

路径	效应	比例(%)
直接效应	0.279	56.25
间接效应	0.132	43.75
总效应	0.496	100

主要参考文献

［1］Aumann R J. Agreeing to Disagree［R］. Readings in Formal Epistemology. Institute of Mathematical Statistics, 2016.

［2］Fearne A, Martinez M G. Opportunities for the Coregulation of Food Safety: Insights from the United Kingdom［J］. Theriogenology, 2005, 83 (3): 344 - 352.

［3］Garcia Martinez M, Verbruggen P, Fearne A. Risk - based approaches to food safety regulation: what role for co - regulation?［J］. Journal of Risk Research, 2013, 16 (9): 1101 - 1121.

［4］Grossman S J. The Informational Role of Warranties and Private Disclosure about Product Quality［J］. The Journal of Law and Economics, 1981, 24 (3): 461 - 483.

［5］Martinez M G, Fearne A, Caswell J A, et al. Co - regulation as a possible model for food safety governance: Opportunities for public - private partnerships［J］. Food Policy, 2007, 32 (3): 299 - 314.

［6］Su X, Zhang F. On the Value of Commitment and Availability Guarantees When Selling to Strategic Consumers［J］. Management Science, 2009, 55 (5): 713 - 726.

［7］阿维纳什·迪克西特. 治理改革与经济增长——来自经济理论的一些启发［A］. 吴敬琏. 比较［M］. 北京:中信出版社, 2017.

［8］樊耘, 张旭, 颜静. 基于理论演进角度的组织承诺研究综述［J］. 管理评论, 2013, 25 (1): 101 - 113.

[9] 冯中越,张秀芬.内部性、多重道德风险与安全规制——基于内部小团体的视角[J].晋阳学刊,2017(3):132-139.

[10] 高原,朱丽莉.品牌食品加工企业质量信号发送机制实证研究[J].企业经济,2017(1):147-152.

[11] 蒋晓荣,李随成.制造商—供应商关系承诺形成及对合作行为影响[J].经济管理,2012,34(5):153-162.

[12] 焦海涛.我国经营者承诺制度的适用与完善[J].当代法学,2012,26(2):120-128.

[13] 李想.信任品质量的一个信号显示模型:以食品安全为例[J].世界经济文汇,2011(1):87-108.

[14] 刘霞,郑风田,罗红旗.企业遵从食品安全规制的成本研究——基于北京市食品企业采纳HACCP的实证分析[J].经济体制改革,2008(6):73-78.

[15] 沈铁松,熊中楷.考虑厂商承诺行为的产品延伸服务市场竞争分析[J].中国管理科学,2010,18(4):93-100.

[16] 唐晓晴.要约与承诺理论的发展脉络[J].中外法学,2016,28(5):1367-1380.

[17] 王夏阳,傅科.企业承诺、消费者选择与产品质量水平的均衡分析[J].经济研究,2013(8):94-106.

[18] 严兴全,周庭锐,李雁晨.信任、承诺、关系行为与关系绩效:卖方视角[J].管理学报,2010(7):1032-1038.

[19] 严兴全,周庭锐,李雁晨.信任、承诺、关系行为与关系绩效:买方的视角[J].管理评论,2011,23(3):71-81.

[20] 周波.柠檬市场治理机制研究述评[J].经济学动态,2010(3):131-135.

后 记

本书写作的起因是徐丹丹教授主持的西方经济学学科建设项目，当时给我的任务是编写一本《规制经济学》教材。工作启动之后我发现，国内的相关教材并不少见，而结合中国的发展与转型特色的规制问题研究著作却相对较少。因此，我将我的研究团队近年来围绕我国发展与转型特征探讨规制问题的成果集中起来，在经济科学出版社王东岗编审的支持下，申报了国家社会科学基金后期资助项目。

本书是国家社会科学基金后期资助项目"发展、转型与规制"（16FJY001）的最终成果。参加课题申请和前期准备工作的有：冯中越、周清杰、周孝、刘亮、孟祥宇、冉兢真、李丁、吕旭东、范舟、于洋、张剑、陈荣佳等。

参加课题研究及本书写作的分工如下：冯中越负责总体设计，第一章、第二章、第三章、第四章、第十一章、第十二章的写作，全书的定稿；周孝负责第八章、第九章的写作，参与了第一章第三节的修改，对全书进行总纂；孔晓旭负责第七章第四节的写作，相关资料和参考文献的整理，全书的校对工作；周清杰负责第三章第二节的写作；冉兢真、李丁、刘亮、陈荣佳分别参与第五章、第六章、第七章、第十章的写作。

课题组部分成员同时参与完成了北京市社会科学基金重大项目"北京食品安全输入性风险的防控机制研究"（14ZDB18），其部分相关研究成果被吸纳到本书之中。

在本课题研究过程中，住房和城乡建设部城市建设司、北京市食品药品监督管理局、北京市科学技术协会、湖南省湘西土家族苗族自治州经信委和益阳市经信委、北京排水集团等单位给予了大力支持和帮助，提供了丰富的资料和案例。

本课题的阶段性成果在提交有关学术会议的交流过程中，得到了于立教授、戚聿东教授、胡汉辉教授、于良春教授、刘贺明（中国城市燃气协会理事长)、刘戒骄研究员、王志刚教授、刘鹏教授、柳学信教授、于左教授、吴绪亮（腾讯竞争政策办公室首席经济学顾问）、冯源（北京市通州区市场监督管理局党组书记）、华欣教授等的支持和帮助，提出了一些宝贵的建设性意见。

经济科学出版社的杜鹏编审和其他编辑老师为本书的质量提升和最终出版付出了辛勤的汗水。

在此，谨向对本课题研究和本书写作、出版提供支持和帮助的单位和个人，致以诚挚的谢意。

特别要感谢王俊豪教授在百忙之中为本书作序。

最后，还要感谢全国哲学社会科学工作办公室，正是他们的信任和委托，时刻鼓励和鞭策着我们在社会科学理论研究和实践探索的道路上奋进。

冯中越
2020年8月于北京